总主编 伍 江　副总主编 雷星晖

王 伟　吴志强　著

中国城市群空间结构与集合能效研究

Research on Spatial Structure and Its Integrated Efficiency of Urban Agglomeration in China

内 容 提 要

全书围绕"如何对城市群发展的空间结构整体特征及其能效评价加以刻画与测度"核心命题,构建城市群经济空间演变的分析框架,借助先进的空间分析模型与技术,针对长三角、珠三角、京津冀三大城市群展开空间形态、重心轨迹、结构能效、组织关系实证研究,发现空间聚散与能级主导路径,空间均衡重心的心-核空间结构类型、空间结构能效双维测度的类型组合等城市群重要特征与规律,形成对城市群理论与方法具有创新价值的深化与发展。

图书在版编目(CIP)数据

中国城市群空间结构与集合能效研究 / 王伟,吴志强著.
—上海:同济大学出版社,2017.8
(同济博士论丛 / 伍江总主编)
ISBN 978-7-5608-7083-0

Ⅰ.①中⋯ Ⅱ.①王⋯②吴⋯ Ⅲ.①城市群-空间结构-研究-中国 Ⅳ.①F299.21

中国版本图书馆 CIP 数据核字(2017)第 125755 号

中国城市群空间结构与集合能效研究
王 伟 吴志强 著

| 出 品 人 | 华春荣 | 责任编辑 | 罗 璇　熊磊丽 |
| 责任校对 | 徐春莲 | 封面设计 | 陈益平 |

出版发行　同济大学出版社　www.tongjipress.com.cn
　　　　　(地址:上海市四平路1239号　邮编:200092　电话:021-65985622)
经　　销　全国各地新华书店
排版制作　南京展望文化发展有限公司
印　　刷　浙江广育爱多印务有限公司
开　　本　787 mm×1092 mm　1/16
印　　张　22
字　　数　440 000
版　　次　2017年8月第1版　2017年8月第1次印刷
书　　号　ISBN 978-7-5608-7083-0

定　　价　158.00元

本书若有印装质量问题,请向本社发行部调换　　版权所有　侵权必究

"同济博士论丛"编写领导小组

组　　　长：杨贤金　钟志华

副 组 长：伍　江　江　波

成　　　员：方守恩　蔡达峰　马锦明　姜富明　吴志强
　　　　　　徐建平　吕培明　顾祥林　雷星晖

办公室成员：李　兰　华春荣　段存广　姚建中

"同济博士论丛"编辑委员会

总 主 编：伍 江

副总主编：雷星晖

编委会委员：（按姓氏笔画顺序排列）

丁晓强　万　钢　马卫民　马在田　马秋武　马建新
王　磊　王占山　王华忠　王国建　王洪伟　王雪峰
尤建新　甘礼华　左曙光　石来德　卢永毅　田　阳
白云霞　冯　俊　吕西林　朱合华　朱经浩　任　杰
任　浩　刘　春　刘玉擎　刘滨谊　闫　冰　关佶红
江景波　孙立军　孙继涛　严国泰　严海东　苏　强
李　杰　李　斌　李风亭　李光耀　李宏强　李国正
李国强　李前裕　李振宇　李爱平　李理光　李新贵
李德华　杨　敏　杨东援　杨守业　杨晓光　肖汝诚
吴广明　吴长福　吴庆生　吴志强　吴承照　何品晶
何敏娟　何清华　汪世龙　汪光焘　沈明荣　宋小冬
张　旭　张亚雷　张庆贺　陈　鸿　陈小鸿　陈义汉
陈飞翔　陈以一　陈世鸣　陈艾荣　陈伟忠　陈志华
邵嘉裕　苗夺谦　林建平　周　苏　周　琪　郑军华
郑时龄　赵　民　赵由才　荆志成　钟再敏　施　骞
施卫星　施建刚　施惠生　祝　建　姚　熹　姚连璧

袁万城　莫天伟　夏四清　顾　明　顾祥林　钱梦騄
徐　政　徐　鉴　徐立鸿　徐亚伟　凌建明　高乃云
郭忠印　唐子来　阎耀保　黄一如　黄宏伟　黄茂松
戚正武　彭正龙　葛耀君　董德存　蒋昌俊　韩传峰
童小华　曾国荪　楼梦麟　路秉杰　蔡永洁　蔡克峰
薛　雷　霍佳震

秘书组成员： 谢永生　赵泽毓　熊磊丽　胡晗欣　卢元姗　蒋卓文

总 序

在同济大学110周年华诞之际,喜闻"同济博士论丛"将正式出版发行,倍感欣慰。记得在100周年校庆时,我曾以《百年同济,大学对社会的承诺》为题作了演讲,如今看到付梓的"同济博士论丛",我想这就是大学对社会承诺的一种体现。这110部学术著作不仅包含了同济大学近10年100多位优秀博士研究生的学术科研成果,也展现了同济大学围绕国家战略开展学科建设、发展自我特色,向建设世界一流大学的目标迈出的坚实步伐。

坐落于东海之滨的同济大学,历经110年历史风云,承古续今、汇聚东西,秉持"与祖国同行、以科教济世"的理念,发扬自强不息、追求卓越的精神,在复兴中华的征程中同舟共济、砥砺前行,谱写了一幅幅辉煌壮美的篇章。创校至今,同济大学培养了数十万工作在祖国各条战线上的人才,包括人们常提到的贝时璋、李国豪、裘法祖、吴孟超等一批著名教授。正是这些专家学者培养了一代又一代的博士研究生,薪火相传,将同济大学的科学研究和学科建设一步步推向高峰。

大学有其社会责任,她的社会责任就是融入国家的创新体系之中,成为国家创新战略的实践者。党的十八大以来,以习近平同志为核心的党中央高度重视科技创新,对实施创新驱动发展战略作出一系列重大决策部署。党的十八届五中全会把创新发展作为五大发展理念之首,强调创新是引领发展的第一动力,要求充分发挥科技创新在全面创新中的引领作用。要把创新驱动发展作为国家的优先战略,以科技创新为核心带动全面创新,以体制机制改革激发创新活力,以高效率的创新体系支撑高水平的创新型国家建设。作为人才培养和科技创新的重要平台,大学是国家创新体系的重要组成部分。同济大学理当围绕国家战略目标的实现,作出更大的贡献。

大学的根本任务是培养人才,同济大学走出了一条特色鲜明的道路。无论是本科教育、研究生教育,还是这些年摸索总结出的导师制、人才培养特区,"卓越人才培养"的做法取得了很好的成绩。聚焦创新驱动转型发展战略,同济大学推进科研管理体系改革和重大科研基地平台建设。以贯穿人才培养全过程的一流创新创业教育助力创新驱动发展战略,实现创新创业教育的全覆盖,培养具有一流创新力、组织力和行动力的卓越人才。"同济博士论丛"的出版不仅是对同济大学人才培养成果的集中展示,更将进一步推动同济大学围绕国家战略开展学科建设、发展自我特色、明确大学定位、培养创新人才。

面对新形势、新任务、新挑战,我们必须增强忧患意识,扎根中国大地,朝着建设世界一流大学的目标,深化改革,勠力前行!

万　钢
2017 年 5 月

论丛前言

承古续今,汇聚东西,百年同济秉持"与祖国同行、以科教济世"的理念,注重人才培养、科学研究、社会服务、文化传承创新和国际合作交流,自强不息,追求卓越。特别是近20年来,同济大学坚持把论文写在祖国的大地上,各学科都培养了一大批博士优秀人才,发表了数以千计的学术研究论文。这些论文不但反映了同济大学培养人才能力和学术研究的水平,而且也促进了学科的发展和国家的建设。多年来,我一直希望能有机会将我们同济大学的优秀博士论文集中整理,分类出版,让更多的读者获得分享。值此同济大学110周年校庆之际,在学校的支持下,"同济博士论丛"得以顺利出版。

"同济博士论丛"的出版组织工作启动于2016年9月,计划在同济大学110周年校庆之际出版110部同济大学的优秀博士论文。我们在数千篇博士论文中,聚焦于2005—2016年十多年间的优秀博士学位论文430余篇,经各院系征询,导师和博士积极响应并同意,遴选出近170篇,涵盖了同济的大部分学科:土木工程、城乡规划学(含建筑、风景园林)、海洋科学、交通运输工程、车辆工程、环境科学与工程、数学、材料工程、测绘科学与工程、机械工程、计算机科学与技术、医学、工程管理、哲学等。作为"同济博士论丛"出版工程的开端,在校庆之际首批集中出版110余部,其余也将陆续出版。

博士学位论文是反映博士研究生培养质量的重要方面。同济大学一直将立德树人作为根本任务,把培养高素质人才摆在首位,认真探索全面提高博士研究生质量的有效途径和机制。因此,"同济博士论丛"的出版集中展示同济大学博士研究生培养与科研成果,体现对同济大学学术文化的传承。

"同济博士论丛"作为重要的科研文献资源,系统、全面、具体地反映了同济大学各学科专业前沿领域的科研成果和发展状况。它的出版是扩大传播同济科研成果和学术影响力的重要途径。博士论文的研究对象中不少是"国家自然科学基金"等科研基金资助的项目,具有明确的创新性和学术性,具有极高的学术价值,对我国的经济、文化、社会发展具有一定的理论和实践指导意义。

"同济博士论丛"的出版,将会调动同济广大科研人员的积极性,促进多学科学术交流、加速人才的发掘和人才的成长,有助于提高同济在国内外的竞争力,为实现同济大学扎根中国大地,建设世界一流大学的目标愿景做好基础性工作。

虽然同济已经发展成为一所特色鲜明、具有国际影响力的综合性、研究型大学,但与世界一流大学之间仍然存在着一定差距。"同济博士论丛"所反映的学术水平需要不断提高,同时在很短的时间内编辑出版110余部著作,必然存在一些不足之处,恳请广大学者,特别是有关专家提出批评,为提高同济人才培养质量和同济的学科建设提供宝贵意见。

最后感谢研究生院、出版社以及各院系的协作与支持。希望"同济博士论丛"能持续出版,并借助新媒体以电子书、知识库等多种方式呈现,以期成为展现同济学术成果、服务社会的一个可持续的出版品牌。为继续扎根中国大地,培育卓越英才,建设世界一流大学服务。

伍 江

2017年5月

序

  1994年,德国柏林 ISR 出版了《千年纪之交的大都市全球化》(*Globalisierung der Großstädte um die Jahrtausendwende*)一书,在那本书中我正式提出"大都市全球化理论",尤其是剖析了"全球城市 Global City"的 A 与 B 的两种类型及其交互关系,两种类型的"全球城市"的成因、动力、路径、模式与可能后果的推演。记得还是在1993年,当推演"全球城市"效果进入深入阶段,对"全球城市"可能造成的大量负面后果给我的冲击是巨大的也是深刻的。我从1989年还是一名对"全球城市"充满好奇的青年学子,至此转变为对"全球城市"高度警觉的学者。后来我决定回国,主观上也就是对大都市的全球化及"全球城市"对大城市造成的潜在威胁的一种警惕。

  对"全球城市"可能造成的威胁必须要警觉。这些,我在1998年在《城市规划学刊》上写过一些当时急迫回国的感受。城市成为"全球城市",是跨国资本的力量作用后果,还是城市的官方规划被绑架了?城市成为"全球城市",到底谁是受益者,谁是失落者?

  "全球城市"的负面效果除了一般意义上指出的,对于全球城市体系的系统性健康伤害,对生活在"全球城市"的普通市民的心理伤害之外,对那些大城市"被全球化"的过程,可能存在以下伤害:①"全球城市"被国际资本绑架,城市的发展动力除了重视发挥跨国资本的作用,忽视来自底部的创新和创业力量;② 尤其要警惕的是,城市政府变为只听取国际资本的诉求,忘记本地一般居民的基本生存需求;③ 国际资本冲击造成"全球城市"中心区空间过度集聚致密;④ 城市中心区极高容积率造成的脆弱,成为恐怖袭击的焦点;⑤ "全球城市"房价被全球资本绑架冲击天顶,与本地劳动生产率相匹配的劳动工资愈来愈脱节;⑥ 城市生活成本与创业成本被逼到死角,造成创业创新人才大逃亡;⑦ 大城市特有精神特征被"全球城市"同质化；⑧城市历史传统文化空间节点被全球资本摧毁碾碎；⑨城市社会阶层空间分布被全球资本过度过滤，更加极化；⑩全球资本支撑的收入阶层在大都市中形成自保安的绿洲住区。

由此，我没有停止过对"全球城市"发展趋势的跟踪、观察与思考。2001年，在中国城市规划学会杭州年会上，我做了"从'国际化大都市'到'全球都市群'"的报告，正式提出了"城市竞争在全球范围内已经进入了城镇群竞争的阶段"。2002年，开始推进全球级城市群（Global Region）的研究课题，以长三角、珠三角与京津冀三大城市群作为研究对象，并为此组织了三名博士后分别从规模、边界与一体化等层面展开平行研究。

从"全球城市"到"全球都市群"的升级，是对一家独大的"全球城市"可能存在的巨大危险的一种反思。当一个城市在全球被资本绑架的时候，城市会脱离本土，忘记了基层，忽视了拥有血脉相通的邻居城市。但是，城市进入了城镇群共同命运体后，它不仅仅拥有国际顶级的资讯、人才、技术、资本、市场与节庆，而且它也拥有了本土的文化、传统的特色、绿色的田园、适宜的劳力、韧性的可持续和广阔的创业空间。

这就是我坚持认为的，一个大都市必须转型，从过去仅从周边城镇"吸纳"资源，成为"呼出"城市生命活力，辐射到更广阔的区域空间，带动整个城镇群落的生命活力，成为一个群落的共同繁荣永续的命运共同体。核心城市与周边城镇群之间这一呼一吸的结合，构成了全球城镇群的核心思想。

王伟博士于2004年追随我攻读博士学位，我将"全球城市群（Global Region）"研究计划框架中尚未展开的两大层面：空间结构以及具有创新意义的集合能效，即城市群发展的空间结构整体特征及其能效评价加以整体刻画与测度——这一时期攻关的核心命题作为他的学位论文的选题。作为我指导毕业最年轻的博士，王伟博士通过踏实的文献学习、数据分析，用一种创新的视角思路，对研究命题给出科学解答完成了一篇优秀的博士学位论文，获得同济大学、上海市优秀博士论文称号，并获得2011年全国优秀博士学位论文提名奖。

本书是王伟博士在其毕业论文基础上进一步完善的成果，书中对城市群规划理论与方法富有新意的探索是对中国城市群理论的有益贡献。

21世纪是城市的世纪，而中国城镇化更是走向转型成为新型城镇化，从单体走向群落，贡献于我们这颗城市星球可持续发展的历史性探索。"全球城市群"一方面是中国城市参与全球竞争必需的支撑，另一方面则承载着中国实现可持续发展战略的城镇化主体形态之责，更是中国为世界城镇化作出可能的模式贡献。

中国城镇化达到 50% 后,已经从过去靠体力的空间转移的城镇化,进入到一个靠智力创新的发展阶段。我提出城市是一个生命体,城市规划应充分尊重城市规律,包含城市化发展规律、城市生命规律、城市流动规律、城市空间规律、城市形态规律、城市群落规律。作为六方面规律之一,城市群落无疑是比单个城市更加复杂的巨系统,也无疑是更需要我们持续不断深入研究的。

很欣慰看到王伟博士的研究成果能够作为迎接同济大学 110 周年校庆的礼物出版面世,与大家分享。更希望这能成为他继续努力,迈向更高学术目标的新起点与新激励!

为此,特别作序。

吴志强
2017 年 4 月 18 日
于北京回上海的飞机上

目 录

总序
论丛前言
序

第 1 章　背景研究 ··· 1
 1.1　时代背景 ·· 1
  1.1.1　城镇化 ··· 1
  1.1.2　全球化 ··· 4
  1.1.3　信息化 ··· 6
  1.1.4　市场化与分权化 ··· 7
 1.2　政策背景 ·· 10
  1.2.1　新中国成立以来演变中的中国城镇发展方针 ························· 10
  1.2.2　与方针背道而驰的城镇发展现实反例 ··································· 13
  1.2.3　城市群：中国城镇化战略的优先选项 ··································· 14
 1.3　学术背景 ·· 17
  1.3.1　国外城市群研究现状与趋势 ··· 17
  1.3.2　中国城市群研究现状与趋势 ··· 19
 1.4　问题提出 ·· 26

第 2 章　理论研究 ··· 30
 2.1　城市群内涵与本质认知 ·· 30
  2.1.1　城市群相关概念评析 ··· 30
  2.1.2　城市群两个核心特征 ··· 36

    2.1.3 城市群新认知：一种中间体组织 ………………………… 40
  2.2 空间与空间结构内涵界定与研究述评 ………………………… 45
    2.2.1 空间的内涵与经济空间的界定 ……………………………… 45
    2.2.2 空间结构的内涵与城市群外部空间的界定 ……………… 47
    2.2.3 空间结构研究述评 ……………………………………………… 48
  2.3 集合能效内涵界定与研究述评 ………………………………… 72
    2.3.1 集合能效内涵界定 ……………………………………………… 72
    2.3.2 集合能效研究综述 ……………………………………………… 78

第3章 实证研究 ………………………………………………………………… 87
  3.1 研究方案设计 ……………………………………………………… 87
    3.1.1 研究目标 …………………………………………………………… 87
    3.1.2 研究路线 …………………………………………………………… 88
    3.1.3 研究方法 …………………………………………………………… 89
  3.2 城市群经济空间演变分析框架 …………………………………… 91
    3.2.1 空间形态分析 …………………………………………………… 92
    3.2.2 空间重心分析 …………………………………………………… 95
    3.2.3 结构能效分析 …………………………………………………… 98
  3.3 实证研究基础 ……………………………………………………… 100
    3.3.1 研究对象概况 …………………………………………………… 101
    3.3.2 研究时段、数据与指标 ………………………………………… 105
  3.4 城市群空间形态特征经验分析 ………………………………… 109
    3.4.1 空间趋势面分析步骤 ………………………………………… 110
    3.4.2 三大城市群空间趋势面特征分析 ………………………… 121
    3.4.3 空间趋势面研究发现与探讨 ……………………………… 125
  3.5 城市群空间重心轨迹经验分析 ………………………………… 128
    3.5.1 城市群空间重心专题图制作 ……………………………… 129
    3.5.2 城市群空间重心轨迹分析指标 …………………………… 130
    3.5.3 三大城市群空间重心轨迹分析数据 ……………………… 132
    3.5.4 三大城市群多指标空间重心轨迹演变分析 …………… 137
    3.5.5 空间重心研究发现与探讨 ………………………………… 151
  3.6 城市群空间结构能效测度经验分析 …………………………… 154

3.6.1　城市群空间结构集合能效测度的思路 ………………… 155
　　　3.6.2　DEA 模型变量选择与计算 ………………………………… 157
　　　3.6.3　DEA 模型运行与测度结果 ………………………………… 164
　　　3.6.4　城市群结构能效测度的双维组合分析 …………………… 166
　　　3.6.5　DEA 模型优化结果分析 …………………………………… 168
　　　3.6.6　结构能效研究发现与探讨 ………………………………… 170
　3.7　城市群空间组织关系演变经验分析 ……………………………… 174
　　　3.7.1　城市群空间组织的两类关系 ……………………………… 175
　　　3.7.2　城市群圈层——等级组织演变分析 ……………………… 177
　　　3.7.3　城市群扇面——比重格局演变分析 ……………………… 184
　　　3.7.4　城市群产业空间组织演变分析 …………………………… 193
　　　3.7.5　空间组织研究发现与探讨 ………………………………… 203

第4章　结语展望 ……………………………………………………………… 213
　4.1　有待深入完善之处 ………………………………………………… 214
　4.2　所值创新探索之域 ………………………………………………… 215
　　　4.2.1　城市群空间研究的复杂性思维与方法导入 ……………… 215
　　　4.2.2　全球化信息化背景下中心地理论的再发展 ……………… 218
　　　4.2.3　基于城市群形态的区域资源优化配置决策 ……………… 219
　　　4.2.4　市场与治理双重逻辑下的城市群规划研制 ……………… 220

参考文献 ……………………………………………………………………… 224

附录 A　长三角城市群研究原始资料与过程数据 ………………………… 243
附录 B　京津冀城市群研究原始资料与过程数据 ………………………… 289
附录 C　珠三角城市群研究原始资料与过程数据 ………………………… 306

后记 …………………………………………………………………………… 331

第1章 背景研究

1.1 时代背景

中国城市蓬勃快速与丰富多样的发展为城市研究提供了广阔的空间,而其最有价值之处是几种重要趋势的交汇与碰撞正在对中国城市的发展产生着广泛而深远的影响,它们是城镇化、全球化、信息化、市场化与分权化。

1.1.1 城镇化

城镇化(urbanization)是当今世界上重要的社会、经济现象之一。从图1-1可以看到,我们已经进入一个城市化的世界(联合国人居中心,2001)。

当前的城市化问题围绕着三个基本事实:① 全世界城市化节奏的加快;

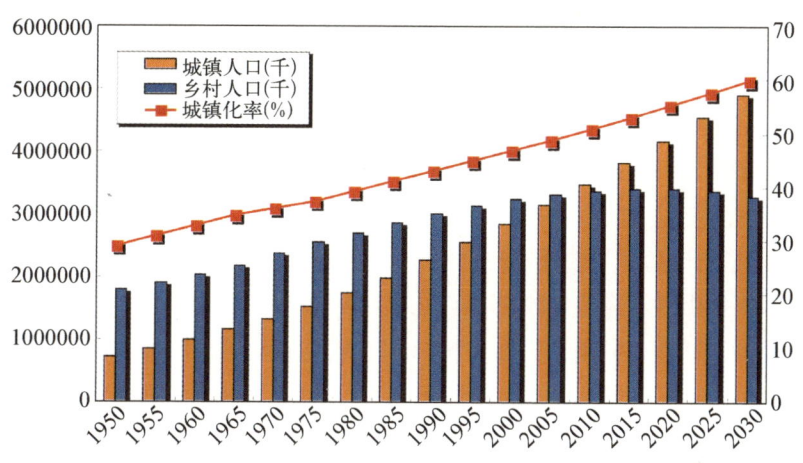

图1-1 1950—2030年世界城镇化发展

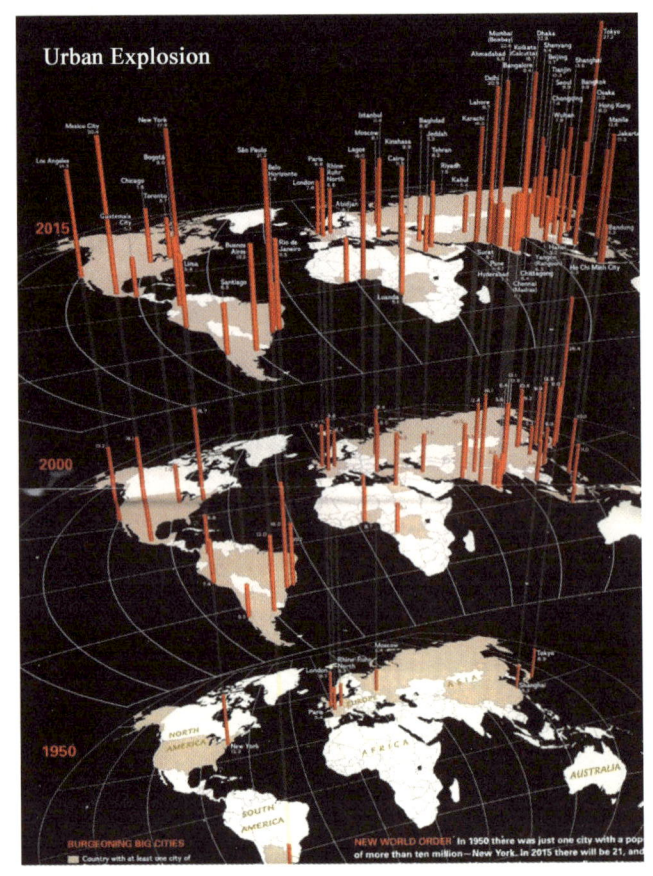

图 1-2　1950—2015 年大城市的爆炸式增长

② "欠发达"地区的城市增长,并没有伴随着已工业化资本主义国家第一次城市化过程中的相应的经济发展;③ 新城市形态的出现,特别是大城市地区(the great metropolises)(曼纽尔·卡斯特,2006)。1950 年,世界上只有纽约和伦敦两座城市的人口达到 800 万以上,1970 年,达到这一规模的城市增加到 11 座,1994 年,全球共有 22 座人口超过 800 万的大城市。联合国预计,到 2015 年,全球达到此规模的大城市将会有 33 座。其结果不仅使人口和财富进一步向大城市集中、大城市数量急剧增加,而且出现了超级城市、巨城市、大都市区和大都市带等新型城市群体空间组织形式。如伦敦—伯明翰、巴黎—鹿特丹—鲁尔地区、波士顿—纽约、芝加哥—底特律、旧金山—洛杉矶—圣达戈、蒙特利尔—渥太华、达拉斯—休斯敦—亚特兰大、东京—大阪等世界著名的大城市经济区(高汝熹,1998)。"世界经济的大都市化"这个词组描绘了正在浮现出的全球城市网络群岛式的空间结构(联合国人局署,2004)。

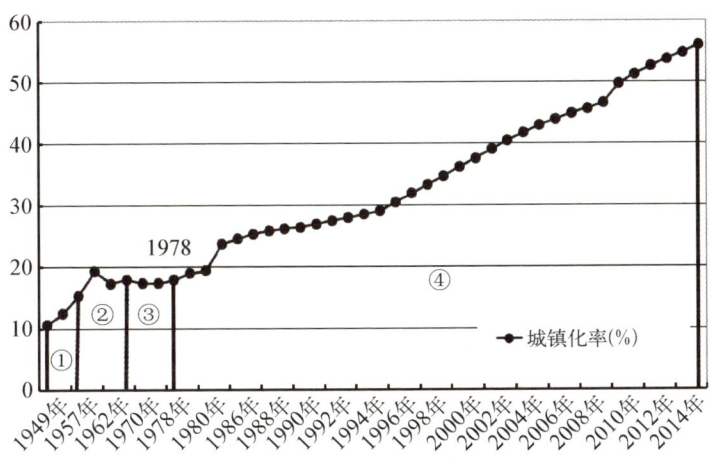

图1-3 1949—2015年我国城镇化发展

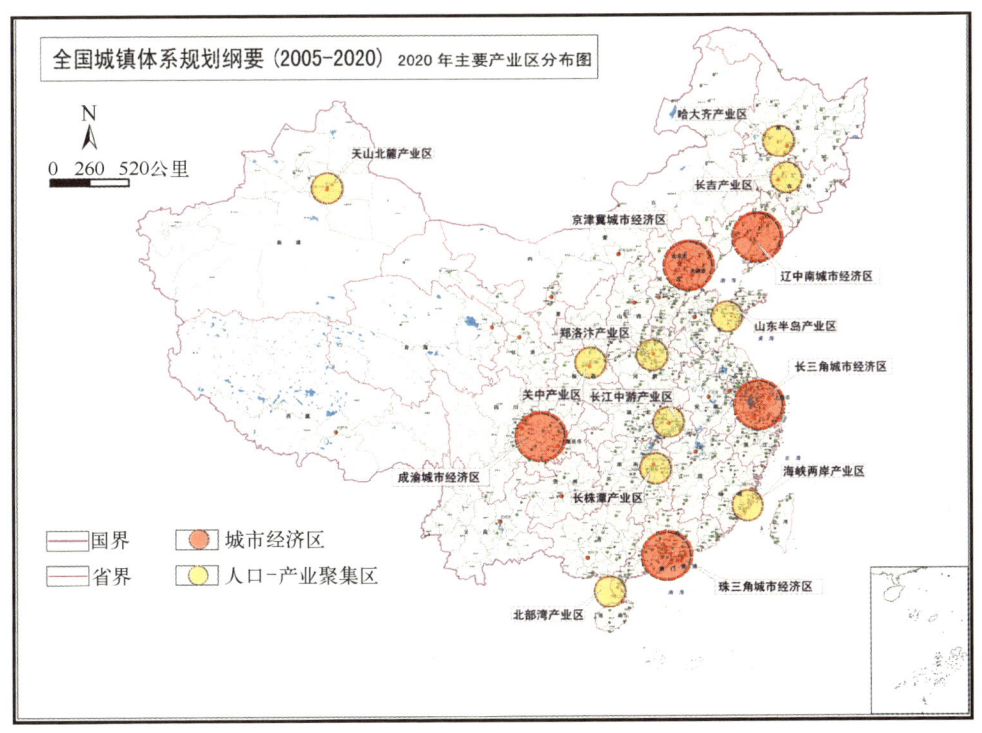

图1-4 2020年全国产业空间分布示意

资料来源：全国城镇体系规划（2006—2020）

1978年体制改革以来,随着阻碍城乡人口流动的政策壁垒逐步消除和城市工业化快速推进,我国城镇化水平不断提高,1978—2015年,城镇化水平从17.9%提高到56.1%,城镇人口数量从1.72亿增加到7.71亿,城市数量从1978年190座发展到2015年的661座(国家统计局,2016)。中国城镇化已经进入快速发展的起翘期,进入由单个城镇向城镇群体跨越的阶段,城镇化发展产生结构性变化,跳出单一城市发展,城镇区域一体化趋势日益明显(吴志强,2006)。城市群、都市圈等成为城市化的重要空间单元是中国城镇化的新趋势之一(张京祥,罗震东,何建颐,2007)。

在中国东部沿海地区,随着城市间各种快速通道的建设,城市与城市之间、城市与联系通道之间、城市与区域之间呈现新的空间组合特征,彼此之间联系更加紧密,出现了新的城市空间组织形式,也引发城市空间形态的变化,大都市区和城市群将逐渐取代单个城市成为城市空间格局的主体。目前,已经初步形成了京津唐、辽中南、山东半岛、长江三角洲、闽东南沿海、珠江三角洲六大城市分布密集区,这些新的城市空间组织将以城市之间紧密的经济联系为主要纽带,逐步跨越行政界限,成为中国未来城市格局的主体。

1.1.2 全球化

今天的全球化以前所未有的速度在发展。全球化不可抗拒地扩大了人们的生活空间和行动空间,也把人们的社会经济行动置于更广阔、更复杂的社会与文化、经济与政治场景中,这在21世纪成为最具有决定意义的结构性因素(皮埃尔·卡蓝默,2005)。

全球经济的地域分布及构成发生了变化,产生了复杂的两重性:一种空间分散但全球一体组织的经济活动(丝奇雅·沙森,2005)。尤其是跨国公司的全球性生产与商务网络的空间扩张并与不同区域的地方性网络融合,在全球层次、国家层次和地方层次都有具有重组空间结构的巨大力量,并产生不容忽视的空间效应(曾菊新,罗静,2002)。确切地说,城市特质和全球互相联结是勾画当代城市图像的两个主要因素(杨汝万,2004)。城市越来越成为战略性的基地(联合国人居署,2004),越来越多的人认识到,城市能够并且应当在国际政治经济和社会事务中扮演重要的角色。随着全球化力量把分散在世界各处的元素聚合在一起,城市间的正式和非正式网络也开始成形(安东尼·吉登斯,2003)。

城市间的经济网络成为全球经济运行的支架(丝奇雅·沙森,2005),若干世界性的节点城市成为空间权力上超越国家的实体。全球城市在调整和竞争中正在形成新的等级结构,即世界级城市、跨国级城市、国家级城市、区域级城市和地

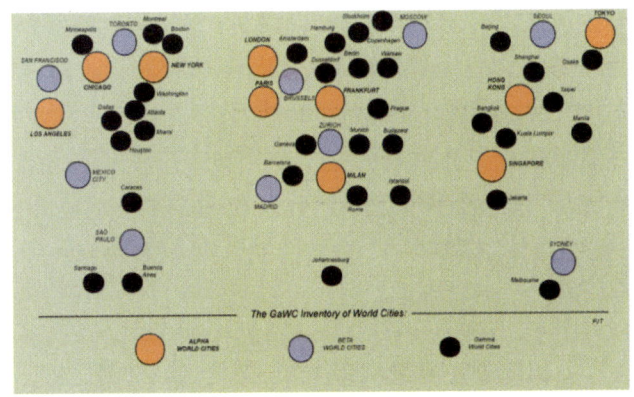

图 1-5 GaWC 提出的世界城市等级分布
资料来源：http://www.lboro.ac.uk/gawc/

方级城市。这使得一方面空间表现出明显的空间延续性，另一个方面也体现出从地方空间—区域空间—国家空间—全球空间的不同空间层面的跳跃性。因此，城市和区域不再是一个静止的空间，而是一个地域和功能上相互融合、相互包含的动态弹性空间（甄峰，2004）。

全球化是驱动世界各国经济发展最为重要的力量之一，对区域发展的重要影响之一就是新国际劳动地域分工的出现，全球范围的可流动资源成为决定城市发展速度、城市功能和空间结构演进的关键因素。在制造业、贸易和金融等方面能够融入全球经济的城市地区，其对周围地区的辐射和整合能力更强。全球化的力量将加强这些城市本地化的生产网络，在更广阔的地区充分调动和利用比较优势，同时在经济上获得更强的发散性。从而引发了很多崭新的城市形态，其中最瞩目的是围绕大城市或超巨城市而发展的超巨城市区域或大都市连绵区（EMR）（杨汝万，2004）。以大都市为主导，由若干不同等级、职能的城镇组成的联系密切、职能突出、功能互补和结构紧凑的大都市区（城镇密集区），并作为基本地域单元参与全球竞争和国际分工（阎小培，方远平，2002）。正是在新的国际劳动分工的背景下，我国沿海地区得到了较快的发展，出现了珠江三角洲、长江三角洲、环渤海地区的繁荣。

全球化给区域经济发展和地域空间结构优化带来了外生的发展机会，但也加剧了竞争，对绝大多数的城市而言，试图孤立发展都将是前景渺茫的，区域一体化就成为许多地区一种务实的选择和增强地方竞争力的必要手段，只有通过区域整体优势的结合与协作型的竞争，才能保证它们未来立于不败之地。城市区域化已经成为当代社会生产力高度集聚的空间表现形式，并进而催生了众多城市密集地区的发展（崔功豪，2002），成为全球经济与社会发展最基本的组织核心与最强劲的增长引擎,以及最主要的空间载体(张京祥,何建颐,殷洁,2007)。

通过不断的改革和对外开放,中国已经积极地参与了全球化的过程。特别是 20 世纪 80 年代末以来,中国政府对全球资本和产业转移采取积极引进战略,吸纳了众多以外商直接投资为体现的全球产业转移。外资的大量流入不仅为密切了我国城市经济与世界经济的联系,增强了我国城镇化的国际色彩,而且为中国工业化与城镇化注入强大的动力,外资带动因素成为中国城镇化发展的一个独特因素(顾朝林,1999)。

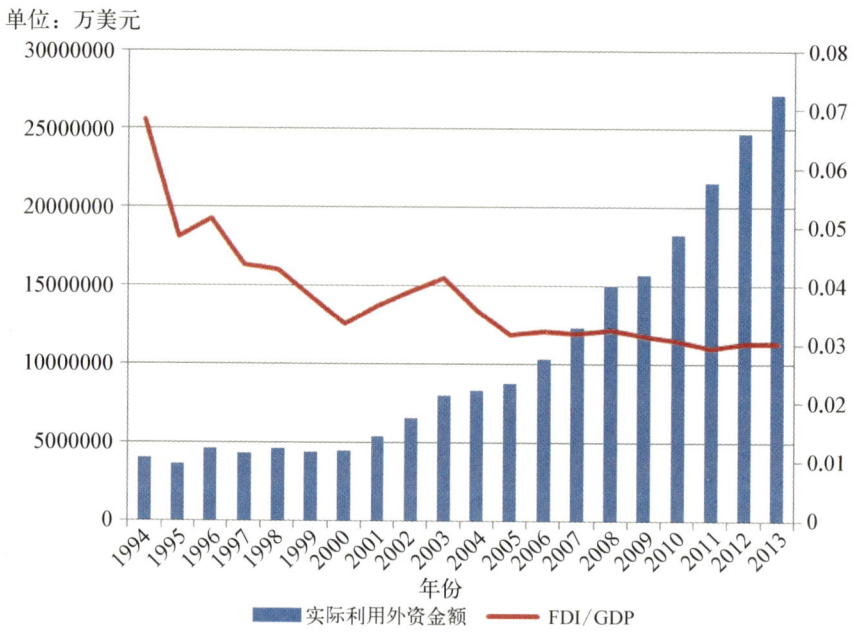

图 1-6 1994—2013 年中国实际利用外资金额及占 GDP 比例

随着城镇化进程的加速,我国已经出现了若干大城市群,例如长江三角洲城市群、珠江三角洲城市群、京津唐城市群、辽中南城市群,它们不仅是高度城市化的地区,而且已经成为国家、区域经济社会发展的中枢,正在积极与世界城市体系接轨。城市群作为一种高级的空间形态,与外部环境之间以及各组成要素之间无时无刻不在发生着复杂的相互作用和变化,其空间结构不可避免地受到经济全球化进程的强烈冲击和重塑,加剧了全球与城市/区域的功能重组过程。

1.1.3 信息化

1990 年后令人瞩目的新经济的主要特征就在于信息化、全球化与网络化。

信息科技催动了网络社会的兴起。它不但显示了组织网络之重要性和劳动个人化的趋势,也在转化时间与空间。跨国资本快速巨幅移动,流动空间(space of flows)正在转化地方空间(space of places)(曼纽尔·卡斯特尔,2006)。在《网络社会的崛起》一书中,卡斯特尔指出:"网络是一个开放结构,能无限扩展,所有的结点,只要人们共享信息编码(如价值观或成就目标)就能联系。一个以网络为基础的社会结构是高度动态、开放的系统,在不影响其平衡的情况下易于创新。"作为一种历史驱使,信息时代的主要功能和方法均是围绕网络构成的,网络构成了我们社会新的社会形态,是支配和改变我们社会的源泉。

在信息技术的影响下,信息技术重新塑造着人类生产方式、生活方式,空间的互动性也不断加强,进入一个互动式社会(曼纽尔·卡斯特尔,2006),信息技术也在快速改变着城市的社会结构、空间形态以及功能。城市的外部空间结构发生了显著变化,由传统的中心地模式向复杂的网络化结构演化。

表 1-1 网络时代城市的新结构特征

中心地体系	网络体系	中心地体系	网络体系
中心性	节点性	垂直接近	水平接近
规模独立	规模中立	单向流为主	双向流
趋向于首位与从属	趋向于弹性与互补性	运输成本	信息成本
同质商品与服务	异质商品与服务	完全竞争	价格歧视的不完全竞争

资料来源:David F. Batten, Network Cities. 1995. Creative Urban Agglomerations for the 21st Cenury. Urban Studies,1995.

当前,城镇化所带来的集聚动力仍然是中国区域与城市空间结构转型的重要推动力,未来信息技术及信息网络支持下,中国城市将走向区域协作和联合发展的方向,城镇间的联系越来越紧密,分工越来越明确,城镇连绵发展及更多的区域性城市群或城镇联合体的出现。

信息化为中国的城镇化发展带来了新的空间动力,增加了空间结构和空间组织的复杂性。多样化的、网络化的空间联系更多地表现为在不同层面空间单元之间的复杂且相互交织的网络化互动作用。因此,我们需要用一种开放与联系的眼光去看待当代中国城市群空间结构的变化过程。

1.1.4 市场化与分权化

新世纪伊始,几个新的城市发展方向明显可见,其中之一就是将权力和责任持续地下放给地方政府和公民社会。也就是说,将责任授权给更小的地方结构,或是分散(杨汝万,2004;皮埃尔·卡蓝默,2005)。

在过去10年,许多国家纷纷进行政治、财政和行政管理的分权化,以努力提高政府效率,增强城市政府的责任感和对市民需求反应的灵敏性。世界范围内出现权力和资源从中央政府向地方政府、城市市政管理当局和市民手中转移的分权化的普遍动向(皮埃尔·卡蓝默,2005)。由中央向地方放权的意识和做法并不仅仅出现在美国,也不仅出现在其他资本主义工业化国家,如撒切尔夫人时期的英国。事实上,这种意识和做法同样影响了80年代进行经济改革的社会主义国家,比如中国、匈牙利,以及90年代的资本主义国家,如韩国、日本。

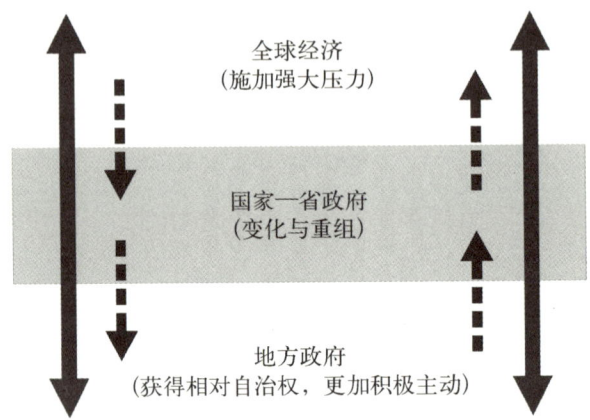

图1-7 当代国家与地方政府间权力的转移

因此,尽管全球化加剧了世界各地的城市所面临的挑战,它同时也为城市和地方政府扮演积极的政府角色提供了空间。随着民族国家在适应全球化趋势方面的能力逐渐削弱,城市开始发挥前所未有的重要作用(安东尼·吉登斯,2003)。

中国经济改革的实质是在行政分权(administrative decentralization)的框架下引入市场机制,即通过对外开放与国际经济接轨,通过权力下放即行政分权推行经济自由化和市场化(罗震东,2006;沈建法,2007)。很大程度上体现为中央与地方、地方的各级政府之间权利重新分配和不断调整的过程,改革的主线在于决策权的中心不断下移和税制改革对地方利益主体的确认。

1978年以前的分权化基本为行政性分权①,1978年以后的分权化是伴随着市

---

① 行政性分权(administrative decentralization)指的是:不改变原来行政机关对生产单位进行的微观干预而仅仅在行政系统内的各层次间作些权力调整(成德宁,2004)。

场化和对外开放的分权化,也称作"市场取向的分权"或"经济性分权"①。在这一分权化过程中,不仅都市区政府不断获得中央或上级下放的权力,更为重要的是企业和公民的发展自主权得到迅速扩大,市场与公民社会逐渐成为影响都市区发展的另一主体。市场取向的分权化对于企业与公民发展积极性与创造性的激发,迅速导致了都市区自生自发的城市秩序的扩展,并逐渐壮大为影响都市区发展的主要力量。于是,两个方向的分权,两种力量的发展,开始对都市区的治理发展产生深远的影响。

一方面,随着分权化、市场化与对外开放的全面推进,中国城市开始进入一个快速稳步发展期,具有如下阶段性特征:① 城镇化水平在 1996 年后开始提速;② 城市数量在 1997 年出现拐点;③ 以撤县设(县级)市为主要内容的设市模式,从 1979 年开始经过多次全国性的大规模实施,在 1997 年后偃旗息鼓,撤县(市)设区迅速成为 1997 年后城市行政区划变更的主要内容。上述城市制度上的发展与变化在空间上突出表现就是城市密集地区的出现和都市区的真正形成与快速发展。随着中国城市数量的迅速增长以及城市化水平的快速提升,以长江三角洲、珠江三角洲、环渤海地区为主的城市密集地区高度发展,业已成为支撑中国经济发展的主要区域(罗震东,2006)。

另一方面,随着权力在都市区政府纵向管理体系上的重新分配,城市自主发展的权力不断增大,市、区(县)两级政府在经济、社会与空间管理中的作用和角色开始发生根本性转变②。从政治上成为一个利益独立的实体。政府可以根据城市发展的实际情况制定更为灵活的城市发展政策与制度。经济和管理运作权力的增强和建设投资权力的下放使得城市之间的竞争成为一种可能。这种改变在中国尤为明显,一方面城市的经济活动由中央计划、地方政府落实转变城市直接与全国、全球经济接轨;另一方面,城市发展建设的计划与资金,也由统一调拨转变为城市政府自筹资金,发掘多种渠道,中国城市与区域发展活力、动力与实

---

① 市场性分权(market-oriented decentralization)又叫做经济性分权(economic decentralization),主要是指:在改变行政系统职能的同时,把微观决策权还给面向市场的企业,行政机关主要通过市场中介从事宏观总量的管理(成德宁,2004)。

② 总体而言,改革开放以来,中国地方政府在城市发展中的角色经历了两次大的转换:1. 发展型地方政府(developmental state)。1990 年代中期以前的改革主要采取行政性分权战略,中央将国有经济的大部分控制权逐步转移给地方政府,充分激发了地方政府在经济发展中的主动性。地方政府积极介入经济领域,在加强对国有企业经营的同时,大力发展乡镇工业(Qi,1992)。发展型地方政府对城市空间的影响主要表现为,城市建成区的快速扩张和小城镇的大量涌现。2. 创业型城市/政府(entrepreneurial city/state)。1990 年代中期以来,改革采取经济性分权战略,经济增长的推动主体由地方政府转换为各类受市场约束的企业。这一时期,地方政府承担的主要职能从经营企业转为经营城市,成为具有独立利益和行为目标的创业型城市/政府(张京祥,罗震东,何建颐,2007)。

力得以不断增强。

与此同时,经济全球化和市场化内外双向的动力过程,加剧了中国地方政府之间的竞争。中国地方政府间竞争经历了从集权模式下的有限利益之争,到行政性分权改革中地方政府间的诸侯割据,再到经济性分权改革下创设政策、制度环境争夺流动性生产要素的大战动态演变过程(季燕霞,2001)。

1.2 政策背景

1978年,改革开放序幕正式拉开。至2016年,城镇化率达到57.35%,中国进入城市社会。近40年间,中国城镇发展创造出一个又一个奇迹,不仅孕育了城市、城市人、开发模式和全球品牌,更直接催生了具有鲜明中国特色的制度与体制,为世界提供了一个城镇群体发展样本。在此,笔者对新中国成立后不同发展时期中国城镇发展方针要点进行了纵向梳理,作为对城市群研究政策背景理解的铺垫。

1.2.1 新中国成立以来演变中的中国城镇发展方针

城镇发展方针作为指导城镇持续健康发展,把握城镇发展大局与方向的总体纲领,经过60多年的效应累积,深深影响了国家城镇化格局与形态(表1-2)。

表1-2 1949年新中国成立以来中国城镇发展方针的演变

时 期	方 针 要 点	阶段特点
1949—1952年	新中国成立初期,"把消费城市变成生产城市"。	城市功能抉择
1953—1977年	围绕工业化建设城市:1. 围绕工业化有重点地建设城市;2. 随着工业"大跃进"的指标建设城市;3. 在大、小"三线"建设中,形成不建集中城市的思想。	
1978年	国务院第三次全国城市会议通过了《关于加强城市建设工作的意见》,提出"控制大城市规模,多搞小城镇"。	城市规模之争
1980年	国务院批转的《全国城市规划工作会议纪要》,提出"控制大城市规模,合理发展中等城市,积极发展小城市"。	

续 表

时 期	方 针 要 点	阶段特点
1981—1985年	"六五"计划进一步强调,"认真执行控制大城市规模,合理发展中等城市,积极发展小城市的方针","新建大中型工业项目,一般不要放在大城市,尽量放到中小城市或郊区","特大城市和部分有条件的大城市,要有计划地建设卫星城镇"。	城市规模之争
1986—1990年	"七五"计划提出,"应根据我国实际情况,对城市发展的结构和布局进行合理规划","坚决防止大城市过度膨胀,重点发展中小城市和城镇"。	
1990年	《城市规划法》第四条:"国家实行严格控制大城市规模、合理发展中等城市和小城市的方针,促进生产力和人口的合理布局。"	
1991—1995年	"八五"计划首次出现"城市化"概念,提出有计划地推进我国城市化进程。"严格控制大城市的规模,合理发展中等城市和小城市,以乡镇企业为依托建设一批布局合理、交通方便、具有地方特色的新型乡镇"。	首次出现城市化概念,更加重视强调小城镇,大战略
1993年	十四届三中全会通过《中共中央关于建立社会主义市场经济体制若干问题的决定》,进一步指出"加强规划,引导乡镇企业适当集中,充分利用和改造现有小城镇,建设新的小城镇"。	
1996—2000年	"九五"计划最为突出的特点即彻底放弃此前"控制大城市规模"的提法,倡导"逐步形成大中小城市和城镇规模适度、布局和结构合理的城镇体系"。但这一时期的城市化战略核心,仍以小城镇为主,强调"加强乡村基础设施建设,有序地发展一批小城镇,引导少数基础较好的小城镇发展成为小城市,其他小城镇向交通方便、设施配套、功能齐全、环境优美的方向发展"。	
1998年	十五届三中全会通过《中共中央关于农业和农村工作若干重大问题的决定》,指出"发展小城镇,是带动农村经济和社会发展一个大战略"。	
2000年	国务院颁布《中共中央关于促进小城镇健康发展的意见》,指出"加快城镇化进程的时机和条件已经成熟,抓住机遇,适时引导小城镇健康发展,应成为当前和今后较长时期农村改革与发展一项重要任务"。	

续 表

时　期	方　针　要　点	阶段特点
2001—2005 年	"十五"计划提出,"发展小城镇是推进我国城镇化的重要途径","推进城镇化要遵循客观规律,与经济发展水平和市场发育程度相适应,循序渐进,走符合我国国情、大中小城市和小城镇协调发展的多样化城镇化道路,逐步形成合理的城镇体系","注意发展城市间的经济联系,发挥中小城市对小城镇发展的带动作用。在着重发展小城镇的同时,积极发展中小城市,完善区域性中心城市功能,发挥大城市的辐射带动作用,引导城镇密集区有序发展,提高各类城市的规划、建设和综合管理水平,走出一条符合我国国情、大中小城市和小城镇协调发展的城镇化道路"。为了突出"小城镇发展"这一重点,纲要还提出了要"防止盲目扩大城市规模"。	出现协调发展理念,城镇密集区首次出现
2002 年	十六大报告强调,"要逐步提高城镇化水平,坚持大中小城市和小城镇协调发展,走中国特色的城镇化道路"。	
2006—2010 年	"十一五"规划坚持大中小城市和小城镇协调发展,提高城镇综合承载能力,积极稳妥地推进城镇化。首次明确提出,"增强城市群的整体竞争力","要把城市群作为推进城镇化的主体形态,逐步形成高效协调可持续的城镇化空间格局","有条件的区域,以特大城市和大城市为龙头,通过统筹规划,形成若干用地少、就业多、要素集聚能力强、人口分布合理的新城市群"。	协调发展理念得到进一步深化,首次确立城市群的重要地位,首次提出中国特色城镇化道路
2007 年	十七大报告强调,"走中国特色城镇化道路,按照统筹城乡、布局合理、节约土地、功能完善、以大带小的原则,促进大中小城市和小城镇协调发展。以增强综合承载能力为重点,以特大城市为依托,形成辐射作用大的城市群,培育新的经济增长极"。	
2008 年	十七届三中全会报告提出,"坚持走中国特色城镇化道路,发挥好大中城市对农村的辐射带动作用,依法赋予经济发展快、人口吸纳能力强的小城镇相应行政管理权限,促进大中小城市和小城镇协调发展,形成城镇化和新农村建设互促共进机制。"	
2011—2015 年	"十二五"规划以大城市为依托,以中小城市为重点,逐步形成辐射作用大的城市群,促进大中小城市和小城镇协调发展。	
2012 年	中央经济工作会议首次提出,把生态文明理念和原则全面融入城镇化全过程,走集约、智能、绿色、低碳的新型城镇化发展道路。	新型城镇化核心理念得以明确,确立了城市群主体形态,再次对城市规模进行治理
2013 年	十八届三中全会通过了《中共中央关于全面深化改革若干重大问题的决定》,指出坚持走中国特色新型城镇化道路,推进以人为核心的城镇化,推动大中小城市和小城镇协调发展、产业和城镇融合发展,促进城镇化和新农村建设协调推进。	

续　表

时　期	方　针　要　点	阶段特点
2013年	中央城镇化工作会议要求,把城市群作为主体形态,促进大中小城市和小城镇合理分工、功能互补、协同发展。全面放开建制镇和小城市落户限制,有序开放中等城市落户限制,合理确定大城市落户条件,严格控制特大城市人口规模。	新型城镇化核心理念得以明确,确立了城市群主体形态,再次对城市规模进行治理
2014年	国家新型城镇化规划(2014—2020年),以城市群为主体形态,推动大中小城市和小城镇协调发展。	
2015年	中央城市工作会议提出统筹空间、规模、产业三大结构,提高城市工作全局性。以城市群为主体形态,科学规划城市空间布局,实现紧凑集约、高效绿色发展。……强化中小城市和小城镇产业协作协同。	贯彻国家"创新、协调、绿色、开放、共享"的最新发展理念,进一步明确城市群主体形态,并强化各级规模城市产业协作

注:作者根据相关国家文件规划整理总结

1.2.2　与方针背道而驰的城镇发展现实反例

国家城镇发展方针作为落实政府意图的政策工具,无论各时期方针内容侧重如何,其适应时代需要,实现良性发展的目标追求应是共通的。然而时至今日,众多现实反例却不得不令人深思。

1. 特大城市"城市病"严重,为何却越来越大?

从方针内容来看,对大城市规模的控制是改革开放以来一项重要内容。然而,以京沪广为代表的大城市,人口不断集聚,给城市规划和管理带来诸多挑战,如生态环境恶化,房价居高不下,交通拥堵严重,能源资源紧张,安全形势严峻等。就在出现这些"城市病"的情况下,第六次全国人口普查显示:北京市常住人口1 961.20万,同2000年第五次全国人口普查相比,增加604.3万人,增长44.5%;上海常住人口2 301.92万,同2000年第五次全国人口普查相比,增加661.15万人,增长40.3%;广州常住人口1 270.08万,同2000年第五次全国人口普查相比,增加275.78万人,增长27.74%。

2. "小城镇,大战略",为何举步维艰?

中小城市、小城镇是改革开放以来国家一直鼓励与扶持的重点,特别是费孝通先生提出的"小城镇,大战略"曾兴盛一时。然而现实却是,首先,中小城市地位下降。过去20年中国大中城市对国家城镇化的贡献由1990年的39.08%提升到2010年的59.94%,而小城市和小城镇对国家城镇化的贡献却在下降,由1990年的60.92%猛降到2010年的40.07%。其次,县域经济整体上仍然没有摆脱"农业大县、工业小县、财政穷县"的基本特征。据2008年《农民日报》报道,中国每个县的赤字平均约一亿元,全国赤字县占全国县域的比重达四分之三,县级财政基本上是"吃饭财政"。2013年1.84万亿之地方债到期,市县级政府偿还压力巨大。再次,小城镇发展陷入困境。以重庆为例,国家每年下达的新增建设用地指标平均为150平方公里左右,其中93%用于保障重庆主城区和31个区县城用地需求,而900多座小城镇获得的指标仅占7%。

通过对新中国成立以来国家城镇发展方针和两个现实反例的比照,很容易看出理想与现实之间的巨大反差。结合长期对城市发展理论的学习与规划实践经验的感悟,笔者认为上述反差反映出改革开放以来,带有计划色彩的国家顶层设计与市场经济带来的人员、要素流动性不断增强的底层现实之间错配与失配,夹在其中的中国城镇群体出现"膨胀的大城市—收缩的中小城市—虚弱的小城镇"的层级断裂,折射出城市发展规律的客观科学性与城市发展政策的主观能动性之间尚未做到统一(图1-8)。

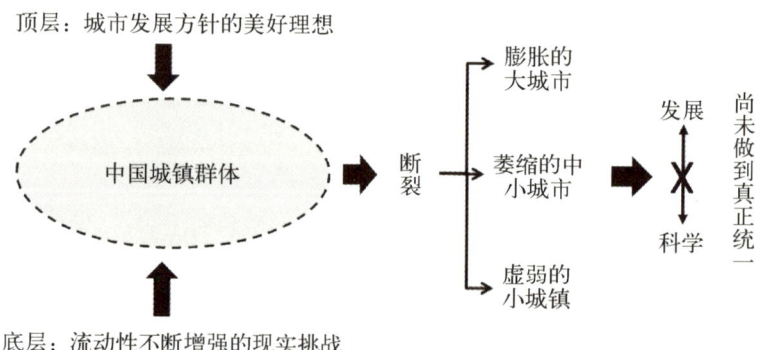

图1-8 新中国成立以来中国城镇发展面临的挑战

1.2.3 城市群:中国城镇化战略的优先选项

在今天的中国,城市发展的外部环境不断发生着变化:国际上,经济全球化浪潮愈演愈烈,信息技术飞速发展;在国内,制度改革不断深化,市场经济日益成熟,城市病进入高发期。这些既构成了中国城市群体发展的现实背景,也成为中

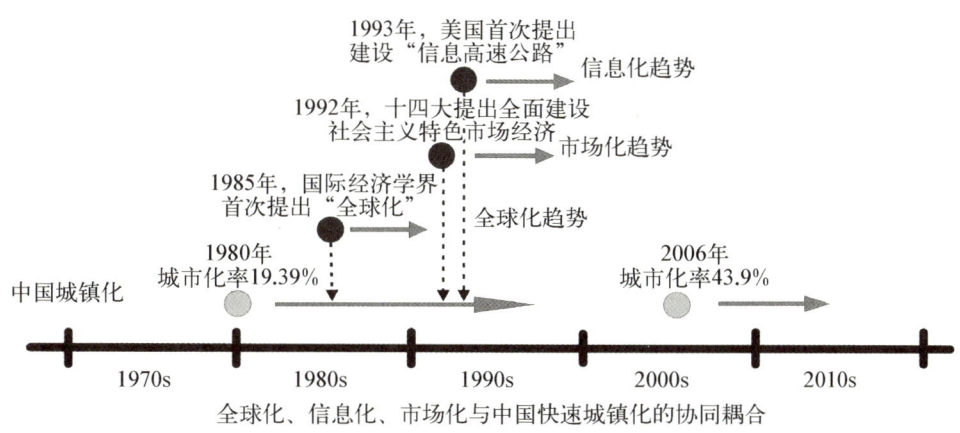

图1-9 全球化、信息化、市场化交织下的中国城镇化进程

国城市群体发展的动力因素。

城市群是中国城镇化发展到一定阶段的客观产物,作为一种新的社会经济组织方式及文化与生态景观的具体地域表现形态,中国城市群已成为国内外城市学界内广泛关注的焦点。在中国,城市群具有"对内"和"对外"的双重属性。

1. 对内:城市群是区域空间演变与联系深化的有机整体

1) 城市群成为中国人居环境与生产要素的新空间组织形式

随着中国城镇化和工业化持续快速的发展,中国城市之间联系日趋紧密,城市逐渐跳出个体框架的束缚,向区域化方向发展,已经基本形成了发育程度不同的经济实体,其外部表现为城市个体相对分散的结构形态,而内部则表现为高密度的经济联系以及多样化的联系方式。该类经济实体承担了中国国内主要生产要素集聚区的功能,因此其形成与发展必然具有相当的客观规律性。就要素禀赋(资金、技术、信息、资源等)差异而言,城市群区相互联系、相互制约的不同等级的中心城市具有多层次的地域分工,表现为:国家级大市或区域性大都市与地方中心城市间传统比较优势部门间的分工以及同部门内并重的地域分工;地方中心城市间产品差异化和规模经济所形成的部门内分工为主的地域分工。城市群区通过区域整合与产业互动整合的"双重整合",提高城市群区经济地域系统的组织能力及其经济实力。

2) 城市群成为中国城市政策与制度创新的新发展战略形态

新常态下,中国这一轮新型城镇化,必须直面回答七个严肃的问题(中国城市发展报告(2002—2003)):

① 如何真正落实"大中小城市与小城镇协调发展"的指导方针?

② 是否城市发展方向仍然依照传统式的单极扩大?

③ 如何改变城乡分离、城际分离、地方保护、恶性竞争的弊病？
④ 如何打破产业布局趋同、到处小而全的重复性浪费？
⑤ 如何消除日益严重的"城市病"？
⑥ 如何扩大城市就业，创造更多的就业机会？
⑦ 怎样实现以"协调发展、全面发展、可持续发展"为总目标的区域一体化？

以上七大问题的解决，蕴含了两个核心命题：一是跳出城市规模政策束缚，树立区域视野；二是冲破行政区经济藩篱，推动区域一体化发展，这些亟待新的空间组织模式来解决，意味着城市化发展战略形态的革命性变革，意味着中国城市区域空间政策的重大创新。

而我们开展对城市群研究与规划的一个重要目的就是真正打破"城市规模与行政区划"的"条条块块"①约束，建立以市场经济为主导的经济区域，充分发挥城市的中心地作用，形成以大城市或特大城市为中心，通过其聚集与扩散效应来整合区域内的各种社会经济要素与生产力布局，带动周边地区的共同发展，使城乡关系由对立走向融合。因此，要转变"就城市论城市"的狭隘观念，区域综合协调与地区规划相结合，树立一定区域范围来研究城市发展的区域观念。

2. 对外：城市群是接轨全球经济和参与全球竞争的重要单元

1) 城市群成为中国参与世界分工与合作的新产业集聚形式

城市群作为一个特殊的经济功能实体，与产业发展的关系表现在两个方面：一是新型产业和产业联系方式会在一定程度上促进或刺激城市个体之间产生相互作用，实现合理的分工与协作关系；二是良好的城市群内部组织关系，在一定程度上能够促进产业的集聚以及联系方式的变革（宋吉涛，2007）。经济全球化使得商品、资源、要素在全球范围内自由流动，世界联系不断强化。但参与这种世界联系和能量交换的基本单元不是原来意义上的单个城市，而是若干作为全球功能节点的世界城市或国际性城市，以及更多的是依托这些世界城市作为联系纽带而间接参与全球联系的次级城市所形成的群体。

---

① 在行政区取代经济区后，中国经济的运行被分割成许多相互隔绝的行政区经济单位，形成相互分割的"诸侯经济"。再加上由于中国计划经济体制下工业管理体制以"条条"和"块块"双向管理为主要特征。"条条"管理和"块块"管理都具有较强的行政隶属特点，中国中心城市的经济活动也只能再划定的行政区域范围内进行，不得超越行政所赋予的权限而直接同其他城市或地区发生直接的经济联系。20世纪80年代，为了解决城市经济发展中条块分割和城乡分割的弊端，我国大规模地推行了"市管县"体制，目的在于解决中心城市与周边地区孤立发展的矛盾；然而，从实践效果来看，由于政府职能没有转换到位，大市带县后，仍然沿用传统的行政手段和管理方式对所辖市县进行管理，因此，"市管县"体制虽然在一定程度上打破了旧的条块分割，但又形成新的"块块"，只不过这个"块块"比原来地域范围更大而已（周克瑜，1999）。

新世纪,中国成为世界工厂的主要组成部分,合理的产业组织形式是中国城市群发展壮大的核心动力。以大都市为主导,由若干不同等级、职能的城镇组成的联系密切、职能突出、功能互补和结构紧凑的大都市区(城镇密集区)将会成为一种高效的生产力空间组织形式。

2) 城市群成为中国提升全球竞争力与话语权的新区域动力源泉

全球化不仅加剧了竞争,也加速了破碎化,给城市带来了负面的影响。要想有效率地参与竞争,城市必须作为一个集体单元来行动(联合国人局署,2004)。对绝大多数的城市而言,试图孤立发展都将是前景渺茫的,区域一体化就成为许多地区一种务实的选择和增强地方竞争力的必要手段,只有通过区域整体优势的结合与协作型的竞争,才能保证它们未来立于不败之地。城市区域化已经成为当代社会生产力高度集聚的空间表现形式,并进而催生了众多城市密集地区的发展(崔功豪,2002),成为全球经济与社会发展最基本的组织核心与最强劲的增长引擎,以及最主要的空间载体(张京祥,何建颐,殷洁,2007)。

由此,以城市群为特征的全球城市体系的新格局逐渐形成,并成为全球经济联系的重要单元。国与国的竞争由企业、产业集团、中心城市的竞争逐步表现为城市群分享全球资源空间的竞争。经济发展的主要动力将越来越源于以核心城市、次级城市、周边城镇及其腹地共同构成的城市群。随着全球范围竞争的不断加剧,城市群之间的分工、合作和竞争将决定新的世界经济格局。

从上面这些逻辑和信息中基本可以得出,要实现中国城市的健康布局,城市群将成为中国这轮城镇化建设的优先平台和政策选项,其能否永续科学地发展关系未来中国发展的战略全局。如果说新型城镇化是改革的"抓手",那么城市群就是新型城镇化的"硬核"。中国城镇群体进入新的发展阶段,中国的城乡规划研究机构、行业机构、管理部门必须主动回应并进行前瞻性思考。

1.3 学 术 背 景

1.3.1 国外城市群研究现状与趋势

20世纪中期,城镇高密度发展首先成为欧美发达国家城市化的一种空间现象。针对这一现象,法国地理学家戈特曼(Jean Gottmann)于1957年首次提出大都市带(Megalopolis)这一崭新的城镇群体概念。1987年,麦吉(T. G. McGee)在对东南亚地区发生的一种城乡劳动力流动频繁的空间类型进行实证研究基础上，提出城乡混合区（Desakota）概念，在此基础上他提出大都会区（mega-urban region）的概念，认为是两个或两个以上核心城市由高效的交通路线连接起来，范围包括核心城市（major-cities）、城市外缘区（peri-urbanzones）以及 Desakota 区。虽然两种独特城镇化现象发生在不同的时期与地域，但反映出在欧美发达国家与亚洲发展中国家都已出现城市群体化发展的现象。

1988 年，Allen J. Scott 在其 *Metropolis: From the Division of Labor to Urban Form* 的论著中从地域劳动分工的视角对北美大都市区空间结构与形态的形成与演变进行了剖析与解释。2001 年，Allen J. Scott 在其 *Global City-Regions: Trends, Theory, Policy* 这一新的研究论著中提出一种不同于仅有地域联系的城市密集区的城市化空间现象，即在经济全球化影响塑造下产生的全球城市区域（global city region）。这表明城市群已从城市化特定阶段的产物转型为全球化进程中日益重要的参与者，Jonathan Barnett（2001）将其称为新大都市区主义（New Metroplitanism），城市区域成为城市研究的真正热点。

最近国际城市体系发展动向是以大都市为中心，形成多中心的城市区域（Polycentric Metropolis），2006 年 Peter Hall 与其助手 Kathy Pain 出版了由欧盟基金支持的关于新北欧大都市带的最新研究成果 *The Polycentric Metropolis: Learning From Mega-City Regions in Europe*，书中 Hall 对 Polycentric Metropolis 给出了原则性的界定，并指出正在发生着从大都市带（Metropolis）向多中心都市带（Polyopolis）的发展趋势，书中采用定量分析与图形化的表达对西北欧 South East England、Randstad Holland、Central Belgium、RhineRuhr、Rhine-Main、Northern Switzerland、The Pairs Region、Greater Dublin 等 8 个大都市区进行了研究，涉及多中心都市带的组织合作结构（Corporate Structures）与网络（Networks）、欧洲核心地域的连通性（Connectivity）分析、欧洲大都市的信息流图形化分析（Mapping the Flow of Information）、在大都市区内的企业与场所、基于流（flows）与关系（relations）的大都市区内外联系（Linkages）分析、作为"流空间（Space of Flows）"与"位空间（Space of Places）"联结的公众（People）与场所（Places）分析，最后以 8 个大都市区为案例进行了区域认同（Regional Identities）与区域政策研究（Regional Policies）等。而 Saskia Sassen 最新专著 *Territory · Authority · Rights: From Medieval to Global Assemblages* 也于 2006 年出版，她继续了自己一贯的全球视角，全书围绕疆域、主权与权力三个方面所发生的从中世纪城市向全球聚集带的转变，一方面展现了其最新的研究动态，另一方面也说明 Sassen 的研究已经由对

global city 这种节点的关注转向与 global city 密切相关的更大的区域分析。

与此同时,80年代以来,伴随着生产技术与组织的急剧变化,信息经济与知识经济的飞速发展,经济全球化的快速推进,后福特主义(Post-Fordism)(Ash Amin,1994)、后工业社会(Post-industrial society)(Manuel Castells and Peter Hall,1994)、后现代(Postmodern)(Edward W. Soja,2001)等成为当代城市群研究的外部语境,国外城市群研究也由实体地域结构关系研究为主转向空间动力机制研究为主的阶段,对城市群形成与发展动力机制的研究越来越趋向于微观因子作用方式的探讨,逐渐由传统的产业、交通、人口等要素向信息、技术、管理、新型资本、制度和文化等方向转变。诸如管制研究、金融资本、企业结构、战略与区位、产业区与产业集群、跨国公司形式与空间形式、国家与区域学习和创新系统、创新、溢出和集聚的新经济地理、劳动力与地方性、企业、工人与经济活动的地理集聚、环境与管制、市场与环境质量、区域一体化、经济的文化地理研究等(G. L. 克拉克,M. P. 费尔德曼,M. S. 格特勒,2005)。

1.3.2 中国城市群研究现状与趋势

改革开放以来,中国城镇化快速发展,城镇群密集区首先在东部沿海地区开始出现。中国学者从1980年代开始有关城市群的研究,1990年代以来,这一研究逐渐拓展。

1983年,于洪俊、宁越敏在《城市地理概论》中首次用"巨大都市带"的译名向国内介绍了戈特曼的思想。1988年,周一星提出都市连绵区(Metropolitan Interlocking Region,MIR)的概念,并随后归纳了都市连绵区形成的条件和相关划分标准。1992年,崔功豪对城市带的概念和特征、城市带的形成发展机制、城市带理论在中国的实践等方面进行了阐述,并对长江中下游城市带的形成做了比较深入的研究。1992年,姚士谋在《中国城市群》(第一版)综合分析了中国城市群的基本概念,地域结构特征、城市群发展趋势以及中国五大城市群和八个城镇密集区的基本情况和发展前景,1997年,姚士谋又进一步对中国大都市的空间扩展问题进行了研究。1998年,陆玉麒在其《区域发展中的空间结构研究》一书中,依据对中国多组中心城市与口岸城市的组合关系进行归纳,提出"双核模式"的区域城镇组合发展模式。2000年,由胡序威、周一星、顾朝林等一批专家学者共同完成的中国沿海城镇密集地区空间集聚与扩散研究,较为全面地总结了国外相关理论成果以及中国该领域最新进展,依照城市人口—经济—空间—极化与分异—机制调控的逻辑思路,讨论城镇人口、经济集聚与扩散对城市空间运行机制及空间结构与形态产生的影响,并从长江三角洲、珠江三角洲、京津唐及辽中南地区的空间集聚与扩散的实证研究中全面地分析了各自的特征、机制以及存在的问题,并提出了相应调控政策。2000年,张京祥从城镇群体角度考察了城镇群体空间建构的基本理念与原则,把群体空间发展视为一个自构与被构相复合作用的过程,从区域和圈域两个层面对空间的演化机制进行了深入探讨,并结合长江三角洲对实证区域的城镇群体空间组合提出建议。2001年,曾菊新从城乡关联的角度出发,探讨城市化过程中的城乡协同发展和优化发展的条件,揭示现代城乡网络化发展规律,并提出城乡网络化发展是可供选择的中国城市化发展模式。同年,陆军从经济学角度,通过对城市自身体系及与所在区域内其他城镇体系的经济运动与空间运动两个方面关系的机理研究,来揭示城市经济区域外部空间组合的演化规律。2003年,刘荣增采用全球化背景下的相关指标对城镇密集区发展阶段进行划分,探讨不同时期和区域背景下城镇密集区形成、演化的机制,并对不同地区和不同阶段的城镇密集区提出相应的引导和调控思路。2004年,朱英明的城市群经济空间分析研究从城市群地域结构、城市流强度和区域市场网络等角度全面探讨了城市群的区域联系,并以沪宁杭城市群为对象对其进行了城市流强度分析、城市间联系主成分分析、空间联系区位商分析等一系列定量分析研究。2004年,谢守红在其博士论文基础上出版《大都市区的空间组织》一书,对大都市区的空间组织原理、方式与实例进行了一定深度的探讨。2006年,罗震东以中国体制改革所带来的中央权力下放的分权过程为切入,对中国都市区在这一制度变迁影响下的发展进行研究,提出未来多中心治理的大都市区发展模式。2006年,方创琳、宋吉涛等以中国8大城市群为案例,进行了城市群空间结构稳定性分析的研究。

利用 CiteSpace 软件,以中国知网(CNKI)数据库为数据来源,以"城市群"为关键词进行检索,检索范围为核心期刊,时间跨度为1992—2015年共24年,剔除不相关文献后,我国对城市群的相关研究从1992年开始出现,在23年内刊登了相关研究文献数量达到3 565篇之多,文献总量较大,表明城市群是一个具有较高关注度和热度的研究领域。

对文献数量的时间分布进行研究,可以将当前城市群的研究大致分为三个阶段:第一阶段(1992—2000年),研究起步阶段,对城市群的研究刚刚兴起,相关文献数量较少;第二阶段(2001—2009年),高速发展阶段,"十一五"规划提出"要把城市群最为推进城镇化的主体形态",城市群研究的热度增加,文献数量逐年上升且上升速度较快,文献数量从一年105篇上升到2009年一年390篇,2007年党的十七大报告中提出"形成辐射作用大的城市群,培育新的经济增长极",对城市群的研究猛增,到2009年达到研究数量最高点;第三阶段(2010—2015年),研究深化阶段,对城市群基本理论的研究已经较为成熟,研究视角转入城市群具体实践和相关建设问题研究,该阶段对城市群研究的文献数量波动较大,与国家政策有紧密关系,2012年党的十八大报告和中央经济工作会议提出合理规划城市群规模和布局,与区域经济发展紧密衔接,又一次把城市群研究推向高峰,2015年12月第四次城市工作会议结束后,预计2016年对城市群的研究将再次高峰。

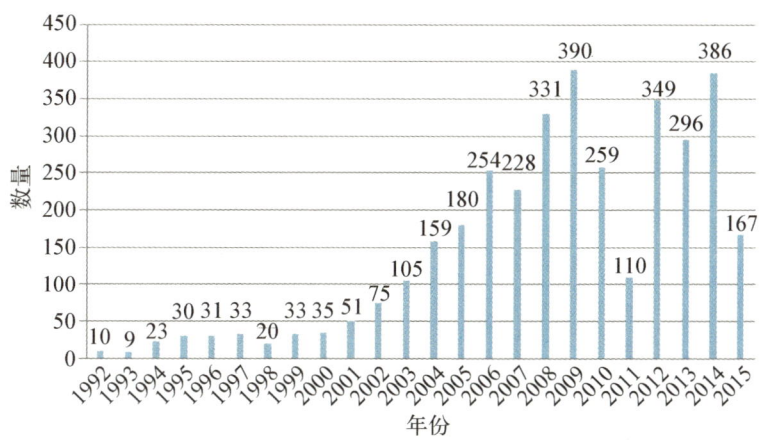

图1-10 1992—2015年城市群文献数量分布图

通过CiteSpace的"关键词共现"分析关键词出现的频次并进行聚类分析,可以分析城市群领域的研究热点、研究前沿,从而预测其未来发展的方向。在使用CiteSpace软件中进行分析时,网络节点选择"keyword",时间分割为1992—2015年的年度切片。对不同标准和剪枝算法得到的聚类模块度指标Modularity Q和聚类内部相似度指标的标平均值进行Mean Sihousette对比,选择最优的minimum spanning tree和puring sliced networks为剪枝算法,以TOP50为选择标准,进行剪枝。最终得到的热点分析图中,网络节点数为658,连线数为1 163。

对文献关键词进行频次统计和聚类,通过限定频次可以得出文献对城市群关注度最高的关键词和前13个聚类,其分布情况如图所示。其聚类模块度Modularity Q=0.648,Mean Sihouette=0.476,根据模块度大说明聚类块的划分越合理的理论,该网络聚类结果较好。这些关键词和关键词聚类分析代表了城市群文献研究关注较多的热点领域,这些研究热点可以再进一步归纳为以下五个方面,一篇文章可能涉及其中多个部分。

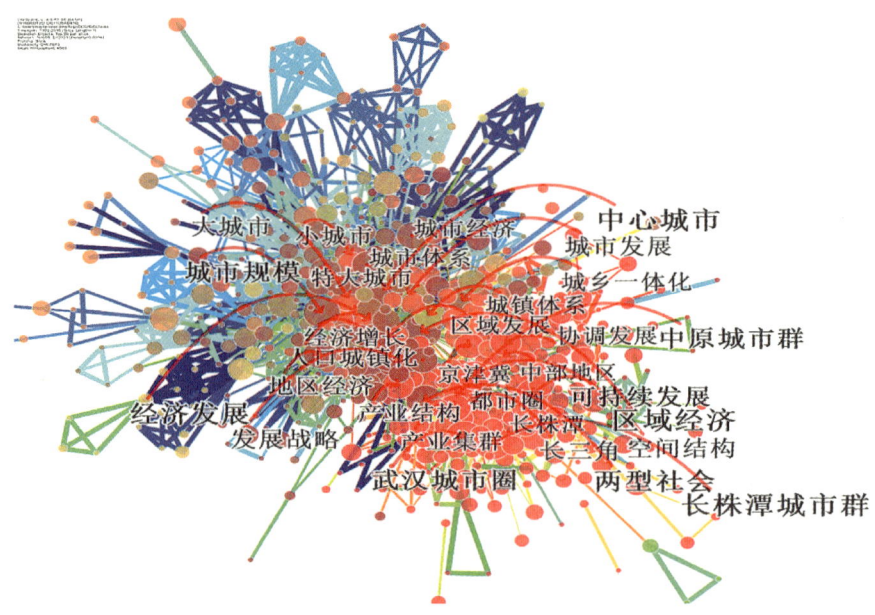

图 1-11 关键词知识图谱

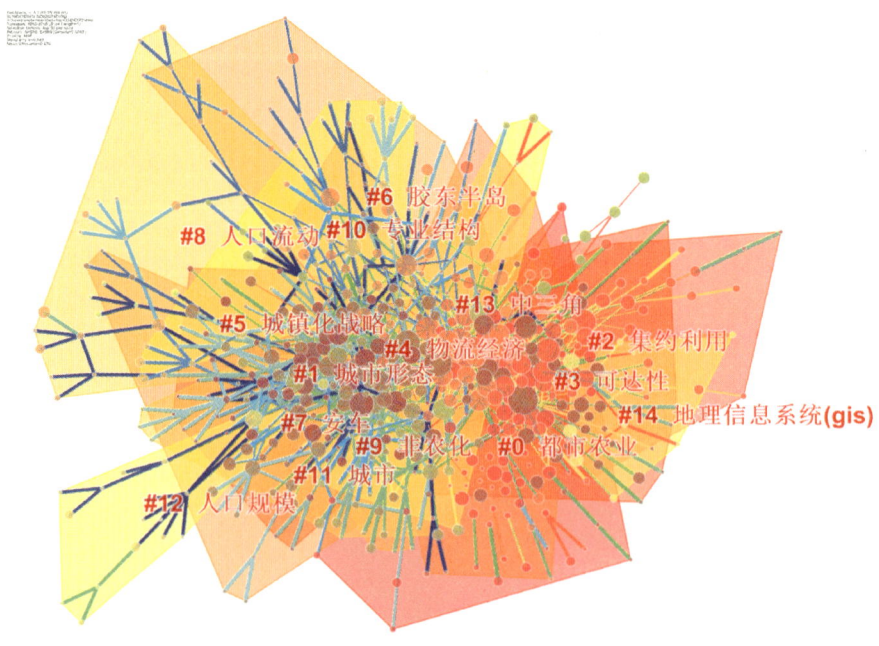

图 1-12 关键词聚类知识图谱

第一类：城市群的发展背景和作用，由7、9、11、12号聚类构成。城市化是城市群的重要前提基础与背景，在对非农化、城市化、人口流动、人口规模等问题进行研究的文章中，都会涉及对城市群的研究。

第二类：城市群的形态和空间结构探索，由1、3、10号聚类构成。这类研究关注内容包括城市群的集聚态势、城市形态、城市群内各城市规模分布和等级结构、中心城市、城市间联系网络的强度、中心度等。

第三类：城市群的产出绩效，由0、2、4号聚类构成。关注城市群的产业结构问题，评价特定城市群的产业发展的投入与效率，对城市群的经济发展问题进行研究。

第四类：城市群的发展模式、战略、政策，由5、8、14号聚类构成。关注城市群的生态环境、土地利用优化、人口规模、人口流动等可持续化发展问题，从具体建设问题切入城市群的升级优化研究。

第五类：涉及具体城市群的内涵、范围界定，由6、13号聚类构成。研究议题聚焦于基于地方城镇化发展，探讨一定地域内城市群出现的条件、特征、范围等问题，从地域视角对我国城市群理论做出探索。

除此之外，城市群研究的关键词聚类还涉及城市群的内涵、范围界定，而这作为城市群相关文献的研究基础，除了早期的部分文献专门探讨在中国的社会背景下城市群的内涵和范围问题以外，一般文献都可能会涉及该方面的理论，于是不再作为单独的研究类别提出来。

在展开一般性城市群研究的同时，众多学者对长江三角洲、珠江三角洲、京津冀等典型城市群地区进行了大量实证研究，其中：

中科院南京地理与湖泊研究所、同济大学、南京大学、华东师范大学等院校专家学者对长江三角洲城市群多年跟踪考察，从多方面、多角度展开了论述，所展开的相关研究主要有：长三角城市群发展趋势、战略与建设方向（姚士谋，1995；姚士谋、陈爽，1998；顾朝林、张敏，2000；杨俊宴等，2006；顾朝林等，2006；顾朝林等，2007）；长三角城市群空间形态形成与发展研究（张尚武，1995a；张尚武，1998b；张尚武，1999c；张尚武，1999d；顾朝林、张敏，2001）；沪宁杭一日交流圈与城市影响腹地划分与变化研究（王德等，2001；王德、郭洁，2003）；长三角城市空间结构变异成因及其动力机制（甄富春，2002）；区域空间集聚—碎化的测度与集聚合理度判断（罗震东、张京祥，2002；陈修颖、于涛方，2007）；基于人口指标的长三角区域结构研究（于涛方，2004；王书国等，2007）；长三角都市连绵区边界界定研究（于涛方、吴志强，2005）；长三角城市区域空间结构演化与重构研究（于涛方、吴志强,2006;李健、宁越敏、石崧,2006;张敏、顾朝林等,2006;陈修颖、章旭健,2007);基于长江干流30城市外向型服务业统计数据的长江流域城市群城市流实证分析(李桢业、金银花,2006);长三角城市群职能关系与体系研究(彭震伟,1995;张尚武、王雅娟,2003;高汝熹、吴晓隽,2007);长三角区域规划与协调研究(宁越敏等,1998;彭震伟,2003;姚士谋等,2005);长三角城市群经济一体化与区域整合研究(陈建军、郑瑶,2004;徐康宁等,2005;易开刚,2005;张兆安,2006;刘志彪,2006;于涛方,2006)。

  中山大学和港澳学者对珠江三角洲城市群进行了比较系统和深入的研究,所展开的相关研究主要有:许学强(1987、1988a、1988b、1989、1994)把改革开放以来珠江三角洲市镇规模分布与市镇经济空间分布相叠加,分析了其发展变化和珠江三角洲大都会区形成的直接原因和基础。在此基础上,又用计量方法分析了各主要市镇的相互作用,最后建立了两翼(北翼:广州与佛山;南翼:港深与澳珠)齐飞的双向辐射模型。郑天祥(1989、1990、1991)把珠江三角洲城市群看作是一个特大城市区域,通过对经济地理网络(城市网络、产业网络、基础设施网络)的分析来探讨特大城市区的发展规律,分析中涉及了城镇之间、城镇与区域之间人口、物质能量、金融、信息的交流和相互作用。此外,对珠三角城市群形成与演化动力机制(阎小培,1997;叶玉瑶,2006;叶玉瑶、张虹鸥,2007);珠三角城市空间布局与分异(吕鹏,1996;王冠贤等,2003);城市群的演进与整合(梅伟霞,2005);城市群城市流强度(张虹欧等,2004);城市群能级梯度分布结构(赵全超、汪波,2005);城市规模分布变化与空间特征(张虹鸥等,2006);穗深港巨型城市走廊空间演化(曹小曙,2006);大珠江三角洲城市群经济空间拓展战略(林先扬,2005);对外资(薛凤旋、杨春,1997)、城际轨道(曹小曙、刘望保,2005)、制造业(林先扬,2006)等因素对珠三角城市群的影响作用进行了阐述。徐永健等(2000)、朱文晖(2003)、林先扬(2003)、薛凤旋(2003a,2005b)、舒倩(2005)等学者则从形成机制、制度竞合、职能特征、发展战略与形成界定、基于分形理论的城市体系空间结构等方面将珠三角城市群与国内外其他城市群进行了比较。

  中科院北京地理所、北京大学、清华大学的专家学者则对环渤海地区的京津唐、辽中南与山东半岛城镇密集区分别进行了详细的研究。所展开的相关研究主要有:京津唐地区的区域发展与空间结构(陆大道,1985);京津冀城市经济区域的空间扩散运动(陆军,2002);京津冀全球城市区域边界、结构与重构(于涛方,2005;于涛方、吴志强,2006);京津冀北大都市圈规划研究(吴良镛,2005);京津冀都市圈经济增长收敛机制的空间分析(马国霞等,2007);以京津冀地区为例的多中心巨型城市区实证研究(于涛方等,2007);辽宁都市连绵区发展研究(赵永革、周一星,1997);辽中南城市群的双三角空间发展模式(王东、游志鸿,2006);辽中城市群规划的空间格局研究(彭翀,2007);辽中城市群空间协调规划(刘志虹等,2007);城市经济区与山东省区域经济空间组织研究(郑国、赵群毅,2004);山东半岛城市群发展战略研究(周一星等,2004);山东半岛城市群的功能联系与结构优化(景建军,2006);山东半岛城镇群空间结构分形研究(魏兴华等,2007)等一系列环渤海地区的局部性研究。此外,基于行业门类人口的环渤海湾地区区域结构分析(于涛方、吴志强,2005);环渤海经济圈城市群能级梯度分布结构与区域经济发展战略研究(赵全超等,2006)等则是对环渤海地区的整体性研究。

可以看出,城市群在中国发育成长的时间并不长,但中国学者已经做了大量的研究工作。就目前中国学术界对城市群研究的总体水平来看,尚处于初级阶段,存在以下薄弱方面有待在今后的研究工作中着力加强:

(1) 由于存在不同的城市发展条件、发展水平等发展背景,当前西方学者大多更关注全球、区域范围内大都市区域的组织结构、产业、文化、制度等新因素,而对具体区域的城镇群体空间如何演化经过20世纪六七十年代的发展相对成熟后已留意较少,这符合西方城市发展的实际环境与阶段特征,也就是研究上所存在的空间差异"时滞"现象。对城市群空间结构的研究,国内学者对一些新的现城市群象限于介绍西方理论,而对其本质机理缺乏足够认识,切合中国实际的前瞻性理论探索与模式抉择缺乏;研究视角上,多受西方研究热点影响,而对中国城市群空间演化中一些本源性、基础性的研究开展得尚不充分。

(2) 与国外同行相比,我国国内学术界对城市空间宏观总结性研究多,一般性讨论多,创新性与实证性研究缺乏;理论总结与建构尚显薄弱,前瞻性与指导性不强。现有大量研究多为现象或对策研究,主要停留在概念的争论、范围的界定、发育阶段的判断、城市群单要素的机制分析、大都市区行政区划调整与管治讨论等城市群及其空间结构形成与发展的基础研究,空间特征及其系统能效方面的综合性与深入性的研究还不是很多。

(3) 现状描述与未来思考的定性阐述居多,定量科学的深入剖析缺乏;对空间结构形态、机制和优化的定性描述居多,基于数理分析和GIS等新技术的研究缺乏。目前中国城市群的研究方法与研究手段仍处于以定性描述为主的阶段,多数研究只根据普查或统计资料进行定性描述或简单的定量分析,很少利用计算机动态模拟区域空间结构的产生与演化过程,亟需与模型分析、数理统计分析、GIS 空间分析等现代技术方法与手段的结合,从动态、量化的角度来实现对城市群成长过程进行准确把握。

1.4 问题提出

中国城市发展区域化、区域发展城镇化带来的种种新的空间现象与问题,使城市群规划成为规划工作新的重点,对城市群展开科学研究不仅是大势所趋,更是迫在眉睫。本书选择其中有关空间结构与集合能效作为研究命题,是基于日渐兴起的城市群规划实践需求与亟待创新的城市群理论发展需求两个层面的现实需求分析认识后做出的。

近年来,中国掀起了一个城镇群规划的高潮,国内先后完成或正在编制的有珠江三角洲城镇群协调发展规划(2004—2020)、苏锡常都市圈规划、长株潭城镇群规划、南京都市圈规划、徐州都市圈规划、长三角城镇群规划、中原城镇群规划、山东半岛城市群研究、京津冀北(大北京地区)城乡空间发展规划研究、浙江省环杭州湾城市群空间发展战略规划、大北京—首都圈规划、辽中城市群规划、海峡西岸城市群规划、北部湾城市群规划等多个城镇群规划与研究(王凯,2007;崔功豪,2007;邹军,2006;周一星,2006),虽然这类规划不属于法定规划系列,但它却有着强烈的现实需要(杨保军,2006)。

然而若对任何动态系统施加控制,必须首先了解该系统是怎样发展的:假设取消一切外部干扰,听其自然,系统将如何发展;如对其施加某种限制或刺激,该系统又将怎样变化等。任何人想要管理控制任何事物,必须首先要自问,如果怎样,将要怎样?有效的控制管理必须建立在对事物深入理解的基础之上,同时它也必须经过试验和学习才能掌握(J. B. 麦克劳林,1988)。在此,在规划实践需求中有三个方面的问题应当予以关注:

1. 学科的立足点:"空间"问题

首先,当前城市与区域规划实践中,我们正在大量引入与借鉴经济学、社会学、生态学、政治学、管理学等相关学科理论与方法,却渐渐迷失了自己工作内容的核心和方向——空间,出现学科空心化的危机(吴志强,2005)。虽然其他学科无论从哪一种视角出发,都会带来一种独特的空间理解,但其成果却往往多限于此而少能落地。城市群作为具有结构特征的空间组织,其本身就是一种空间的结果。由结构空间决定的独特的空间地点意识,是规划研究的核心贡献。因此,突出空间使用维度,寻求解释和理解在空间背景中的各个地方和事件是发展规划理论的各种努力的目标与动力,也是本研究立足的基点。

其次,传统的城市群研究方法,因其缺乏空间视角,难以真正反映城市群空间结构的变化与机制。地理信息系统(GIS)的出现及应用,以及相关空间分析与统计技术的发展,使模拟社会经济现象和过程成为可能,从数据处理、表达、显示、模型、综合分析等方面均为基于空间信息解决社会经济领域的问题提供了技术保证,特别是以GIS方法表达城市研究与规划中所涉及的各种经济社会现象方面已取得了一些可以应用的成果。

2. 理论的解释力:"主体"问题

任何经济活动都是基于一定经济主体行为展开的。无论是区域经济发展还是经济空间演化,都需要明确的实施主体。然而在20世纪80年代改革开放之前,中国实行的是中央计划经济体制。各地区的空间经济活动几乎没有独立运转机制,城市级的利益主体格局不明,各种生产力要素在空间上的自由配置受到很大限制。在这种严格计划控制下形成的"计划空间"下,对城市群空间基于"主体"视角的研究视野也受到了相当大的约束。

随着中国改革开放进程的不断深入,计划的空间控制力逐步减弱,市场引导力迅速成长。中国城市经济活力不断增强,城市间竞争态势日趋激烈,关于城市群体的各种空间现象和问题不断涌现,与此同时,却常常发现当前很多规划研究结果往往只有"对策"之功,而无"指导"之力,陷入了"从问题到对策"解释乏力的困惑。传统的由政府制定的完全自上而下的区域规划自然面临极大挑战。

因此,本书强调区域主体并从这一视角进行研究,是因为一方面,中国作为向市场经济转型的国家,区域规划研究中长期的"主体缺失"状况已产生了一系列解释理论乏力、规划实践低效的问题;而另一方面,空间主体活力的增加与空间结构的多变性也为我们展开更多客观性的空间研究创造了难得的机遇与全新的视野。导入"主体"认识将成为进一步的理论创新与增强理论解释力的突破口。

3. 知识的集成性:"断点"问题

研究对象的复杂性决定了城市规划具有多学科交叉性的特点。而"尽管在过去的二十几年内,规划无论在理论和实践方面都取得了巨大的进展,但仍然有一些重大的问题尚不能令人满意。目前,我们仍不能找到适当的方法,在日益发展的各学科领域之间建立联系。"现代城市规划的不断拓展,反而折射出:分散的各种理论的竞争实际是不同主导学科的较量(孙施文,1997)。今天的城市规划理论仍旧面临着持续的分散化,理论分散化不仅使研究与设计分离,揭示功能与规范功能分离,最终还导致城市规划理论徘徊于"城市变迁规律的认识"与"规划干预规律的认识"之间,逐渐偏离了现实世界城市形成与发展的真实过程(何兴华,2007)。

普朗克说过,科学是内在统一的整体,它被分解为单独的整体不是取决于事物本身,而是取决于人类认识能力的局限性。作者认为规划学科当下面临的是一个如何从交叉导致分散走向从交叉实现整合的迫切问题,对于这个问题,向"空间"的回归是答案之一,与此同时还需解决两类"断点"问题:① 多学科交叉时,不同学科间的知识缺乏连接的"桥梁"和转换的"接口",未能以"空间"为核心实现对接整合,造成一种学理逻辑的断点;② 城市规划是人类一种有意识的行为,而中国主流的城市规划专业基本脱胎于建筑学,受到很多艺术性思维的影响,一定程度体现出主观创造性设计多于科学理性的推理,即跳跃性发散性的艺术思维与逻辑严密的科学思维的差别,潜藏了一种思维逻辑的断点。所以,我们常常看到很多规划师在介绍规划方案的时候强于告诉别人"应该什么样"而弱于告诉别人"为什么这样";很多规划专题研究大多流于形式,而不能对规划方案形成有力的支撑;很多规划方案缺少与规划对象客观发展规律之间的必然联系,规划专题研究成果价值也就未能充分体现。

在当前学科大融合的背景之下,各学科的长足发展以及相互的交流与融合为我们开辟了新的研究视野。因此,城市规划学科发展面临的最大挑战不是知识的庞杂性,而是能不能建构一个跨学科的知识集成框架,打通不同学科间联系的"桥梁"和"接口",建立规划的理论(theory of planning)与规划中的理论(theory in planning)的"交互界面",实现自身的创新发展,这才是奠定规划学科地位的根本途径。

基于上述对实践与理论层面的深入梳理,可以发现我们面临两个工作亟需开展:一个是"补差",即追踪国际城市学界研究最新动态,通过比较借鉴,为我所用,不断缩小差距;一个是"俱进",即以中国城市群发展需求为研究导向,敏锐发现新现象、新问题与新趋势,与时俱进,探索中国原生的理论创新,在"补差与俱进"中谋求后发赶超。

吴志强教授基于研究方向,长期密切关注长三角、珠三角与京津冀三大城市群的发展,2002 年提出全球级城市群(Global-Region)的研究课题,并为此组织三名博士后分别从规模、边界与一体化等层面展开平行研究,作者所选择的空间结构以及具有创新意义的集合能效是整个研究框架中尚未展开的两大层面,即"城市群发展的空间结构整体特征及其能效评价加以整体刻画与测度"这一核心命题,故予以展开本书研究工作是对整个研究设计工作进一步完善和推进。在确定研究选题方向后,作者协助导师陆续申请成功两项研究课题:城乡动态监控技术集成研究(国家科技支撑计划课题编号:2006BAJ11B08)与应用 DEA 模型对长三角城市群空间结构的集合能效研究(国家自然基金课题 项目批准号:50778126)。这对研究的选题既是进一步的肯定,也对研究工作的开展提供了有力支持。

第 2 章
理论研究

科学思想的最基本载体是概念或概念系统,深刻认识与系统阐释本书研究所涉及的城市群、空间结构与集合能效三大概念的内涵与特征将为更准确的界定研究对象与后续研究的展开奠定坚实基础。同时,科学发展的本质是知识的不断累积与增长,述评研究对象的研究现状与趋势,将更好地了解已经知道什么?还不知道什么?对什么了解得比较深入?什么还相对薄弱?从而更好地确定研究的基点与重点。

2.1 城市群内涵与本质认知

2.1.1 城市群相关概念评析

在全球化、信息化与市场化的今天,无论在世界还是中国,城市群均已成为区域经济发展的动力源泉和全球经济体系的功能枢纽,对城市群的研究日益引起国内外众多学者的关注。然而城市群作为城市区域化和区域城市化过程中出现的一种独特地域空间现象,最早以概念化的形式出现是英国学者格迪斯(P. Geddes)1915 年提出的"集合城市(Conurbation)",在其代表作《演化中的城市》(*Cities in Evolution*)中将工业城镇和城市正在聚集成广大的城市地区的形态特征概括为集合城市。

1957 年,法国地理学家戈特曼(Jean Gottmann)发表了具有划时代意义的著名论文《大都市带:东北海岸的城市化》(*Megalopolis: the Urbanization of the Northeastern Seaboard*),文中他研究了美国东北沿海地区由一连串大都市区聚合形成连绵的城市密集地区,并把这种巨大的城市空间形态用原意为巨大的城邦的希腊词"Megalopolis"来命名,由此开辟了城市地理学的一个崭新的研究领域。随后,国外学者由于研究的侧重点不同,基于各自对这一现象的研究认识,在不同时期提出了众多概念,如城镇群(Town Cluster)、城市体系(Urban System)、大都市区(Metropolitan Area)、城市场(Urban Field)、城市功能经济区(City-Region)、城市通勤区(Daily Urban System)、城市化地区(Urbanized Area)、城乡混合区(Desakota)、区域共同体(Citistates)、全球城市区域(Global city region)、巨型城市(Mega-city region)、多中心大都市带(Polycentric Metropolis)等。在中国,1983年,于洪俊、宁越敏在《城市地理概论》中首次用"巨大都市带"的译名向国内介绍了戈特曼的思想。此后随着中国城镇化自身发展与外部环境的变化,中国学者发展和提出都市连绵区(周一星,1988)、城市群(姚士谋,1992)、城镇密集区(孙一飞,1995;刘荣增,2003)、城市集聚区(顾朝林,1999)、都市圈(王建,1999)、城镇群体(张京祥,2000)、全球级城市群(吴志强,2002)等诸多概念来对这一群体化发展现象进行描述与界定。所有这些词汇几乎都是限定在城镇密集发展的群体空间。

表2-1　国外城市群相关概念及解释

序号	年份	提出者	名　称	内　涵　解　释
1	1898	霍华德	田园城市	城市群形成的原初形态,体现共生增长理论,是某区域内"节点"开始发生关系的最初理论。虽然是一种空间形态和内部组织关系的设想,但标志着开始强调由单一城市的独立发展向组合城市的协调发展。
2	1915	盖迪斯	组合城市	开始从功能上,理想地提出"城市经济区"的构想。但并不是当时区域分工理论在城市地理学上的应用,而是单一城市功能扩展突破了行政区界限,开始出现相对规模较大的区际"流"。
3	1930	福塞特	城市用地连续区	表明当初工业化快速发展时期,已经开始出现城市连绵发展的区域,是"组合城市"在地域景观上的一种表现。但仅仅是外部表现,特征比较单一,范围比较小,却是世界学术界首次出现的"城市群"意义上的区域,因此具有很强的实践代表性。
4	1945	日本政府	商业圈	是郊区城市化的一种外部反映。根据当时的时代背景和商业经济的发展情况,推断这种"圈层"的出现是在大都市区范围,城市群的出现基于大都市区的形成与发展。

续　表

序号	年份	提出者	名　称	内　涵　解　释
5	1945	日本政府	生活圈	日本区别与美国,即首先出现产业郊区化,而非人口郊区化,所以生活圈出现在商业圈之后。从概念提出的时代背景看,生活圈主要表现大都市区空间联系开始扩大的一种现象,尚未出现大规模的城镇职能分工,因此并不是城市群意义上的区域概念。
6	1945	日本政府	通勤圈	通勤圈是产业郊区化和人口城市化的一种综合外部反映。比生活圈和商业圈相对要大得多,已经涉及郊区县(市),是"汽车时代"的产物。应该说"商业圈""生活圈"和"通勤圈"是大都市区概念上的"区域"范围,在国外,随着快速交通的发展,通勤圈可以在一定程度上具有城市群的特征。
7	1950	邓肯	城镇体系	可以说是继"中心地理论"提出后首次将区域节点看作一个整体的概念,虽然在此之前已经产生"城镇规模分布理论"。从理论上看,城镇体系是中心地结构的一种继承和发扬,原因是中心地理论实际可以看作是都市区范围内的一种外部空间形态和内部节点组织关系。而城镇体系没有空间形态的限制,是通过城市职能分工、城市之间的联系方向和联系强度建立起来的概念,空间形态不是其核心内容。根据当时邓肯著作《大都市与区域》的命题,推断当时城镇体系的空间范围要大于中心地结构体系,是首个在范围上超过大都市区限制(从定性上而非定量上),从职能上开始强调节点间"流"的方向与强度,是地域分工理论在城市个体与组合发展上的最有力体现之一。
8	1957	戈特曼	大都市带	不是简单指一个很大的城市或大都市地区,而是指一个范围广大的、有多个大都市联结而成的城市化区域。这个概念与城镇体系出现了比较明显的差异,即首先是城市化区域,其次是基本要素(构成节点)是"大都市区"。从字面看,可以不包括"县"与"镇"一级的行政单元;而根据作者对大都市带分布特征描述,这个概念便是指当前全球范围内具有典型城市群特征的范围,是城市群发育的最高级阶段。

续表

序号	年份	提出者	名 称	内 涵 解 释
9	1960	政府统计部门	标准都市统计区	均为都市区范围的概念区域,具有统计意义上的标准。这些概念对于界定城市群形成的标准具有重要的参考价值。但必须明确的是这些概念都是"都市区"层面上的,具有明显的"核心—边缘"结构形态。中心与外围节点间是一种控制和引导的关系,而不是相互均衡的协调关系,都市区范围的基质更多地是指城市区域,而不是非农化区域。
10			标准一体化区域	
11			都市统计区	
12			标准都市就业区	
13	1961	金斯伯格	分散大都市带	是指一个由许多专门化职能的城市中心组成的多核系统,强调高度城市化地区内各中心城市间经济专门化程度的提高和相互作用的加强。这是作者对日本产业高度郊区化的一种概括,以区别于美国的"人口郊区化"特点。
14	1965	弗里德曼&米勒	城市场	从城市空间联系的角度,将城市看作是具有"势能差"的"扩散中心",这种势能差即为城市对空间联系强度和方向产生和变动的影响力。从本书的研究意义看,该概念是城市群形成与发展的作用力载体,其产生因素、大小、范围将成为解释城市群形成与发展动力机制的主体。
15	1967	罗伯特&迪金森	城市功能经济区	该概念实际与大都市带和分散大都市带有很大的相似性,只是后两者更加综合,前者只是突出职能分工与联系,可以说前者是后者最本质的特征。从本书的命题看,城市群是否发育完善,是否具有成长的动力,关键看城市之间时候具有合理的分工与协作关系。
16	1970	克萨迪斯	巨型大都会区	是关于大都市区的概念,但因突出强调"巨型",即空间范围大、城镇数量多、空间联系强,故可以看作城市群的概念,而且相对是以不同的大都市区为基质,是大都市带的另一种提法。
17	1982	布赖恩特	城市乡村	开始强调城市群的基质应该是城乡综合区域,即包括了广大的农村地域。这些农村地区城市化程度相对比较高,且与城市保持较为密切的联系,发生强烈的相互作用。针对中国特殊国情,城乡交互作用区将永远是城市群重要的组成部分,这是从基质上看,区别与大都市区概念最显著的地方。该概念过分强调的是城乡之间的依赖与协调关系,而不是城市之间起决定性作用的相互作用关系,因此具有特殊的地域指向性。

续 表

序号	年份	提出者	名 称	内 涵 解 释
18	1989	麦吉	灰色区域	在同一地域上同时发生城市性和农村性的行为,被用来表示在亚洲大城市之间交通走廊地带的农村地区所发生的、以劳动密集型工业、服务业和其他非农行业的迅速增长为特征,商品和人流相互作用十分强烈的发展地区。实际上这是欠发达国家中,经济增长条件较好、人口稠密地区农村行为的表现形式。就本书研究而言,当前影响中国城市群形成与发展的主导力量是中心城市以及各种促进城市发展"媒介"和"催化剂",农村地区只是比较敏感的城市作用力的"反应"区域。因此本书认为就概念而言,这是对城市群内农村地区的一种定义。
19	1983	布鲁恩&威廉斯	城市系统	字面上与城镇体系有着紧密的联系,但两者提出的背景有很大的区别。区别此概念与城市群的着眼点在于基质的不同,即城市系统的基质为全部的城市区域,不包括广大的农村区域和城市之间的隔离带,是空间上不连续的区域,或者说已经不存在空间配置关系,只是在概念上的城市联系与综合作用。
20	1988	怀特安德	城市边缘带	应该说这是区别于"城市乡村""灰色区域"2个概念的另一个表述"城乡接合部"区域的概念。类似于中国的"半城市化"区域,是完整的城市群的一个重要的构成部分,但这个区域对于都市区意义上的研究意义相对更大。
21		其他		城市化地域、城市区域、城市经济区、经济城、规划区、城市通勤区

资料来源:宋吉涛.城市群形成与发展机制研究.中国科学院地理科学与资源研究所博士学位论文,2007.

表 2-2 国内城市群相关概念及解释

序号	年份	提出者	主 要 观 点
1	1983	于洪俊&宁越敏	译名"巨大都市带",类似于戈特曼的"大都市带"概念。
2	1988	周一星	城市经济统计区、都市连绵区。
3	1989	董黎明	认为城市群等同于"城镇密集区",即在社会生产力水平比较高、商品经济比较发达,相应的城镇化水平也比较高的区域内,形成由若干个大中小不同等级、不同类型,各具特点的城镇集聚而成的城镇体系。

续 表

序号	年份	提出者	主 要 观 点
4	1990	肖 枫	认为城市群是由若干个中心城市在各自的基础设施和具有亲和性的结构方式,发挥特有的经济社会功能,而形成的一个社会、经济、技术一体化的具有亲和力的有机网络。
5	1991	周一星	提出"连锁城市区域"的概念,这是中国最早关于城市群的一个概念。
6	1992	姚士谋	认为城市群是在特定地域范围内具有相当数量的不同性质、类型和等级的城市,依托一定的自然条件,以一个或两个特大城市或大城市作为地区经济的核心,借助于综合运输网的通达性,发生与发展着城市个体之间的内在联系,共同构成一个相对完整的城市"集合体"。他认为城市群比城镇密集区高一级。
7	1993	候启章	认为城市群是高级城市密集区,同时认为城市群与城市带概念有重合的部分,当城市带中的多个都市区按照一定的指标形成一个连续的不中断的整体时,城市带本身就是一个大城市群区域,这也正是有学者认为城市带是城市群高级形式的主要原因。
8	1994	孙一飞	都市区单节点突出,表现为明显的核心—外围式圈层结构,因此大都市区也称为"单中心城镇密集区",而城市群的节点之间具有更多的相互均衡的协调关系而不是控制和引导关系,城市群的基质应该重点落实在非农化区域,即包括面积广大的农村地区和快速增长的城市化区域,而都市区更多地是指城市区域。
9	1995	周一星	都市区的界定可知其主要着眼于城市、城乡及城镇之间以中心城市为主体的联系,实质是指城市各种功能范围,而没有城镇密集度、城市化水平、经济密度与经济联系、区域一体化程度等反映城市整体发育程度的数量概念。
10	2000	崔功豪	认为城镇群体空间和一般的人口稠密、城镇群体分布的空间形态有着质的区别,城市群比城镇密集区高一级。前者是在工业化社会,以城市为核心的区域发展过程中,有着主次序列、相互分工协作的城镇有机系统,而后者是在区域经济处于低层次发展阶段,城镇自发形成、孤立发展、缺乏内在联系的无序状态。
11	2000	胡序威	认为城镇密集区与城镇群相比,前者更强调城乡间的相互作用和城乡一体化,而城市群更侧重城市之间的联系与作用,更注重城镇之间的相互关系,研究对象主要是"城镇簇";而城镇密集区,强调了区域的概念,研究重点在于以城镇为中心的区域整体,不仅重视城镇之间的相互作用,也重视城乡之间的相互作用。

续 表

序号	年份	提出者	主　要　观　点
12	2003	刘荣增	(1) 城市带也可能是多个都市区不连续性的形成一个松散的城市化地域,中间有缓冲带,城市化水平不高,达不到一定指标。 (2) 城镇体系由于不同的区域等级,它可以涵盖一个城市群(如苏锡常城镇体系规划),当城镇体系是大区域(省级或全国甚至全球范围内)时,该城镇体系可能包括有多个城市群,甚至是高层次的城市群。城镇体系是区域经济发展的载体,是一个地理实体的概念,而城市群是一个经济实体的概念,是经济发展的高级空间组织形式。
13	2005	方创琳	认为城市群是在一定空间范围内,具有两个及两个核心城市,在某一范围(省级地域单元)发挥着重大的经济与社会功能的区域。该区域同时具有城镇体系、城镇密集区以及城市系统等概念和地域特征,发育阶段不同,特征不同。

资料来源:宋吉涛.城市群形成与发展机制研究.中国科学院地理科学与资源研究所博士学位论文,2007.

可以看到,国内外不同学者对城市群的含义认识与界定存在很大弹性,可谓同异共存。对城市群的研究根据各自不同的研究采用从不同的研究视角加以界定,如:① 城市群外部形态,表现为空间上的多中心、临近性、密集性、连绵状等特征;② 城市群形成与发展的属性特征,如人口密度、设施网络完备度、空间景观的连续性等;③ 城市群内部功能联系和可达性,如职能(产业与劳动)分工、周边单元城市化水平、通勤率和可达性(借助通勤半径来表达)等;④ 城市间关系的多样性与规范性,如资金信息联系、技术转移与扩散、社会文化联系、城市间合作制度等非正式或正式的群体关系。这些视角均在一定程度上体现了城市群发展的特征、目标和方向,致使这些概念在内涵和外延上既有交叉又有不同。

概念的多样性说明关于城市群研究还未形成一套严密的学术概念体系,每一种概念由于提出者自身考察视野的局限,都难以科学、合理地界定城市群的内涵,因此,将城市群的不同形成条件、发展过程和特征机制纳入一个简单的、普遍性的概念中是不合适的,会使"城市群"一词成为一个"混乱的概念"。作者认为,应该历史地看待城市群体发展现象及其概念演进,从中寻找其本质的内在的一致性,这种一致性就是对城市群核心特征的归纳提取。

2.1.2　城市群两个核心特征

城市群体化发展的表现规律就是空间关联过程,空间关联反映了城市群系统运行中所形成的一系列组织关系和相互作用关系的总和,是城市群空间结构的本质属性。从城镇化初期单个城市孤立极化发展开始,随着经济联系的深入和交通、信息联系的便捷化,区域城市实现向多核网络的群体跃变。在这一跃变过程中不仅涉及城市群的个体间空间结构上的显性整合,还包含了经济、社会和文化领域的多层次隐性融合。空间形态上体现为地域邻近、城镇密集、设施网络一体、空间景观连续的演变过程。而在空间形态演变的背后,则是广泛存在的由自然联系、经济联系、人口联系、社会文化联系、技术知识传播联系、信息联系以及政治、行政、组织联系等组成的多维联系网络,并逐步向一体化方向发展。

上文出现的相关概念从语言结构上分析,一般由要素词与特征词组成。要素词为(大)城市、(大)都市、(大)都会、城镇,特征词则如(地)区、圈、带、群(体)、集群、集合、密集区、集聚区、连绵区、连绵(带)、系统、网络、体系、联盟等,特征词反映出对事物特征的认知与凝练,如圈、带等具有圆形、带形的形态特征,连绵、密集、聚集、集聚、集群、集合、群(体)含义接近,聚集、集聚、集群、集合侧重于特征的动态变化,连绵、密集、群(体)则侧重于特征的静态描述,联盟、系统、体系与网络则更侧重于城市间的关系特征。因此,从纷繁的城市群概念回归城市群形成与发展的现实本身,我们可以看出,城市群作为某一尺度和地域一组相互作用联系的城市在空间上集聚的一种状态、一种行为和发展过程的结果,包含了两个基本的特征维度:一是显性的地理特征,二是隐性的关系特征,两大特征的内在一致性是接近性[①](Proximity)。下面,就此做出具体阐述说明:

1. 地理接近性

集群公理[②]是地理学的基本公理之一,而空间聚集则是人类在区位选择中

[①] 接近性:英文为 Proximity,也译为邻近性。简单地说,它是指网络中不同主体间具有共性的"类"或"群"特征。在地理文献中,接近性一般分为三种,即地理接近性、社会接近性和行业接近性。地理接近性的含义相对简单,它是指区域创新主体间在地域或空间上的距离很近,能够保证其实现顺利交流,使其不成为障碍的特性。大量的研究证明生产和创新活动都有很强的地理聚集特征。社会接近性的内涵相对丰富,理解起来也容易产生歧义。它与社会嵌入性概念有关,美国社会学家格兰诺维特认为,行为和制度是紧密相关的,人们的经济行为同社会行为一样,是深嵌在社会的共同文化和制度环境的。社会嵌入性反映的经济行为和后果受主体的相互关系及整个网络结构影响。社会接近性又可细分为组织接近性、制度接近性和文化接近性等方面。行业接近性指网络主体处于相同或相近生产领域的特征,它们可以利用相似的工艺生产相同的产品,呈现一种横向的竞争关系;也可以位于同一产业链的不同阶段,表现为一种相互合作的纵向关系。地理接近性与社会接近性和行业接近性是相互联系的。一般说来,单有一种接近性是不能形成具有良好互动关系网络的,网络存在必须具有两种以上的接近性。

[②] 个体在地理上的靠近、聚集形成群体,各种群体也在一定地理空间上集聚,称为集群。地球上的一切事物在地理空间上都呈一定的集群状态。这是事物延续、生长和发展的必要条件和必然结果。如果非集群的个体不能发育出群体,形成新的集群,则无论个体有怎样的生命力,也终将毁灭。举例而言,各种生物的生长集中于一定的地理空间;流水聚集才得以成江河湖海;人类互相联系地生活在一起才得以形成一个社会,形成发达的农业区域和城市,创造高度的文明;工业的集聚产生集聚效益,形成工业区等。

极为重要的空间经济活动原则（韦伯，1912）。集群作为经济发展在空间上表现出来的最重要的特征，已经成为当今世界经济发展的一个非常普遍的现象（波特，1999）。城市群无疑也体现出当代这种集群式的经济地理景观。

从纯地理学意义上说，城市群是一定地域内城市分布密集，城市间相互邻近，具有三方面显著的地理接近性特征：(1) 地域性。城市群首先是一个地域概念，具有特定的空间地理范围与彼此相邻的地缘关系。(2) 群聚性。城市群是若干城市的集合体，在有限的地域范围内聚集了一定数量的城市，或者说城市分布达到较高的密度。(3) 通达性。城市群以发达的交通、运输和信息网络基础设施为物质依托和支撑，不断减少城市间空间联系成本，有力推动自身发展。

2. 关系接近性

城市群不是在某一地域中大量城市的简单叠加，地理学意义的城市群可能并不存在明显的横向联系或协调互动性，诸如无形的制度壁垒、地方保护主义、产业发展的同构性、小而全的低级生产力要素组合等行政区划的衍生障碍都会导致一些必要的社会经济分工合作很难开展。此时，地理接近并不必然起到城市群功能互补和整体效应增大的作用，也不代表可以充分发挥社会经济潜力。可以说这种城市群是形态上的群集而非功能上的组团。

城市的地理接近性仅仅是城市群形成的自然基础或必要条件，但并不是充分条件。因此，从关系接近性上看，一个稳定的城市群表现出极其明显的地域整体特征，整体性的高低，主要取决于两方面：(1) 区域中各种相关的正式制度安排；(2) 区域中各种非正式的联系对区域本地关系的依赖程度。多样化的与不断一体化的关系接近性是现代意义的城市群与地理学意义的城市群的根本区别。

需要特别指出的是，在今天全球化与信息化的时代，关系接近既可能是地方的也可能是全球的，也就是说，关系接近并不必然意味着城市群的存在。

综上，城市群具有地理接近性和关系接近性双重属性特征，两者各自发育程度的组合关系决定了城市群发展的阶段性与成熟度，而两者的发育程度又是与特定的地理条件和具体的社会经济环境相关联的。因此，我们今天所说的城市群，已经远远不是戈特曼所研究的空间地理现象，而是一组内在联系更为多样与密切的地域性组织。

全球化时代，由于资本控制能力和商品链不断"上调"(upscaling)到全球或超国家层次，生产能力和产业竞争力不断"下调"(downscaling)到地方区域层次(Sassen，1991)，而进入信息时代，通信网络的高度发达促使了地区之间和地区内部各部分之间社会经济的相互依赖性愈发加强，高度专业化的信息交流对城市的成功变得很重要。为了能在全球竞争体系中占据更高的地位,强化区域内的联合成为政治权力机构与经济发展机构的主动要求(Wallis,1996;Zhang,2000)。

弗里德曼(2005)认为,当前城市间的网络正在从功能性到战略性[①]发生着转变,并指出以汉萨同盟[②](Hanseatic League)城市所经历的和欧洲现在正在经历的欧洲城市联盟[③](EUROCITIES)战略联盟的经验对于太平洋沿岸现有的和正在形成的世界城市具有重要意义(约翰·弗里德曼,2005)。因此,当前及未来城市群研究应当更加关注建立在地理接近性上的关系接近性的分析与理解。

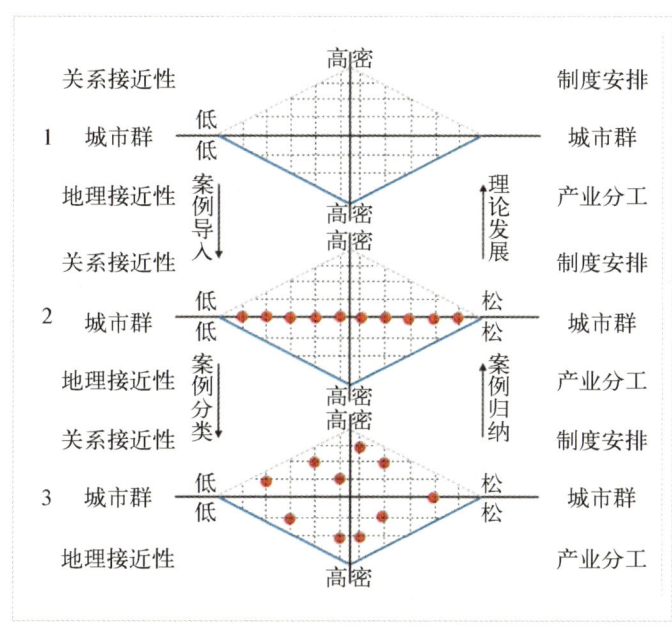

图 2-1　基于两类接近性的城市群类型划分概念框架

[①] 在最近一篇评论欧洲城市间的网络的文章中,克劳斯·昆兹曼(Klaus Kunzmann)在功能性网络之外,又定义了第二种网络,即战略性网络(Kunzmann,1995)最重要的是,这种战略性网络强调的是作为政治—管理单元的城市之间的网络关系。从1990年代初开始,战略性网络在欧洲已非常普遍(约翰·弗里德曼,2005)。

[②] 汉萨同盟始于13世纪,以"自由城市"利夫贝克(Lfibeck)为中心,主要由德国北部的商业城市所组成,另外也有其他北欧国家的商业城市参加在内,目的是通过联合在经贸活动中共同维护商业利益,同盟在不同时期所联合的城市有70至160多个。

[③] 始建于1986年的城市组织——欧洲城市联盟(EUROCITIES:The European Association of Metropolitan Cities),到2004年成员已经扩展到120个城市。欧洲城市联盟的目标包括:确保城市事务能够在欧盟的政策框架中获得更高的地位;推动城市间的跨国合作,协助城市间的沟通,争取欧盟的基金帮助;培养一种欧洲大城市间的网络化精神,不同文化背景、社会经济条件、政治背景的城市,共同面对挑战,解决问题,鼓励城市间分享经验,影响国家和欧盟政策的制定。

2.1.3 城市群新认知：一种中间体组织

基于上文对城市群地理接近性与关系接近性两个维度特征的分析，结合实践经验，我们进行更加深入地剖析，可以发现当前城市群的形成有两条不同路径，一条是在市场机制的作用下经由自组织机制（"看不见的手"）的自发演化形成的，另一条是以自组织机制为基础经由政府的空间规划（"看得见的手"）形成的。两种路径对应着两种规则——自组织和他组织，它们并不是互相排斥的，其中又以自组织机制为先。自组织（市场行为）是城市群形成的基础，他组织（政府行为）是派生的，是一种对自组织进程的修正。他组织的制定不是随意的，它必须和自组织机制相一致。自组织和他组织之间是可以相互协调和共存的，它们之间的关系是一种互补的关系，而绝不是一种简单的相互取代的关系。

在新古典经济学框架内，经济组织只有两种类型！等级制的企业组织和完全竞争的市场组织。众所周知，新古典经济学是研究有关稀缺资源如何优化配置的科学，市场价格机制能够有效实现资源的优化配置，办法是自由竞争。行政层级的办法则是计划指令。然而事实上，两者之间并不是真空而是存在一片模糊的中间地带，在这一中间地带存在各种组织形态，如企业网络、虚拟企业、网络企业、企业簇群、战略联盟、企业集团等。（杨蕙馨，冯文娜，2005）对这一现象解释做出重大贡献的是新制度经济学家威廉姆森，他在1975年出版的《市场和科层》一书中写道："在以完全竞争市场和一体化的企业为两端，中间性体制组织介于其间的交易体制组织系列上，分布是两极分化的。"（吴德进，2004）威廉姆森这一论断将原有的企业和市场二层次分析框架提升为市场、中间性组织和企业的三层次制度分析框架，从而较好地弥合了传统抽象理论研究和现实世界脱节的鸿沟。据已有研究，市场、等级、网络都是当前三种重要的组织形式与制度安排（表2-3），其中网络组织是介于市场与等级的一种中间性经济组织形式。

表2-3　三种经济组织形式之间的典型对比

主要特征	经济组织形式（Forms）		
	市场（Market）	等级（Hierarchy）	网络（Network）
规范基础	契约—产权	雇佣关系	互补性分工
沟通方式	价格	规则	网络关系
冲突解决方式	讨价还价，法律强制	行政命令—监督	互惠互利—声誉
弹性程度	高	低	中

续　表

主要特征	经济组织形式(Forms)		
	市场(Market)	等级(Hierarchy)	网络(Network)
成员间承诺的数量	少	中至多	中至多
氛围	斤斤计较或怀疑	科层的,照章办事	开放,互利
行动者行为选择	独立	从属、依赖上级	相互依赖
形式混合	重复交易	地位层级	非正式组织

注：夏兰,周钟山(2006)引自 Walter W. Powell. Neither Market nor Hierarchy: Network Forms of Organization.

城市作为经济组织具有生产和交易双重属性。城市群作为城市的集合,是在一定契约结构条件下,为获取整体竞争优势各城市主体空间集聚、利益互动、分工协作的组织形式,具有"生产"和"契约"双重基本规定性的统一。

同时城市群其自身具有自发的与自觉的多重关系的网络特征,城市间分工与博弈是两个互为因果的关联互动过程,城市间分工一方面提高了生产效率,创造了专业化经济,但博弈带来了彼此交易成本的增加,从而使城市的发展陷入专业化经济和交易成本的两难冲突之中。科斯于1937年在《论企业的性质》一文中提出了交易成本的概念,Allen J. Scott 曾基于此理论来对大都市空间形态的形成加以分析(Allen J. Scott,1988),并提出了新工业区位论(CWS模式)。通过学习,笔者借鉴引入交易成本理论来对城市群的组织特征加以简要分析,进而从经济学视角论证其作为一种中间体组织的价值与意义。

1. 基于交易成本理论的城市群组织特征

交易成本经济学认为,企业网络的形成是为了获得一种成本最低的制度安排。由于交易费用的存在,企业有一种不断将相关企业一体化的倾向,以通过规模经济来降低交易成本,但是企业规模发展是有界限的,其限度在于:利用企业方式组织交易的成本等于通过市场交易的成本。当一体化达到一定程度后会产生规模不经济,企业为维持组织的完整性,需要支付昂贵的组织成本,因为这个限度企业开始尝试不把所有企业一体化,而是通过资金、技术、人员或产业关联度等与某些企业保持较为紧密的联系,这样就逐渐演变成为企业网络组织。

当把交易成本这个经济分析的基本概念放入城市群中来进行探讨时,我们可以看到:城市群的形成是专业化分工产业的报酬递增的一种空间结网过程,是一个劳动分工深化、交易效率提高的过程。因此,在城市群演进过程中,如果城市降低交易成本效果高于市场和网络,产业演进会通过城市内分工来实现的;如果城市降低交易成本效果低于市场和网络,产业演进会通过城市外部分工来实现的。城市内分工深化容易形成自给自足,城市外分工深化容易形成城市分工体系。

(1) 地理上的邻近首先意味着可以大大减少因为空间距离产生的交易费用,其次地理上的邻近意味着群内城市拥有相近的制度、文化、社会环境,而这可以有效降低知识与经验的差异,而这种差异正是影响交易成本的一个主要方面。

(2) 作为一种网络协作型的组织形态,合作城市之间出于发展合作关系的政治意愿建立一定形式的组织和制度。如对开展合作(或一体化)的重要意义达成共识;高效及时地获得和相互传递信息;进行实质性政策协调(如对外政策)、制定相应的法律、法规以及鼓励城市群发展的政策等以规范城市群群成员的自利行为、避免机会主义倾向。对中国当前区域经济一体化的借鉴启示意义在于:① 区域经济一体化是一个逐渐发展的过程;② 区域经济一体化都有一定的组织形式;③ 区域经济一体化都有相应的制度安排(张兆安,2006)。

城市群内城市之间除了上述正式合作关系,还会因为相近的社会文化背景和长期正式合作以及各种非正式交流而形成共同信任结成非正式关系,这种集群成员共同维系的信任机制不仅能降低信息不对称所引致的内生交易成本,而且也促进了城市群网络的扩展。

(3) 从市场经济中的分工模式来看,城市群和大城市是两种截然不同的分工协调模式。城市群通过专业化的分工、协作,在城市群内形成开放式的横向或纵向一体化的产业链网来提高分工水平;大城市是通过封闭式的纵向一体化组织形式来提高分工水平的。城市群内各个城市在地理位置上的邻近优势和其生产产品的高度相关性,可使其交易成本降低,从而使城市群变成了一个没有围墙的,可以不断发展的"城市集团",既克服了规模过大、组织运行成本过高等一系列的"大城市病",同时又避免了纯粹的市场分工所带来的城市间交易成本过高的弊端,这样既保证了分工与专业化的效率机制,与此同时还能将这种分工与专业化深化下去,使得分工与合作的关系得以在更大空间范围内扩大和加深,从而反过来促进了城市群网络组织的进一步发展。

综上所述,从降低交易成本视角可以发现城市群作为一种中间性组织存在的合理性与优越性。城市群是一种介于市场经济组织和行政科层组织之间的一种中间体组织,主要依靠正式关系(制度和协议)和非正式关系(信任和承诺)来进行协调,在弥补市场分工的不完备性和契约的不完善性的同时,又具有行政科层内部金字塔控制结构在组织和管理生产方面的优势,比市场稳定、比科层灵活;能将市场不可能专业化和单个城市无力一体化的经济活动纳入由众多城市构成的高度专业化的分工与协作网络中,既竞争又合作、既相互独立又相互依存(图2-2)。

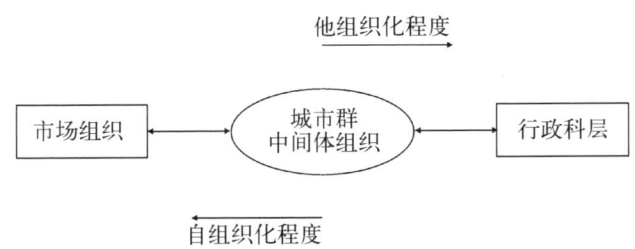

图2-2 城市群向市场组织与行政科层组织转化的取向

综上,城市群的出现与成长为解决城市间分工演进与交易费用之间的两难选择提供了一种有效率的交易体系、市场结构与制度安排,是在一定区域内多个城市交易或联系的空间组织形式创新。

2. 城市群演进的四种模式及其空间形态

组织,既是一种容器,又是容器中的内容;既是结构,又是过程;既是对人类行为的制约力量,同时又是人类行为的结果(埃哈尔·费埃德伯格,2005)。人类社会受到两种秩序的规范:一种是直接凭借外部权威,为实现一个共同目标,靠指示、命令来计划和建立的行动秩序,这种人造的秩序即是"组织"或曰计划秩序;另一种是间接的,因行为主体都自发自愿地服从共同承认的规则而形成的行动秩序,哈耶克称之为"自生自发秩序"(spontaneous order)。

基于对城市群作为一种介于行政科层与市场机制之间的中间体的新认识,我们进一步剖析,可以发现城市群的形成亦包含着两种秩序,一种是"自发秩序",即在市场机制的作用下经由自组织机制("看不见的手")的自发演化形成的,表现为城市群中的大量空间主体(企业、居民以及其他各类组织)不断地分化与组合;另一条是"人为秩序",即经由政府的空间规划及政策引导推动("看得见的手")自觉建构形成的,表现为凭借总体的、宏观的管制及各项决策的应用进行人为的规划与管理。城市群便是在这两种力量互动之下随着时间的推移逐渐积累而呈现出其最终面貌。

表 2-4 自组织与他组织的关系

总概念	组织	
含 义	系统向有序化、结构化方向演化的过程	
二级概念	自组织	他组织
含 义	组织力来自系统内部的组织化过程	组织力来自系统外部的组织化过程
特 征	组织内部个体自发	组织外部自觉调控
对应过程	进化	发展

根据以上对城市群核心特征与组织特性的分析,笔者首先将城市群形成过程中自组织与他组织机制的强弱划分并进行矩阵方式组合,可以得到"弱自组织—弱他组织"、"弱他组织—强自组织"、"强他组织—弱自组织"和"强自组织—强他组织"4种城市群演进形成模式。显然,一个城市群的良性发展过程,就是从"弱自组织—弱他组织"模式向"强自组织—强他组织"模式演进的过程。其次,对应于4种模式将出现4种类型的城市集群空间形态:分散化城市个体系统、原始竞争城市集群、静态效率城市集群和成熟态城市集群(表2-5)。一般地,城市群内在关系作用模式的演进过程,外在地反映为城市集群地理空间形态从形态(Ⅰ)到形态(Ⅱ)或形态(Ⅲ)最后到形态(Ⅳ)的演变过程(图2-3)。

表 2-5 四种城市群演进模式及其空间形态

自组织动态网络	他组织静态规则	
	弱	强
弱	(Ⅰ)分散化城市个体系统 弱自组织—弱他组织	(Ⅲ)静态效率城市集群 弱自组织—强他组织
强	(Ⅱ)原始竞争城市集群 强自组织—弱他组织	(Ⅳ)成熟态城市集群 强自组织—强他组织

在此,笔者对这四种空间形态作简要说明:

(Ⅰ)分散化城市个体系统。该形态的空间特征为:地域内城市分散分布,各自自给自足发展,城市间相互作用与联系很少,是一种最为原始、低级的城市集群空间形态。

(Ⅱ)原始竞争城市集群。该形态的空间特征为:集群他组织规则比较薄弱,市场自组织机制处于主导地位,城市个体间互动关系紧密,但地域内城市随

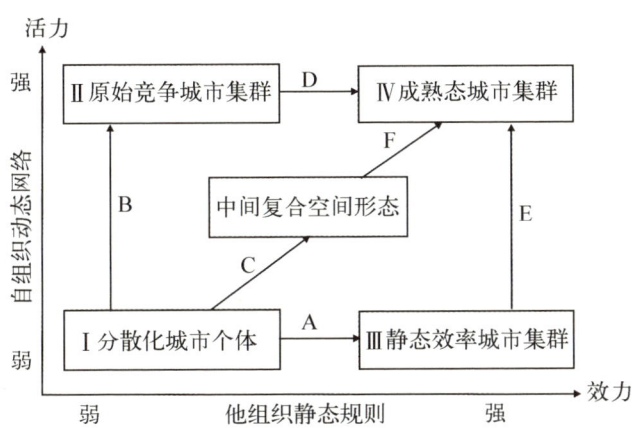

图 2-3　基于自组织思想的城市群空间形态类型及演进路径

着自身实力发展,按自身需求出发不断拓展发展与影响空间,缺少区域整体意识,整个系统呈现混乱无序的发展态势。

（Ⅲ）静态效率城市集群。该形态的空间特征为:集群自组织活力比较薄弱,政府他组织机制处于主导地位,城市个体经过持续性的积累已经形成了一定市场分工与交换的物质基础,但城市之间强烈的互动关系以及合作精神和协同创新的制度氛围等促进主体互动的机制和因素还不成熟,此时,为促进城市群的发展便发挥人为外部干预与调控的(他组织)作用,区域发展相对有序,但易导致活力不足。

（Ⅳ）成熟态城市集群。该形态的空间特征为:城市群内部既拥有规范合理的规则制度,同时集群内部城市间分工合理互动频繁,资源利用配置有序合理,可以说是城市群发展的最高与最佳形态,也是其他阶段形态发展的目标所在。

2.2　空间与空间结构内涵界定与研究述评

2.2.1　空间的内涵与经济空间的界定

空间(space)是地理学与城市规划学最基本的概念之一,长久以来,地理学和城市规划学均从各自的视角对其进行了深入的研究。地理学中的空间指的是地理事物和经济活动发生、联系和发展于其中的具体的地理背景或环境空间(马国霞、甘国辉,2005)。与地理学相比,城市规划学更倾向于关注城市的实体空间,以规划的角度看,由城市形体环境(physical environment)组成的外部空间即为城市空间(urban space),它是与实体(mass)相对的城市设计和建筑设计要素。地理学注重分析城市相互作用网络在理性的组织原理下的表达方式——城市结构(urban structure),分析更多涉及与城市功能活动有关的地域结构变迁;城市规划学则将城市空间结构作为城市存在的理性抽象,更多是强调空间场所的概念,偏重于视觉艺术及形体秩序的城市形式分析。

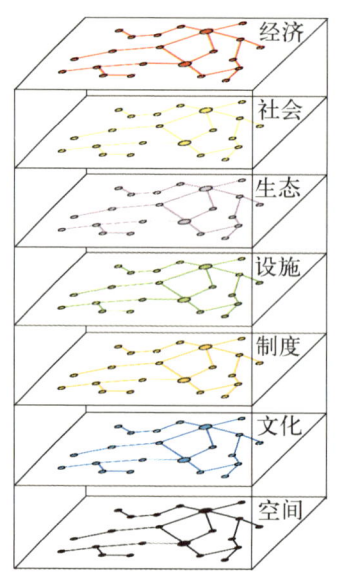

图2-4 多维内涵的空间网络

而社会经济的空间结构概念里的"空间",其中分布着农业、工业、城镇居民点、道路和通信设施、文化及商业供应设施等多种类型的客体,不断发生着诸如商品生产、原料和成品的运输、信息的传送、商品的销售等再生产过程,以及新区的开发、人口的流动(分散与集聚)、城镇扩大和新居民点的产生、新技术的扩散等现象。而其中每一种事物、客体及其相互间产生的运动现象,都会形成一种空间态势,它们在整体中的结合关系便产生一种多重空间(陆大道,2001)。此处,空间已经成为一种多层面、多维度的多重关系的复合体(图2-4),并体现出"空间中的生产(production in space)"向"空间的生产(production of space)"①的深刻转变。

从城市的形成、发展和演变的渊源看,决定因素首先是经济性的。一部城市发展史完全可以抽象地概括为是对城市地域经济关系和地域经济现象空间运动的描述(陆军,2001)。而随着城市间分工的深化和交易范围的拓展,现代意义上的城市群实际上是一个城市经济区,其经济的空间结构已日益成为宏观经济的重要内容。当前,中国经济社会整体上仍处在一个以生产为主要特征的发展阶段,因此,探索由经济联系衍生的城市群空间组织,研究城市群在产生、成长及与外部经济联系发展过程中的空间运动规律,对中国的城市化和生产力的地域布局具有积极意义。因此,本书对中国三大城市群的空间结构与集合能效研究是

---

① 法国马克思主义社会学家列斐伏尔从1960年代起开始把空间引进其研究。"Space:social product and use value"提出"空间中的生产(production in space)"转变为"空间的生产(production of space)",其区别在于前者指自然属性的空间,而后者指社会属性的空间。这种转变源自生产力自身的成长,以及知识在物质生产中的直接介入。其结果是现代经济的规划倾向于空间的规划。

主要基于经济空间①这一根本属性维度来展开。

2.2.2 空间结构的内涵与城市群外部空间的界定

"结构"一词,原指建筑物的内部设置。后来,结构被引用到生物科学及社会科学中,指被研究的对象具有系统性、持续性,并可辨认的现象,如生命结构、产业结构、社会结构、空间结构等。瑞士学者皮亚杰指出:结构是一种关系的组合。事物各成分之间的相互依赖是以他们对全体的关系为特征的,即一个具体事物的意义并不完全取决于该事物的本身,而取决于各个事物之间的联系,即该事物的整个结构,"整体大于(或小于)部分之和"是结构的本质所在。城市是各种人文要素和自然要素的综合体,城市空间结构历来是多学科从不同角度进行研究的对象,因而对空间结构并没有一个统一的概念框架。R.J.约翰斯顿主编的人文地理学词典中将空间结构(Spatial Structure)解释为用来组织空间并涉及社会和(或)自然过程运行和结果的模式,并归纳自从第二次世界大战以来,在英语国家的人文地理学中,空间结构概念的发展过程可划分为三个主要阶段(图2-5)。

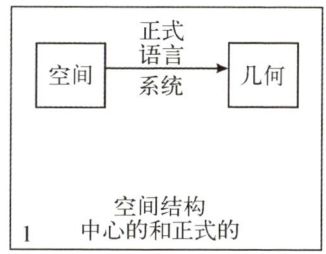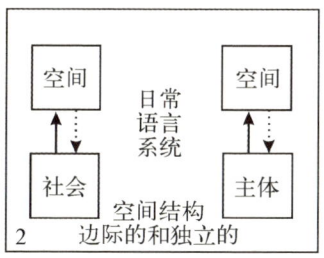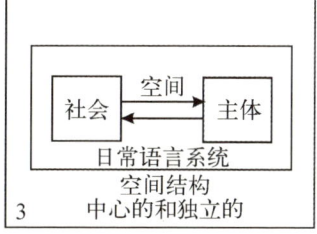

图 2-5 空间结构概念的发展过程

资料来源:《人文地理学词典》,R.J.约翰斯顿主编

应该说,作为空间结构,其最基本的含义应是人类经济活动作用于一定地域范围所形成的组织形式。这种空间组织形式主要包括以下三个方面的内容:① 以资源开发和人类经济活动场所为载体的经济地域单元的空间分异与组合关系;② 空间实体(主体与要素)构成的某种等级规模与分布配置体系;三是各

---

① 法国著名经济学家弗朗索瓦·佩鲁(Francois Perroux)在《经济空间秩序:理论与应用》一文中提出经济空间的概念,他把经济空间定义为"存在于经济元素之间的结构关系",并把其分为由计划界定的经济空间、作为力场的经济空间和作为均质整体的经济空间三种类型。其所提出的经济空间是现代数学中抽象空间概念向经济学领域的延伸,并不具有真正的空间意义。后经法国经济学家布代维尔(J. R. Boudeville)发展到解释区域空间结构的形成(郑道文,2001)。

种空间实体(主体与要素)之间存在的某种要素流的形式与状态。因此,空间结构反映了区域经济系统中各个系统、各个主体、各个要素之间的空间作用关系,空间不仅是经济活动的"容器",也是区域发展的"指示器"。正如卡斯特尔(2006)所言,空间不再是社会的反映(reflection),而是社会的表现(expression)。换言之,空间不是社会的拷贝,空间就是社会。

城市空间结构大致存在三个层面及尺度的空间状态。一是城市的内部空间,它是以主城为主包括城市各功能区及其变化,它是城市空间中最基本的空间实体,也是城市空间集聚于扩散的核心,它的变化及发展最能反映城市的本质现象及趋势;二是城市的外部空间,包括城市的郊区卫星城,各类"飞地"及城市的边缘乡村,这个空间层面是最为活跃的地区,它反映了城市的成长以及可能的演化方向;三是城市的群体空间,实为城市的区域腹地,这一层面包括了"城镇空间与区域基质空间在内的一个地域系统",这个空间层面所反映的是城市与城市、城市与区域之间更为宏观的关系(朱喜钢,2002)。因此,本书所研究的城市群空间结构关注的是区域中多个城市构成的外部群体空间。

2.2.3 空间结构研究述评

1. 空间结构要素研究

研究城市群空间结构旨在研究诸要素的空间组合、关联和演变规律。因此,首先必须认识和判别空间结构要素。对于空间结构及其要素,可以从不同学科角度进行透视与研究。借用纯几何学或拓扑学的研究方法,空间结构要素可抽象为具有某种内涵和意义的符号,如点、线、面和多维向量集合。从经济学角度考察,这些空间结构要素具体表现为一定区域范围经济活动内聚力极化而成的中心(或称之为节点,即人口和产业的聚集化),以及受经济中心吸引、影响的经济腹地(或称之为域面,即各种经济活动的地域依托)和由交通通讯等基础设施组成的经济网络(简称为网络,即各种经济联系的渠道、系统和组织)。从景观生态学角度考察,空间结构要素单元被描述成具有生态研究意义的基质(Matrix)、斑块(Patch)和廊道(Corridor)等。哈格特(P. Haggett)1977年提出人文地理研究的空间形式由6个要素组成,即作用(Interaction)、网络(Networks)、节点(Nodes)、节点的层次(Hierarchies)、面(surfaces)、时间和空间上的扩散(Diffusion)(图2-6)。

现代城市群的空间结构是人类社会——空间系统内各主体与实体的组织关系和分布格局,其经济空间结构范畴,反映了经济系统中各子系统、各个主体、各个

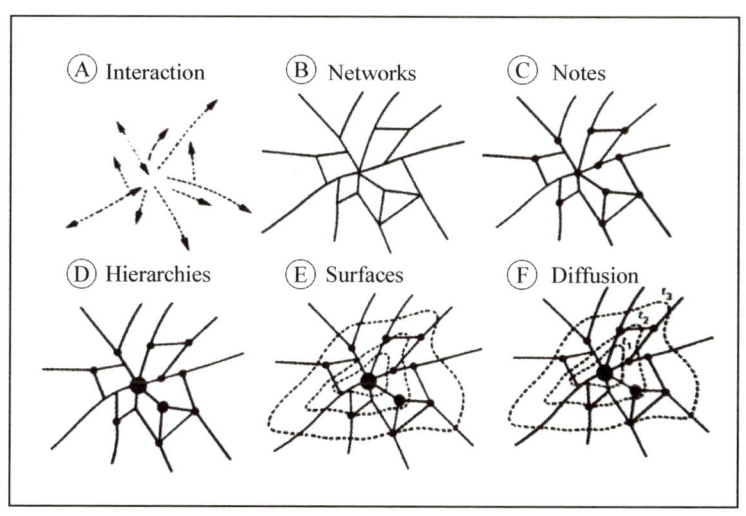

图 2-6 哈格特的空间系统要素

资料来源：P. Haggett, A. D. Cliff, and A. Frey. Locational analysis in human geography. 1977.

要素之间的空间关系，包括诸要素在空间中的相互位置、相互关联、相互作用、集聚程度以及相对平衡关系等。一般而言，城市群空间经济结构的要素可分为两种类型。

（1）具有显性特征的空间经济区位几何要素及其空间组合实体或类型。即具有可识别性的点、线、面区位要素。在现实的空间经济活动中，区位点要素是指具有确定位置的城镇居民点、大型工矿企业分布点和交通线衔接点；区位线要素指具有确定线段的交通通讯干线、动力和水源供应线；域面要素是指具有确定范围的流域经济区、城市经济圈和作用力场等。这些要素不仅具有方位、距离和范围等方面的几何规定性，而且在空间经济结构中具有不可缺一性。作为点要素的城镇聚集地，是空间结构要素的核心，具有组织空间经济活动的中心性特征，可起到活化整个空间结构或主导空间结构的重要作用。线要素是连接点要素的重要线状基础设施，在区域经济的空间结构中起物质通道作用，有的线要素（如河流）也会起到某种空间障碍作用。面要素是点和线赖以存在与发展的基本地域依托，是空间经济结构要素的基础。点、线、面构成一定区域经济活动的空间相互作用系统，一般称之为空间经济结构的基本要素。由于观察的尺度不同，实际区域空间结构类型也不同。比如一个城市，若从宏观尺度考虑，它往往被视为一个点，而若从较小的空间尺度观察，它则表现为不同功能区组成的空间，其内部又有空间结构。

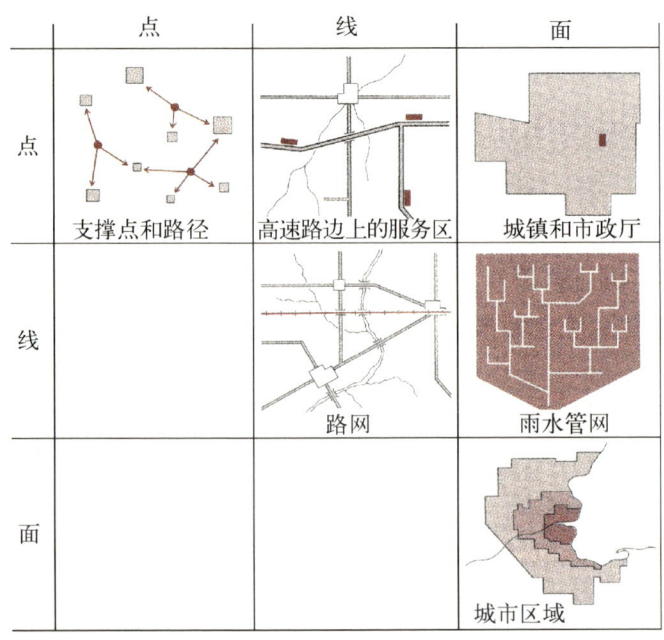

图 2-7　空间结构中的点、线、面示意

资料来源：*Geography: the Study of Location*, *Culture and Environment* John F. Kolars, John D. Nystuen, 1974

对点、线、面区位要素进行"矩阵"构造分析，可形成以下空间组合实体或类型(表 2-6)。

表 2-6　空间结构要素的组合模式

区位要素及其组合	空间子系统	空间组合类型
点—点	节点系统	村镇系统、集市系统、城市体系
点—线	经济枢纽系统	交通枢纽、工业枢纽
点—面	城市—区域系统	城市集聚区、城市经济区
线—线	网络设施系统	交通通信网络、电力网络、供排水网络
线—面	产业区域系统	作物带、工矿带、工业走廊
面—面	宏观经济地域系统	基本经济区、经济地带
点—线—面	空间经济一体化系统	等级规模体系

资料来源：曾菊新著.空间经济：系统与结构,武汉出版社,1996

(2) 具有隐性特征的空间要素的"流""网络"与"体系"。上述划分更多是依据空间结构景观,即有形的、静态的物质性组成要素进行划分的,实际上,除这些看得见的、静态的内容以外,组成空间结构的"活动"内容,即动态的或非物质性的内容更具有空间结构的规定性。按要素流的性质和内容,可分解为人力流、技术流、物质流、资金流和信息流等单项要素的流动。实际上,在现实的经济生活中,任何一种空间经济运动都是一种多元素的复合流动。要素的空间流动是一个矢量概念,并可以用时间曲线和空间曲线表示。要素流的产生是因为存在"空间势能差",这种"势能差"源于不同区域自然物质基础差异和经济主体之间的相关利益格局即"主体关系网络",网络是区域空间各经济主体的相互位置关系的表现,社会学认为网络就是行动者之间的一种关系,空间结构中的网络也是行动者之间的一种关系,这种抽象关系投影到空间上,就形成了空间网络。依据节点所处区位的重要性和节点自身的竞争力,不同节点的网络控制权不同,一般而言,流的密度能反映节点的网络权力大小。等级体系与网络结构有着紧密联系,在网络结构中,网络权力大的节点其等级就越高,等级高低是区域空间分工的重要依据。这些隐性的空间要素是现代城市群空间结构形成的基础条件,维系着不同特性的空间结构并使之循环不已的运行和演化(陈修颖,2003)。

2. 空间结构模式研究

城市群空间模式是各空间要素关系特征在地域上的外部表现形式,主要表现在几何分布、空间组织和演变过程等三个方面,是城市群研究的核心内容,也是目前研究内容与成果最为丰富的领域。由于研究者视角的差别,形成了关于空间模式众多的理论和观点,其中国内外比较有代表性的空间模式有圈层模式、中心地模式、增长极模式、中心—边缘模式、点—轴模式等,下文将予以简要介绍。

1) 圈层模式

1826 年,德国古典经济学约翰·海因里希·冯·杜能(J. H. von Thünen)出版了关于资本主义农业空间组织的名著《孤立国同农业和国民经济的关系——关于谷物价格、土地肥力和征税对农业影响的研究》。书中杜能对所有农业生产方式的土地利用进行计算,得出各种方式的地租曲线高度以及斜率(图 2-8 上部)。因农产品的生产活动,是以追求地租收入为最大的合理活动,所以农场主选择最大的地租收入的农作物进行生产,从而形成了农业土地利用的杜能环结构(图 2-8 下部)。杜能从区位地租出发,得出了农业品类围绕市场呈同心圆分布的理想化模式,虽然模型基本上是描述性的,但这一理论不容置疑地确立了地理空间的重要性,从而,为以后区位论中两个重要规律,即距离衰减法则和空间相互作用原理的出现作了准备。

杜能环模型逐渐为地理学家们所熟知,区位论常把它作为规范以解释全国规模(特别是当一个国家和地区为一个巨大市场所左右时)的土地利用模式,杜能亦被视为区位论的开创先驱。诸如美国芝加哥学派伯吉斯的城市同心圆模式、阿隆索城市土地利用的竞租曲线以及以大都市为中心的都市圈理论都承接和延续了这一基本的圈层模式思想。

2) 中心地模式

中心地理论(Central Place Theory)是现代城镇体系的重要模式,由德国地理学家沃尔特·克里斯塔勒(Walter Christaller)在1933

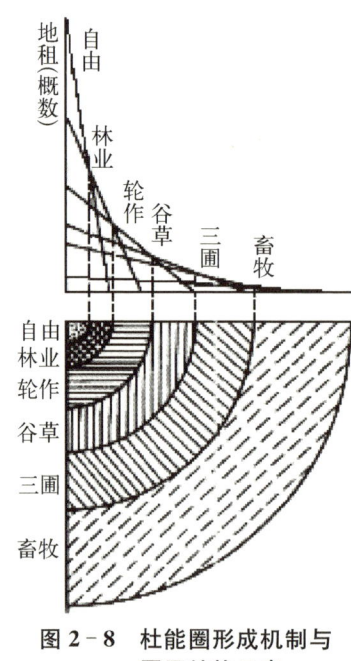

图2-8 杜能圈形成机制与圈层结构示意

资料来源:《经济地理学》,李小建主编

年发表的《德国南部的中心地——关于具有城市职能聚落的分布与发展规律的经济地理学研究》著作中提出。克里斯塔勒采用经济学和地理学的双重观点,从研究地图上的聚落分布开始,通过调查研究,确立了中心地理论的一系列原理:三角形聚落分布、六边形市场区的框架;等级序列和门槛人口的内涵;根据市场($k=3$)、交通($k=4$)和行政原则($k=7$)得出网点类型(杨吾扬,1998)(图2-9)。克里斯塔勒对德国南部城市群体空间组织作了严谨的论述和数学模拟,首次把区域内城市系统化,揭示出区域内城镇等级、规模、职能间关系及空间结构的规律,他以抽象演绎方法解释了空间经济网络化的形成机理,被后人公认为城市群体研究的基础理论。

在中心地理论基础上作出较大理论贡献的还有1940年廖什的(August Losch)代表作《经济空间秩序——经济财货与地理间的关系》的"经济景观"(Economic Landscape)说;1954年贝里(B. Berry)关于城市人口分布与商业服务中心等级体系的城市等级—规模原则;1977年施坚雅(G. W. Skinner)《中华帝国晚期的城市》一书出版,书中以四川盆地为例,应用中心地理论基本原理对中国封建社会晚期城市研究,提出了施坚雅模式。

3) 增长极模式

增长极(Growth Pole)概念最早是由法国经济学家弗朗索瓦·佩鲁

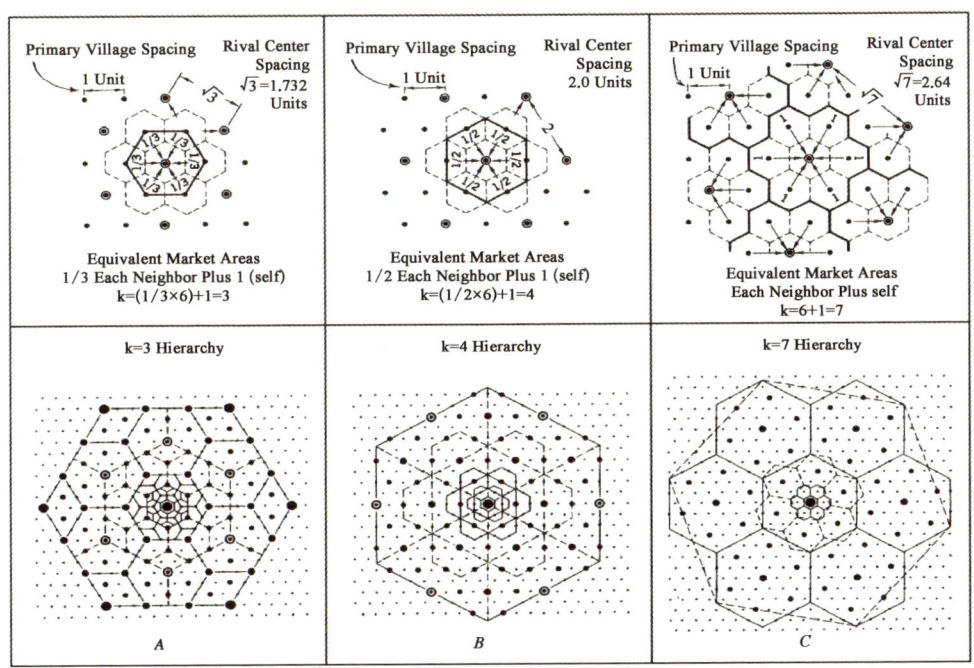

图 2-9 克里斯塔勒市场、交通与行政原则下的中心地空间模式示意

资料来源：John F. Kolars, John D. Nystuen. *Geography: the Study of Location, Culture and Environment*. 1974.

(Francois Perroux)在其1955年的一篇论文《略论增长极概念》中提出。佩鲁认为，增长极是一种推进型单位(propulsive unit)，这种优势经济单位具有规模大、增长快、创新能力强以及与其他工业的投入—产出联系广泛而密切的性质和特点。增长极就是围绕推动型主导工业部门而组织的有活力的高度联合的一组工业，它本身能迅速增长并通过乘数效应，推动其他经济部门的增长。根据他的观点，"极"是工厂或厂商，而不是地理区位。佩鲁增长极理论所关心的主要是增长极的结构特点，尤其是产业间的关联效应，但忽视了增长极的空间含义。

法国地理学家 J. 布德维尔(J. R. Boudeville)把佩鲁的增长极概念从抽象的经济意义推广到内容更为广泛的区域范畴，提出了"增长中心"这一空间概念。布德维尔把增长极同极化空间、同城镇联系起来，就使增长极有了确定的地理位置，即增长极的"极"，位于城镇或其附近的中心区域。这样，增长极包含了两个明确的内涵：一是作为经济空间上的某种推动型工业；二是作为地理空间上的产生集聚的城镇，即增长中心。

4) 核心—边缘模式

美国城市与区域规划学家约翰·弗里德曼(John Friedman)最早在其代表性著作《区域发展政策》(1966)中提出了核心—外围理论(Core-Periphery Theory)的基本思想,并在代表性论文《极化发展的一般理论》(1972)中对其做了进一步的发展。该理论试图解释一个区域如何由互不关联、孤立发展演变成彼此联系、发展不平衡,又由极不平衡发展变为相互关联的平衡发展的区域系统。因为以核心—外围为基本结构单元的区域空间结构是不断发展变化的,一般随发展水平的不断提高,显示出明显的阶段性特征,弗里德曼以动态的方式描述了经济增长中心空间结构和演变过程(图 2-10),划分为四个阶段:

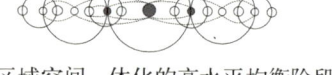

图 2-10 弗里德曼提出的空间结构演变过程示意

资料来源:Charles Gore. Regions in Question: Space, Development Theory and Regional Policy. 1984.

(1)农业经济占优势的低水平均衡阶段:该阶段生产力水平低下,在一定的地域范围内以若干分散孤立的小城镇为中心,形成小地域范围经济活动的封闭式循环。

(2)极核发育形成的非均衡阶段:以城镇为基础的国民经济工业化过程通常会在少数具有区位优势的经济中心开始,进入极化增长的累积循环过程,先行工业化地区不断吸引其周围地区影响范围内的资源、人力,并供给商品和服务,发挥政治、经济的领导组织职能,逐渐成长为核心区,其他地区成为受其支配的外围区。

(3)扩散的多核非均衡阶段:由于大规模的资源开发和经济的迅速发展,区域内其他地区也得到迅速发展,与此同时,在大城市由于受环境容量的限制以及集聚成本提高、土地费用上涨,极化增长中累积循环过程开始转向扩散过程,更高层次的经济活动继续向大城市集聚的同时,某些低层次经济活动向下级城镇扩散,区域的第二、第三级中心得到迅速发展,上一阶段所形成的单纯的核心外围结构逐渐变为多核心结构。

(4)区域空间结构一体化的高水平阶段:区域结构上,已形成同级核心之间、不同等级核心之间联系网络,常以一个综合性城市或少数职能分异、互补的中心城市为核心,实现空间结构和规模结构的均衡,区域空间各组成部分完全融合为有机整体,整个空间结构系统处于均衡稳定状态。

5)点—轴模式

1995年,中国经济地理学家陆大道在其《区域发展及其空间结构》一书中提出了作为解决经济空间布局集中与分散关系的重要原则:点—轴空间结构理论。其主要内容包括三个方面:第一,将区位条件好的重要干线作为重点发展轴;第二,在发展轴上,确定重点发展的中心城市(即增长极)及其主要发展方向;第三,确定中心城镇和发展轴的等级体系与网络结构。

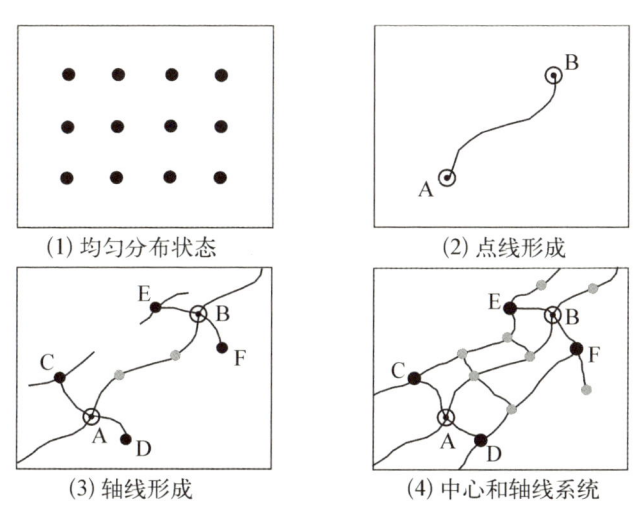

图 2-11 陆大道提出的点—轴模式形成过程

根据对现实中经济和社会空间组织形成过程模式的分析,可以看出社会经济"点—轴"空间结构系统的形成有四个主要阶段。这四个阶段社会经济空间结构体现了各主要国家和地区的一般规律,而且,也是与社会经济发展的水平和结构特点的阶段差异相一致的。

(1)"点—轴"形成前的均衡阶段。地表是均质的空间,建立在农业社会之上社会经济客体(以村镇为主的居民点)虽说呈"有序"状态的分布,但却是无组织状态,这种空间无组织状态具有极端的低效率。

(2)社会经济客体开始集聚,点、轴同时开始形成,区域局部开始有组织状态,区域资源开发和经济进入较快增长时期。按照社会经济发展阶段衡量,这种空间结构特征是属工业化的初期阶段。

(3)主要的"点—轴系统"框架形成,社会经济演变迅速,空间结构变动幅度大。是属工业化中期阶段的空间结构特征。

(4)"点—轴"空间结构系统形成,区域进入全面有组织状态,它的形成是社会经济要素长期自组织过程的结果,也是科学的区域发展政策和计划、规划的结果。从宏观角度考察,空间结构重新恢复到"均衡"阶段。

中国学者许学强等分析了城镇体系演化的模式,将城镇体系的演化分为四个阶段(周一星,1997)也体现了点—轴思想。

(1)离散阶段(低水平均衡阶段)。对应于工业化前的漫长时期,生产力水平低下。城市发展以小城镇为主,缺少大中城市,没有核心结构,尚构不成等级体系(图 2-12(a))。

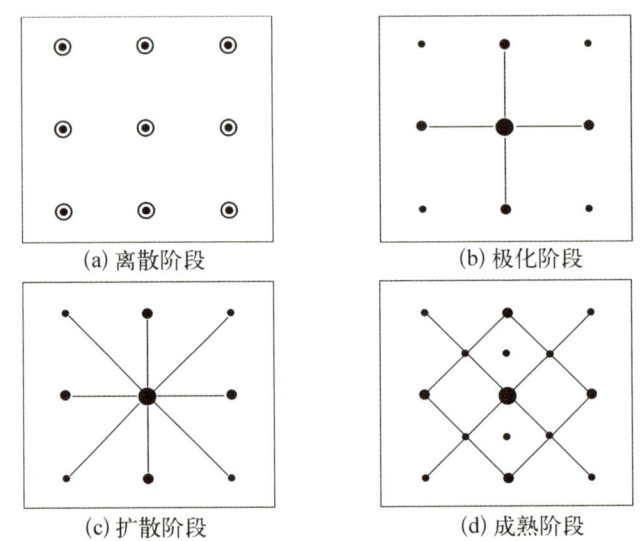

图 2-12 许学强等提出的城市体系演化模式

(2)极化阶段。对应于工业化兴起,工业迅速增长并成为主导产业的阶段,中心城市作用强化(图 2-12(b))。

(3)扩散阶段。对应于工业结构高度化阶段,中心城市的轴向扩散带动中小城市发展,点—轴系统形成(图 2-12(c))。

(4)城市阶段(高级均衡阶段)。对应于信息化与产业高技术化阶段,区域生产力向均衡化方向发展,空间结构网络化,形成点—轴—网络系统,整个区域成为一个高度发达的城市化区域(图 2-12(d))。

此外,中国学者陆玉麒对广泛存在于我国沿海和沿江地区,沿海地区如沈阳—大连、北京—天津、石家庄—黄骅、济南—青岛、徐州—连云港、杭州—宁波、广州—深圳、南宁—北海等,沿江地区如成都—重庆、长沙—岳阳、合肥—芜湖、南昌—九江等这种由区域中心城市和港口城市及其连线所组成的一种空间结构现象进行归纳提炼,提出双核型空间结构(陆玉麒,1998),可以看出,双核模式也属于点—轴模式中一种特殊的发展模式。

从上述代表性的城市—区域空间结构模式可以看出:

(1) 任何区域城市群体的形成演化都经历了单个城市的空间扩展到相互联系的网络系统这一过程,这一过程大部分与环式、轴式、多中心式等三个模式之一相关联。这些模式通过对地表人文和经济现象的形态描述和条件分析,揭示了城市群形成发展的一般规律,为我们认识城市群空间的演化提供了一定的框架,为理论的进一步完善奠定了基础,也为各国区域发展政策的制定和规划研究发挥了重要的作用。

(2) 传统的区域空间模式实际上是对区域经济社会发展所导致的空间形态的历史诠释,多数仅是一种描述而已,本身不具有解释的意义。难以揭示城市群内部是如何进行空间扩展的?又是如何形成相互关联体系的?所以基本上没有涉及对城市群成长动力机制及其原因的解释。因此,模式研究属于第一层次上的描述性解释研究,未来要突破传统的粗线条描述,致力于揭示典型的架构,从多侧面的互动联系中研究现实,从静态的条件假设逐步向动态的空间演化模拟,由此推动城市群空间研究的进步,自组织模式的出现已经昭示了这种趋势。

3. 空间结构解释研究

地理学的两大传统:地域传统,旨在说明组成地域的各种成分或要素的相互作用;位置传统,旨在说明地域间的空间联系。任何一个传统都不能有效地说明地理运动的全部。如果单独基于位置或地域,是不可能建立完整的地理理论体系的。二者必须结合成为一个整体,这个结合体就是区位(周旗,2003)。

1) 区位理论

经济空间结构是指在一定区域范围内经济要素的相对区位关系和分布形式,它是在长期经济发展过程中人类经济活动和区位选择的累积结果。对经济空间进行分析的空间结构理论是在区位论的基础上发展起来的,区位论研究的主体是经济空间(张文忠、张军涛,1999),表示一定空间范围内社会经济各组成部分及其组合类型的空间相互作用和空间位置关系,以及反映这种关系的空间集聚规模和集聚程度。区位论大致可以分为三个发展阶段,在此进行简要的回顾梳理。

第一阶段为自19世纪初—20世纪40年代侧重于微观最优区位研究时期。先后形成了4个代表性的区位理论,它们是德国农业经济学家J. H. 杜能的农业区位理论、德国经济地理学家A. 韦伯的工业区位论、德国地理学家W. 克里斯塔勒的中心地理论和德国地理学家A. 廖什的市场区位论。它们的研究对象是单个或某一方面的经济客体(如农业种植地带、工业企业、城镇、市场等)的空间分布和空间关系。四大区位论的研究对象虽不相同,但它们的假设前提、研究方法、表达形式却很类似。都是假设一个"均质区",运用区域基础状况的假设,简单的几何图解和公式数学推导及严密的逻辑推理和高度的空间模式概括的静态方法,把空间当作一个连续体,从微观角度寻求单个经济客体的最优区位决策与区位影响因素;揭示人类社会经济活动的空间法则,为区域经济发展的空间研究奠定了重要基础,但它考虑的因素较少,建立的模型未考虑时间的变化,是一种静态的、局部均衡的、以完全竞争市场结构下的价格理论为基础的区位理论。

同期还产生了以行为经济学为基础的一系列杰出成果,如帕兰德的区位理论、霍特林的战略区位理论、史密斯的收益性空间界限分析、普雷德的行为矩阵等。这些行为区位理论的价值在于意识到追求最优区位的现实经济行为并不是完全理性的静态性,而是有限理性的动态性,区位主体的区位动机和选择过程对区域空间结构的形成有着重要影响。传统四大区位理论在这方面是薄弱的,因为其很多条件假设包含了区位主体为理性的经济人(追求成本最小化和利润最大化)、拥有完全信息、能够做出最优决策等限定,关注的核心区位因素大部分是外部因素,如运输成本、原料和市场等,对空间主体自身行为则考虑很少。因为,行为区位理论突破了四大区位理论的这些局限,将内外部因素考虑进去,增强了理论的解释力,对本书的研究有很大的启发意义。

第二阶段为20世纪50—70年代侧重于宏观区域空间结构研究时期。前一阶段的区位论较侧重于微观主体的区位行为,难以解释宏观经济结构与空间现象之间的关系。二战后,世界各国大力进行区域经济发展和经济重建,西方区位论研究的重点开始转向区域经济发展和区域政策问题,从总体出发寻求各种经济主体在空间中的最优组合与相对位置及要素资源的区域优化配置,区位势能、极化效应与扩散效应是空间经济结构演化的动力机制。各国学者提出许多有影响的区域发展理论和战略模式,其中较有影响的有佩鲁(F. Perroux)的增长极理论、缪尔达尔(G. Mydral)的累积循环因果关系理论、弗里德曼(J. Friedmann)的中心—边缘理论、威廉姆(Williamson)的倒"U"形理论、赫希曼(A. O. Hirschman)的不平衡增长理论是其典型代表。这一期间,区域空间结构理论从单个厂商的区位决策发展到地区总体经济结构及模型研究；从抽象的纯理论模型推导，变为力求构造接近区域实际、具有应用性的区域模型；是一种动态的、总体均衡的区位论。

第三阶段为20世纪80年代以来侧重于中观空间生产组织方式研究时期。经过1970年代世界经济危机，1980年代西方发达国家进入了产业再结构化阶段，其生产方式从大量生产方式转变为柔性生产方式，经济全球化使跨国公司的生产空间不断调整与重组，其中产业集群发展成为重要的空间生产组织方式，而这包含了一个重要的理论问题："规模报酬递增"如何进行合理解释，这点在以往区位理论中并没有得到有效回答。

1991年，新贸易理论的杰出代表克鲁格曼发表了具有时代影响的论文《报酬递增与经济地理》(*Increasing Returns and Economic Geography*)，拉开了新经济地理的发展序幕。新经济地理的基本问题是解释地理空间中经济活动的集聚现象。藤田(Fujita)、克鲁格曼(Krugman)、维纳布尔斯(Venables)等学者将微观主体定位在消费者和生产厂商，针对这两个微观主体的空间行为进行研究。他们以迪克西特(Dixit)和斯蒂格利茨(Stiglitz)垄断竞争模型(简称D-S模型)、萨缪尔森的冰山成本理论、动态演化和计算机为基础，建立了三种模型：区域模型：中心—外围模式；城市模型：城市层级体系的演化；国际模型：产业集聚与国际贸易(藤田昌久、保罗·克鲁格曼、安东尼·J.维纳布尔斯，2005)回答产业集中、城市形成与区域差异的原因，并回答某种产业为何聚集在某个地区，其研究具有坚实的微观基础。

其中克鲁格曼(1991)建立的中心—外围模型的主要思想是，一个经济规模较大的区域，由于前向和后向联系，会出现一种自我持续的制造业集中现象，经济规模越大，集中越明显。运输成本越低，制造业在经济中所占的份额越大，在厂商水平上的规模经济越明显，越有利于集聚，"中心—外围"结构的形成取决于规模经济、运输成本和区域国民收入中的制造业份额(金相郁，2004)。

2) 空间作用理论

城市群是相互作用的城、镇集合体，空间相互作用是先于城市体系而存在的地理概念：没有相互作用就没有城市群(陈彦光、刘继生，2002)。从这个意义上讲，城市群空间结构研究的重要内容就是空间相互作用(Spatial Interaction)。

通过多种实证考察，不同群体之间的相互作用，遵循距离衰减原理，这就是描述各种空间事物间相互作用的最简单也是最重要的数学模型和基本函数——引力模型也称重力模型(陈彦光，刘继生，2002)。公式表示为：

$$I_{ij} = k \frac{P_i P_j}{d^b}$$

式中，I_{ij}为城市i与城市j的相互作用强度；d为两城市之间的距离；P_i，P_j为两城市的规模变量；b为距离摩擦指数。

引力模式建立的基本出发点在于：聚集在一起的主体或要素的空间相互作用遵从一定的行为法则，即统计规律，通过分析不同群体之间相互作用的机遇或概率，表达了一个城市与城市系统内城市间相互作用可能性的强度，以便更好地认识城市经济发展的内在关联。此模型的应用，在一定范围内，可使城市群空间结构研究精确化，并进而由此概括出一些法则。

除引力模型外，各国学者根据空间相互作用的原理，提出了多种衡量、分析城市相互作用的各种定量模型和方法，如潜能与场强模型、断裂点模型、最大熵模型等定量模型，由此来确定空间相互作用的性质、强度，以及各个城市在城市群中的地位与作用，衡量、确定城市群的发育程度与边界。

空间扩散是空间相互作用的另一个重要内容，它不仅反映了相互作用的时间和空间过程，而且体现了城镇在区域中的中心作用。瑞典学者哈格斯特朗（T. Haggerstrand）于20世纪50年代初提出了接触扩散（Contagious Diffusion）、等级扩散（Hierarchical Diffusion）和非等级扩散（Non-hierarchical Diffusion）三种基本的空间要素扩散形式。他以"波"的概念，概括描述了创新扩散的四个阶段：初始阶段、扩散阶段、加密阶段和充实阶段。哈格斯特朗强调，城镇的中心作用就在于它是空间扩散过程中的创新源，它不断地形成创新并向周围地区扩散，由此对区域经济发展起着带动作用。前两种扩散方式都属于均衡扩散，而第三种则属于非均衡扩散。随着全球生产体系的建立，以及现代交通、通信技术的有力支撑，使得各生产要素呈现出越来越显著的非等级扩散（非均衡扩散）的特征。这种扩散方式，使得城市实体空间与影响空间越来越发生分离。城市的空间分布具有明显的跳跃性和不连续性。

3）自组织理论

传统的经济地理学模型由于在时间上是静止的，并且忽略了空间各主体间的相互作用机制，随着复杂科学的进展与其对经济地理学的渗透，一些新的理论运用复杂科学的成果成功地对传统的经济地理学模型进行了改造（谭遂、杨开忠、谭成文，2002）。布鲁塞尔学派的彼得·艾伦（P. M. Allen等，1997）以耗散结构理论方法对城市的产生、发展和演化进行了自组织模拟，以逻杰斯特方程

(Logistic Equation)与吸引力方程相组合建立了以人口为变量的系统模型。将初始条件和方程输入计算机,最终,从计算机结果描绘出来的五幅图中得到了城市逐渐形成并不断发展的过程(张勇强,2006)。

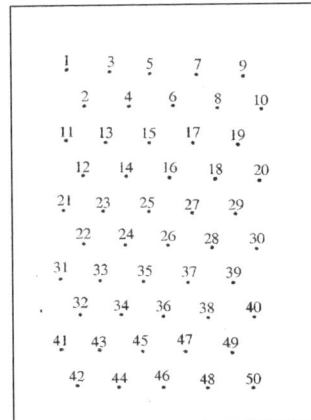
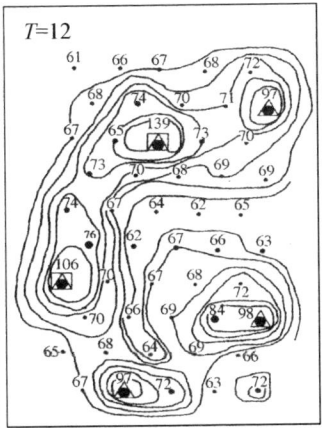
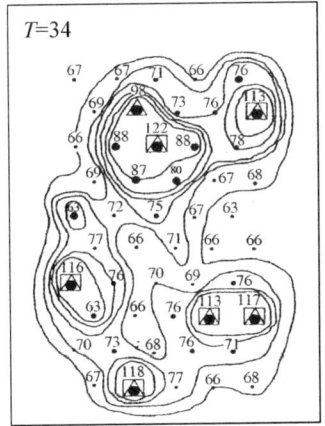
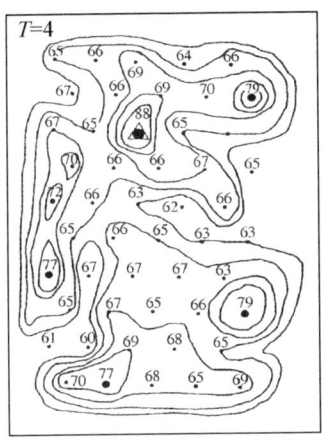
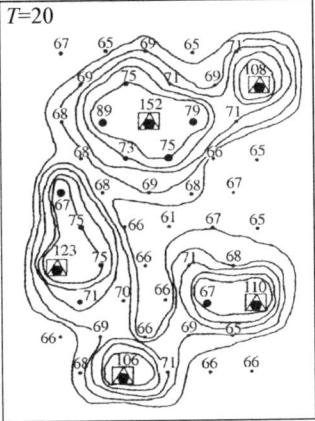
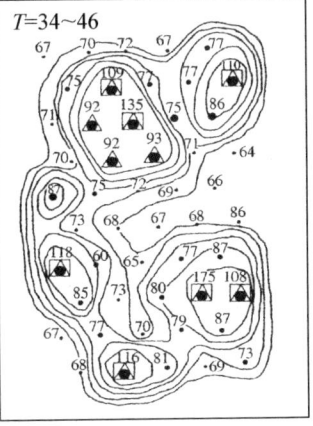

- · 一种功能的中心　　T=4 由于某种随机因素,某些点人口增加速度较快,这些点即为城市的雏形
- ● 二种功能的中心　　T=12 由于非线性相互作用,逐渐形成五个中心城市的空间结构
- ▲ 三种功能的中心　　T=20 人口不断在上述中心集中,聚集点的经济功能数也有所增加,城市开始蔓延
- 　　　　　　　　　　T=34 空间结构基本稳定下来,有两个中心城市出现人口流失的逆城市化现象
- ⚫ 四种功能的中心　　T=46 "双子"城市出现,几个相近或在功能上有联系的城市开始形成更高一级的实体

图 2-13　P. M. Allen 的城市自组织研究示意

资料来源:Allen. P. M. Cities and Regions as Self-Organizing Systems:Models of Complexity. Amsterdam:Gordon and Breach Science Publishers,1997.43

通过理论模型的分析,对不同阶段的城市特征进行讨论,可将城市自组织形成和发展的整个过程分为以下四个阶段:

(1) 城市独立发展阶段(图 2-13 T=4):在发展初期,一些点由于某种随

机因素,人口增加速度较快,大于周围地区,这些点即为城市的雏形。每个"城市"范围较小,基本上仅包含一个点。

(2) 城市范围扩大阶段(图 $T=12—20$):由于非线性相互作用,人口不断在上述点集中,聚集点的经济功能数也有所增加,从而进一步促进人口和功能的增加,城市形成了。同时,城市带动周围地区的人口增加,这些地区已经不是局限在孤立的点上,而是形成了人口增长超过平均增长率的一片区域,城市范围扩大了。

(3) 城市人口增长停滞阶段(图 $T=20—34$):城市的功能由于人口的增多而继续扩大,许多地区已经有了四种"功能"。城市人口增长趋缓,而周围地区,特别是同时受到几个城市影响的地区,人口反而增长较快,出现"逆城市化现象"。

(4) 新城市群形成并开始竞争的阶段(图 $T=34—46$):人口增加快的区域集中在几个城市及其之间的地带。这可以堪称几个相近或在功能上有联系的城市开始形成更高一级的实体,城市群出现了。

此外,著名经济学家 Paul Krugman 1996 年在《自组织经济学》一书中建立一个动态多区域模型来解释在空间结构均衡时动态力量趋于形成沿地形大概等距离分布的集聚点(城市),他通过区域跑道模型演绎了区域运行的几何结构,并描述了如何通过企业、消费者等微观主体间的相互作用形成制造业集聚的城市。该模型有助于我们理解城市是如何出现在开始几乎平坦的空间中(谭遂,杨开忠,谭成文,2002)。

4. 空间结构方法研究

方法是进行研究的思路探讨与工具选择,是学科研究的途径与方式,由研究的思维方法和技术方法组成。城市群空间研究是通过结构化的要素来具体把握的,空间结构作为城市规划学、城市地理学的研究核心之一,众多学者对之进行了多角度的广泛研究。透过其中一些令人信服的经典研究,可以发现科学理性与客观合理地归纳演绎城市空间的法则,解释城市群空间演变的过程,很大程度上依赖于研究者能够熟练有效地将定量方法与技术与经验解释结合起来更好地描述与解释城市空间发展。

空间是人类进行社会经济活动的场所,人类的所有活动包括社会的、经济的,都是空间结构的组成部分之一。而人类社会经济每一点发展与变化,又都会使一定空间内原有的各种社会经济客体和现象的位置、相互关联程度、经济活动强度和力度以及各种客体和现象的规模、形态发生变化。人类主体行为与空间结构之间体现出一种互为因果、密切相关的关系。那么这种关系应如何加以分析呢？本书从霍特林模型与阿朗索模型两个经典空间研究模型着手加以剖析挖掘。

1) 两个经典模型

a. 霍特林模型(Hotelling model)

空间竞争分析传统由美国数理统计学家和经济学家霍特林(Harold Hotelling)开创,他在1929年发表的《关于竞争的稳定性》一文中,提出了空间竞争(Spatial Competition)分析框架。他所引入的双头垄断区位均衡(the stability of spatial competition for the spatial duopoly)概念,以及对"冰淇淋卖者模型"(Ice-cream-vendor-on-the-beach model)的分析,不但在区位理论体系中有重大影响,而且是分析垄断竞争理论的典范。他突破单个主体区位选择的传统分析思路,考虑在有竞争时如何选择区位,开启了不完全竞争博弈论研究的新领域。

霍特林(Hotelling,1929)假设了一种高度简化的情形,即两个生产商为均匀分布在线性市场区内的消费者争相供应相同的产品。通常,教科书举的例子(虽然在霍特林最初的阐述中并未提及)是两个冰淇淋小贩向海滩上均匀分布的人们竞相销售冰淇淋。在这种情形下,霍特林得出一个看起来似乎不可能的结论,即两个小贩最终将背靠背共同站在海滩的中点,各占一半市场。这一结论后来扩展为特定需求条件下工业集聚的一般规律。

他的结论是产生在这样的假定前提下:① 消费者在空间上均等地分布;② 对于产品需求是无限的而且是非弹性的;③ 生产费在所有的区位都均等;④ 产品的运费率在所有的区位都相等;⑤ 生产者按照工厂生产价格销售,从工厂到消费者的运费由消费者支付。在这种条件下,如果只有一个企业A时,在任何区位布局都能占有所有市场。第二个企业B的区位选择同样是自由的,但他考虑到与A的竞争,在市场中央尽量靠近A的地点布局是最有利的。这样企业A和B分别向市场的左半侧和右半侧供给(图2-14(a))。如果B在其他的地点布局(图2-14(b)),正如两条送达价格线表示的那样,B在市场的右侧比在市场的中央布局送达价格要低。但需求是无限的而且是非弹性的,买方不论在怎样的价格下,都会购买。因此,像这样的区位选择对B来说没有任何利益。而且,离开A的区位选择,意味着A将会通过竞争占有A和B之间的部分市场。总之,尽量接近A,且在市场中央布局是B支配一半市场的唯一区位,这样各企业能垄断支配属于自己的市场。

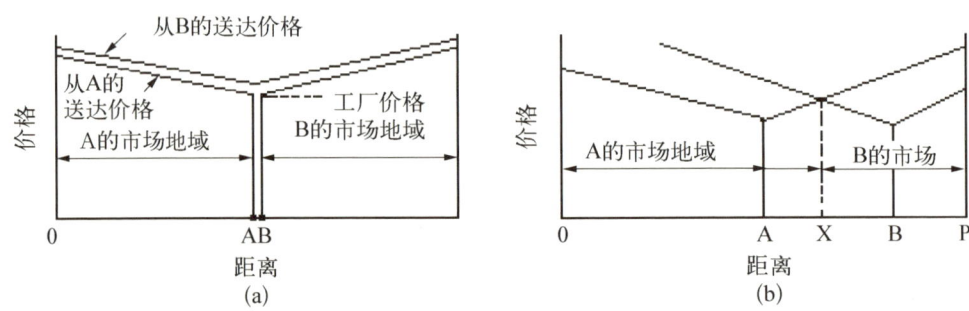

图 2-14 无限非弹性需求条件下的直线市场的竞争

资料来源:《经济地理学》,李小建主编

然而,若考虑需求的弹性,即价格对销售量有影响时,在送达价格最高的市场末端,降低送达价格非常重要。在这种情况下,两个企业将在直线市场的 1/4 处布局(图 2-15(a))。原因在于这样可使运费最小,从而达到消费量最大,各企业都能得到一半市场。这种区位选择的运费节约(阴影部分)与在中央布局的运费节约(斜线部分)相比较要大得多,并且比其他可能的区位选择也有利(图 2-15(b))。

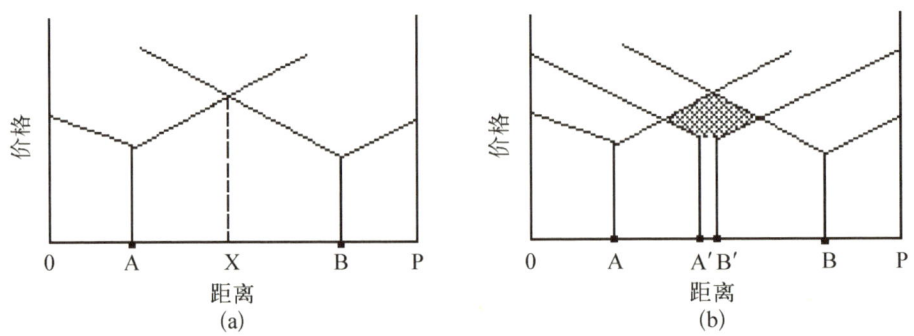

图 2-15 弹性需求条件下的直线市场的竞争

资料来源:《经济地理学》,李小建主编

霍特林模式因此成为空间经济分析演绎性概括的有益尝试的范例。

b. 阿朗索模型(Alonso Model)

由威廉·阿朗索(Alonso,1964)提出说明城市内部地价、土地利用及土地利用强度的变化。该模型建立在关于农业土地利用类型的杜能模型上。

模型的关键组成是通达性及其与运输成本的关系。在其最简单的形式中,假设所有从居住区到非居住区的出行都集中在市中心。这样,假定家庭有固定的收入,一个家庭住得离市中心越远,它将花在通勤及其他出行(以购物为主)上的费用就越多,而它将用于土地和资产上的费用就越少。

所有土地使用者受益于不断增加的通达性,按照模型,出价应该位于通达性最好的市中心或者靠近市中心的地方。例如,对于商业和工业使用者,离市中心越近,与他们的供应者于消费者就越近,交通成本就越低,而边界利润就越大,所有其他使用者也是同样的。总之,这些使用者从更大通达性中获得的利益比住户更多(同时,商业使用者比工业使用者获益更多),这意味着他们可以负担更靠近市中心的地价,而这就产生了土地利用围绕市中心的带状分布(图2-16)。

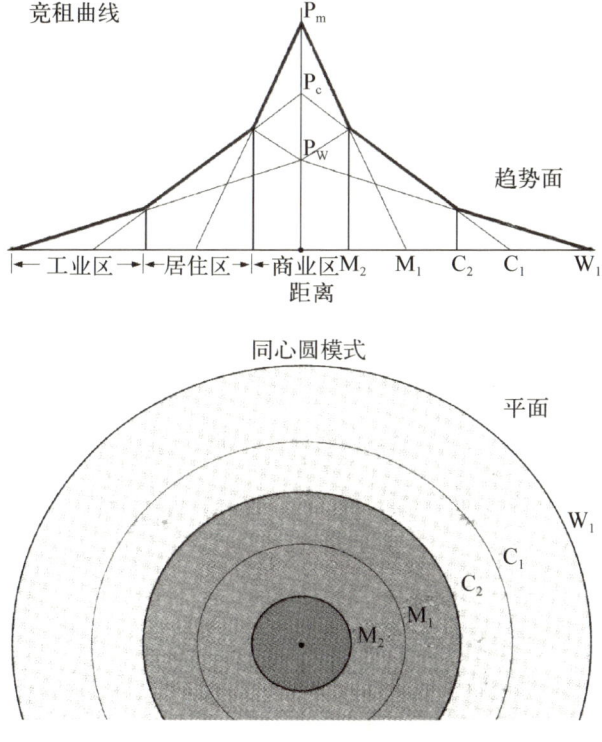

图2-16 阿朗索土地利用竞租曲线

在这些带状分布中,家庭或工厂离中心点越近,要付的地租就越高。从中心向外,区位地租类型表现为距离衰减关系。对每一种土地利用来说都有一个无差异曲线,以表示通达性对交通成本的相对优先:在市中心,通达性最好而交通成本最低,因此地租最高;由此向外,随交通成本的增加,地租降低以补偿更多的移动费用。按照阿朗索模型,所有单独的区域决定都有其自己的表示地租于交通费用相对优先的竞租曲线,每条曲线与中立曲线相连的地点为单独的选择区位。

阿朗索模型为20年代美国社会学家提出的城市土地利用分区模型提供了一个经济学解释。它还说明在城市居住中为什么那些高收入者趋向于选择郊区,而留下内城让低收入者以高密度(因而使得昂贵土地的利润率最大化)来占领;这意味着高收入阶层因不限于好坏而有不同的中立曲线,尽管出现了绅士化过程,那里的富人居住者选择了内城的通达性而非郊区的低密度。

c. 启示

从这两个对后世理论产生重要影响的模型的推演过程来看,其中蕴含了很多富有启示意义的思想与方法,特别是如何把非空间概念和空间概念联系起来,如何将说明描述性模型过渡到分析演绎性模型,从而建立其强有力的、形式良好的和规范的理论。在此,作者将其中对本书研究产生重要启示的三大发现归纳如下:

启示1:个体空间行为创造空间过程

复杂性思维要求在深入了解系统个体性质和行为基础上,从个体之间的相互联系和作用中发现系统的整体性和行为。托马斯·C.谢林的博弈论著作《微观动机与宏观行为》一书的主题就是关于个体动机、行为(或微观动机)与其所带来的总体结果(或宏观行为)之间的相互关系,它不仅探讨个体行为所导致的令人惊奇的宏观结果,也讨论宏观结果中所蕴含的个体动机或行为,以及是否可能从观察到的宏观行为中推导出微观动机。

而上述两个模型恰恰体现了这种对大量微观个体行为特征的规律性发现,本质就是在概率框架下的大量随机微观事件的宏观累积与整体涌现。即空间主体通过自己的价值系统对环境形成映像,然后作为对环境的作用决策,表现为外在的具体决策和行动,空间过程就是多个个体行为聚集而成的群体的外在表现与结果。动态平衡的观点,是联结这两种不同研究范例的核心内容。

在空间过程分析中,空间均衡是西方城市经济学研究中一个十分重要的核心概念。空间均衡是指根据现有的约束条件,经济主体感到比较满意且无力加以改变的一种空间配置状态,一般是指经济活动的空间配置所表现出的一种状态(张琦,2007)。这为研究的开展与理论的演绎创造了重要条件,在西方区位理论中,各种理想的最优或满意的区位模式,基本上是在不同均衡条件下所出现的一种空间配置状态。如静态空间分析主要研究四个明显不同的瞬间空间现象及其决定性的战略变量(彼得·尼茨坎普,2003):① 区位,或当地经济活动的空间坐标;② 互动流,或点对点,或区域之间的空间要素、商品及信息流的密度;③ 外生变量的变化所引致的区域商品、要素,或收入的可获得性的增加与下降;④ 空间结构,包括经济活动面积或曲线模式,如土地利用模式、城市结构/交通网络及市场或供给区。上述四种现象随时间的变化实际是动态过程的产物。

启示 2:空间过程塑造空间格局

一般认为,过程是沿着一定路径或行动路线的时间变化。对空间系统而言,广义的空间过程应是一个时空复合过程,是空间联系、空间格局和空间形式的演变过程。实际上,空间迁移、空间聚集和扩散都可以看作空间格局的演变过程,它们可以理解为空间单元组分的增减与再分布过程。从宏观视角看,空间主体与要素的聚散和迁移等都是聚集的宏观过程,然而,在这一聚集过程的背后是空间系统不同参与者个体行为的表现。正是个体空间行为聚集而成的过程才创造了空间格局。如霍特林模型向我们证明了在给定的线性市场中,只有两个竞争者在市场中心背靠背对峙时才可能形成空间竞争均衡,由此产生市场区边界平衡点;阿隆索模型则利用经济学理论研究了区位、地租和土地利用之间的关系,导出竞标地租函数,并以竞标地租函数来求取个别厂商的区位结构均衡点,进而解释金融业、商业、工业、住宅等各类用地在城市地域内的同心圆分布方式。可以看出,对空间过程的理解再加以特定的约束条件或假设条件,就可以获得对最佳或理想空间格局的认知。

同时,每一个空间主体,无论是消费者、生产者,都处在它们所共同创生的整体空间格局中,并对该格局进行反应和适应。已有的空间格局会成为个体空间选择的外在环境。当个体做出反应,整体模式会变化;当整体格局发生变化,个体重新做出反应。这样,空间系统一直处在随时间不断地演化过程中,以上分析表明,空间行为创造了空间过程,空间过程塑造了空间格局,而空间格局反过来又影响个体空间行为。空间结构的演化正是这一链式循环过程作用的结果。

启示 3:空间格局认知的理论化语言

博弈论的角度来看,霍特林模型反映了一种同时的区位—价格对策均衡,阿朗索模型中的均衡则是土地成本和区位成本(克服空间距离的交通成本)之间的权衡。然而"空间均衡"(spatial equilibrium)和"空间均衡结果"(spatial equilibrium outcome)是不同的。海宁(1981)对此进行了很好的阐述,他区分了两个层次的空间概念。第一个层次是空间过程,它要求对变量及其参数作数学陈述,界定一个系统状态,在这种状态中,所有变量的可能值将跨越状态空间。

则空间过程可以理解为,作为随时间的状态变动链条的,控制系统时间轨迹的法则。空间模式是信息的第二个层次,是基本空间过程的某个阶段集体的映像。正是第二个层次构成了适于经验分析的数据。

正如法国学者布代维尔(J. R. Boudeville)曾对地理空间、数学空间和经济空间三个概念进行了区分。他认为,地理学者对空间的考察通常是把人置于自然环境中,而经济学者则是置环境于经济活动的"工具箱"中。数学空间是抽象的,地理上是不存在的。生产函数的无差异曲线就是一个例子。如果空间仅仅由数学变量构成,那它就是一种数学空间。经济空间是经济变量在地理空间之上(或之中)的应用(崔功豪、魏清泉、陈宗兴,1999)。从上述两个模型中我们可以看出,两位研究者对空间格局的认知之所以可以被后人很清晰的理解与认可,正是因为他们熟练地完成了从地理现象—图形语言—数学语言的有效转换(图2-17),不仅实现了空间认知与解释的科学化,而且实现了非空间概念的空间化,这种富有技巧性的现象简化抽象与语言转化翻译有效地促进了理论的创立,对本书研究及相关空间研究的开展具有很大的启发与借鉴。

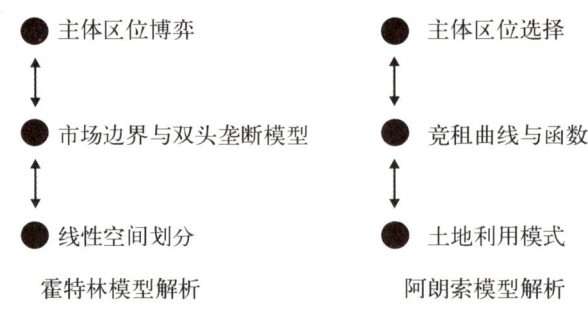

图2-17 两个模型建构的解析图示

国外类似这种经典的研究还有很多,如杜能的同心环模式、韦伯的临界等运费曲线、克里斯塔勒的正六边形模型、廖什的空间需求锥面、斯密斯(D. Smith)的可能利润空间界限等都体现了国外学者建立理论的一种共性特征。因此,如何能将文字的描述、图形的直观与数字的精确等三种理论语言的优势有效的结合对进行城市研究理论的建立具有重要价值。

2) 空间分析理论与方法

空间分析源于1960年代地理和区域科学的计量革命。开始阶段是应用定量(主要是统计)分析手段分析点、线、面的空间分布模式,后来更多的是强调地理空间本身的特征、空间决策过程和复杂空间系统的时空演化过程分析。

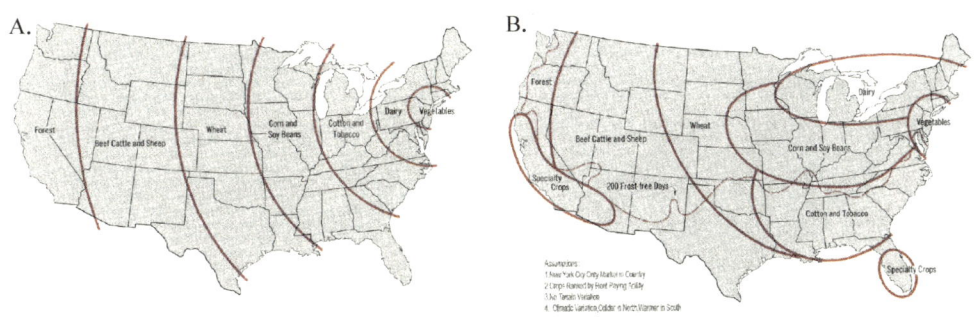

图 2-18　美国土地利用价格等价曲线示意

资料来源：John F. Kolars, John D. Nystuen. *Geography: the Study of Location, Culture and Environment*. 1974

从广义上来说，空间分析是空间现象及其过程的定量化研究。这意味着空间分析的重点是在区位、距离及其他们之间的相互影响（应龙根、宁越敏，2005）。

空间分析的目的主要是以下四方面：

① 认知——通过有效地获取、科学地描述空间数据，利用数据来再现事物本身；

② 解释——理解和解释生成观察地理图案和数据的背景过程，认识事件本质；

③ 预报——了解、掌握事件发生的现状，运用推测规律对未来状况做出预测；

④ 调控——调控在地理空间上发生的事件。

空间分析就是利用计算机对数字地图进行分析，从而获取和传输空间信息[①]。图形语言经过由象形符号到几何图式再到美学设计直到今天所发展出的图论与GIS空间分析，其科学化程度越来越高，而其形象、直观、明确的信息表达与传递优势依旧保持。用一系列图形（谱）来对空间的发展进行描述解释时，将使我们从中挖掘出事物发展历程中蕴含的丰富时空演变信息与多重内涵。列斐伏尔就曾主张可以通过三种主要元素检验社会的空间特征。第一种元素他称为社会中的"空间实践"。空间实践是指在特定社会的空间中实践活动发生的方式。第二种是特定社会的"空间的表征"。它指的是特定社会描述或构思空间的

[①] 空间信息是特殊类型的信息。空间信息包括两类：定位信息（Position），如采样点、交通线、人口统计单元等点、线、多边形空间位置信息；和具有空间定位的属性信息（Attribute with position），称作GIS数据，如有空间定位的社会经济特征值等的标量信息（scalar）和信息流、人流、物流、资金流等空间矢量流信息。

方式。列斐伏尔认为，最能充分说明空间的这个特征的事物是地图。地图不仅描绘了空间的要素，而且正因为有了不同类型的地图，比如世界地图、城市地图、交通才得以出现。第三种元素是"表征的空间"，指的是特定社会空间内具有象征意义或文化意义的建筑。表征的空间包括艺术和建筑，象征着空间内对符号更高层次和更有创意的使用。它们也对解释它们的象征意义提出了挑战（安东尼·奥罗姆，陈向明，2005）。可以看出，地图作为一种图形语言对城市研究特别是涉及空间意义的研究具有重要作用。

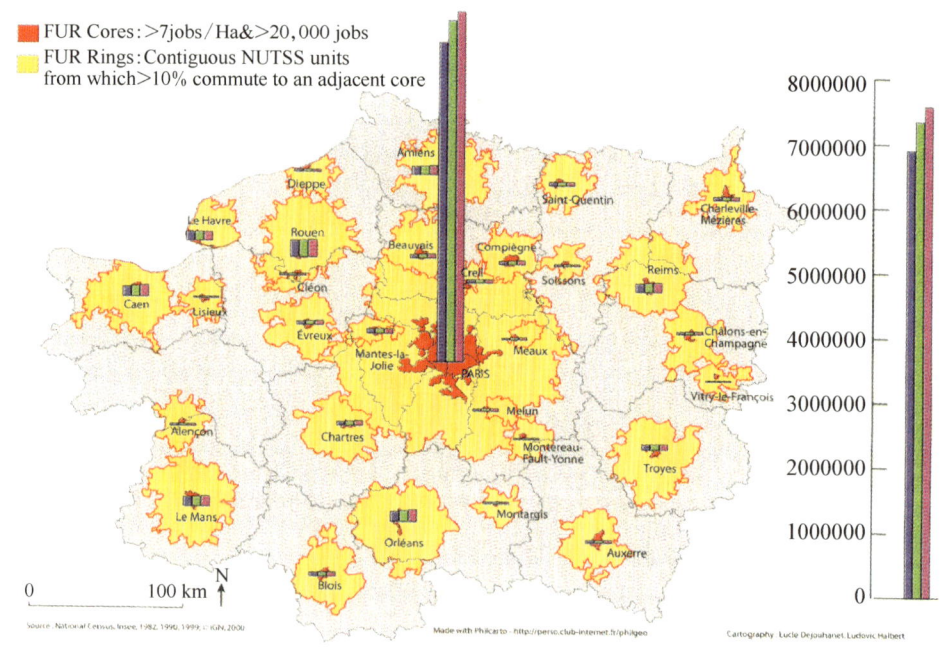

图 2-19　巴黎大都市区人口增长变化示意

资料来源：Peter Hall, Kathy Pain. *The Polycentric Metropolis: Learning From Mega-City Regions in Europe.*

今天，我们利用GIS等软件生成的图形形式表示经济的空间格局，更为重要的是实现了经济数据与图形数据之间的关联，既可以提取空间定量数据，又可以将分析的结果表达为空间图形，通过图形思维来理解和分析区域经济空间结构的演变，这些都为定量研究和空间分析提供了综合手段。

地理空间信息在规划中的应用，大大推动了规划由定性到定量化发展。准确或相对准确的位置，从某种意义上就是一种定量分析，甚至是比单纯的数字定量更具有意义；地理空间信息不但回答了量的问题，还回答了具体的量在

第 2 章 理论研究

什么空间上分布(空间量化)的问题。因此,空间分析的独特贡献在于它借鉴相关社会科学的方法和工具,提供了准确认识、评价和综合理解空间位置和空间相互作用重要性的方法,为定量研究空间格局提供了支持,如空间位置、空间分布、空间形态、空间关系、空间质量、空间关联、空间对比、空间趋势、空间运动等。

今天大量新的计量、统计、空间分析的方法、模型与软件的涌现,为我们展开城市群研究提供了更有力的技术工具。在此,作者对相关空间结构研究方法进行简要归纳:

(1) 数量统计方法。构造一系列统计量来定量地描述地理要素的分布特征,比较普遍地应用了各种概率分布函数、平均值、方差、标准差、变异系数等统计特征参数以及要素间一元或多元线性回归分析方法。许多过去无法准确确定的概念,如分布中心、区域形状、地理要素分布的集中和离散程度等都有了定量指标;许多地理要素之间的相关关系,可以定量地表示。此外,运筹学中的规划方法、决策方法、网络分析方法,也包括了计量经济学中的投入产出分析方法等(杨吾扬,1998)。

(2) 空间信息技术。自 20 世纪 60 年代空间信息技术产生以来,被应用到空间信息的取得、处理、管理和分析中,地理信息系统(GIS)、遥感技术(RS)、机助制图技术等成为处理空间信息的常用工具,随后被引入应用于城市与区域规划中。将多种空间信息技术组合使用可使我们对研究城市群空间结构进行更为形象与精确的分析,从而为把握其空间结构特征与规律、提炼相应的空间结构模型提供坚实的基础。主要体现在将传统的城市地理理论及模型在 GIS 上实现和拓展,以及将相关学科理论和方法通过 GIS 进行方法上的创新两方面(周素红,阎小培,2000),极大地推动了城市研究方法的发展。

(3) 复杂科学方法。复杂科学理论与方法是近年来兴起的世界科学界的热点之一,被视为解决众多科学难题的钥匙。其实,基于复杂系统思想的分形(Fractal)方法在中国城市体系与城市群空间结构中已有大量应用,近些年来,基于元胞自动机(Cellular Automata,简写 CA)的地理学模拟实验方法得到长足的发展,广泛成为分析城市—区域空间结构的切入点。此外,数据包络分析(Data Envelopment Analysis,简写 DEA)、神经网络(Neural Nets,简写 NN)、遗传算法(Genetic Algorithms,简写 GA)和 SWARM 仿真模拟平台等现代复杂科学计量方法与模型也逐渐引入(见表 2-7),无疑将为以城市或城市群这一复杂系统为研究对象城市与区域规划学科将注入新的动力,提供难得机遇。

表 2-7 当代地理研究的方法的基础体系

研究方法	具体内容	主要功能
后现代数学	分形几何学,混沌数学	建立数学模型,进行逻辑演绎,并为模拟实验提供参数设置依据
模拟实验工具	细胞自动机(CA),神经网络(NN),进化计算(EC),人工生命(A-life)	进行模拟实验,寻找因果关系,并对模型进行检验和修正
技术支持工具	遥感(RS),地理信息系统(GIS),地理计算方法(GC)	提取、储存、转换和处理数据,为模型建设提供资料信息,构造数字环境

资料来源：陈彦光,王义民,靳军.城市空间网络：标度、对称、复杂与优化——城市体系空间网络分形结构研究的理论总结报告.信阳师范学院学报(自然科学版)2004年第3期

为此,通过对当前空间分析与统计方法的学习引入研究,希望借助现代计算机软件和模型的强大功能,科学形象地描述展示城市群经济空间发展数据,再现城市群经济空间格局演变历程,基于生成的可视图形与分析数据获取、掌握城市群经济空间特征信息,最后完成对城市群的基本理解和解释。通过这一过程,摸索一套快速准确认知、评价和综合理解城市群经济空间变化方法。

2.3 集合能效内涵界定与研究述评

2.3.1 集合能效内涵界定

系统理论的核心是什么？部分组成系统之后,超过原来部分之和的力量,即"1+1＞2"是系统论的核心。城市群是一个复杂的大系统,具有整体性,所体现的群体优势要远大于单个城市优势的简单加总,关键在于城市之间的协同作用。

在城市群,由于多种经济社会活动以相当规模在一定地域内聚集,从而汇合成一种特殊类型的聚集效益,更确切地说,乃是城市群整体效益。城市群整体效益的形成,较之于个别城市、个别产业部门的部分效益,是一个比较复杂的过程。如果说一个单极城市体现的主要是吸引集聚效应的话,那么规模、等级和能力各异的大中小城市之间已经通过城际作用产生了联动效应和更高水平的辐射效应,表现为城市群各种经济实体之间,以及各种经济实体同其所依存的物质实体

之间相互影响和相互作用,最终形成城市群运行的整体结果。

此处,正像牛顿力学通过在物理学中引入力、作用反作用、速度、能、功等基本概念对整个宏观世界的位移现象做出合理的解释一样,在本书研究中引入"集合能效"这个基本概念以期对城市群空间组合所表现出的系统整体性做出合理的解释。由学理而言,真实世界发生的现象在学科研究方面都是多维度的。因此可以说,对事物表象所内含着的综合性特征进行解构是各类边缘性学科建立的基础。为此本书从结构势能、聚集经济、竞争优势三方面来界定集合能效的内涵。

1. 结构势能

事物集群的根本原因在于"万有引力"的作用(包括人的心理过程)。自然因素、人文和社会因素集群的结果形成两种地理区域,一是集群地区内部结构上的相似,成为均质区域或称相似区域;二是集群产生势能,对外发生作用的结果形成功能区域或称作用区域。

城市作为区域的中心地,城市—区域间的互相依存关系在地理空间客观存在着邻接效应(neighborhood effect),我们称这种城市—区域系统为城市场,其相互作用为城市场的外部效应(顾朝林,1999)。城市群结构势能正是由这种城市间外溢经济空间场所决定的。由于自然条件、资源分布、交通运输、人口状况、资本、技术水平以及制度等要素在不同地点的分布和聚集水平及其相应能力不同,不同的城市具有不同的区位势能。不同区位势能的差异,也就是地区差异,构成了各种空间要素流流动的动力机制,其决定流的强弱。空间相互作用是先于城市体系而存在的地理概念:没有相互作用就没有城市群(陈彦光、刘继生,2002)。从这个意义上讲,城市群空间结构研究的重要内容就是空间相互作用(Spatial Interaction)。

英国学者哈格特(P. Haggett)1972年提出一种分类,他借用物理学中热传递的三种形式,把空间相互作用的形式分为对流、传导和辐射三种类型。第一类,以物质和人的移动为特征,如产品、原材料在生产地和消费地之间的运输,邮件和包裹的输送一级人口的移动等。第二类,是指各种各样的交易过程,其特点不是通过具体的物质流动来实现,而只是通过簿记程序来完成,表现为货币流。第三类,指信息的流动和创新(新思想、新技术)的扩散等。城市间空间关联网络的主要类型(表2-8),正是由于人流、物流、货币流和信息流等空间相互作用,使城市与城市之间、城市与区域之间的经济和社会活动相互关联,构成不同层次和总体规模庞大而复杂的空间经济系统。

表 2-8　空间关联网络的主要类型

关联类型	主要内容
物质关联网	公路网、河道和水运网、铁路网、生态相互联系
经济关联网	市场形势、原材料和中间产品流、资本流、生产联系——前向、后向和双向、消费和购物形式、收入流、行业结构和区际商品流、"交叉联系"(cross linkages)
人口迁徙	人口迁移——临时和永久性、通勤(journey to work)
技术关联网	技术相互依赖、灌溉系统、通信系统
社会关系网	访问形式、亲戚关系、习俗、仪式、宗教行为、社会团体相互作用
服务传递网	能量流和网络、信用和金融网络、教育、培训和函授联系、健康服务、传递系统、职业、商业和技术服务形式、交通服务形式
政治、行政组织关联网	机构联系、政府预算流、组织相互依赖、权力——批准——监察形式、司法内部执行形式、非正式政治决策链

资料来源：[加] 马昂主(A. M. Marton)：《区域经济发展和城乡联系：研究亚洲发展中地区空间经济转变的新理论框架》，载《城市问题》1993 年第 5 期

美国地理学家乌尔曼(E. L. Ullman)于 20 世纪 50 年代中期提出空间相互作用发生的三个前提条件：① 互补性(Complementarily)，就是从供需角度出发，当两地之间有一方有某种东西提供，而另一方对这种东西有需求时，才能实现两地间的相互作用。② 中介机会(Intervening Opportunity)，是指当 A、B 两地有货物运送时，出现了另一个可以提供货物或者可以消费货物的 C 地，从而产生中介机会，引起货物运输原定起止点的替换。中介机会可以导致地点上的置换、改变原有空间相互作用的格局。③ 可运输性(Transferability)是相互作用发生的另一个条件，主要考虑由距离和货物属性而引起的运输、运输时间等对货物或人口移动的可达性的影响。一般认为，各地的联系程度与距离成反比，相距近的地方，相互联系程度就高；反之，联系就较少。运输时间和费用是主要限制因素，但政治边界或某些人为隔阂也可造成贸易减少或中断。

2. 聚集经济

经济活动最突出的空间特征就是聚集，奥古斯特·廖什曾说过："即使地表是完全均一的，城镇仍然会产生。"正是由于人口、产业不断在地理上的集中，才导致区域的节点——城镇的形成和发展。聚集之所以发生，是因为经济活动的主体可以从聚集中获得正外部经济效应——"聚集经济"，即因社会经济活动及相关要素的空间集中而给经济活动主体带来效率提高，及由此而产生的成本节

约、收入或效用增加的系统力量。具体表现在：① 空间集聚能够产生规模经济效应；② 空间集聚能够共享基础设施和公共服务能够获得外部经济效应；③ 空间集聚能够产生信息传递效应，有利于促进信息交流及技术的推广和扩散，同时也刺激着新知识、新观念的产生。

城市化是一个生产要素、产业（二次产业、三次产业）在城市地理位置上集聚，以及在此过程中伴随着的社会文化、制度、规则变迁的一个动态过程。多样化的厂商、居民、相关组织单位及生产要素得以聚集成为推动城市形成并不断扩张的基本力量，也是城市化的基本动力。胡佛（1936）将这种集聚经济分为"地方化经济"与"城市化经济"，其中地方专业化经济是指由相同行业或相关行业的企业在一地的集中所形成的，熟练劳动力市场、投入和产出品的低运费、知识溢出等是这种聚集形态的主要利益；城市化经济是由多样化经济活动在一地的集中所形成的，有利于多元经济主体共享专业化投入、经济服务以及其他基础设施。两种类型的集聚经济对城市化的空间影响是不同的：地方化经济引起空间地域上"点"状城市化，而城市化经济则导致空间地域上"面"状城市化。

1980年代西方发达国家进入了产业再结构化阶段，其生产方式从大量生产方式转变为柔性生产方式，经济全球化使跨国公司的生产空间不断调整与重组，其中产业集群发展成为重要的空间生产组织方式，而这包含了一个重要的理论问题："规模报酬递增"如何进行合理解释，这在以往区位理论中尚未得到有效回答。

1991年，新贸易理论的杰出代表克鲁格曼发表了具有时代影响的论文《报酬递增与经济地理》（*Increasing Returns and Economic Geography*），拉开了新经济地理的发展序幕。新经济地理的基本问题是解释地理空间中经济活动的集聚现象。藤田（Fujita）、克鲁格曼（Krugman）、维纳布尔斯（Venables）等学者将微观主体定位在消费者和生产厂商，针对这两个微观主体的空间行为进行研究。他们以迪克西特（Dixit）和斯蒂格利茨（Stiglitz）垄断竞争模型（简称D-S模型）、萨缪尔森的冰山成本理论、动态演化和计算机为基础，建立了三种模型：区域模型：中心—外围模式；城市模型：城市层级体系的演化；国际模型：产业集聚与国际贸易（藤田昌久、保罗·克鲁格曼、安东尼·J.维纳布尔斯，2005）回答产业集中、城市形成与区域差异的原因，并回答某种产业为何聚集在某个地区，其研究具有坚实的微观基础。

需要指出的是，当城市群发展到一定程度，由于城镇众多，分布密集，相互间竞争激烈，很容易产生"拥挤效应"降低城市集群的效益，诸如对土地、水、电等生

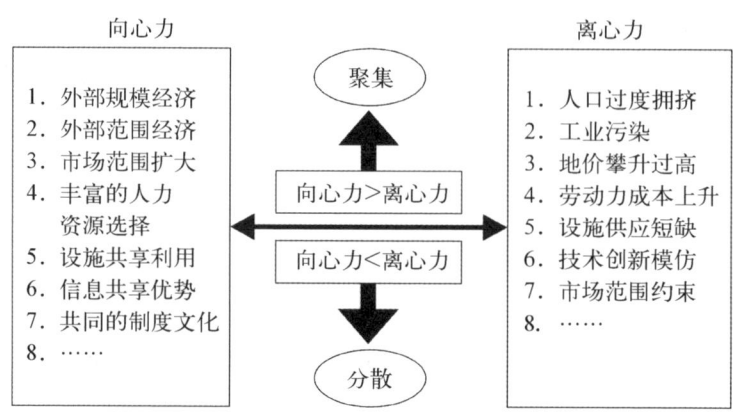

图 2-20 聚集经济与聚集不经济现象的形成分析

产要素的需求使其价格猛涨,大大增加企业经营成本,降低区域对企业的吸引力;对专业化技术工人的需求远远大于供给,出现劳动力供给短缺;众多产业集群带来的公共设施短缺限制城市的良性运行与发展;高密度的经济社会活动给生态环境带来巨大压力,导致环境可承载能力下降等一系列限制城市群永续发展的"聚集不经济"问题,即因社会经济活动及相关要素的空间集中所引起的费用增加或收入、效用损失。然而正是由于聚集不经济的存在,才推动生产要素与产业向新的区域梯度推移,使得发展在不同经济水平与规模的城市上得以动态进行,客观上推动了区域内城市的群体发展。

综上,聚集经济产生类似向心推动力的作用,促使经济活动主体不断聚集,城市群发展"厚度"不断增加;聚集不经济产生类似离心推动力的作用,促使经济活动主体趋于分散,城市群发展"广度"不断增加;城市群空间的形成和演化体现出两"力"综合作用的结果。

3. 竞争优势

竞争和合作是任何经济社会活动主体生存发展的两种基本行为方式与策略。如果说城市竞争力主要是一个城市在竞争和发展过程中与其他城市相比较所具有的优势,即吸引、争夺、拥有、控制和转化资源,争夺、占领和控制市场,以及创造财富,为其居民提供福利的能力。而城市群竞争力则是不同城市之间协调发展,优势互补后对原先能力的跃升和增强(中国城市发展报告,2003),可以说,城市群的竞争力源于城市竞争力,但又高于城市竞争力。

城市群的出现形成了新的竞争单位,把竞争从单个城市之间提升到更大的群体之间,从而重塑了竞争形态。群内城市的内部竞争是"套"在更大的竞争之中,群内城市对于大竞争的需求可以减弱内部摩擦,即集群间的竞争容易加强集群内部的合作。这样竞争与合作行为就在城市与城市群两个层面上展现,竞争的优势也与两个层面的情况息息相关。在这种新兴的以集群为基础的竞争中,地理位置、等级规模、功能分工各不相同的城市通过集群的整体运作创造竞争优势,从而实现在区域乃至全球范围内单个城市无法达到的竞争力;而一旦离开集群整体,城市群及其成员就会失去多种竞争优势来源。因此,在日益激烈和复杂的全球城市竞争中,城市通过一定程度的合作和资源共享来寻求竞争优势已成为一种趋势,而竞争与合作相统一的协同竞争也将成为新时代城市群竞争观念的创新,未来竞争将越来越多地发生在城市群之间。将城市群作为整体来研究其竞争优势将成为研究竞争优势的新课题。

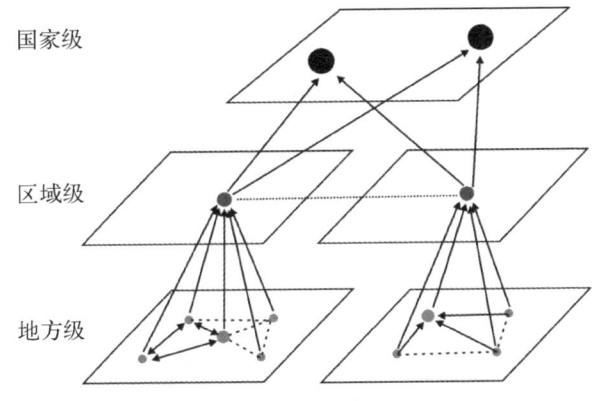

图 2-21 不同层级城市群的出现

对城市群竞争力概念的研究应该考虑的是群内城市价值的内在决定性和整体意义上的价值耦合性,它既不是群内城市竞争力或价值的简单加和,也不是软硬因素的一般组合。城市群与城市相比,具有单个城市所不具备的一些新的属性,是一种明显的社会经济复杂性存在,具有突现(Emergency)性质。大致表现为以下 5 个方面的竞争优势:

(1) 资源整合优势,主要表现为资源异质和核心能力各异的城市在更大范围内实现资源优化配置以及核心能力的互补融合;

(2) 生产成本优势,主要表现为共享公共基础设施带来的成本节约与专业化分工协作带来的成本下降等;

(3) 区域营销优势,主要表现为通过联合,获得了单个企业所不能达到的生产经营能力,同时集中广告宣传的力度,利用群体效应,形成"区位品牌",例如上海 2010 世博会的运作就以长三角为平台而展开；

（4）市场竞争优势，主要表现为城市群在全球竞争中的竞争实力地位、对产业与跨国公司的吸引力和群体议价能力三个方面；

（5）区域创新优势，主要表现为信任文化形成与知识溢出带来的创新环境，知识、信息、技术、管理方法和组织形式等方面的创新和成果会被迅速地共享和学习，彼此之间建立密切的合作关系和创新互动，通过集群创新以适应迅速变化的外部环境。

至此，完成了对城市群集合能效三个层面的基本解读与阐述。而从系统论结构与功能关系的思想看，结构决定功能；系统又是通过结构将若干相互联系、相互作用的要素组成有机整体的，结构在要素与功能之间起着中介作用。据此，作者提出"城市群要素→多维空间→集合能效"的概念关系（图 2-22），构成城市群空间结构与集合能效的基本逻辑关系和函数关系。即物质、人口、资本、技术与信息等城市群系统发展所需要素，经过经济、社会、政策与生态多维空间结构方式作用，形成城市群的结构势能、聚集经济与竞争优势的投入产出流程，而此概念关系也为下文城市群集合能效研究奠定了基本的评价原理基础。

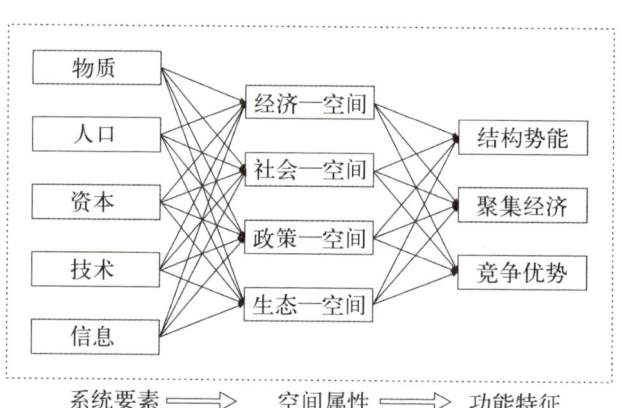

图 2-22 城市群要素—空间—集合能效的概念关系

2.3.2 集合能效研究综述

集合能效是本研究为界定城市群系统的整体功能与效益而提出的一个全新的概念，前文已对其内涵分别从结构势能、聚集经济与竞争优势三个维度进行了界定，但这一概念的提出是可以从多学科获得概念、原理、方法等坚实支撑的，在此对与其相关的主要理论与实证研究进行简要综述。

1. 集合能效相关理论综述

1）系统涌现性原理

若干部分按照某种方式整合成为一个系统，就会产生出整体具有而部分或部分总和所没有的东西。系统科学把这种整体才具有、孤立的部分及其总和不具有的特性，称为整体涌现性①（whole emergence）。在区域系统的整个"进化"的过程中，由于分工和专业化、创新以及功能和规模的演变导致了城市系统的等级体系和更加复杂的空间组织形式的出现。事实上，某种新的或更高一级城市或城市群体的产生就意味着区域系统一次新的涌现。

整体涌现性是由规模效应和结构效应共同产生的，一般来说起决定作用的是结构效应（许国志，2000）。整体涌现性的通俗表述，就是"整体大于部分之和"，从整体中必定可以发现某些在部分中看不到的属性和特征。按照西蒙（A. Simon）的说法，就是"已知部分的性质和它们相互作用的规律，也很难把整体的性质推断出来"。在特殊情况下，当整体与部分具有同质的特性，可以进行量的比较时，整体涌现性就是"整体不等于部分之和"，可以用公式表示为：

$$W \neq \sum_{i=1}^{n} p_i$$

式中，W 代表整体；$\sum$ 为加和符号；p_i 代表系统的第 i 个部分。公式意指整体不等于部分之和，合理的结构方式产生正的结构效应，整体将大于部分之和；不合理的结构方式产生负的结构效应，整体将小于部分之和。每个系统都表现出特有的、能与别的系统区分开来的整体涌现性。研究系统，就是要了解系统特有的整体性质，整体观点是系统思想最核心的观点（许国志，2000）。

要想成功地形成一个系统，一个集合的个体间的黏性相互作用必须很强，足以克服内部的瓦解和外部的阻力。如果黏合力大于将个体分开的力或把个体吸到外部元素上的力，这个集合就形成一个整体结构，在更大的尺度上成为一个组合系统。因此黏合的判据不是绝对的而是相对的，这是有序化力（ordering

---

① 涌现（Emergency）是复杂系统理论中的一个重要概念。它是一个"秩序形成"或"无中生有"的过程，复杂系统的涌现是指构成系统的各个主体（子系统）依据一定的规则进行相互作用并最终形成稳定的系统整体结构的过程，涌现体现了系统的自组织特征。涌现首先是一种具有耦合性的前后关联的相互作用。在技术上，这些相互作用以及这个作用产生的系统都是非线性的。整个系统的行为不能通过对系统的各个组成部分进行简单的求和得到（约翰·霍兰，2006）。涌现的含义远远超过共生：它是指要素结合所具有的更强的协同作用。在协同作用中，要素会增强现有的性能产生额外的行为特性。随着涌现的出现，新的行为特性不仅仅是以往的特性的加强；它是另一个不同层次的存在（理查德·柯伦，2004）。

force)和无序化力(disordering)之间的一次较量(欧阳莹之,2002)。

结构是由系统元素间相对稳定的关联所形成的整体构架,归纳起来它离不开三个基本问题:(1)系统是由哪些部件(元素)构成的?(2)这些部件(元素)通过什么样的相互关系来构成系统整体?(3)元素和它们间的关联对系统整体性有什么影响?为了阐明内部动力的来源,提出如下"逻辑"思路(陈忠、盛毅华,2005):

① 差异:"有差异才有次序"(或秩序)。但形成秩序的条件是差异相对稳定。

② 次序:"有秩序才有势场"。"势场"一词是从物理学中借来的,秩序与势场的区别在于前者是相对于某个方向或路线的,而势场则是全局性的。从某种意义上来讲,秩序表征了差异,而势场是全局相对稳定的秩序。

③ 势场:"有势场才有动力"。动力的大小总是依赖势场的强度。如果用梯度来量度势场的强度的话,动力就是势场的函数。

④ 动力:"有动力才有流动"。这是很显然的,但有了动力和势场,还只是具有了流动的可能性,要变成实际的流动还需要一个重要的条件,那就是流动的通道或路线。

⑤ 流动:"有流动才有演化"。演化就是向某方向的不可逆运动变化和发展。

2) 外部性经济原理

城市经济的存在基础和特征与聚集密切相关。"一般公认的所谓城市经济是以地理上的接近、生产专业化以及财富与技术的集中为特征"(K. J. 巴顿,1984)。可见,聚集经济对于城市具有特别重要的意义。

韦伯(Alfred. Weber)是最早提出聚集经济理论的经济学家之一,在其经典之作《工业区位论》(1909)中,韦伯系统地阐述了他的聚集经济理论。韦伯认为,聚集实际是工业企业在空间集中分布的一种生产力布局形式,他对聚集经济的定义是:聚集经济是由于把生产按照某种规模聚集在同一地点进行,因而给生产或销售方面带来的利益或造成的节约。韦伯的聚集经济是与厂商规模和集中相联系的内部和外部经济。

关于外部经济的概念则是新古典经济学理论的创始人马歇尔(Alfred. Marshall)首先提出的,在其 1890 年发表的著作《经济学原理》中首先提出了外部经济的概念。他将与生产的增加相联系的经济划分为两类,即相对于厂商的内部经济和外部经济。马歇尔将内部经济定义为依赖于单个厂商内部的组织和管理效率的那些内容,而将外部经济定义为"依赖于产业一般发展"的那些内容(夏兰、周钟山等,2006)。其中外部经济有三个主要来源:第一,劳动力市场共享(labor force pooling):几个企业集中于一个区位提供了特定了产业技能的劳动力市场,确保了工人较低的失业概率,并降低了劳动力出现短缺的可能性;第二,中间投入品共享:地方性产业通过产业的前后关联效应可以支持非贸易的专业化投入品生产;第三,知识溢出(knowledge spillovers)效应:信息的溢出可以使集聚企业的生产函数好于单个企业的生产函数,尤其是通过人与人之间的交流而促使知识的地方化溢出(马歇尔,284—290,2003)。

用现代经济学术语表达,即集聚可以产生规模经济①和范围经济②,能够降低参与地方交换企业的成本或收益,能够减少各种有形和无形的交易费用③。

之后,胡佛(E. M. Hoover)(1936)修改了韦伯的体系,他考虑了更为复杂的运输费用结构,生产中投入的替代物和规模经济。在1948年出版的《经济活动的区位》一书中,他认为存在三个不同层次的聚集经济,即企业内部规模经济、地方化经济、城市化经济。

① 企业内部规模经济(Internal Economies of Scale)。主要是指单个企业或厂商在既定技术和要素价格下,产出增长率大于各种各种要素的投入增长率,单位产品的平均成本随产量增加而降低。这是传统意义上的规模经济。

② 地方化经济(Localization Economies)。主要是指主要是指同一行业的企业或一组密切相关的产业聚集在一个特定的地区,通过产业功能联系所获得的外部经济。这个层次的聚集经济是对于单个企业而言的一种外部经济。

③ 城市化经济(Urbanization Economies)。主要是多种行业(产业)向城市地区聚集,通过产业之间前向与后向的联系,厂商从整个城市规模和多样性中获益,使多种行业的成本降低。这个层次的聚集经济是对于某一产业而言的一种外部经济。

这些不同层次的聚集经济相互配合、共同作用于城市群的形成与发展。

3) 集群竞争优势原理

迈克尔·波特1990年出版的《国家竞争优势》一书,把产业集群理论推向了

---

① 规模经济(economy of scale)指的是随着生产能力的扩大,单位成本下降的趋势,是一种"收益递增"现象,具体表现为长期平均成本曲线的向下倾斜。

② 范围经济(economy of scope)用来解释分工带来的多样化现象,有内部范围经济与外部范围经济两类。内部范围经济指同一企业内部生产或经营多样化产品而带来的成本节约。外部范围经济是指企业因事业领域或经营区域的广泛而获得的经济利益。

③ "交易费用"的概念是罗纳德·科斯(Coase R,1937)在1937年发表的《企业的性质》(*The Nature of the Firm*)一文中开创性地提出来的。迄今为止,交易费用却没有一个明确、标准的概念。科斯认为市场运行中存在着交易费用是"运行价格机制的成本",至少包括两项内容:(1)获取准确的市场信息的费用:企业搜集有关交易对象和市场价格的确定信息必须付出费用。(2)谈判和监督履约的费用:为避免冲突就需要谈判、缔约并付诸法律,因而必须支付有关费用。

新的高峰,他从组织变革、价值链、经济效率和柔性方面所创造的竞争优势等角度重新审视了产业集群的形成机理和价值。

1998年波特发表了《集群与新竞争经济学》一文,系统的提出了新竞争经济学的产业集群理论,并解释了产业集群的含义:"集群是特定产业中互有联系的公司或机构聚集在特定地理位置的一种现象。集群包括一连串上、中、下游产业以及其他企业或机构,这些产业、企业或是机构对于竞争都很重要,它们包括了零件、设备、服务等特殊原料品的供应商以及特殊基础设施的提供者。集群通常会向下延伸到下游的通路和顾客上,也会延伸到互补性产品的制造商以及和本产业有关的技能、科技或是共同原料等方面的公司上。最后,集群还包括了政府和其他机构——像大学、制定标准的机构、职业训练中心以及贸易组织等——以提供专业的训练、教育、咨询、研究以及技术支撑"。波特认为,集群通常发生在特定的地理区域。产业的地理集中的发生是由于地理因素,集群由于地理接近,可以使生产率和创新利益提高,交易费用降低。一个国家在国际上具有竞争优势的产业,其企业在地理上呈现集中的趋势,通常聚集在某些城市或地区。波特认为,一国的竞争力取决于产业创新与升级的能力,一些国家的特色产业之所以能持续创新与升级,取决于该国在以下4个方面的因素,即市场需求、生产要素条件、相关支持产业以及企业战略,4个因素形成一个相互制约的"钻石模型",并由于地理上的集中,以至于最后形成具有竞争力的产业集群。集群的规模可以是单一城市、一个州、一个国家,甚至是一些邻国联结成的网络,集群所具有的不同形式,要视其纵深程度和复杂性而定。

波特(1998)认为在经济全球化的过程中,一些区域内由于产业集聚而形成的产业集群可以从3个方面影响区域核心竞争力:(1)通过提高企业的生产效率增强区域核心竞争力。(2)指明了创新方向和提高创新速度,产业集群的自主创新活力是区域发展最根本的内在动力。(3)促进新企业的建立,从而加大和加强集群本身,进一步提高了区域的竞争能力。

2. 集合能效相关测度方法综述

1) 熵(Entropy)测度

"熵"是最初起源于热力学的概念。根据统计物理学的观点,熵是系统无序程度的量度,可测度系统处于特定状态时的概率。任何系统内,都存在着一种自发走向无序状态的一种倾向,即熵的增加。在一个不与外界发生相互作用,即不与外界发生物质交换和能量交换的孤立系统,熵的变化总是大于或等于零,这就是熵增原理。

普利高津指出：对于一个与外界有物质和能量交换的开放系统来说，熵的变化（用 ds 表示）可分为两部分，熵流（用 des 表示）与熵增加（用 dis 表示）两项之和。即：

$$ds = des + dis$$

dis 部分是系统本身由于不可逆过程引起的熵增加，这一项永远是正的；des 部分是系统与外界交换物质和能量引起的熵流，这一项可正可负。只要系统引入的熵流为负且绝对值大于熵增加，系统总熵就可以逐步减少，逐步从无序向新的有序方向发展，系统形成并维持一个低熵的非平衡态的有序"活"的结构——普利高津称之为"耗散结构"。关于熵的测度主要有物理熵与信息熵两种，在基本的统计技巧中，把求熵最大化的过程看作是确定最可能分布（宏观状态）的过程，而最可能分布又对应着可能分配（微观状态）的最大数量。作为系统科学中一个非常重要的概念，"熵"概念与测度原理为城市研究中重力模型、多样性指数等定量模型的成立提供了原理性基础。

城市地理学的层次划分有两种角度。一种是按空间尺度的划分：以个体城市为研究对象，称为微观研究，即所谓"intraurban geography"（城内地理学）；以区域的一群城市即城市体系为研究对象，称为宏观研究，即所谓"interurban geography"（城际地理学）。

表 2-9　城市地理研究的层次划分及其特征

层　　次	宏　　观	微　　观
地理尺度的划分	城际地理学：研究城市体系的结构和功能	城内地理学：研究城市内部结构和功能
研究角度	寻找统计规律：总量平均分析	探讨内部机制：个体行为分析
研究方法	偏重于物理学类比	偏重社会、经济分析
研究性质	定量研究为主	定性研究为主
理论研究	熵最大化	效用最大化

城市地理学的微观分析模型主要是基于效用最大化（utility-maximizing）理论，而宏观分析模型则是基于熵最大化（entropy-maximizing）理论（见表 2-9）。城乡人口异速生长关系、城市化水平的 Logistic 增长模型、位序—规模法则、城市人口密度的距离衰减定律、城市化水平与经济发展水平的关系等重要的数学模型都可以从效用最大化和熵最大化两种原理中推导出来。实际上，西方"计量

运动"时期地理学最大的理论成就之一就是明确地证明了个体资源空间分配的解集模型(disaggregate models)与基于熵最大化思想的空间相互作用的宏观模型具有一致性。可以证明,宏观意义的熵最大化与微观意义的效用最大化具有对偶转换关系,亦即二者存在一定的逻辑对称性质。这种发现对于空间复杂性(spatial complexity)研究具有重要意义(陈彦光,王义民,靳军,2004)。

2) 城市间相互作用的测度

通过多种实证考察,不同群体之间的相互作用,遵循距离衰减原理,这就是描述各种空间事物间相互作用的最简单也是最重要的数学模型和基本函数——引力模型也称重力模型(陈彦光,刘继生,2002)。公式表示为:

$$I_{ij} = k \frac{P_i P_j}{d^b}$$

式中,I_{ij} 为城市 i 与城市 j 的相互作用强度;d 为两城市之间的距离;P_i,P_j 为两城市的规模变量;b 是距离摩擦指数。

引力模式建立的基本出发点在于:聚集在一起的主体或要素的空间相互作用遵从一定的行为法则,即统计规律,通过分析不同群体之间相互作用的机遇或概率,表达了一个城市与城市系统内城市间相互作用可能性的强度,以便更好地认识城市经济发展的内在关联。此模型的应用,在一定范围内,可使城市群空间结构研究精确化,并进而由此概括出一些法则。

除引力模型外,各国学者根据空间相互作用的原理,提出了多种衡量、分析城市相互作用的各种定量模型和方法,如潜能与场强模型、断裂点模型、最大熵模型等定量模型,由此来确定空间相互作用的性质、强度,以及各个城市在城市群中的地位与作用,衡量、确定城市群的发育程度与边界。

3) 集聚经济的测度

对集聚程度的测度问题是产业集聚经济研究的重点之一,但是对集聚程度的测度与集聚经济的测度之间存在本质的差别。前者衡量的是产业空间分布的不均匀状态,而后者衡量的是产业分布不均匀对经济效率的影响。

从 20 世纪 70 年代开始,西方很多学者采用不同的方法从不同角度对其进行评估,尽管均不全面,但在一定程度上反映了集聚经济的存在。相关方法有:标准生产函数分析、工资函数分析法、劳动生产率测定法、城市生产函数估计法、地均 GDP 法、指数模型法等。大多数集聚经济的研究对城市区域来说是对内的。不过,包括伯温特(1970)、卡利诺(1978)和理查森(1979)等少数研究者认为,邻近城市经济机构之间的相互作用,可以在城市系统内部形成净生产率优势。比森(1987)利用两阶段过程检验了这一命题。首先,他估计了美国各州的制造部门总要素生产率、技术进步、规模经济的年均增长率。其次,把这些估计值对城市区域内部聚集经济的几个量度和反映城市之间、城市与腹地之间外部性的重力指数进行了回归。比森发现,区域内城市的空间排列是规模经济和技术进步率的重要的决定因素(保罗·切希尔,埃德温·S. 米尔斯,2003)。

4) 区域投入—产出分析

由美国著名经济学家瓦西里·列昂惕夫(Wassily W. Leontief)提出的投入产出分析方法(Input-Output Analysis)为分析产业在区域空间中的联系和作用提供了基础。正如列昂惕夫本人指出的"投入产出分析是全部相互依存的古典经济理论的具体延伸"。这种理论"把一个地区、一个国家,甚至整个世界的全部经济当作一个单一的体系来观察,并且根据这种经济结构中某些可以计量的具体特征,说明它的各种功能"(冯云廷,2006)。

投入产出模型(Input-Output Model)集中地反映经济系统各个部门间投入与产出的相互依存关系。它将产出、区域等经济点源视做空间中相互联系的向量,从而构成一个多维的经济向量空间。在这个经济向量空间中,"在任何一点上,一个事件的影响都是通过把整个体系连接在一起的那种交易链条,而一步一步地送到其他经济部门的"(瓦西里·列昂惕夫,1980)。

当前一种数理评价方法与模型在城市区域发展评价研究中逐渐增多,它就是数据包络分析方法(Data Envelopment Analysis)简称 DEA 方法。该方法最早由美国著名运筹学家 A. Charnes 和 W. W. Cooper 于 1978 年提出,用来研究具有多个输入,特别是具有多个输出的部门时"规模有效"与"技术有效"的十分理想和卓有成效的方法,由于 DEA 的实用性和无需任何权重假设的特性,使其在较短的时期里就得到了广泛应用。例如:城市经济状况分析、金融机构的效率分析和公共事业的管理评估等。

DEA 方法的优点:1) DEA 是由决策单元的输入输出的权重作为变量,模型采用最优化方法来内定权重,从而避免了确定各指标的权重所带来的主观性;2) 假定每个输入都关联到一个或多个输出,而且输出输入之间确实存在某种关系,使用 DEA 方法不必确定这种关系的显示表达式;3) 在处理经济学生产函数与规模经济的问题上,DEA 具有独特的优势。因此 DEA 理论与模型的应用已成为研究绩效评估、生产函数的非参数确定、多准则决策等问题的有效途径之

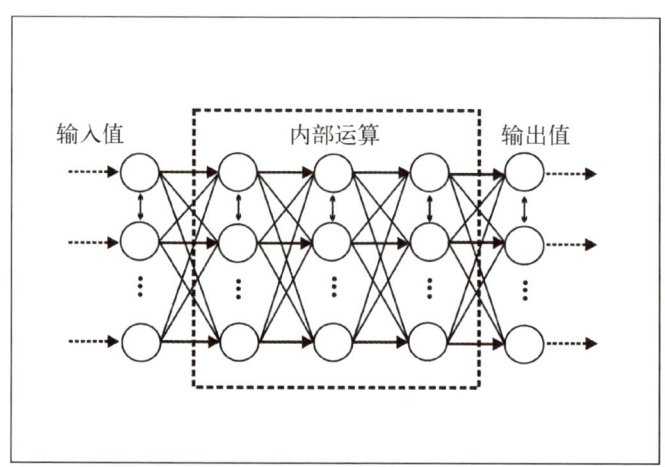

图 2-23　DEA 模型的投入—产出评价分析流程

一，在其出现后的二十多年中，在理论和应用方面都取得了长足的进展。

中国自 1988 年由魏权龄系统地介绍了 DEA 方法之后，先后有不少关于 DEA 方法理论研究及应用推广的论文问世。近年来，在城市区域评价研究中 DEA 模型的应用成为一个热点，诸如、区域投资分级有效性评价、经济社会整体发展水平综合评价、中国各地区资源环境与经济协调发展研究、系统协同发展程度评价、区域规划方法研究、地区技术效率差异分析与城市经济发展相对效率评价等都作了很好的尝试，但在对区域空间结构效能评价中的应用尚未发现。DEA 方法的规模收益分析与同类项目纵横向评价方法为区域多样本研究的开展提供了一种有效的数理定量分析技术工具。通过对国内外城市群研究背景及区域数理模型的梳理，为我们尝试应用 DEA 模型对城市群空间结构与集合能效耦合关系的展开下一步深入研究奠定了基础。

第3章 实证研究

3.1 研究方案设计

随着全球化、信息化与市场化进程的交织推进,中国城市群发展的空间主体行为与空间动力机制都日益复杂,城市群经济空间结构不断发生着分化与重组。面对城市群经济空间纷繁的变化现象,我们希望能尽快地去破解其变化的本质。然而遵循科学知识的形成规律,做好客观翔实的描述记录才是首要的工作,只有搞清了"是什么"才能认识"为什么",这其中又包含着从哪些方面去描述、以什么为标志、用什么去度量等基础性问题。

3.1.1 研究目标

在自组织系统种存在着两种组织、两种有序或两种结构。一是系统内在物质—能量—信息流动方式的有序;二是系统在表面呈现出来的空间性组织、结构或有序化(孙志海,2004)。所以,理解系统进化就存在两个维度:一是内部动力机制维度;二是外部空间表征维度。系统内部的运动方式必然要通过外部空间现象的某种形式实现自己,所以,系统的运动方式必然与系统的空间性表征之间存在联系,不同的内部动力机制会通过各自的空间结构来实现自己的运动并表现为不同的空间性结果。研究对于城市群空间系统的研究将分别从空间秩序、时间序列和动因机制三个维度展开:从空间秩序上看,反映其在空间上的具体分布位置或模式;从时间序列上看,揭示其空间秩序在时间坐标上的动态变化特征或规律;从动因机制上看,解释其在空间秩序和时间序列发生变化和潜在规律的动力学内因。

基于上述思路,作者在论文核心研究中将城市视作区域系统的节点细胞与引发区域空间系统变化的点状行为主体,首先通过对大量历史信息空间数据的收集、整理与分析,描述记录城市群空间运动和演变轨迹,得到一系列城市群宏观格局、均衡特征、集合能效演变的数据分析结果——空间谱和时间谱。在此基础上,归纳提取城市群空间变化特征与规律,最后进行理论抽象演绎,在空间系统动态均衡基础上构建一个内在逻辑相对完整统一的理论解释框架。

3.1.2 研究路线

技术路线是研究思路与研究方法的综合,本研究技术路线的安排将依据"背景命题—概念理论—案例实证(现象描述与机制分析)—理论解释"的路线,有层次地由浅入深,由表及里,逻辑地建立起城市群空间结构演变与集合能效测度的工作步骤和论证框架。具体研究技术路线如下:

(1) 研究命题的选择与确定。通过对研究时代背景与趋势的分析判断,明确了城市群在当代世界与中国经济社会发展中所发挥的重要作用,继而针对中国城市群规划实践与理论发展需求,提出论文研究的两大切入点:城市群空间结构和集合能效,从而确立了论文研究视角与开展意义。

(2) 研究对象内涵及国内外研究述评。在确定研究对象的基础上,对城市群、空间与空间结构、集合能效的内涵进行界定,为下文研究的开展奠定坚实的概念基础,继而展开对国内外有关空间结构与集合能效的多学科研究现状与趋势梳理与评述,使研究的对象维度、逻辑起点与方向目标更加明确与清晰。

(3) 城市群经济空间演变分析框架设计。从城市群经济空间系统的"形态—轨迹—效能"三个方面切入,选择"趋势面—重心—能效"三个核心指标来表征城市群经济空间的演变,构建城市群经济空间演变分析框架,寻求对城市群研究思路与方法的创新。同时明确了论文后续经验研究的地域范围、对象、时段与数据来源及研究分析指标。

(4) 展开中国三大城市群空间形态特征经验研究。借助 Surfer8.0 软件进行城市群发展宏观格局认知的空间趋势面研究,分析归纳三大城市群发展的能级均衡主导路径特征,并在此基础上分别基于首位城市以及城市间分工理论,进行了城市群圈层—等级分布与城市群制造业分工区位商进行了进一步的探讨。

(5) 展开中国三大城市群空间重心轨迹经验研究。借助 GIS 软件 Mapinfo7.0 软件进行城市群发展空间均衡演变分析研究,并对各自重心轨迹变化分析结果进行归纳提炼,得到重心变化的四种情景。并围绕重心这一指标进行了城市群扇形格局发展路径分析进行了进一步的探讨。

(6) 展开中国三大城市群集合能效测度经验研究。中国三大城市群集合能效案例实证研究。此部分的研究样本与年份同空间结构实证研究,导入数据包络分析 DEA 模型,提取城市群空间结构特征指标与城市群集合能效指标并予以定量求值,建立并运行 DEA 模型,对 3 大城市群 6 个年份的集合能效进行测度评价,并根据评价结果提出相应优化策略。

(7) 在完成全部实证研究基础上,基于已发现的主要特征与规律进行进一步的理论思考与探索,基于分工理论与博弈理论,尝试进行城市群经济空间演变的解释性理论框架。最后对主要论证结果以及论证过程中出现的问题进行系统梳理与总结,并提出未来研究工作应进一步努力的方向与重点。

研究技术路线,见图 3-1。

3.1.3 研究方法

基于前文对当前城市群研究所面临的新的时代背景趋势、新的规划实践需求、新的理论创新要求的分析,为保证论文研究成果的学术水平与应用价值,从全书的框架设计、理论构建与本底案例研究来看,笔者主要采用了下述研究方法:

(1) 文献收集与实地调查相结合。城市群空间结构与集合能效研究在国内外已有一定相关阐述和论证,因此通过对国内外城市群发展的不同概念、理论流派、研究方法、研究成果及其实例的文献进行收集、梳理与比较比较,以确立本书整体的研究内容、思路和方法;同时,城市群相对城市、区域、城镇体系等传统内容而言是一个新兴的研究课题,作者为增强对城市群地域系统的全面认识,到长三角、珠三角、京津冀三大城市群中心及地级城市实地调查、积极参加相关主题各类学术会议、与该领域国内外专家进行了访谈交流,并积极追踪三大区域网络最新信息、数据与政策,力求将文献收集与实地调查充分结合起来。

(2) 定量分析和定性分析相结合。为了更好地揭示城市群内部城市之间的作用关系和空间组织的内在机理,本书基于长三角、珠三角、京津冀三大案例城市群 1995、1997、1999、2001、2003、2005 年等 6 个年份大量数据进行定量分析,借助 Surfer8.0、Mapinfo7.5、CorelDRAW、数据包络分析(DEA)等软件模型工具,尽可能将它们转化为数学模型或可视图形,更加精确的分析和形象的展示研究成果,再对这些研究结论进行定性归纳概括,包括状态的描述、特征的总结、规律的提取等,从而为进一步的理论抽象与演绎奠定坚实的认识基础。

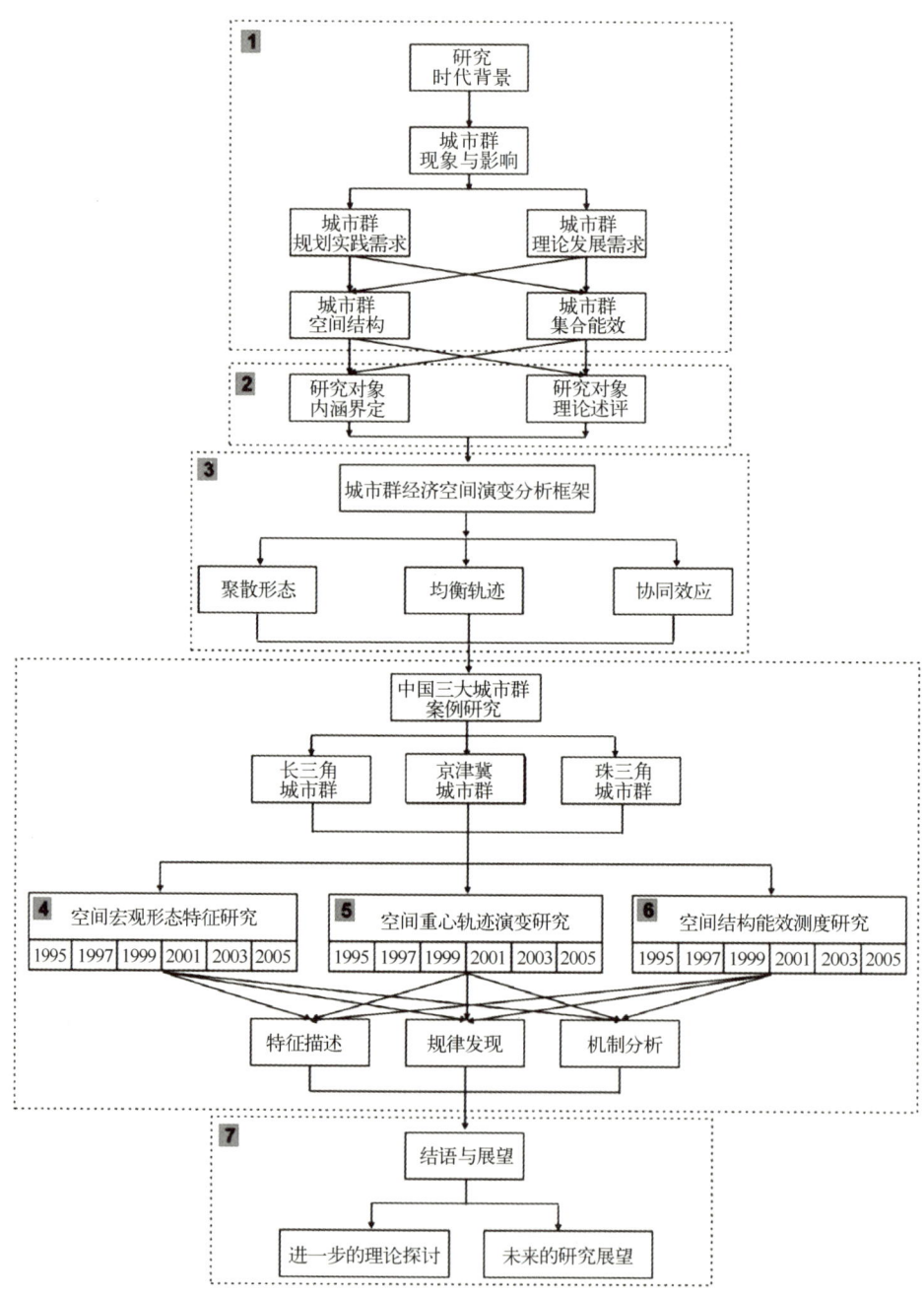

图 3-1 研究技术路线

(3) 科学隐喻①与模式归纳相结合。科学隐喻方法是横向思维的基本方法，科学类比和科学模型二者共同的思想基础就是隐喻的思维方法。隐喻可以通过再概念化和理论间的链接与转换，不断提出新的科学研究方向，创造出新的科学理论。它是通过理解语境的传递，由已知到未知，由旧的理论知识通达新的理论知识的桥梁和媒介。

模式归纳所谓模式是指对事物内在机制及其外部关系高度凝练、直观的抽象和概括。通过总结归纳概括相对稳定和统一的城市群体空间组合及演变模式，可以使问题阐述得更为清晰，可以向相对规范的研究方向推进，以增强论文的技术指导与研究思路对后续研究的引导能力，并便于理论成果未来的演绎运用。

(4) 实证分析与理论集成相结合。因为城市群的规范研究尚不成熟，其理论发展必须以更加广泛和深入的案例研究为基础。在中国城市群空间研究在许多方面还缺乏充分而扎实的经验证据，因此案例实证分析十分重要。与此同时，城市群研究目前仍显薄弱，尚未出现较为成熟完善的理论形态，因此引入和借鉴了其他成熟学科的已知理论和定理，通过对理论之间的逻辑联系推导与搭接，完成多学科的知识集成与框架设计，对论文研究空间现象的有力解释，推动城市群理论的创新与发展。

3.2 城市群经济空间演变分析框架

要研究城市群经济空间的变化，首先要描述这种变化，只有搞清了"怎么样"才能认识"为什么"。此时人们又常常会问：从哪些方面去描述？以什么为标志？用什么去度量？Bourne描述了城市系统的3个核心概念，城市形态是指城市各个要素的空间分布模式；城市要素的相互作用是指城市要素之间的相互关系，使之整合成为一个功能实体，称为子系统；城市空间结构是指城市要素的空间分布和相互作用的内在机制，使各个子系统整合成为城市系统。由此扩展至城市群经济—空间系统，可从外部多层次、多方面提取出那些具有标识性意义的

---

① 所谓"科学隐喻"的本质意义就在于将一般的隐喻理论应用到科学理论的具体解释和说明中，并由此形成一种科学解释的方法论思想。库恩在其《科学中的隐喻》一文中指出："隐喻在建立科学语言与世界的联系中发挥着基础性的作用。然而这些联系并不是被一次全部给予的。理论是不断转换的，尤其是一些相关隐喻及通过附属于自然术语的相似性框架之对应部分的转换。"就在这种不间断地"给予"新的联系的过程中，隐喻富有成效地推动了科学理论的发展。

定量化信息,刻画分析城市群经济—空间系统的空间结构、性状和演变,进而揭示空间—经济系统内部的机制和联系。因此,在理论上如何刻画城市群外部空间结构属性与特征?是我们认识与理解城市群内部作用"黑箱"机制的关键一步,也是完成描述性研究的基本一步。

作者通过对当前空间分析与统计方法的学习引入研究,希望借助现代计算机软件和模型的强大功能,创新一套城市群空间宏观整体特征与绩效认知与评价方法,科学形象地描述展示城市群经济空间发展数据,再现城市群经济空间格局演变历程,基于生成的可视图形与分析数据获取、掌握城市群经济空间特征信息,最后完成对城市群的基本理解和解释。通过这一过程,摸索一套快速准确认知、评价和综合理解城市群经济空间变化方法。

为此,笔者提出从城市群经济空间系统的"形态—轨迹—能效"三个基本方面,选择"趋势面—重心—能效"三个指标来表征城市群经济空间的宏观演变,由此去识别与透视作为复杂系统的城市群空间结构整体性特征,从而建立一个相对简洁有效的城市群经济空间演变的分析框架,为后续城市群解释性奠定研究基础。

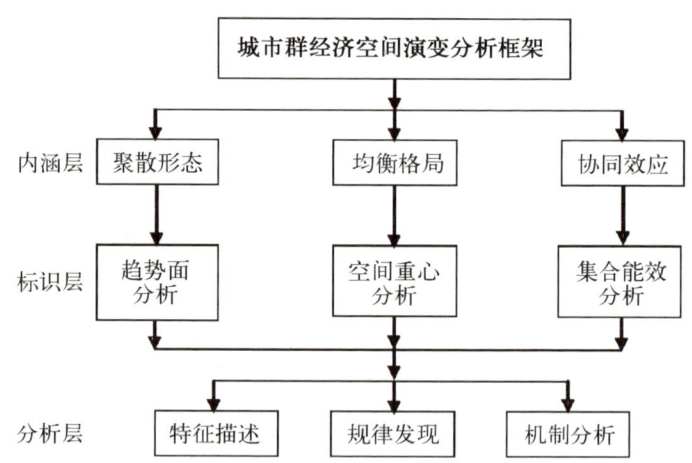

图 3-2 城市群经济空间演变分析框架

3.2.1 空间形态分析

空间作为人类社会经济活动的场所,各种社会经济活动都会在空间上反映出来。经济活动在多种区位因素影响下的集中和扩散,会使一定空间范围内原有的各种社会经济客体和现象的位置、相互结合关系、聚集规模及其形态发生相应的变化,从而对城市群区域的经济发展阶段性特征与态势给出清晰的体现。

那么城市群发展的宏观格局是表现为一种什么样的空间聚散形态呢？该形态通过什么形式来发现呢？该形态是如何演进的呢？不同要素的空间态势又是如何呢？通过对这些问题的解答将有利于强化我们对区域整体的认识，进而描述、阐明和评价区域经济结构的形成及其变动趋向，揭示资源的空间配置过程和经济主体的空间经济活动规律。

空间事物具有两种基本存在形式，即空间实体和空间场。人们通常认为区位是某种事物占据的场所，而场所的基本属性就是位置性，因此把区位理解为占有什么样位置，把区位论理解为位置论是有道理的。但是，这种认识显然不够全面。事实上，区位的场性表现也十分显著。正是因为区位场性的存在，具有特定结构和位置的区位才能够在自己的周围建立起作用空间，即区位场，通过场的媒介作用和选择作用，实现区际联系。由此可见，区位场是区位相互作用的媒介，其机理是组成区位场的流动地理要素或因素可在不同区位间流动，通过它们的相互渗透和组合，使不同的区位场叠加在一起，从而把不同位置的区位联系起来并实现区际联系（图 3-3）。

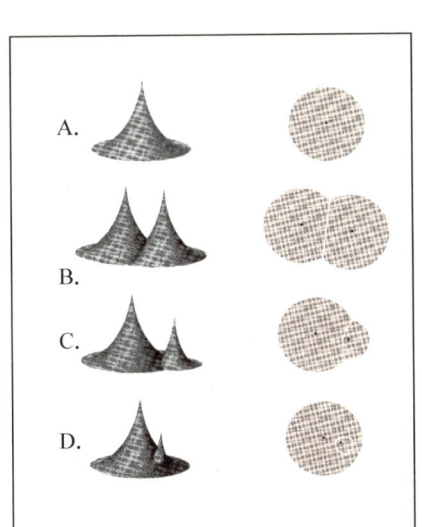
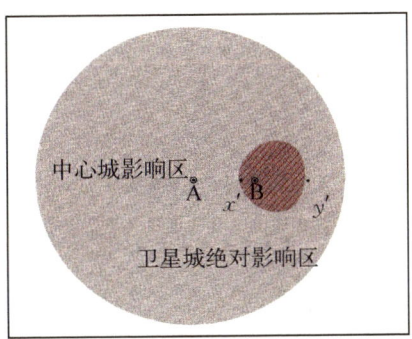
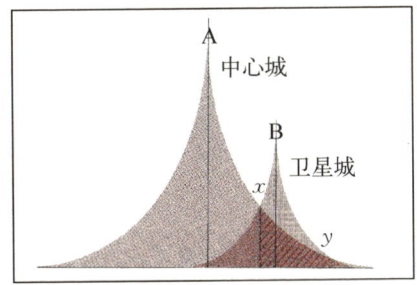

图 3-3 中心城与卫星城的空间影响叠加示意

资料来源：John F. Kolars, John D. Nystuen, *Geography: the Study of Location, Culture and Environment*. 1974

城市群经济空间作为一种经济场,是一种状态也是一个过程,其中这一状态是"产业分工与博弈"在其作用空间上出现差异的基础上形成的,具有方向和强度两个变量,即在空间上,都表现为空间梯度(或可称为空间级差)的地域组合;过程是指"经济场"在时间和产业相互关系变动的基础上,随着外部经济社会环境的变化,在不同城市节点间出现不同的经济类型及其规模,即"场"(杨先卫,2005)的一个平衡与博弈的过程。一般情况下,在市场经济环境中,这种变化过程是一个经济利益趋向最大化的过程。

标量函数的梯度是一个向量,它在某一点的量值等于该函数在该点的最大增加率,其方向即为最大增加率的方向。在直角坐标系中,关于梯度的运算可写成:

$$gradeQ(x, y, z) = \nabla Q = \frac{\partial Q}{\partial x}i + \frac{\partial Q}{\partial y}j + \frac{\partial Q}{\partial z}k$$

因此,区域经济和产业经济中所谓的梯度概念就是将各个经济区域中所拥有的各个产业视作空间中的点,这些点的产出、收益和费用的变化都可以通过一定的梯度形式表现出来,从而形成一定范围的梯度场。这一范围可以是全国、全省或者市域范围,也可以是全球性的区域。

经济活动的多样性决定了经济空间的复杂性,意味着常规的经济分析方法将不能够全面把握经济空间的发展变化。经济空间的表现形式是错综复杂的,说明也难以用常规模型和简单的图形来进行说明,因此需要采用多维图形即数学曲面的方法来分析经济空间的分布与变动状况。而空间趋势面就是这样一种数学曲面,它能够集中地反映经济地理数据在较大范围地空间变化趋势,从而形象直观地对经济空间进行经济分析。

同时,城市群空间格局表现又为相互联系与相互区别的两个方面:① 其空间形态的静态映射,即系统的空间结构(地域空间结构);② 其空间形态的动态演化,即系统的空间组织(地域空间组织)。地域空间结构是指系统内部的社会经济客体通过空间相互作用形成的空间聚集程度和聚集形态;地域空间组织则是指系统内部的社会经济客体通过空间相互作用表现的空间聚集方向和聚集路径。因此,地域空间结构是地域空间组织的作用结果,地域空间组织是地域空间结构的形成过程,二者共同统一于系统内部社会经济客体的运动。因此,城市群空间结构反映的是地域经济资源的空间配置状况,而空间组织揭示的则是地域经济资源的空间配置过程。如果说,空间结构是区域发展水平的显示器,那么,空间组织则有可能成为区域发展的推动力(余斌,彭荣胜,2006)。其中网络化与层级化犹如城市群空间格局形成的聚散过程的"一枚硬币的两个方面"。

3.2.2 空间重心分析

随着全球化、信息化与市场化进程的交织推进,城市群发展的空间主体行为与空间动力机制都日益复杂,城市群空间结构正在发生着激烈的分化与重组,如何将其作为一个整体,选用一个复合变量来体现?如何基于历史信息空间位置变动对城市群体发展的均衡程度、变化轨迹、均衡的变化程度、不同经济要素相互间的协同作用及其对城市群整体空间结构进行分析?等一系列问题都未给予回答。通过对这一系列问题的探究,将使我们对各要素主体做出均衡特征与相互关系的有效诊断,发现城市群内部的空间组织方式,有利于在实践中用以指导生产要素的空间配置,推进城市群内部各要素的结构和存量及其在空间上的整合。

社会经济网络分析是近年来新兴起的一种研究范式。1个社会网络至少包含3种构成要素(Mitchell,1969):行动者、行动者之间的关系、行动者间连接的途径。在一个无向图中,"均衡"描述的仅仅是构成该图的一些线上符号的特殊模式。简单的三人结构是更大的社会结构的基础构件。他们认为,通过分析这些基础构件,就可以引申出复杂的社会关系网络的一些性质。如图展示了三个行动者之间关系。图中的点代表的是个体、线代表个体间的关系。图中的线可以被赋予一定的记号(+或者-),用来表示个体间的关系是"加强的"还是"削弱的",也可以用线的粗细表达关系的强弱,箭头表示关系的方向。群体关系处于动态流动之中,最终将出现均衡态——如果这是可以达到的话——而这来源于涉及的所有参与者之间的行动和妥协。

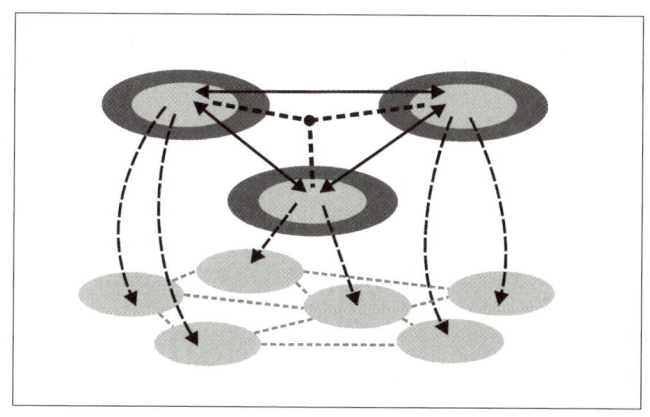

图 3-4 城市群的空间作用与重心示意

城市群空间结构实际上是个人和社会组织空间偏好与选择的结果,是不同利益群体间调整、平衡的图景,是经济均衡在空间维度下的集中体现,将这组简单的三元社会关系网络投影到地理空间,即画一个三个城镇之间的距离关系图来观察它们之间的博弈互动原则,这仅仅需要根据它们之间的距离来构造这三个城镇的恰当的空间安排和位置,即可很好地洞察与理解关系数据的多维量表输出结果——空间均衡关系与程度的变化。这种博弈可以只进行一次,也可以多次无限重复进行,但在每一个可预见的阶段,均衡状态是构建的事实,空间重心就成为这样一种均衡现象。

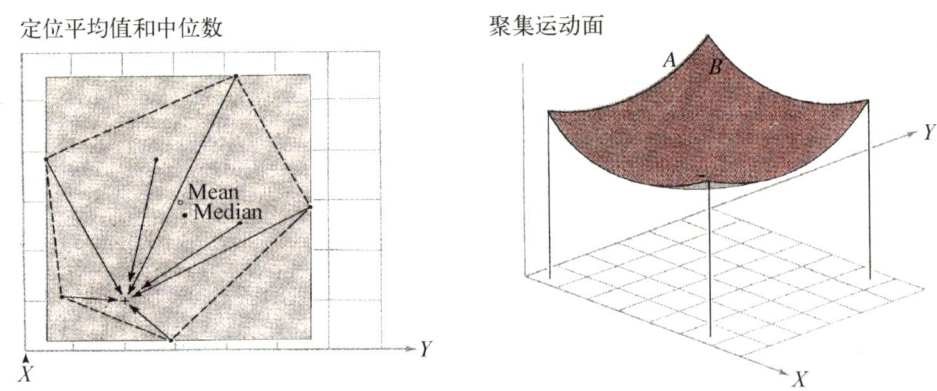

图 3-5 空间定位平均值和聚集运动面

重心是源于物理力学中的概念,指物体各部分所受重力产生合力的作用点。物理学中的重心是用下列公式表达的:

$$\bar{X} = \frac{\iint m_i x_i}{\iint m_i}; \quad \bar{Y} = \frac{\iint m_i y_i}{\iint m_i}$$

其中 $(\bar{X}, \bar{Y})$ 是重心坐标,m_i 为平面区域 i 的质量

$$m_i = \iint_i \mu d\sigma$$

(x_i, y_i) 是 i 点处的坐标。因此上式亦可表示为

$$\bar{X} = \frac{1}{M_i} \iint_i \mu x d\sigma; \quad \bar{Y} = \frac{1}{M_i} \iint_i \mu y d\sigma; \quad \bar{Z} = 0$$

如果各点的质量处处相等,那么物体的中心与其重心重合。

近年来,空间数理统计由地学领域发展起来,是以空间连续面或离散的空间点、线及多边形为研究对象的一组数理统计方法。与经典数理统计不同的是,它们将所研究变量的空间分布格局考虑到统计分析当中。空间均值是空间数理统计中的一个基本统计量,对应于经典数理统计中的样本平均数(李秀彬,1999)。其定义为:

设 z_i 为第 i 个平面空间单元的属性值,给定其重心的直角坐标 (x_i, y_i),则由 n 个平面空间单元组成的区域的空间均值被定义为一个坐标点 (x, y),其中:

$$\bar{x} = \left(\sum_{i=1}^{i=n} z_i x_i\right) \Big/ \left(\sum_{i=1}^{i=n} z_i\right); \quad \bar{y} = \left(\sum_{i=1}^{i=n} z_i y_i\right) \Big/ \left(\sum_{i=1}^{i=n} z_i\right)$$

可见,空间均值是样本平均数在二维空间上的延伸,它指示的是空间现象属性数据"重心"的空间位置。若上式中的属性值为平面空间单元的面积,则空间均值就是区域的几何中心。当某一空间现象的空间均值显著区别于区域几何中心,便指示了这一空间现象的不均衡分布,或称"重心偏离"。偏离的方向指示了空间现象的"高密度"部位,偏离的距离则指示了均衡程度。

空间均值与各空间单元的相对位置关系只有依靠地图才能清晰明了地展示。因此,如果说经典数理统计中样本平均数的表达用的是数值媒体,则空间均值的表达借助于图像媒体——地图。此外,空间均值的计算离不开地图及其坐标系统。地理信息系统可在属性数据管理、空间均值的计算及制图等方面提供技术支持。

在城市群经济空间重心研究中,空间重心指在区域内各城市经济子矢量的合力点,即维持区域经济平衡的点。对一个拥有若干个次一级行政区域的区域来说,计算某种属性的"重心"通常是借助各次级行政区的某种属性和地理坐标来表达。假设一个区域由 n 个次级区域(或称为质点)P 构成,第 i 次区域的中心城市的坐标为 (x_i, y_i),m_i 为 i 次区域的某种属性的量值(或称为质量),求其重心,设重心在 Q 处。则该区域某种属性重心 Q 的地理坐标为:

$$\bar{X} = \frac{\sum m_i x_i}{\sum m_i}; \quad \bar{Y} = \frac{\sum m_i y_i}{\sum m_i}$$

显然,若属性取为次区域面积,重心坐标就是区域的几何中心位置。在这里次区域的中心城市的坐标是相对保持不变,而区域重心主要是随时间变化的属性数量值变化而变化。

从计算方法来看,决定重心的因素只有两个方面:各地的地理位置和属性变化。既然各地的地理位置保持不变(在研究中假设各次行政区中心城市地理位置不变),那么重心的变化就反映了所代表的属性的变化,动态地表征了各个地区作用力大小以后表现为向作用力大的方向移动。

3.2.3 结构能效分析

城市群作为一个系统,其整体功能表现在众多城市间的相互作用和相互影响,最终形成综合的系统效益。论文研究中的集合能效正是基于这种城市群作为系统的一种整体性认识,力求实现两点突破:① 跳出单个城市的规模限制,站在区域视角来认识城市群整体的优势;② 强调城市群运行的"成本—收益"全面认识,填补对城市群系统投入—产出科学量化分析的缺失。而在已有的研究中,通常采用城市群的总量规模(某项指标的累计算数)代表城市群的能,采用地均产出(某项指标的地均均值)衡量城市群的效,虽有一定意义,但并未能真正在结构与功能间建立起直接的联系,也降低了结构能效分析的意义。

在分析集群演化的时候,主要用到一种整体的组织生长理论。按照这种理论,设定某一个有组织整体,他的整体性质为 W,如果他能有一些较低级别的功能 $F_1, F_2, F_3, \cdots, F_n$ 耦合而成,而在整体中存在着部分 $1, 2, 3, \cdots, n$ 它们具有功能: $F_1, F_2, F_3, \cdots, F_n$,那么整体 F 可以看作子系统 $1, 2, 3, \cdots, n$ 通过功能耦合而成的组织系统。每个子系统都是符合广义因果律的,子系统规定有输入和输出。输入是这个子系统存在的条件,输出为子系统的功能。令第 n 个子系统的条件集合为 $X_n = \{X_1, X_2, \cdots, X_i\}$,功能集合为 $Y_n = \{Y_1, Y_2, \cdots, Y_j\}$。由于功能是由条件决定的,即有:

$$Y_n = M[X_n]$$

M 表示从 X_n 到 Y_n 的映射,即 X_n 与 Y_n 的关系,它就是子系统 n 的结构。$Y_n = M[X_n]$ 表示当条件集 X_n 存在时,系统结构确定时,某种功能 Y_n 是确定的。它是广义因果律的表现。可以把子系统表示为如图 3-6 所示。

由所有子系统组成整体就是将 $1, 2, 3, \cdots, n$ 等系统耦合起来,组织形成一个复杂的子系统的功能耦合网。对于任何一个复杂的功能耦合网,我们都可以画出耦合图,它是由子系统集合 $\{1, 2, 3, \cdots, n\}$、条件集 $\{X_1, X_2, \cdots, X_n\}$ 和功能集 $\{Y_1, Y_2, \cdots, Y_n\}$ 之间的映射表示。实际上,依照系统论中结构决定功能的理论定义,上述分析也构成了将城市群的结构与功能的逻辑关系和函数关系的基本原理。

在这里用这种整体的哲学方法论来分析城市群的演化,城市群作为一个功能复杂的网络系统,可以按照不同的标准对它进行子系统的划分。在此,作者采

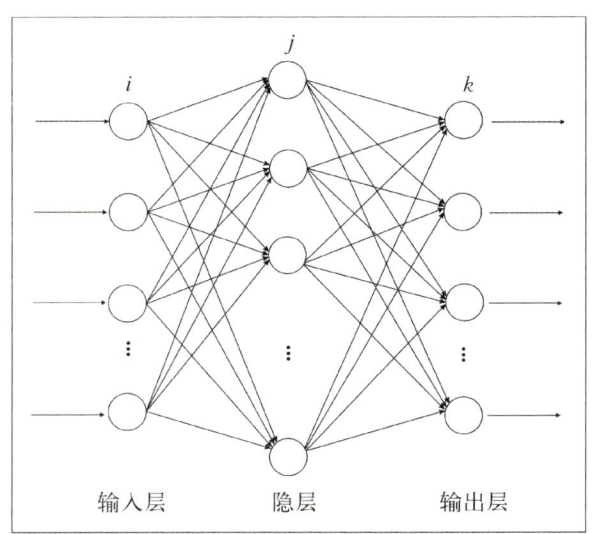

图 3-6　集群系统结构能效关系逻辑

用两种分类,一种是分为城市群的内部网络结构和外部网络结构。对内部网络结构进行分析时,又可把内部网络看作是一个具有独立功能的组织系统分为三个功能组织子系统:垂直联结、水平联结、层级结构。按照整体组织理论,每一个组织都有一个"稳态结构",这个稳态是任何组织存在和发展的前提,组织的发展是耦合的各个子系统功能系统从一个稳态到另一个稳态的跃迁。从某一时刻来看,内部网络结构和外部网络结构相互耦合组成城市群的一个"稳态结构"。

任何系统在空间上,都表现为空间梯度(或可称为空间级差)的地域组合。因此,梯度是描述空间系统的重要概念。梯度既是现实地域在地理空间上差异的客观反映,其是一个地理概念,同时又是一个经济概念,是对不同地域间生产力和经济发展水平的差异描述。对城市群内的众多城市而言,城市间直接或间接相互作用强度越强,城市群的内在有机性和梯度能级均衡特征就越明显(戴宾,2004)。而影响城市间相互作用的要素是多元化的,人文地理学家 Fellmann 认为包括:① 距离衰减(distance decay);② 网络(net-work);③ 引力(gravity Model);④ 活动偏好(movement bias);⑤ 作用潜力(Interaction potential)。

陈彦光与刘继生(2002)在基于引力模型的城市空间互相关和功率谱分析一文中通过研究发现"系统的整体性在于关系的质量和能量的大小,而空间互相关和功率谱分析恰可以揭示城市体系的空间关系和能量的分布,因此,借助本书的模型及其相关理论刻画城市体系的整体性效果和功能的强弱将是重要的应用方向之一。""基于引力模型的功率谱分析在未来的城市体系研究中将会有着广泛的运用:既可用城市人口等规模尺度作为分析变量,也可用经济产值等系统输出作为分析变量(当然还可以采用其他时间序列进行分析);既可从时域的角度分析城市的空间互相关过程,也可以从频域的角度讨论城市变化的功率谱特征;既可从理论上寻找城市系统'功率'与城市规模及空间分布的数理规律,也可以从应用的角度反映城市体系空间优化的趋势。"

在现代区域经济建模中的第一个方向,是以寻求空间经济体系的系统地和定量描述为特点。大量的研究重点放在这些体系中组成成分和这些体系间的互相作用的界定和描述上。重力(子)模型已成了几种多区域经济模型整合的一个组成部分。利用空间相互作用和运输模型,可以方便地解释和预测地理空间中人及经济互相作用模式。沃尔特·艾萨德(1975)指出了在重力模型和运输分析方面的许多开创性的进展。他强调了将思想与地理方法和规划技巧综合起来的重要性。在效用最大化和熵最大化的空间相互作用模型的例子中,在低层次的程度上,在已融入描述和规划经济结构的投入—产出模型中的运输模型的情况下,人们已经意识到这种综合的重要性(彼得·尼茨坎,2003)。

综上所述,上述三个分析表征指标立足城市群经济—空间的整体性,下文研究中,作者借助 GIS 等软件生成的图形形式表示三大城市群经济空间格局,用一系列图形(谱)来对空间的发展演变进行刻画,从中挖掘出城市群时空发展历程中蕴含的丰富信息与多重内涵,将这些定量化信息从所要研究的对象中提取出来,通过随着时段的观察、测量、推断、解析,获取准确的能够基本反映城市群系统行为轨迹的一组具有关键点位的逻辑性取样,即"状态判据库",最终这些判据将组成刻画不同城市群整体空间属性不同演化方面的"集合",即一个多标度的判据体系。

3.3 实证研究基础

中国是一个发展中的大国,有着久远的城市发展历史,现在又处于工业化和快速城镇化时期,同时又面临着全球化、信息化与市场化的浪潮,中国的城市群发展实践为城市群空间理论研究提供了国际上难得的经验案例,对中国学者来说更是极其难得的机遇。因为案例实证研究是理论发展与创新最为坚实的基石与源泉。在此,选择长三角、京津冀与珠三角三大城市群作为研究案例分别展开空间趋势面、空间重心、集合能效与空间组织四个方面的研究,从中进行演变特征与规律的提炼与归纳。

3.3.1 研究对象概况

1978年以来,随着国家对外开放政策的实施,中国社会经济进入一个新的发展时期,也给中国的城市发展带来了新的机制、新的动力和新的机遇。1980年正式批准在深圳、厦门、珠海、汕头设立经济特区;1984年开放大连、秦皇岛、天津、烟台、青岛、连云港、南通、上海、宁波、温州、福州、广州、湛江、北海14个沿海开放港口城市;1985年开辟长江三角洲、珠江三角洲、闽南厦漳泉三角地区为经济开放地区;1988年将海南岛确定位经济特区并将沿海经济开放地区的范围扩展到辽东和胶东半岛;1990年上海开发和浦东新区开放(母爱英,2004),标志着国家将经济重心重新移向东部临海地带。优越的区位、有利的政策,海外投资的涌入,使得中国东部沿海地区工业化与城镇化迅速发展,而当前随着全球化背景下产业经济重心进一步向亚太地区转移,整个临海地带经济空间结构形态正在发生巨大变化,其主要特点为以上海—南京—杭州为核心的长三角、以广州—深圳为核心的珠三角、以北京—天津、济南—青岛、沈阳—大连为核心的环渤海多组城镇密集地域的出现与发展。

在当今中国经济版图上,长三角、珠三角和京津冀三大地区已成为三大增长极,较中国其他区域的城市群发育要更为成熟,拥有雄厚经济技术基础,区域经济网络发育较好,城镇发展水平与工业经济实力都得到较大发展,一方面出现类似西方大都市带的地域空间结构,另一方面又体现出新时代背景兼具中国特色的新现象与变化,无疑是极具研究意义的。因三个城市群的地理位置、资源禀赋、历史基础等条件的不同,呈现出不同的发展特点,也面临着不同的挑战。

1. 长三角城市群

1980年代中后期开始,长三角地区利用内部资源,结合地方政策,大力发展中小型工业企业,为此地区的经济发展积累了大量的原始资本,随着20世纪90年代浦东的开发,以上海为长三角的发展极,通过辐射与扩散作用,吸引了大量外资,带动了江苏省和浙江省的经济腾飞,长三角逐渐由内向资本积累型转向外向型经济的发展,区域经济实力与集聚规模日益壮大。中国学者李晓江(2008)总结长三角城市群的特征为:重商传统和工商业基础;中心城市的强烈作用;产业与技术扩散;本地企业(乡镇企业、民营企业)的自下而上的发展路径;城市体系与空间结构相对稳定;与此同时指出长三角城市群发展面临着巨大挑战:世界城市与世界级城市群期望与差距;国家地位保持与国际竞争力提升;区域资源的空间配置与布局优化;区域内中心—外围的经济水平差异与扩散转移;区域发展资源环境的巨大压力。

2006年国家"中部崛起"战略的实施,由沪宁杭金三角区域向中部安徽省及向长江中上游外围腹地的发展梯度转移,辐射带动更大区域的发展,而2010年上海世博会的举办,无疑为区域实现新一轮的经济成长提供了难得机遇。论文研究据区域划分的同质性与功能性两个标准①,将长三角城市群范围界定为上海、江苏、浙江和安徽一市三省的辖区范围作为研究区域(图3-7)。中国城市规划设计研究院所承担的建设部委托长三角城市群规划中亦选择此区域为规划范围。

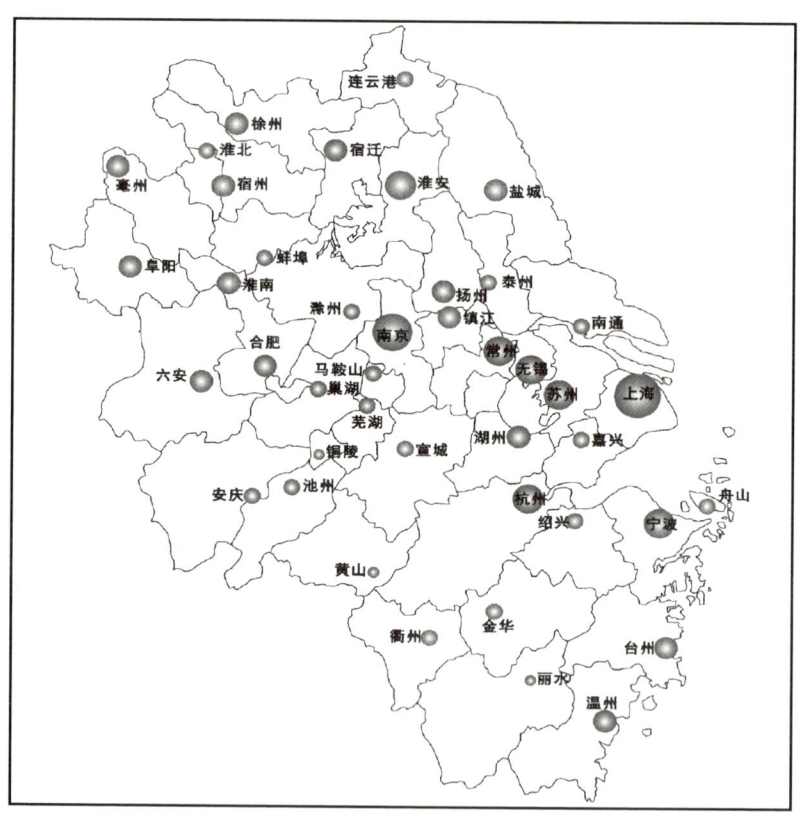

图3-7 长三角城市群示意

---

① 经济区域,是在一定地理空间范围内,由一组经济活动相互关联、组合而形成的经济地域单元,是一种区域经济的空间组织实体。同质性标准:根据一定的指标,具有相同或相近的地区单位综合为一个区域。可选取的指标有:失业率、收入水平、就业劳动力的产业分布、流动人口与旅游或者重工业比重等;功能性标准——根据一定指标把相互之间具有特别紧密联系的地区单位综合为一个"功能区域",如劳动力市场区,商业购物区,产品供应区等。需要说明的是,选择区域划分标准不是任意的,要根据研究的课题提出的任务要求;两个划分标准之间不是相互排斥,而是可以结合在一起运用。

2. 京津冀城市群

京津冀地区拥有北京、天津两个直辖市，直接受惠于国家倾斜性政策，该地区的发展主要依赖工业，利用其比较优势，尤其是国有大型工业企业，从而在全国经济发展中占有一席之地。李晓江(2008)总结京津冀城市的发展特征为：若干个大城市相对独立发展；中心城市的政治作用大于经济作用，国家意义超出区域意义；区域空间呈现强烈的单中心聚集，地区小城镇尚不发育；没有出现广泛的农村城市化、产业化现象；指出面临的巨大挑战有：中心城市快速发展与区域经济滞后、劳动力外流的巨大反差；区域差距、城市间差距大于本地域城乡差距；中间性的区位，但腹地交通条件落后；不缺乏市场机制，缺乏必要的政府资源投入与引导。发展机遇：2005年天津滨海新区国家级综合配套改革试验区的设立以及2008年北京奥运会，为地区发展提高了最重要的契机。首都功能调整与产业转型，本区域如何接受首都的功能疏解；国家区域政策调整，区域地位提升，如何利用国家的资源配置能力；世界级产业基地建设，如何利用跨国资本联盟的进入，实现区域产业发展；中心作用、门户地位的区域化，双向开放、双向对接等。同样根据经济上的紧密联系与地理空间的完整性相同标准，将京津冀城市群区域界定为包括北京市、天津市和河北省的两市一省的地域(图3-8)。

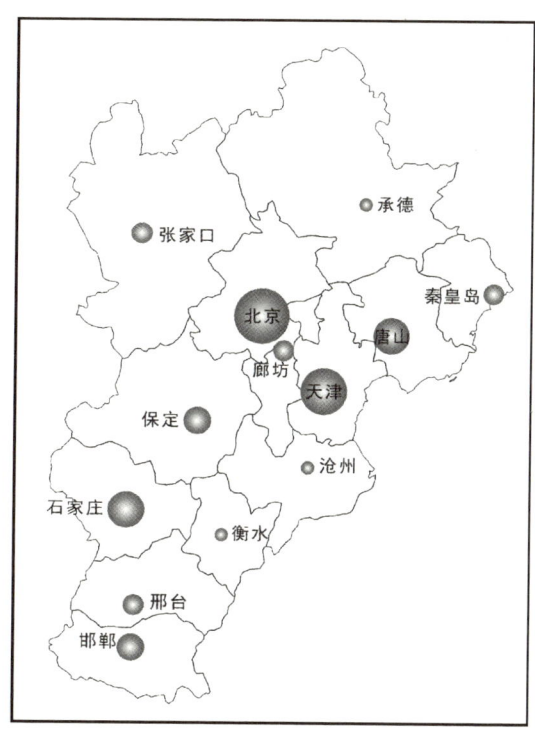

图3-8 京津冀城市群示意

3. 珠三角城市群

珠三角是三个地区中对外开放最早的地区，发展外向型经济是这个地区的显著特点。由于紧邻港澳，区位优势使得广东省与港澳形成了要素流通的通道，"前店后厂"成为两地合作的典型模式，港澳的资金、技术与管理经验随着直接投资进入广东，时值国内劳动力流动加快的新时期，内地丰富的劳动力纷纷涌入珠三角地区。李晓江(2008)总结珠三角城市群的发展特征为：多个大中小城市平行发展;开放的传统和国家门户地位;外源经济带动,出口加工业发展;本地城市与产业地区的成长、成熟;城市型与产业聚集型两种模式并存;城市体系与空间结构发生质的变化;高度连绵的城镇密集地区;区域发展差异明显;在这些基本特征上,指出珠三角城市群发展面临一系列挑战:本地产业体系的发展、升级与广谱化(重型、高科技、服务业);产业转移与发展空间;区域辐射、带动作用的拓展与提升;粤港、深港更加紧密合作、一体化发展与体制分割;门户地位的新角色,强化区域中心与区域均衡发展;自然资源不堪重负,发展模式与资源供给;基础设施结构性失衡;人居环境建设滞后等。

2003年CEPA的成立,为珠三角发展进一步拓展了内陆腹地。珠三角地区通过利用外部生产要素,改进内部生产要素配置与经济结构,使内部市场与国际市场相联系,顺利地融入了全球地域分工体系。珠江三角洲地区集中在广东省,处于统计的便利性和可得性,在本书中,作者以广东省行政辖区范围作为研究范围(图3-9)。

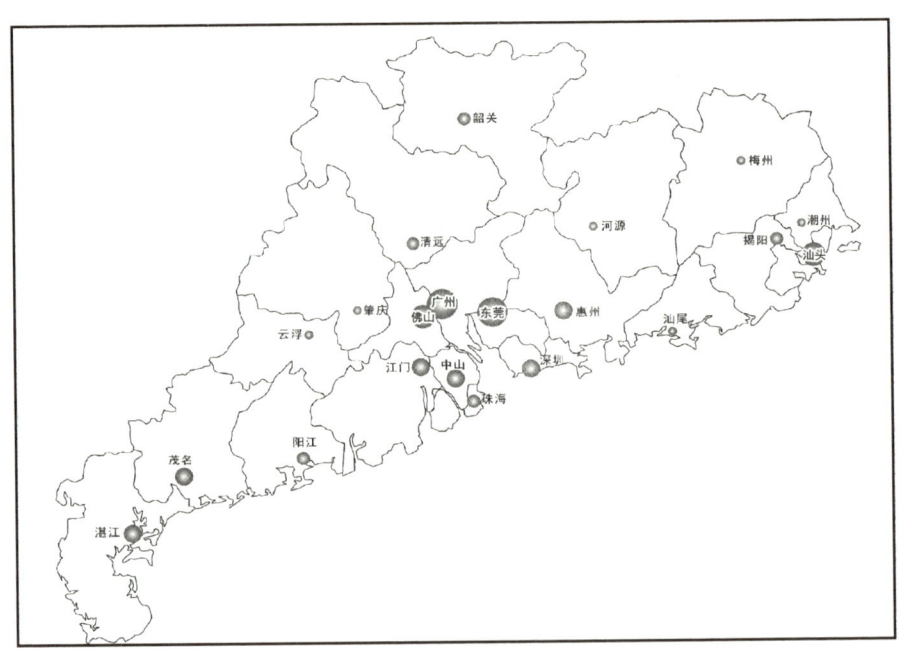

图3-9 珠三角城市群示意

中国是一个发展中的大国,有着久远的城市发展历史,现在又处于工业化和快速城镇化时期,同时又面临着全球化、信息化与市场化的浪潮,中国的城市群发展实践为城市群空间理论研究提供了国际上难得的经验案例。面对新的时代背景,三大城市群都处在中国发展最快的东部沿海地区,三大城市群转型升级压力与承受新挑战的程度有深有浅,但共同之处是都正在经历一场前所未有的空间革命,新的空间变化现象与趋势对三大城市群的空间规划和管理实践提出强烈的现实需求,更对传统的有关城市群的空间规划理论与方法提出了强烈的创新需求,这两大需求为中国城市研究者提供了广阔的工作空间与成长机遇。

3.3.2 研究时段、数据与指标

1. 研究时段选择

1978 年以后,中国开始市场导向的改革,进入从计划经济向市场经济转型的历史阶段。1992 年 10 月中共第十四次代表大会确定了建立社会主义市场经济的改革目标,1993 年 11 月十四届三中全会又做出了《关于建设社会主义市场经济体制的决定》。从 1994 年初开始,一场在财税、金融、外汇管理、企业制度、社会保障体系等领域的全面改革迅速展开,标志着中国改革进入了一个整体推进的新阶段。在这种背景下,研究选取 1995、1997、1999、2001、2003、2005 年 6 个年份作为研究年份主要基于以下三方面考虑:

① 研究对象的客观条件与需求。1994 年分税制的实施标志着从经济层面城市作为空间行为主体的客观条件与主观能动性都更为明显,由于计划经济造成的空间结构惰性减弱,城市群区域空间结构变化也更加明显,为展开客观的城市研究提供了条件,也使发现城市群空间运行组织规律,为区域空间规划与政策提供科学依据的研究更具意义。

② 研究数据的统一性与可获得性。1994 年以分税制为核心的财政体制改革在全国范围内正式推行后,财政税制方法稳定,国家统计口径变化小,统计指标一致性较好,同时国家在地级市层面的行政区划变化幅度较小,这些都保证了作为本研究数据重要来源的中国城市统计年鉴在 1995 年后数据的统一性与可获得性,从而使不同时段的纵向比较研究得以展开。

③ 研究者时间与精力的限制。基于对有限时间内完成针对三大城市群空间结构与集合能效的大量研究数据收集、录入、整理与分析工作的考虑,本书采用了 1995—2005 年以两年为一时间间隔的时间节点的选择。

2. 研究数据来源

城市规划的基础研究主要是以新知识的发现为首要目标,是追寻隐藏在空间现象中的各种规律。这类研究对数据的时空范围没有特殊的限制,关键是追

求数据资料在时间上的连续性和空间上的完整性。作为基础研究,应力求数据在时间上长期连续,口径一致;在空间上广泛、完整,口径统一;而且数据的公信力特别重要。因为,只有利用多年连续且口径统一的数据,才有可能从中发现动态规律;只有空间上广布、完整,才有可能从中找到空间规律;只有数据具有公信力,发现的规律才能得到世人的认可。故本书基于现实条件,保证研究数据的统一性与客观性,首先获取两类主要数据:

1) 经济与社会发展统计数据

研究主体统计数据来源于《中国城市统计年鉴1996》、《中国城市统计年鉴1998》、《中国城市统计年鉴2000》、《中国城市统计年鉴2002》、《中国城市统计年鉴2004》、《中国城市统计年鉴2006》分别获取1995、1997、1999、2001、2003、2005年等6个时段的研究数据。

由于个别年份个别城市数据在中国城市统计年鉴中未提供,研究又收集补充了《河北省统计年鉴》《辽宁省统计年鉴》《山东省统计年鉴》《山东省城市年鉴》《江苏省统计年鉴》《浙江省统计年鉴》《广东省统计年鉴》等各省统计资料,主要来源中国资讯行的中国统计数据库(http://www.bjinfobank.com/)。同时与中国自然资源数据库李泽辉老师联系由其免费提供部分数据。

2) 地理信息图形数据

基本地理信息图形数据来源于国家科学数据共享工程—地球系统科学数据共享网(Data-Sharing Network of Earth System Science)http://www.geodata.cn/

数据集名称:中国1:1 000 000县级行政区划图

数据集摘要:中国1:1 000 000县级行政区划数据层包含面状县级行政区划及线状行政区划界线

联系人姓名:谢传节,常军

联系单位:中科院地理所

数据集格式名称:SDE FEATURE CLASS

数据集语种:zh-CN

数据集字符集:GB2312

其次,在获取所需研究数据的基础上,本书分别对与研究密切相关的研究单元与空间要素分析模式进行界定:

(1) 研究单元的选取

本书以2005年行政区划为准,将各地级市域(包括市辖区与市辖县)作为一个独立的研究单元,其中长三角城市群包括上海、江苏、浙江、安徽所辖的42个直辖与地级市;珠三角城市群包括广东省21个地级市;京津冀城市群包括北京、天津、河北所辖的13个直辖与地级城市,三大区域合计76个研究单元。

选择地级市作为研究单元级别范围的主要原因是:

① 地级市代表的是行政区域范围,行政区域的划分是在综合考虑土地面积、自然地理条件、政治经济状况、民族关系、人口分布特征、历史传统等多种因素基础之上进行的,具有作为一个相对独立空间"主体"的基本需求,符合本书的研究思路与视角。

② 地级市地域范围比较稳定,受行政区划调整影响较小,便于统计数据的获取与空间现象的解释;

③ 研究中三大城市群地域范围,选择地级市作为研究样本,大小较为适宜。

(2) 空间"点"模式的研究分析

城市规划研究中根据研究的空间尺度,置于城市与区域的空间背景中一般对城市采用两种抽象方式:一是将城市空间看作是一个"面",对其空间组织结构与形态展开研究;二是将城市空间理解为一个"点",以更大的区域背景作基底,观察城市与城市之间的分布特征和相互关系,即空间分布格局。不同层面的理解,实际上取决于其空间尺度,本研究中将城镇抽象为地域空间上的一个点,关注分析的是经济要素在不同空间"点"上分布的状况及变动的趋势所带来的城市群空间结构的演变。研究通过以下过程获取所需的城市空间分布的"点"状数据:

① 文件格式转换。全国电子矢量底图为适用Arcgis软件的Shape文件格式,本研究中将其转化为Mapinfo软件所需格式,来展开本书的分析研究。

② 界线叠加校验。导入最新出版的各省、市、区行政区划栅格地图(来源:www.xzqh.org)进行叠加比较检验,发现各地级城市行政界线基本无变化,有关各地级市1995—2005年间内部行政区划调整情况见附录。

③ 空间单元合并。研究中空间单元为地级市行政单元,而电子底图为县级行政区,故根据与行政区划图的叠加,使用Mapinfo软件自带的合并功能将其向上合并为地级单元。

④ 提取点状数据。根据行政区划图中对各个地级市首府所采用的"点状"标注,加以数字化提取。

3. 研究指标选择

城市群空间演化是建构在社会经济发展过程中的空间过程,需要从多要素、多视角进行考察,才能全面理解与把握城市空间空间结构的演化。为此,本书首先确立在本研究中的指标选取原则如下:

(1) 指标选取的原则

① 针对性原则。选取的指标应能反映中国城市群的发展阶段特征与独特因素,如城镇化、工业化,同时又能反映与国际宏观背景相结合,如全球化等外部影响因素。

② 关键性原则。在建立指标体系时应选取可以概括反映当前中国城市群经济发展中一些核心的指标,如综合实力、工业实力、产业结构,以及固定资产投资、外商投资等空间主体性指示性指标。

③ 可比性原则。各地市的同种指标口径一致,横向可比,以保持依据指标体系进行数据资料收集的可行性以及数据资料处理的可比性。

④ 独立性原则。各单项指标之间的包含应尽可能地少,彼此之间具有一定的独立性,以增强代表性。

⑤ 易获得性原则。指标应含义明确,指标值客观、准确,具有现实统计数字可查性,以满足科学量化分析的需要。

(2) 指标体系

基于上述指标选取原则,根据三大城市群的具体情况,在本研究所采用的综合指标法中,选取了包括5大类10项与城市群形成与发展关系密切的指标建立长三角(42)、珠三角(21)、京津冀(13)76个城市的1995、1997、1999、2001、2003、2005年等6个年份的社会、经济资料数据库通过比较各项指标不同年份的变化来研究三大城市群的经济空间结构的演变。指标见表3-1。

表3-1 城市群经济空间演变研究指标列表

序号	类别	指标	指标意义
1	总量规模指标	GDP	代表城市经济与人口规模,决定城市群整体经济空间格局,并反映城市间空间集聚程度与潜在联系能力。
		城市人口总数	
2	城镇化阶段指标	城镇化率(非农人口占总人口比重)	城市群是城镇化发展到一定阶段的产物,城市群空间结构是城市群发展程度、阶段与过程的空间反映。城镇化率高低代表城市城镇化发展水平,反映区域城镇空间发展阶段,而非农人口的多少则反映了城市群生产力水平的高低。
		非农人口数	

续 表

序号	类别	指标	指标意义
3	工业经济实力	工业总产值	城镇化与工业化密切相关,工业总产值代表了城市工业实力与水平,反映了从事工业生产活动的企业在地理上趋于集中所产生的"聚集经济效益",是城市群发展基础动力(赵改栋、赵花兰,2002)。
4	空间主体性指标	固定资产投资总额	主要反映各类空间主体,在不同空间区位投资总量及其空间影响态势,尤其是反映了地方政府在一个时期内体现其政治意愿的投资规模和强度,因为在中国,政府干预经济的策略一般遵循这样一个基本规律,即:政策导向+资金投入,两者一起构成政府权力行使的基本结构。
		实际利用外商直接投资额(FDI)	全球化是中国城市群发展的重要背景,资本流动性是影响经济空间演化的主导力量,临海地带作为中国开放政策实施的核心地带,外资的流向成为其经济空间集聚和扩散的重要机制之一(张景秋、杨吾扬,2002)。FDI主要反映跨国投资主体在不同空间区位投资总量及其空间影响态势。
5	区域经济结构	第一产业占GDP比重	区域产业结构与区域发展阶段密切相关。中国产业结构的演变影响了产业的空间集聚,因此,产业结构与空间结构二者构成的有机整体,即产业—空间结构,产业结构变化通过城市化空间进程加以反映(顾朝林,1999)。
		第二产业占GDP比重	
		第三产业占GDP比重	

3.4 城市群空间形态特征经验分析

结构是指事物要素之间的关系定式,而形态则强调要素组合的表象特征。就普遍意义而言,具有内在结构的物体必然会呈现一定的形态,这同样存在于城市群空间结构与其形态两者之间。在城市群经济空间系统中,不同城市在空间位置和属性质量方面的区位势能以及转移动力方面的差异,客观上为各种空间要素在城市群网络中的流动提供了动力,要素流在空间整体上体现出一种"差异—需求—流动—地域一体化"的过程与形式,在一定程度上形成区域内点、线、面及网络等结构要素的发育程度及空间组合状态。宏观空间形态正是反映了这种空间主体与要素在区域中的相互作用关系和配置布局的过程和结果。因而,空间形态是一个动态的聚散规模和路径的表征,包含了相对位置、顺序、分布、态势等与空间有关的宏观信息,这种空间的整体形态是一种动态平衡,始终存在于发展变化之中。

　　城市群由个体城市及其之间的相互联系和作用形成,然而城市群又是一个完整的、新的复杂系统,而不是个体的叠加。因此,要真正研究和探索城市群经济空间背后隐藏的规律必须加以全面的整体性的认知,这是基础。研究此处首先采用空间趋势面对中国三大城市群的空间宏观形态进行研究,从而为下文更精确的重心轨迹研究和更深入的结构能效测度奠定基础。

3.4.1 空间趋势面分析步骤

　　空间趋势面建模方法(STSA:Spatial Trend Surface Analysis)主要有基于点的建模方法、基于三角形地建模方法、基于格网的建模方法以及其中任意两种方法的结合。本书是基于格网的建模方法,即在专题地图上均匀地划分网格,每一单位栅格覆盖部分的属性数据便成为各点的格网数据。当采样格网数据取得后,进行空间数据的插值处理,最后绘制生成相关空间趋势面图。Surfer 是 Golden 公司开发地一个三维绘图软件包,可以绘制各类等值线和三维表面图,诸如等高线、等水位线、等产出线及空间地各种参数等值线图。不仅如此,该软件还带有多种字符库,可以给图形加标题、图例、对坐标轴和等值线作详细标记等。同时,Surfer 还提供了7种可供选择地数学模型,每种数学模型又都有其相关的参数设置,可以绘制各种类型地表面图形,具有形象、直观的优点,从而达到事半功倍的效果。

　　研究基于 Mapinfo7.0 与 Excel,通过 Surfer8.0 软件建立三大区域的经济空间三维趋势面模型,继而绘制生成三大城市群经济空间趋势面图,步骤如下:

　　1. 城市"点"的位置属性数据获取

　　首先在 Mapinfo 软件中,提取上文所建立的三大城市群 76 个地级城市的空间"点"的平面空间位置坐标(X,Y)数据,数据见附录中各表。

　　2. 数据表格的建立

　　将研究城市的空间位置 X、Y 坐标数据与其经济指标统计数据一一对应,建立 Surfer 软件分析所需表格。

　　3. 等值线和三维趋势面的绘制

　　将表格导入 Surfer 软件中进行克立格(Kriging)插值,栅格化数据,生成相应的网格文件;再对网格文件通过 Surfer 的等值线绘制功能和地图功能得到等值线和三维趋势面图形,最后通过软件地图叠合功能,将等值线和三维趋势面图

第 3 章　实证研究

进行叠加。其中等值线图形中不同的填充色彩亮度代表的数值范围和三维趋势面图形中 Z 轴坐标比例已标注于图上。

通过上述计算机辅助自动分析，生成 1995、1997、1999、2001、2003、2005 年 6 个年份的城市 GDP、总人口数、非农人口数、城镇化率、工业总产值、固定资产投资总额、实际利用外商投资额、第一产业占 GDP 比重、第二产业占 GDP 比重、第三产业占 GDP 比重等 10 项指标的三大城市群经济空间形态演变图谱，见表 3-2 至表 3-11。

表 3-2　三大城市群经济空间——GDP 三维趋势面图谱

年份	长三角	京津冀	珠三角
1995	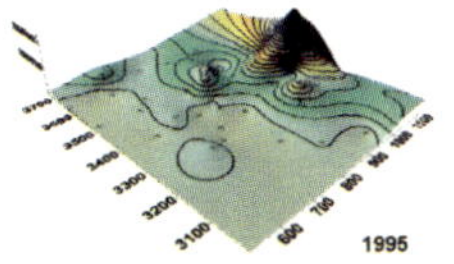	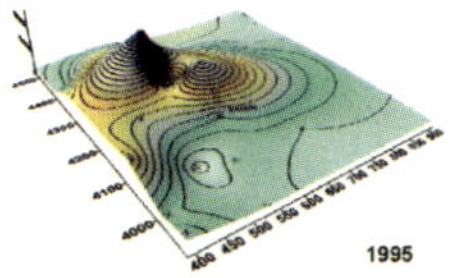	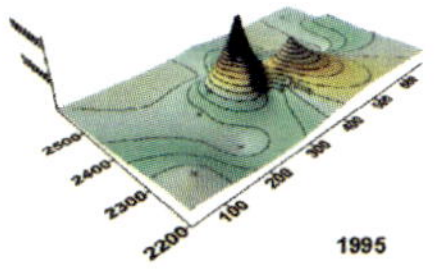
1997	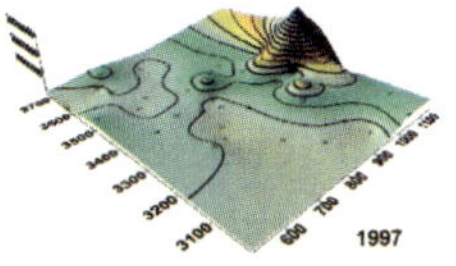	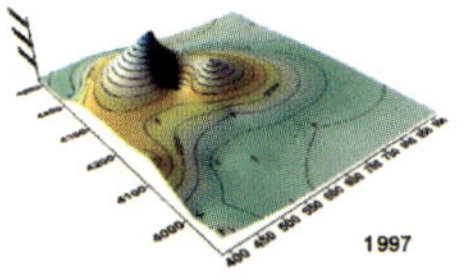	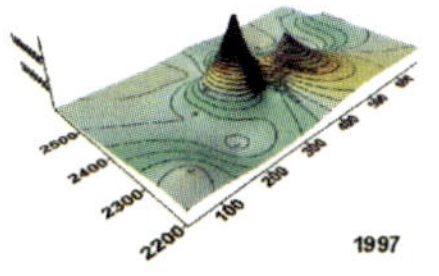
1999	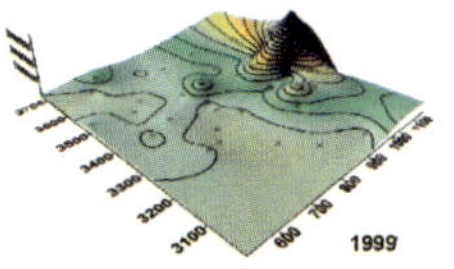	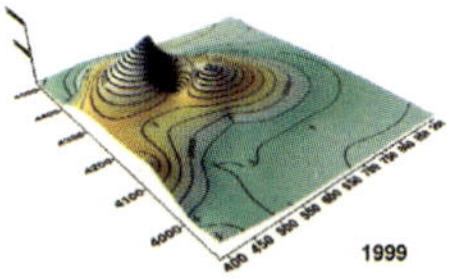	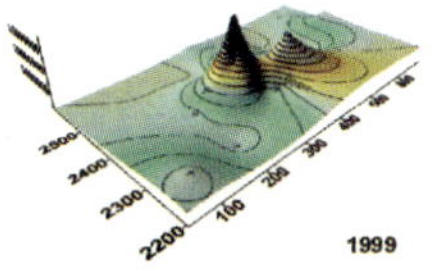
2001	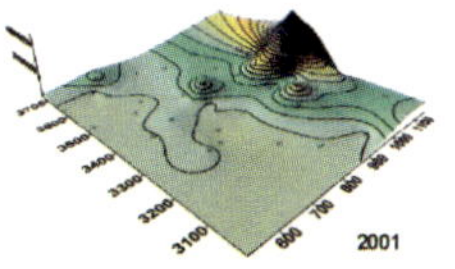	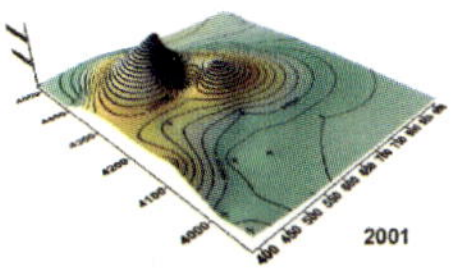	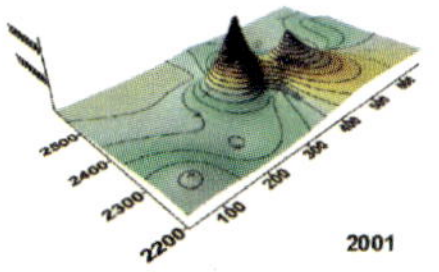
2003	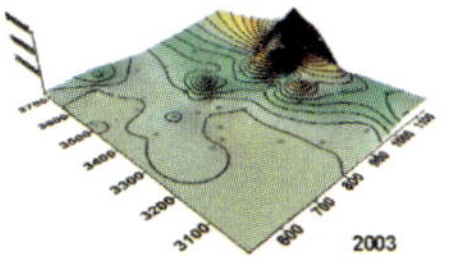	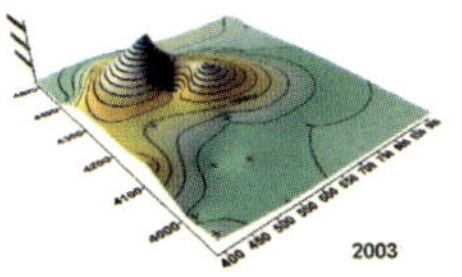	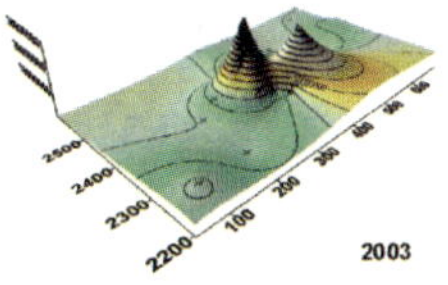
2005	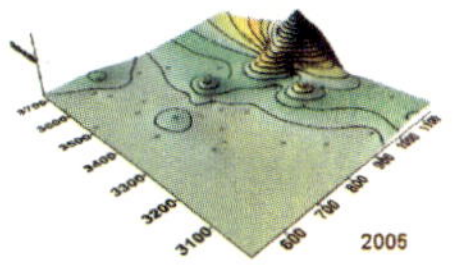	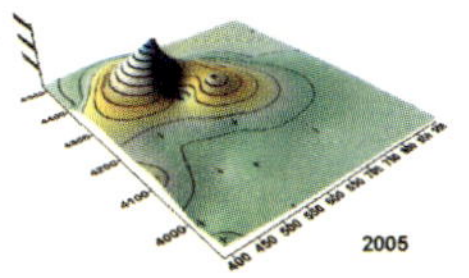	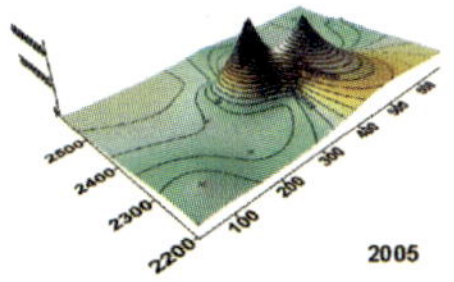

— 111 —

表3-3 三大城市群经济空间——人口三维趋势面图谱

年份	长三角	京津冀	珠三角
1995			
1997			
1999			
2001			
2003			
2005			

表 3-4　三大城市群经济空间——非农人口三维趋势面图谱

年份	长三角	京津冀	珠三角
1995			
1997			
1999			
2001			
2003			
2005			

表3-5 三大城市群经济空间——城市化率三维趋势面图谱

年份	长三角	京津冀	珠三角
1995			
1997			
1999			
2001			
2003			
2005			

表 3-6 三大城市群经济空间——工业产值三维趋势面图谱

年份	长三角	京津冀	珠三角
1995			
1997			
1999			
2001			
2003			
2005			

表 3-7　三大城市群经济空间——外商直接投资三维趋势面图谱

年份	长三角	京津冀	珠三角
1995			
1997			
1999			
2001			
2003			
2005			

表 3-8 三大城市群经济空间——固定资产投资三维趋势面图谱

年份	长三角	京津冀	珠三角
1995			
1997			
1999			
2001			
2003			
2005			

表 3-9　三大城市群经济空间——第一产业比重三维趋势面图谱

年份	长三角	京津冀	珠三角
1995			
1997			
1999			
2001			
2003			
2005			

表 3-10　三大城市群经济空间——第二产业比重三维趋势面图谱

年份	长三角	京津冀	珠三角
1995			
1997			
1999			
2001			
2003			
2005			

表 3-11　三大城市群经济空间——第三产业比重三维趋势面图谱

年份	长三角	京津冀	珠三角
1995			
1997			
1999			
2001			
2003			
2005			

3.4.2 三大城市群空间趋势面特征分析

社会经济的空间结构是指社会经济客体在空间中相互作用和相互关系,以及反映这种关系的客体和现象的空间集聚规模和集聚形态。由于空间经济的多重均衡和演化特征,聚集经济也处于动态演进之中。下文将对六个年份中长三角、京津冀、珠三角三大城市群经济空间趋势面演变特征展开归纳分析。

1. 长三角城市群经济空间趋势面分析

(1) 城市 GDP 特征分析(表 3-2):上海中心地位明显,与苏州、无锡组成整个区域的核心圈层,而南京与杭州两座城市虽表现出外围二级中心的形态,但差距仍十分明显,随着时间发展,徐州、合肥两座城市表现出三级中心的潜力。整体上,中心—外围梯度圈层特征明显,大致可分为三个圈层,核心圈层变化不大,主要表现为第二与第三圈层城市间的经济腹地博弈,随着外围安徽省城市的发展,南京与杭州等城市的经济影响腹地受到压缩。

(2) 城市人口特征分析(表 3-3):由于人口迁移与增长的相对稳定性,长三角城市群人口空间趋势面整体态势变化不大,以马鞍山—芜湖—宣城—黄山—金华—丽水组成一个凹陷低谷地带,而四周地带隆起状台地,呈现 U 形格局。

(3) 城市非农人口特征分析(表 3-4):上海为一级中心,南京与杭州为二级中心,2000 年以来北部徐州的非农人口增加明显,出现局部极化趋势,西向外围地域内尚未出现类似极化中心,但合肥市开始融入上海辐射的二级腹地圈层;同时城市群内部非农人口格局还具有板块分布特征,西南部板块非农人口数量较少,而沿上海北翼江苏沿江城市板块则为非农人口最集中的区域,而浙江省南部台州—温州地区为非农人口增加最为明显板块。

(4) 城市城市化率特征分析(表 3-5):呈现出上海、无锡、南京、马鞍山、铜陵、合肥、淮南、淮北与杭州 8—9 个中心(波峰)呈自东向西的带状分布,而长三角城市群中部、北部地域城市化水平及增长速度明显高于南部地域。

(5) 城市工业产值特征分析(表 3-6):上海、苏州构成城市群中工业实力最强的双核,而南京与杭州差距虽然很大,具有局部中心特征,工业产值的趋势面的圈层特征明显,大致具有中心圈层、过渡圈层与外围三大圈层,特别是 1999 年特别明显,与此同时,城市群内部工业产值实力差距所造成的空间梯度分异正在变小,这点可以从等值线疏密程度变低可以发现,说明城市群整体工业实力不断增强,特别是外围城市的蓬勃发展态势。

(6) 城市外商直接投资特征分析(表3-7):外商投资的空间格局呈现出明显的路径依赖特征,基本集中于上海、苏州、南京与杭州四座城市,但从1995—2005年圈层梯度变化角度来看,出现由沪苏—宁—杭三角外商投资密集地带向内部腹地扩散转移的趋势。

(7) 城市固定资产投资特征分析(表3-8):固定资产投资的空间格局主要表现为多中心加圈层的特征,多中心主要是上海、苏州、南京、杭州、合肥等中心城市,而圈层主要是以上海为中心100公里内的中心圈层,以200—300公里内的过渡圈层,以及300公里以外的外围圈层,具有明显的梯度差异。

(8) 城市产业比重特征分析(表3-9至表3-11):第一产业比重分布呈朝向沿海的开口谷底状,一产比重较高的区域主要位于苏北、皖北与浙西,说明这些地区农业经济仍占很大成分,但在苏北、浙南等地一产比重呈下降趋势;二产比重分布呈多中心连绵状台地,主要是浙江东部沿海宁波、温州至江苏东中部的南通、镇江、泰州、无锡至安徽中部的马鞍山、铜陵这一带状区域;三产比重格局也以多中心相对均衡分布为特征,主要集中于上海、南京、杭州、合肥等中心城市与舟山、黄山等资源优势明显的城市,其中合肥市的三产比重升高极化过程特别明显,而与此同时无锡市的三产比重的中心特征则不断弱化。三次产业趋势面的变化中,主要是二产比重与三产比重的彼消此长,这在趋势面形态上也可体现。

2. 京津冀城市群经济空间趋势面分析

(1) 城市GDP特征分析(表3-2):整体呈双星极化分布格局,其中北京中心地位明显且不断极化,与其邻近的天津虽然规模实力也很强,但中心性却不断弱化,但城市群其他区域仍实力偏弱,仅有石家庄与唐山可进入二级空间梯度并相对连续,二中心间被相互分隔而形成孤立的岛状节点,但随着发展,从等值线的密集度减少的变化可以看出中心城市与区域其他城市间的实力差距造成的空间梯度分异变缓,中心城市间的有效联系及周围地域(特别是中心城市之间的走廊地带)的提升对整个城市群的未来发展十分关键。

(2) 城市人口特征分析(表3-3):由于人口迁移与增长的相对稳定性,京津冀城市群人口空间趋势面整体态势变化不大,以北京—保定—天津为三极鼎立,呈现中心—外围的大格局。

(3) 城市非农人口特征分析(表3-4):最初京津双星并立的结构,2003年起,保定—石家庄方向的非农人口有较快增长,均有百万非农人口的增加,同时唐山—秦皇岛一侧亦有约40万非农人口的增加,整个区域出现一定连绵态势。

(4) 城市化率特征分析(表 3-5)：呈现京津双极态势,其中北京的城镇化水平增长要快于天津,两者差距拉大,但 2001 年其北部的秦皇岛有较快发展,2003 年起石家庄市城镇化水平有较大提升,这样整个京津冀城市群在空间上出现一定连续格局。但稠密的等值线也说明中心与外围城市化水平空间梯度差距仍很大,特别是环绕京津的周边地域仍在低于 30% 的水平以内,使中心城市发展缺乏有力的支撑,而这种格局变化基本没改变。

(5) 城市工业产值特征分析(表 3-6)：整体呈现京津双极并立结构,但其中包含了有趣的变化,首先是京津两座城市的工业实力由津强京弱转变为京强津弱又转变为相互持平,其次是京津以南区域连绵的态势在 2001 后逐渐演变为石家庄一点的独力维持,京津以北的唐山平稳发展。等值线密度由密变疏,说明其他中小城市的工业实力有所增强,区域两极分化水平有所下降。

(6) 城市外商直接投资特征分析(表 3-7)：外商投资的空间格局呈现出明显的路径依赖特征,基本集中于北京与天津两座城市。而这种格局下,北京与天津两座城市的外资引入规模排序却不断发生着变化,1995 年天津居首,北京次之；2001 年起北京超过天津占据首位,天津次之；2005 年天津的投资量有所回升,略低于北京。但河北大部分城市外商投资始终十分有限,面临着灯下黑的阴影效应。

(7) 城市固定资产投资特征分析(表 3-8)：固定资产投资的空间格局主要集中于北京、天津两座直辖市,北京的投资规模尤为密集与其首都地位密切相关；与北京相比,天津的投资力度呈下降趋势；而京津外围城市固定资产投资量十分有限,与自身的实力和吸引力有关,但这种不均衡的投资局面很有可能加剧区域内部的两极分化,不利于资源的合理配置,为区域发展带来风险。

(8) 城市产业比重特征分析(表 3-9 至表 3-11)：1995 年第一产业比重较高的区域主要位于冀北的承德—张家口与冀南的邢台—邯郸—沧州—衡水地区,虽然这些地区城市一产比重开始下降,但整体格局未发生变化,这些地区较高的一产比重说明这些地区仍以农村经济为主,并且从其空间分布位置来看在某种程度上对京—津形成合围之势；二产比重成为京津冀区域重变化最为剧烈的结构性指标,以超过 50% 计,1995 年只有天津一座城市,随后 1997 年为衡水、天津两座城市,1999 年为衡水与邢台,2001 年增加廊坊成为 3 座城市,2003 年增加为 6 座城市,2005 年更是增加为 8 座城市,说明区域整体产业发展水平正在提升；而三产结构,整个区域内北京是一枝独秀,这与其城市职能密切相关,同时天津与秦皇岛随后,从发展历时来看,三产比重格局未有明显变化。

3. 珠三角城市群经济空间趋势面分析

(1) 城市 GDP 特征分析(表 3-2):整体呈以广州—深圳双中心走廊—外围格局,外围城市经济实力空间格局未发生明显变化,但广州与深圳双核的实力对比却不断发生变化,由广州的遥遥领先,深圳逐渐赶上,到 2005 年两者已基本持平。

(2) 城市人口特征分析(表 3-3):广东省是中国外出务工人员集中流入地,但统计年鉴中数据尚未能统计这部分人口,由于省内人口迁移与增长的相对稳定性,整体格局呈中间广州—佛山,西端为湛江—茂名,东端为汕头—梅州空间梯度高的"W"形格局。

(3) 城市非农人口特征分析(表 3-4):整体呈单中心—外围结构,2001 年以前基本为广州一个极点,2003 年后由于行政区划调整,如佛山、东莞,从而使中心由极点转变为组团状,而汕头和茂名则在东西两端翘起。

(4) 城市城市化率特征分析(表 3-5):由于广东省是中国最早开放的省份,因此城镇化水平也较高,但主要表现出极化中心与块状特征显著,1999 年前主要于广州、深圳等大城市,1999 年后广州—深圳东翼的惠州、汕尾、汕头等沿海城市发展十分迅速,从而出现连绵带状态势,但其中行政区划调整因素较大。

(5) 城市工业产值特征分析(表 3-6):整体呈以广州—深圳双核极化中心—外围格局,外围城市经济实力空间格局未发生明显变化,但广州与深圳双核的实力对比却不断发生变化,由广州的遥遥领先,深圳逐渐赶上,到 2001 年两者已基本持平,2005 年深圳的工业产值规模已经超过广州。此外,外围曾出现过茂名这一潜力点,但 2001 年后却消失了。

(6) 城市外商直接投资特征分析(表 3-7):外商投资的空间分布具有双中心+带状特征,但不断发生着变化,1995 与 1997 年主要投资分布于广州与深圳双极及广东省深圳以西惠州、汕尾、汕头沿海地带;2001 年出现向西沿海地带的扩散态势,2005 年时又重新集中于核心三角地带内,在这一过程中,深圳对外资的吸引逐渐反超广州。

(7) 城市固定资产投资特征分析(表 3-8):固定资产投资的空间格局主要表现为广州与深圳双中心—外围格局,外围无明显变化。

(8) 城市产业比重特征分析(表 3-9 至表 3-11):第一产业比重较高的区域主要位于阳江、云浮、肇庆、清远、韶关、河源、梅州等外围城市,从而对广州—深圳—珠海这一核心三角地带形成合围;二产比重的峰值主要分布于佛山、深圳、惠州、东莞、中山、江门等几座城市,峰值都在 55%~60% 间波动,而且表现出广州—深圳与广州—珠海两翼此消彼长的态势,同时两翼内部的城市二产比重地位也在发生变化,如广州—深圳一翼二产比重由东莞转移至惠州,而广州—珠海一翼主要是江门市 2003 年以来的崛起;三产比重空间格局的变化则表现为由 1995、1997、1999 年广州与深圳的双核并立,逐渐演变为广州一枝独秀,而这其中最重要的是广州二产比重的持续下降与深圳二产比重的持续上升,反映了两大核心城市功能分工的调整变化,与此同时,沿海地带三产比重一直保持相对较高的带状分布,北部外围地带三产比重一直较低,近年来韶关和清远出现较大提升。

3.4.3 空间趋势面研究发现与探讨

通过三大城市群规模类、结构类与主体性等指标的 Surfer 趋势面形态特征分析,我们可以看出城市群经济空间不仅是平面的,而且是有厚度的,有些地区经济活动强度和力度大,可以形成较"密"或较"厚"的经济空间,有些地区经济活动强度和力度小,可以形成较"疏"或较"薄"的经济空间,实质是社会经济非均衡发展的表征。

每个城市都有其生产函数,外在影响表现出一定的空间梯度,各梯度场的相互作用导致各城市在经济空间中的位势是不相同的,其中经济活动强度和力度大的城市成为该区域的经济中心,对整个区域的社会经济发展起着组织和主导作用。通过对空间主体的聚散选择与资源要素的聚散配置,核心城市在不同时段、不同空间区位(场所)的组合关联特征,决定了整个城市群空间结构的具体表象,作者将其界定为城市群空间能级均衡的主导路径特征,即联系强度最大的城市节点区间对整个城市群联系的空间结构形态与空间配置关系的影响力越大。不同系统指标的均衡路径变化特征是不同的,经济实力与非农人口总量指标相对稳定,工业产值的路径均衡存在被打破的可能,变化最大的是反映空间主体行为特征的两类投资类指标,充分反映出城市群经济空间形态受到路径依赖性与外在突变性共同控制作用。

三大城市群地理位置、资源禀赋、历史基础等条件的不同,呈现出不同发展特点。为使问题阐述得更为清晰,并向相对规范的研究方向推进,便于理论成果未来的演绎运用。在此,结合三大城市群地理空间与能级梯度两大特征属性,笔者对三大城市群体空间组合及演变模式进行直观的抽象和概括,归纳提炼出三大城市群各自的空间形态主导均衡路径模式。

1. 长三角城市群能级主导均衡路径:单极扇面

根据规模性指标(GDP、人口、非农人口、工业产值、固定资产投资与外商投资)与结构性指标(城镇化率、一产比重、二产比重与三产比重)的空间趋势面分析中,可以清楚地看出长三角城市群的经济空间形态的能级主导路径核心特征为"单极—扇面":

(1)单极:核心城市上海偏于一方,且城市群范围内的中间区域交通通达性几乎为零(太湖的自然阻隔),城市群需采用外围环状联系方式,而上海作为对外口岸,先天的区位优势使其作为核心区所获得的中介机会不断增多,促使产业向其集聚,上海邻近城市受其溢出效应影响,苏州、无锡等城市城市经济得到了较大程度的发展,最终形成了集聚状的极化区域,图中将上海、苏州与无锡视为一体的极化区。

(2)扇面:扇面板块的出现,主要与目前长三角已有的两条轴线有密切联系,第一条轴线为上海—南京的北翼轴线,第二条轴线为上海—杭州的南翼轴线。正是这两条的轴线存在,使得整个地域空间出现两两相夹的扇面,同时,在极化核心高地的辐射扩散作用下,两个扇面存在明显的自东向西的圈层梯度特征,即上海—苏州—无锡构成的核心圈层,南京—杭州领衔构成的中间圈层,而外围则为第三梯度的腹地区域,主要以安徽省城市为主,从整个时间序列上看,中间圈层与外围圈层分界线的波动较大,表现出梯度转移的动态特征。

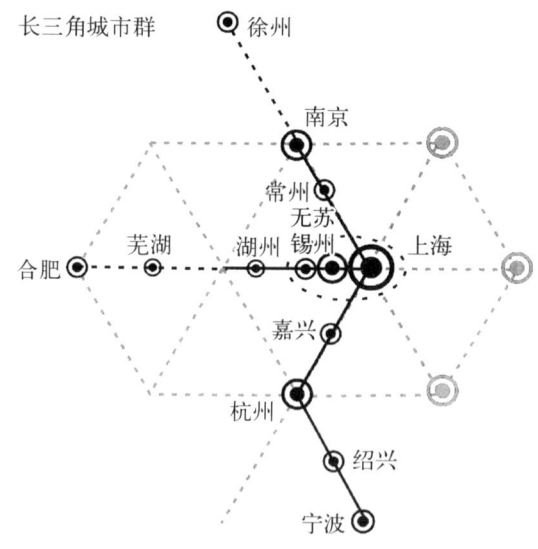

图3-10 长三角城市群能级主导均衡路径图式

2. 京津冀城市群能级主导均衡路径:双星岛链

根据规模性指标(GDP、人口、非农人口、工业产值、固定资产投资与外商投资)与结构性指标(城镇化率、一产比重、二产比重与三产比重)的空间趋势面分

析中,可以清楚地看出京津冀城市群经济空间形态的能级主导路径特征为"双星—岛链":

(1) 双星:相比于其他两大城市群,北京与天津两座城市在中国历史上就因其政治中心与门户地位奠定了无可撼动的区域地位,新中国成立后又成为直辖城市,雄厚的基础与实力成为京津冀区域的两极。但两者虽一城之隔,长期以来却竞多合少,实力此消彼长,双星同辉的态势一直未能出现。

(2) 岛链:虽有由秦皇岛—唐山—天津—廊坊—北京—保定—石家庄等城市组成的潜在都市廊道,由于在城市群内部及城市群之间存在大量以农业活动为主的"低谷"地带,同时京津两大核心城市,政治效应更多于经济效应,使得区域内部的整体性联系较弱,表现为空间形态上的"断裂"与内部组织关系的"离散",城市群整体未能出现相对成熟的空间连绵态势,仅如同一个个繁荣而孤立的"岛屿"构成一个链状结构。

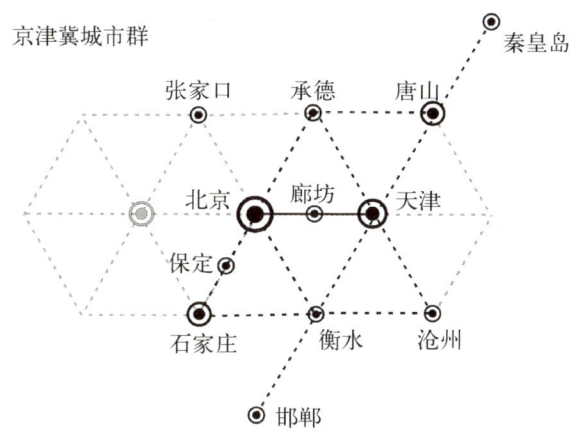

图 3-11 京津冀城市群能级主导均衡路径图式

3. 珠三角城市群能级主导均衡路径:双核轴带

根据规模性指标(GDP、人口、非农人口、工业产值、固定资产投资与外商投资)与结构性指标(城镇化率、一产比重、二产比重与三产比重)的空间趋势面分析中,可以清楚地看出长三角城市群的经济空间形态的能级主导路径核心特征为"双核—轴带":

(1) 双核:在珠三角城市群中,广州与深圳具有鲜明的双核特征,在整个城市群地域范围内的社会经济活动中处于核心和支配地位,并且相互间表现出动态的博弈态势与格局。

(2) 轴带:交通走廊的形成是城市群内部联合与能级提升转化的前提,是连

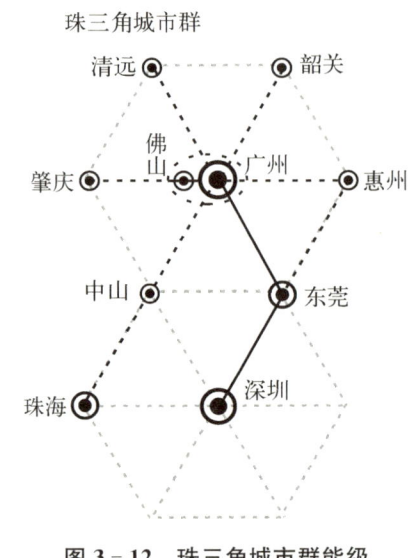

图 3-12 珠三角城市群能级主导均衡路径图式

接邻近城市群组内核心城市的、多种高度发展的现代运输线的组合。交通走廊保证城市群的经济繁荣,在沿交通走廊地区形成工厂、企业的有利区位,利于接受核心城市向外扩散的产业部门与技术信息,这在珠三角城市群主要表现为广州—东莞—深圳这一轴线的强力出现,呈现出明显超过其他地域的都市走廊景观。

通过上述分析,我们可以看到梯度作为描述空间系统的重要概念,是现实地域在地理空间上差异的客观反映,既是一个地理概念,同时又是一个经济概念,是对不同地域间生产力和经济发展水平的差异描述。对城市群内的众多城市而言,城市间直接或间接相互作用强度越强,城市群的内在有机性和梯度能级均衡特征就越明显(戴宾,2004)。

实际上,在现实的经济生活中,任何一种空间经济运动都是一种多元素的复合流动,可分解为人力流、技术流、物质流、资金流和信息流等单项要素的流动。要素流的产生是因为存在"空间势能差",在城市群经济空间系统中,不同城市在空间位置和属性质量方面的区位势能以及转移动力方面的差异,客观上为各种空间要素在城市群网络中的流动提供了动力,要素流在空间整体上体现出一种"差异—需求—流动—地域一体化"的过程与形式。

通过对三大城市群经济空间形态的一些探索性解答,强化了我们对区域整体的认识,进而描述、阐明和评价区域经济结构的形成及其变动趋向,揭示资源的空间配置过程和经济主体的空间经济活动规律,为城市群空间研究奠定了基础认识。

3.5 城市群空间重心轨迹经验分析

前文从宏观层面对长三角、京津冀与珠三角三大城市群的经济空间形态特征形成一定认知。然而如何将城市群空间作为一个整体,选用一个复合变量更精确地刻画?如何表征视角对城市群体区域发展的空间均衡关系格局、变动轨迹与变化程度?成为笔者力求创新一种城市群空间整体性认知与评价的框架与方法中关注的另一新命题,为此开展中国三大城市群经济空间重心轨迹研究。

本部分借助 GIS 软件 Mapinfo7.0,通过对 10 项指标空间重心位置的可视化分析及变化轨迹的偏心距离、移动距离、移动速度、移动方向、多指标重心间关联分析等多维数据信息挖掘,首次从动态过程的角度探讨了三大城市群空间结构的均衡变化过程,揭示空间结构均衡不断演进和社会经济发展变迁之间的内在联系,从而更精确地从整体上认识与把握三大城市群经济的空间变化,力求探索一种精确化的空间研究方法与科学化的空间规划依据。

3.5.1 城市群空间重心专题图制作

基于 GIS 软件 Mapinfo7.0 及绘图软件 CorelDRAW9.0,对所选取的 10 项指标的空间重心分布位置及移动轨迹进行图形化研究,将其制作生成专题地图,获取重心迁移信息和直观反映重心分布变化特征。具体方法步骤如下:

(1) 建立经济指标空间分布数据库。在 Mapinfo 中把城市研究单元对应的经济属性值(10 项指标 6 个年份的统计数据)赋予各市的空间点,建立图形数据与属性数据的关联,生成基本单元属性数据库;然后利用 Mapinfo 软件自带的,获得各空间"点"的地理坐标,生成基本单元坐标数据库。

(2) 计算各指标重心空间位置坐标。在基本单元属性数据库和坐标数据库基础上,依据重心计算模型(见公式1),运用 Mapinfo 软件自带的数据计算功能,计算 6 个年份各个指标的空间重心坐标,生成重心数据库。

$$\bar{X} = \left(\sum_{i=1}^{i=n} z_i x_i\right) \bigg/ \left(\sum_{i=1}^{i=n} z_i\right) \quad \bar{Y} = \left(\sum_{i=1}^{i=n} z_i y_i\right) \bigg/ \left(\sum_{i=1}^{i=n} z_i\right) \qquad 公式(1)$$

式中,$\bar{X}$,$\bar{Y}$ 分别为所求空间重心的横、纵坐标;x_i,y_i 为第 i 个城市空间"点"的横、纵坐标;z_i 为第 i 个城市空间单元的属性值;n 为研究所选城市空间单元数。

(3) 生成多指标重心空间分布专题图。在 Mapinfo 专题制图功能支持下,利用图形数据库和属性统计数据库、重心数据库等属性数据库,确定 6 个年份不同指标的重心空间位置,制作三大城市群 6 个年份的各指标空间重心分布及其移动轨迹图等专题图件。

(4) 绘制多指标重心空间轨迹星座图。由于受视窗比例限制,Mapinfo 专题图不能充分反映重心移动情况。为此,笔者依据计算数据,经过比例放大,采用

CorelDRAW 绘制了三大城市群空间重心轨迹星座图,来展示重心动态移动轨迹。

通过上述步骤,实现城市群空间结构均衡表征指标——重心的可视化,使我们可以直观的观察区域空间结构的演变,同时 GIS 产生的数据、图表和地图为进一步深入分析城市群经济空间格局特征与发展态势奠定了基础。

3.5.2 城市群空间重心轨迹分析指标

在空间分析研究中,点是有特定位置信息、维数为零的物体。因此,点模式分析关注的是空间对象的位置特性,尤其是这些对象在空间的分布特征和相互关系,即空间分布格局,如距离、方位、轨迹、集聚、分散、随机、规则等关系指标与分布状态。因此,空间重心作为一个"点",研究也从上述一些方面进行了进一步的数据信息提取与深入分析。首先可以通过图 3-13,对相关数据指标的空间含义有初步的认识。

1. 重心数据指标的图形示意

图中各项指标的含义如下:

① E、W、S、N、NE、SE、NW、SW 代表方位标识;

② P_0,P_t,P_{t+1} 分别代表某指标的几何重心、某年份的重心与随后近邻年份的重心;

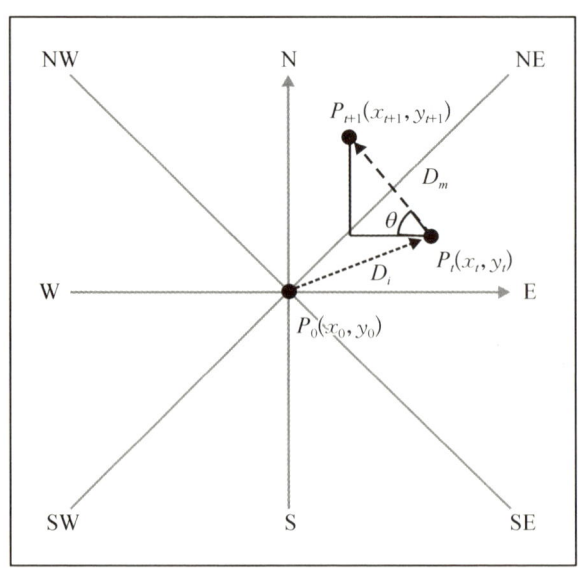

图 3-13 重心偏心距离、移动距离与移动方向

③ (x_0, y_0),(x_t, y_t),(x_{t+1}, y_{t+1})分别代表某指标几何重心的坐标、某年份重心的坐标与随后近邻年份的重心坐标；

④ D_j,D_m 分别代表偏心距离与重心移动距离；

⑤ θ 代表相邻年份不同位置重心间的夹角，反应重心移动方向。

2. 重心数据指标的计算模型

（1）偏心距离

偏心距离主要反映了空间结构均衡程度及区域发展的空间差异，可预测区域不同空间板块空间主体的规模实力。

设某时期空间重心 $P_t(x_t, y_t)$ 到几何重心 $P_0(x_0, y_0)$ 距离为 D_i，根据欧氏距离公式可得：

$$D_i = \sqrt{(x_t - x_0)^2 + (y_t - y_0)^2} (0 \leqslant D_i \leqslant \infty) \qquad 公式(2)$$

其中：

$$x_0 = \frac{\sum_{i=1}^{n} x_i}{n}, \quad y_0 = \frac{\sum_{i=1}^{n} y_i}{n} \qquad 公式(3)$$

其中：x_t,y_t 可通过公式(1)求得。

（2）重心移动距离

重心移动距离主要反映了空间结构均衡的变化幅度以及区域空间的活性，说明区域空间是否充满活力。

移动距离的概念比较简单，即某年份重心与随后近邻年份重心之间的直线距离 D_m。

设第 t、$t+1$ 年份重心分别为 $Pk(x_t, y_t)$,$Pm(x_{t+1}, y_{t+1})$,t,$t+1$ 年间重心移动的空间距离为 D_m（单位为 km），则相邻年份移动距离为：

$$D_m = \sqrt{(x_{(t+1)} - x_t)^2 + (y_{(t+1)} - y_t)^2} \qquad 公式(4)$$

（3）重心移动方向

重心移动方向主要指示引起空间结构均衡改变的空间板块，并可判断引起空间均衡变化的空间主体分布区位，指明了空间结构演变过程中此消彼长的方向。

迁移方向即图中 P_t 与 P_{t+1} 连线与正东方向的夹角 θ。如将 A、B 起点和终点位置互换，则角度改变。则相邻年份移动方向为：

设第 t、$t+1$ 年份重心分别为 $Pk(x_t, y_t)$,$Pm(x_{t+1}, y_{t+1})$,t 年份为起点，重

心移动方向为 θ 角度(相对于第 t 年),我们以正东向为 $0°$。同时根据起止重心点的位置与方位标识结合使用,共同表征重心移动方向,如 $\theta(E)$ 表示向东移动 θ 度。相邻年份移动方向为:

$$\theta = \mathrm{arctg}\left|\frac{y_{t+1}-y_t}{x_{t+1}-x_t}\right| \qquad 公式(5)$$

(4) 重心移动速度

重心移动速度即相邻年份重心间移动距离与相邻时间间隔的比值。主要指示引起空间结构均衡改变的剧烈程度,并可判断引起空间均衡变化的内部主体活力或外部阻力,可以衡量城市群内城市间互动作用和外部调控的有效。

设第 t、$t+1$ 年份重心分别为 $Pk(x_t,y_t)$,$Pm(x_{t+1},y_{t+1})$,t,$t+1$ 年间重心移动的空间距离为 D_m(单位为 km),则相邻年份移动速度为:

$$v = \frac{\sqrt{(x_{(t+1)}-x_t)^2+(y_{(t+1)}-y_t)^2}}{t_d} \qquad 公式(6)$$

式中,t_d 为相邻年份间时间。

(5) 重心间关联分析

重心移动方向主要通过不同指标空间重心分布位置的相邻关系,以及相互间移动轨迹的趋势分析来指示空间经济要素相互之间的关联程度及区域整体发展可能存在的风险。文中主要采用了两种方式进行分析:

a. 通过对专题图件的直观观察;

b. 依据不同年份不同指标重心的横、纵坐标数值生成统计曲线,分别从横向与纵向来分析不同指标间的变动趋势的趋近或发散程度。

3.5.3 三大城市群空间重心轨迹分析数据

根据所研究年份的中国城市统计年鉴,获取前文所选取的 10 大指标各个城市的统计数据,带入经济空间重心计量模型进行计算,首先计算出三大城市群的几何重心位置坐标,进而求得三大城市群不同年份各个指标的重心坐标位置(表 3-12 至表 3-14);其次为了衡量各指标相对于几何重心的偏离程度并反映各个年份空间经济发展均衡性的变化,进一步计算得到各指标重心与几何重心的偏心距离、移动距离、移动角度、移动速度(见表);最后利用地理信息系统软件 Mapinfo7.0 中的创建点命令,进行属性数据空间可视化,将各年

份指标重心坐标 P_j 依次画入图中,并逐一相连线,得到移动轨迹路径,可以很直观地看出三大城市群经济时空格局均衡性的演化过程。下文将根据绘制专题图与指标计算结果,分别对三大城市群的空间重心时空演化过程特征进行简要归纳分析。

表 3-12　1995—2005 年长三角地区城市群发展指标空间重心变化数据

指标	重心指标	1995 年	1997 年	1999 年	2001 年	2003 年	2005 年
GDP	偏心距离(公里)	107.42	92.32	100.42	107.35	111.38	109.58
	移动距离(公里)		15.30	8.20	7.00	4.70	2.81
	移动角度(度)		-0.75	-20.49	-22.14	-45.16	-63.57
	移动速度(公里/年)		7.65	4.10	3.50	2.35	1.41
人口	偏心距离(公里)	18.37	18.52	18.39	20.74	20.73	21.12
	移动距离(公里)		0.84	1.59	2.74	0.20	1.29
	移动角度(度)		-39.3	-20.8	-79.4	-16.6	-33.9
	移动速度(公里/年)		0.42	0.80	1.37	0.10	0.65
非农人口	偏心距离(公里)	58.53	58.53	56.81	57.53	58.34	59.97
	移动距离(公里)		0.20	2.96	6.63	3.32	3.30
	移动角度(度)		-77.11	-38.83	-76.12	-79.12	88.28
	移动速度(公里/年)		0.10	1.48	3.32	1.66	1.65
城镇化率	偏心距离(公里)	20.09	15.93	17.57	22.35	26.21	28.94
	移动距离(公里)		4.97	1.75	4.79	3.91	3.12
	移动角度(度)		70.83	10.48	30.90	41.29	63.08
	移动速度(公里/年)		2.49	0.88	2.40	1.96	1.56
工业产值	偏心距离(公里)	114.06	121.26	121.4	132.22	137.23	137.72
	移动距离(公里)		11.86	3.23	15.62	7.19	3.45
	移动角度(度)		-65.64	76.53	31.99	-58.66	83.51
	移动速度(公里/年)		5.93	1.62	7.81	3.60	1.73
固定资产投资	偏心距离(公里)	127.67	147.65	122.16	121.21	111.41	104.45
	移动距离(公里)		24.90	27.70	8.23	10.76	8.80
	移动角度(度)		-45.34	9.20	82.24	10.84	-51.23
	移动速度(公里/年)		12.45	13.85	4.12	5.38	4.40

续 表

指 标	重心指标	1995 年	1997 年	1999 年	2001 年	2003 年	2005 年
外商直接投资	偏心距离(公里)	146.68	162.83	131.97	145.97	136.08	147.11
	移动距离(公里)		17.14	31.14	15.74	10.31	16.79
	移动角度(度)		15.44	−10.01	−30.26	11.55	−57.20
	移动速度(公里/年)		8.57	15.57	7.87	5.16	8.40
一产比重	偏心距离(公里)	40.00	45.66	52.53	70.46	77.82	86.34
	移动距离(公里)		7.59	7.46	18.46	7.38	8.53
	移动角度(度)		−81.12	−17.82	−23.25	−30.66	−38.11
	移动速度(公里/年)		3.80	3.73	9.23	3.69	4.27
二产比重	偏心距离(公里)	13.85	14.13	18.13	23.60	20.76	19.38
	移动距离(公里)		3.64	4.49	5.58	2.45	3.61
	移动角度(度)		58.14	−12.70	−23.45	−55.97	87.15
	移动速度(公里/年)		1.82	2.25	2.79	1.23	1.81
三产比重	偏心距离(公里)	7.70	7.30	6.04	5.80	6.31	10.57
	移动距离(公里)		2.57	1.30	0.94	1.29	4.59
	移动角度(度)		39.91	−62.15	24.47	52.33	85.35
	移动速度(公里/年)		1.29	0.65	0.47	0.65	2.30

表 3-13　1995—2005 年京津冀地区城市群发展指标空间重心变化数据

指 标	重心指标	1995 年	1997 年	1999 年	2001 年	2003 年	2005 年
GDP	偏心距离(公里)	16.02	8.11	8.55	11.38	11.93	20.7
	移动距离(公里)		8.1	0.58	2.92	1	8.92
	移动角度(度)		−86.89	21.28	71.19	5.27	−17.68
	移动速度(公里/年)		4.05	0.29	1.46	0.5	4.46
人口	偏心距离(公里)	23.14	25.31	25.55	27.77	27.35	27.55
	移动距离(公里)		2.62	0.33	2.47	0.06	0.04
	移动角度(度)		89.31	20.43	−89.49	−76.55	−0.10
	移动速度(公里/年)		1.31	0.16	1.23	0.03	0.02

续 表

指 标	重 心 指 标	1995年	1997年	1999年	2001年	2003年	2005年
非农人口	偏心距离(公里)	24.9	21.9	21.31	18.65	14.55	14.84
	移动距离(公里)		3.34	0.62	3.02	6.22	0.47
	移动角度(度)		84.82	17.74	29.23	84.46	0.63
	移动速度(公里/年)		1.67	0.31	1.51	3.11	0.24
城镇化率	偏心距离(公里)	29.52	32.43	32.6	32.2	30.94	31.28
	移动距离(公里)		3.02	0.18	0.4	1.28	0.35
	移动角度(度)		86.10	−23.56	20.03	−76.41	−0.96
	移动速度(公里/年)		1.51	0.09	0.2	0.64	0.17
工业产值	偏心距离(公里)	4.14	9.23	3.54	25.54	25.91	26.37
	移动距离(公里)		13.35	6.97	27.72	2.98	2.45
	移动角度(度)		−72.67	27.10	83.96	−30.95	−4.13
	移动速度(公里/年)		6.68	3.49	13.86	1.49	1.23
固定资产投资	偏心距离(公里)	32.56	3.33	7.97	33.9	21.79	12.92
	移动距离(公里)		31.42	7.44	26.36	12.65	9.59
	移动角度(度)		−79.86	−78.96	−82.47	80.82	1.01
	移动速度(公里/年)		15.71	3.72	13.18	6.33	4.8
外商投资	偏心距离(公里)	53.5	51.3	35.6	63.4	52.9	54.7
	移动距离(公里)		15.4	20.1	29.4	10.5	7
	移动角度(度)		32.22	−11.36	−79.75	−53.55	2.93
	移动速度(公里/年)		7.7	10.05	14.7	5.25	3.5
一产比重	偏心距离(公里)	9.34	11.57	16.15	16.91	18.35	20.31
	移动距离(公里)		4.21	4.58	0.88	7.66	5.71
	移动角度(度)		68.90	−87.57	6.78	−27.75	11.21
	移动速度(公里/年)		2.11	2.29	0.44	3.83	2.86
二产比重	偏心距离(公里)	6.47	9.44	9.32	10.39	8.91	8.6
	移动距离(公里)		3.16	1.15	1.44	2.12	1.15
	移动角度(度)		−63.04	17.85	−14.10	29.98	−0.23
	移动速度(公里/年)		1.58	0.58	0.72	1.06	0.58

续 表

指　标	重 心 指 标	1995年	1997年	1999年	2001年	2003年	2005年
三产比重	偏心距离(公里)	15.78	20.27	19.87	19.97	18.89	18.1
	移动距离(公里)		4.54	1.61	1.1	1.37	0.98
	移动角度(度)		−69.70	13.09	−47.09	−83.94	−36.89
	移动速度(公里/年)		2.27	0.81	0.55	0.69	0.49

表3-14　1995—2005年珠三角地区城市群发展指标空间重心变化数据

指　标	重 心 指 标	1995年	1997年	1999年	2001年	2003年	2005年
GDP	偏心距离(公里)	28.46	24.20	21.11	23.60	23.72	23.75
	移动距离(公里)		4.45	3.25	2.38	1.18	1.07
	移动角度(度)		4.60	8.54	32.79	−56.79	−52.91
	移动速度(公里/年)		2.22	1.63	1.19	0.59	0.54
人口	偏心距离(公里)	16.48	16.24	14.37	16.16	15.51	13.84
	移动距离(公里)		0.30	1.78	1.94	0.71	1.67
	移动角度(度)		−33.03	−2.81	40.19	−15.42	17.50
	移动速度(公里/年)		0.15	0.89	0.97	0.35	0.84
非农人口	偏心距离(公里)	18.13	18.28	17.03	15.94	9.98	8.09
	移动距离(公里)		0.73	1.28	1.03	23.98	2.51
	移动角度(度)		82.84	−17.10	−3.46	3.57	32.28
	移动速度(公里/年)		0.37	0.64	0.52	11.99	1.26
城镇化率	偏心距离(公里)	8.56	8.63	8.85	7.88	14.48	14.14
	移动距离(公里)		0.09	0.23	1.32	14.35	1.93
	移动角度(度)		−77.69	83.00	22.82	4.88	50.68
	移动速度(公里/年)		0.05	0.11	0.66	7.18	0.97
工业产值	偏心距离(公里)	26.13	20.06	13.89	31.25	28.04	24.86
	移动距离(公里)		6.43	7.10	17.47	5.00	4.59
	移动角度(度)		10.29	14.20	27.91	−8.30	6.47
	移动速度(公里/年)		3.22	3.55	8.74	2.50	2.30

续　表

指　标	重心指标	1995 年	1997 年	1999 年	2001 年	2003 年	2005 年
固定资产投资	偏心距离(公里)	40.04	22.18	23.85	20.09	15.74	18.02
	移动距离(公里)		16.84	2.23	3.86	4.14	7.02
	移动角度(度)		22.96	70.85	8.44	30.75	−32.13
	移动速度(公里/年)		8.42	1.12	1.93	2.07	3.51
外商投资	偏心距离(公里)	10.87	17.01	6.59	10.71	16.36	14.73
	移动距离(公里)		6.77	11.38	7.35	8.45	10.49
	移动角度(度)		16.48	9.69	55.24	25.06	−36.54
	移动速度(公里/年)		3.39	5.69	3.68	4.23	5.25
一产比重	偏心距离(公里)	15.16	17.20	17.50	20.09	20.94	36.31
	移动距离(公里)		2.00	1.22	3.26	0.80	17.29
	移动角度(度)		−8.17	52.42	24.07	−7.78	22.57
	移动速度(公里/年)		1.00	0.61	1.63	0.40	8.65
二产比重	偏心距离(公里)	3.31	7.28	5.96	7.55	7.05	10.60
	移动距离(公里)		3.87	1.23	1.72	0.62	3.48
	移动角度(度)		9.02	0.22	−35.23	29.33	8.69
	移动速度(公里/年)		1.94	0.61	0.86	0.31	1.74
三产比重	偏心距离(公里)	7.23	6.65	4.85	2.41	1.57	1.64
	移动距离(公里)		3.32	1.94	2.50	0.83	2.34
	移动角度(度)		23.99	−89.94	−73.76	−56.55	83.21
	移动速度(公里/年)		1.66	0.97	1.25	0.42	1.17

3.5.4　三大城市群多指标空间重心轨迹演变分析

1. 长三角多指标空间重心轨迹演变分析

通过对长三角城市群多指标空间重心演变轨迹的分析，区域发展均衡指标——经济空间重心的轨迹变化显示：

1) 重心位置：GDP 重心、外商投资、工业产值、固定资产投资等主要经济类指标重心主要分布在几何重心东南象限内的无锡—苏州—湖州的三角地带，偏离几何重心程度最高，说明长三角城市群经济东强西弱的不均衡态势未有明显

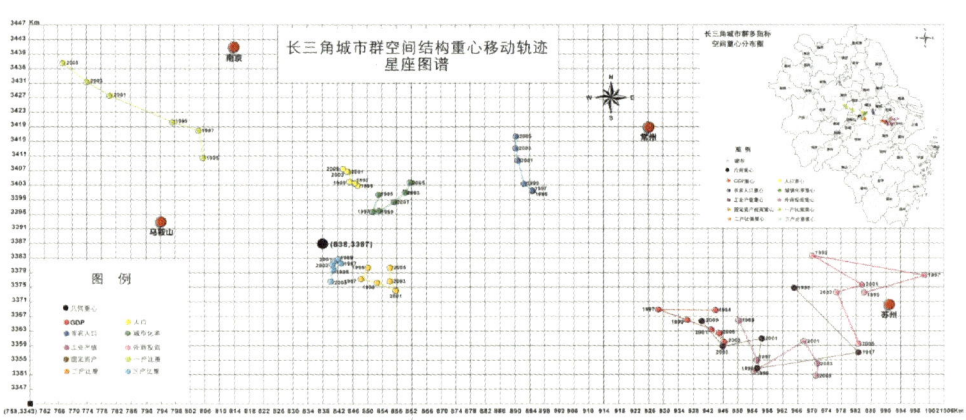

图 3-14　长三角城市群多指标空间重心移动轨迹星座图谱

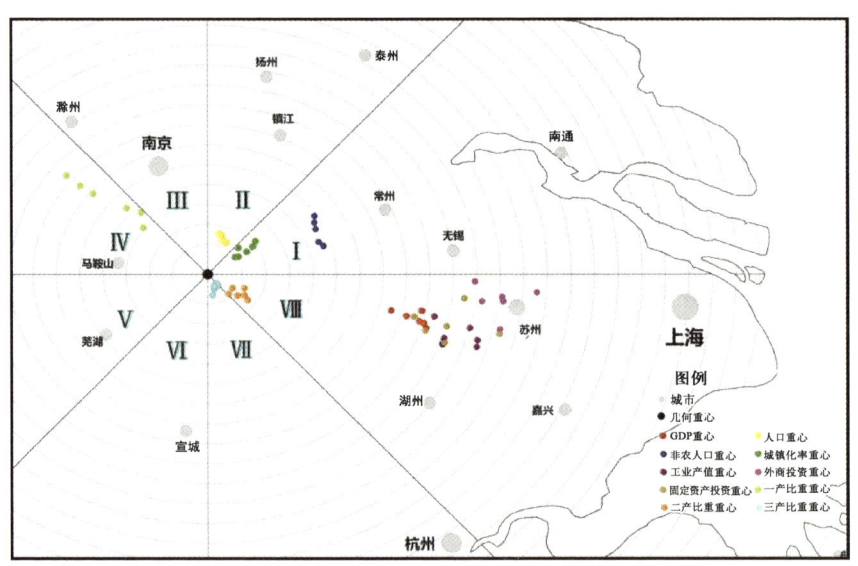

图 3-15　长三角城市群多指标空间重心分布示意

变化,同时南部城市对重心的影响控制要更大,与此相比,一产比重重心则在几何重心的西北象限外围,反映出受安徽省北部城市影响较大,说明了长三角的经济格局特征中心——工业化程度,外围——农业比重仍较高;人口、非农人口、城镇化率等人口类指标主要位于几何重心的上方东北象限,从东西方向上看,反映出东部城市人口总量、非农人口总量、城镇化的整体水平要高于西部城市,而从南北方向看,北部江苏省城市对人口类重心的影响控制力要大于南部浙江省城市;相比较而言,二产比重与三产比重是均衡程度最高两个指标,主要分布于几何重心下方东南象限内,反映出东部城市,特别是浙江省城市的经济发展整体结构与水平要领先于几何重心西侧和北侧城市。整体看都表现出离心发展趋势,实质是区域内不同地域板块城市间的竞争作用,这表明长三角经济发展一直处于不平衡状态,东部沿海是经济高密度区,东西方向的区域经济差异要大于南北方向。

2) 偏心距离:首先与1995年相比,非均衡性增大的指标有GDP、人口、非农人口、城镇化率、工业产值、外商直接投资、一产比重、二产比重与三产比重,非均衡性减小的指标仅有固定资产投资。各个指标均衡程度具体变化过程为:GDP重心偏心距离所指示的非均衡性变化特征为"变小—变大—变小";总人口、工业产值与一产比重重心偏心距离所指示的非均衡性变化特征为"变大";非农人口、城镇化率重心与三产比重的偏心距离所指示的非均衡性变化特征均为"变小—变大";城镇化率与一产比重重心的偏心距离所指示的非均衡性变化特征均为变小;而固定资产投资重心的非均衡性特征则为"变小";外商投资重心的非均衡性特征则为"变大—变小—变大—变小—变大",而二产重心的非均衡性特征为"变大—变小",所有指标的均衡性都在动态变化,体现出长三角地域内不同位置城市不同时期空间作用力量的博弈均衡特征。

3) 重心移动距离:首先需要指出的是GDP、工业产值、外商投资与固定资产投资等经济类指标是移动距离最大的,反映出长三角城市群这10年间经济空间格局正在发生着激烈的博弈重组,不同方位地域的城市的规模实力位序与投资引资策略都在不断发生变化;其次,经济结构类指标中一产比重重心移动距离也较大,说明城市群整体工业进程发展较快,二产与三产比重重心的移动距离较小,区域均衡特征变化不大;再者,伴随经济水平的提高与结构的调整,人口类指标中总人口重心变化微小,非农人口与城镇化水平这种人口结构性指标都发生了一定程度的位移变化,区域均衡格局产生变化。

4) 重心移动速度:首先从各个指标移动速度的总体变化来看都呈现出趋缓趋势,说明城市群经济空间整体演变剧烈程度变小,逐渐进入稳定有序的发展状态,而从移动速度的数值大小来看,外商投资移动速度最快,充分表现出资本的游离特征与各个城市对外资的博弈状态,其次为固定资产投资为移动速度较大,说明地方投资行为的变化的能动性与多变性,在这两者的影响下,GDP与工业产值重心也产生较为剧烈的变化;与此同时,经济结构类指标中,一产比重与二产比重的移动速度明显高于三产比重,反映了区域空间地域发展中由一产向二产转化的动态博弈过程;在上述经济性指标的变化也对人口类指标产生了影响,其中非农人口与城镇化率重心的移动速度要高于总人口,说明人口结构属性的地域变化更为明显,特别是一种就地型非农化现象伴随着工业的发展与农业劳动力的转移逐渐发生。这表明这一时期我国东西和南北方向经济发展的区域差异均在扩大,且南北方向的区域差异变化速度大于东西方向。

5) 重心移动方向:经济类重心中,GDP 重心从 1995 年起首先向西后一直向东南移动,于 2005 年又转向西北,首先说明长三角城市群东部沿海地带与内部腹地的差距在拉大,而这其中浙江省东南部沿海城市的发展起到重要拉动作用,工业产值重心的变化则表现出除 1999 年自西向东的一次跳跃外,主要是南北向移动,很好地反映出上海南北两翼城市此消彼长的竞争态势,而与此同时,外商投资的重心移动轨迹也体现出 1995—1999 年间由西向东,又由东向西的钟摆式移动外,1999 年起一直是向南移动的态势,说明南部板块城市对外资引进力度的增大与吸引力的增强;经济结构类指标中,一产比重重心保持自西向东并不断北偏的趋势,很好的表征了目前区域内部主要的农业经济分布地区,二产比重重心的移动方向除去 1997—2001 年间主要是由西向东的移动,主要与当时中国国有企业改革的影响有关,1995—1997 年与 2001—2005 年前者为由北向南移动,后者为由南向北移动,说明南北方向城市发展中工业发展的比重与地位变化,而三产比重重心则主要是 1995—1999 年由南向北后 1999—2005 年由北向南的移动轨迹,这种经济结构空间变化也体现出不同地域城市对经济产业发展方针的变化与调整,如一度兴起的"退二进三""工业强市"等发展政策导向。人口类重心中,总人口的移动保持由东向西并偏北的趋势,考虑到当前城市群内部可能的人口迁移流向,一个主要的原因是外围地区的人口自然增长要高于中心地域的城市的人口增长,而非农人口与城镇化率主要是由南向北的移动,说明城市群内北部城市城镇化发展较快,但除了与二产比重重心 2001 年后的变化方向一致外,与其他主要经济类指标如 GDP、工业产值重心移动方向都相反,说明可能存在一种非经济动力型城镇化过程。总体来看,各指标重心轨迹在上海的南北两翼纵向移动居多,但向东西腹地横向拓展尚未有明显变化,核心—外围的差距有拉大趋势,区域整体未能有效的均衡发展,可能会对长三角的未来发展态势和增长空间形成一定的制约。

6) 重心间关联分析:首先从多指标空间重心移动轨迹星座图谱中各指标的空间分布关系来看,经济类指标如 GDP、工业产值、外商直接投资、固定资产投资四大指标在空间上基本聚集在一起,充分说明了彼此具有很高的空间关联性

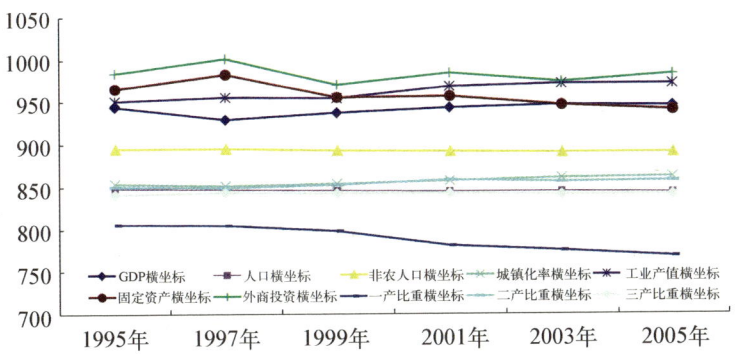

图 3-16(a) 1995—2005 年长三角城市群多指标空间重心横坐标变化

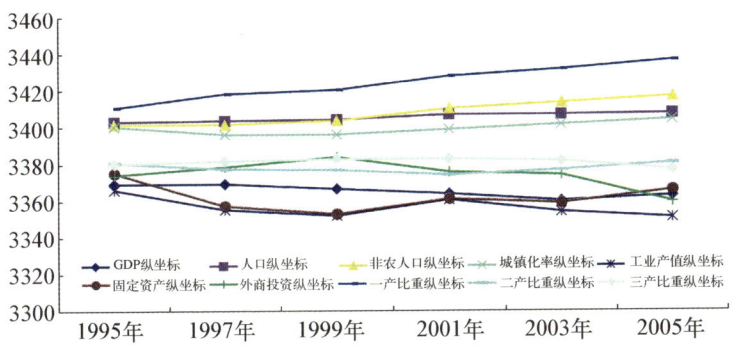

图 3-16(b) 1995—2005 年长三角城市群多指标空间重心纵坐标变化

及地域一致性;二产比重与三产比重重心则聚集在一起,体现出现有不同方位地域范围内城市间产业相互调整转变,而一产比重中心则独自分布于外围;人口类指标中城市化率重心位于总人口重心与非农人口重心之间,并且随着非农人口数量的增加,不断向非农人口重心接近,当前仍与总人口重心更为接近,而经济类与人口类重心分离,说明区域发展面临经济—社会二元分化的格局,空间社会致富任务与资源分配协调十分迫切;而经济类重心与城市化率重心的分离,则意味着长三角部分区域的城镇化进程的经济支撑动力不足。其次从图 5-3 中的东西方向(横坐标)与南北方向(纵坐标)的重心横纵坐标收敛变化趋势看,在东西方向上有四组收敛趋近关系:工业产值与外商直接投资,GDP 与固定资产投资,城镇化率与二产比重,总人口与三产比重;在南北方向上有三组收敛趋近关系:总人口、非农人口与城镇化率,二产比重与三产比重,GDP、工业产值、外商投资、与固定资产投资,从这些指标所表现出的空间关联特征中也可以看出长三角城市群经济系统中它们相互之间作用机制的演变。

2. 京津冀多指标空间重心轨迹演变分析

通过对京津冀城市群多指标空间重心演变轨迹的分析,区域发展均衡指标——经济空间重心的轨迹变化显示:

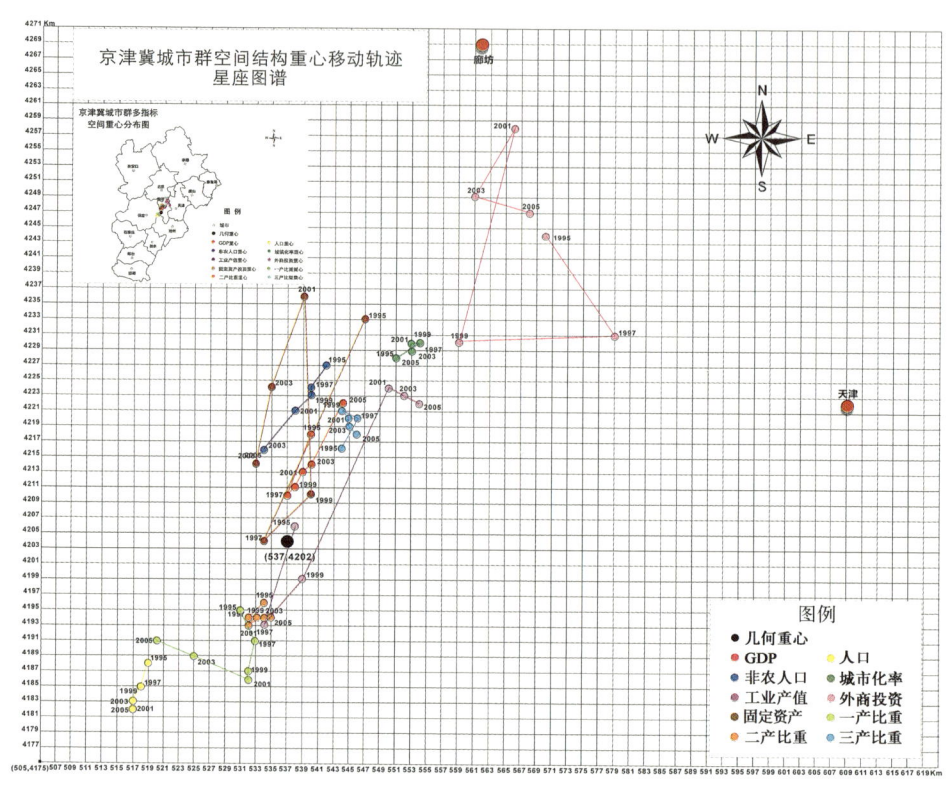

图 3-17 京津冀城市群多指标空间重心移动轨迹星座图谱

1) 重心位置:经济类指标中,GDP 与工业产值两个反映城市经济实力的指标重心主要分布在几何重心上方北偏东的位置,反映出这两大指标重心主要受到北京、天津的影响控制;人口重心分布于几何重心西偏南的下方,并呈南向下的移动,非农人口重心位于几何重心上方也呈南下移动轨迹,说明南部城市的人口城镇化的进程要快于北部城市;外商投资重心的空间位置则由几何重心上侧的东北象限内变化的京津轴向间钟摆式往返移动;固定资产投资重心主要分布于几何重心的北侧,即几何重心与北京之间,表现为上下钟摆式往复移动,反映出主要受北京的影响;产业结构类指标中,一产比重重心位置由几何重心下方,1995—2001 年自北向南移动,2001—2005 年自东向西移动,主要反映出冀南与冀西北地区城市的农业等部门经济比重较高的格局;伴随着一产比重重心的移

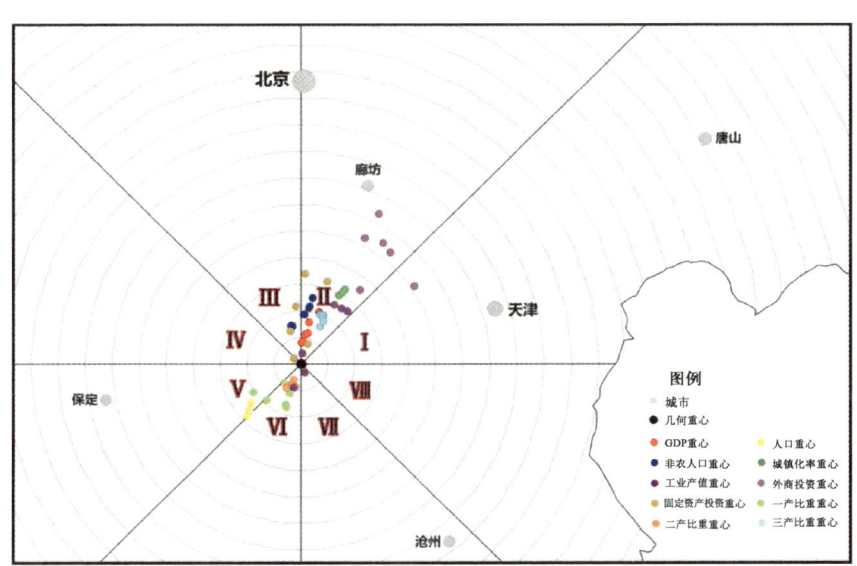

图 3-18 京津冀城市群多指标空间重心分布示意

动,二产比重重心则分布在几何重心下方的发生很微小的移动,反映出京津冀城市群区域第二产业格局未有明显变化;此时的三产比重重心则主要在几何重心上方做局部微变,三次产业的变化可以看出,非农化进程较为明显,但反映出不同区位城市第一产业向第二产业与第三产业的产业结构调整选择并不一致。整体看,京津冀城市群的重心基本都分布在东北与西南两个象限内,同时经济总量类指标表现出北上离心发展趋势,实质是区域内不同城市间的竞争表现,这表明京津冀区域经济发展处于不平衡状态且增长路径较为稳定,京津唐所构成的成长三角是城市群内的经济高密度区,石家庄—保定可考虑联动发展。

2)偏心距离:如果以 1995 年为基准年,非均衡性增大的指标有 GDP、人口、城镇化率、工业产值、固定资产投资、外商直接投资、一产比重、二产比重与三产比重,非均衡性减小的指标有非农人口与固定资产一产比重。各个指标均衡程度具体变化过程为:GDP 的非均衡性变化特征为"变大—变小—变大"、人口、城镇化率、工业产值和一产比重的非均衡性变化特征为变大;非农人口的非均衡性变化特征为变小;固定资产投资与外商投资的非均衡性变化特征为"变小—变大—变小",二产比重与三产工业产值的非均衡性变化特征为"变大—变小",所有指标的均衡性都在动态变化,体现出京津冀地域内不同位置城市不同时期空间作用力量的博弈均衡结果。

3)重心移动距离:首先需要指出的是 GDP、工业产值、外商投资与固定资产投资等经济类指标是移动距离最明显,反映出京津冀城市群这10年间经济空间格局正在发生着激烈的博弈重组,表明不同区位的城市经济发展、投资与引资政策所带来的规模实力的变化,进而对整个区域经济空间格局带来变化;其次,人口类指标中非农人口与城镇化率重心移动距离也较大,说明城市群人口非农化地域分布正在发生较大变化,而经济类指标中,一产比重、二产比重与三产比重重心的移动距离除个别年份外整体移动距离较小,区域均衡特征变化有限;最后人口类指标中的总人口重心变化最小,说明城市群内部人口迁移变化或外部迁入并不显著。

4) 重心移动速度:首先从各个指标移动速度的总体变化来看呈现出阶段性波动特征,说明城市群经济空间整体演变剧烈程度忽高忽低,尚未进入稳定有序的发展状态,而从移动速度的数值大小来看,外商投资移动速度最快,充分表现出资本的游离特征与各个城市对外资的博弈状态,其次为固定资产投资为移动速度较大,说明地方投资行为的变化的能动性与多变性,在这两者的影响下,GDP与工业产值重心也产生较为剧烈的变化;与此同时,经济结构类指标中,一产比重的移动速度明显高于二产、三产比重,反映了区域空间地域发展中经济非农化的动态博弈过程;在上述经济性指标的变化也对人口类指标产生了影响,其中非农人口与城镇化率重心的移动速度要高于总人口,说明人口结构属性的地域变化更为明显,特别是一种就地型非农化现象伴随着工业的发展与农业劳动力的转移逐渐发生。表明这一时期京津冀主要是东北和西南方向经济发展的区域差异均在扩大,且规模性指标的区域均衡变化速度大于结构性指标的变化。

5) 重心移动方向:经济类重心中,GDP重心从1995年起首先向南移动至1997年位置,后经1999年一直北偏东移动至2005年的位置,移动轨迹基本为线性路径,反映出东北部的城市的增长发展态势;工业产值重心的变化则表现出从1995年起首先向南移动至1997年位置,1999年北上至2001年的位置,后向东南方向移动,反映出北部京津唐实力的增强,以及天津、沧州等东部滨海城市工业的迅速发展;而与此同时,外商投资的重心移动轨迹则十分不规则,1995年至1997年间向东南方向移动;1997年至1999年由东向西横向平移,1999年起向北移动至2001年位置,2001年向西南移动至2003年的位置,随后向东小幅移动至2005年的位置,由于基本出于京津两城的联系轴带内,所以反映出外商投资格局被两座城市主导的格局及两者之间就外资吸引所展开的竞争;经济结构类指标中,一产比重重心1995—2001年保持自北向南的趋势,而2001—2005年为自东向西的移动,很好的表征了目前区域内部主要的农业经济分布地区以及原农业区的非农化进程,二产比重重心的移动方向基本保持由西向东的移动,反映出东部环渤海湾地区城市工业的发展与壮大;而三产比重重心则主要是 1995—1997 年由南向北后 1997—2003 年由北向南 2003—2005 年由南至北的钟摆式移动轨迹,这种经济结构的空间变化也体现出不同地域城市对经济产业发展方针的变化与调整,特别是津唐老工业城市的产业优化升级与滨海城市在不断降低一产比重后对二、三产业不同发展路径的选择;人口类重心中,总人口的移动保持由北向南并偏西的趋势,考虑到人口历史分布状况所造成的自然增长率的差别外,也反映了人口流入与流出的一定特征;而非农人口与城镇化率主要是由北向南的移动,与主要经济类指标如 GDP、工业产值、二产比重重心移动方向一致,说明城市群内南部城市城镇化发展较快,反映出京津冀城市群当前的

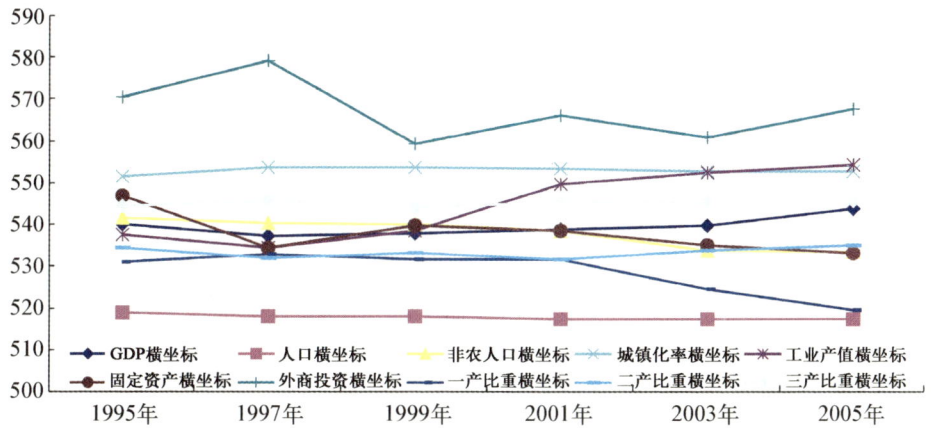

图 3-19(a)　1995—2005 年京津冀城市群多指标空间重心横坐标变化

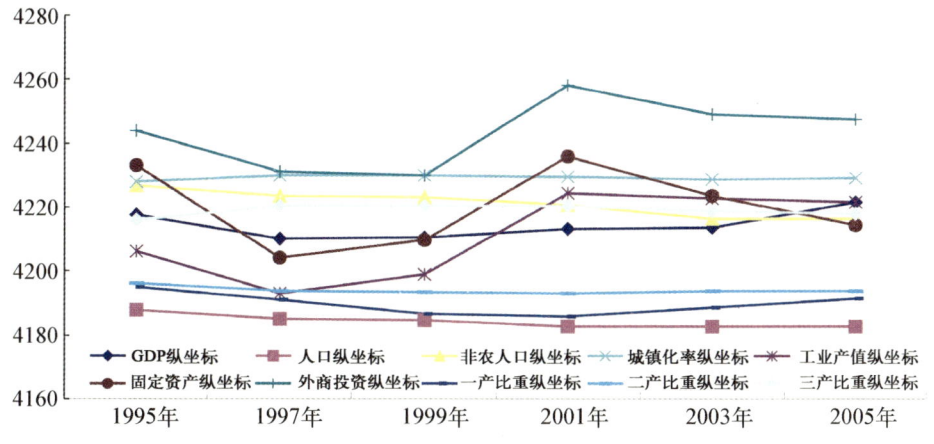

图 3-19(b)　1995—2005 年京津冀城市群多指标空间重心纵坐标变化

非均衡性与亟需加强的城市群板块,即石家庄—保定城市组合的发展动力再创新。总体来看,各指标重心基本分布在北京—天津—保定的三角地带内,在北京轴向的南北偏东的斜纵向移动居多,但向东西横向拓展尚未有明显变化,反映出京津冀城市群的空间博弈主要发生在南北向的京津唐三角与石家庄—保定双城之间,而这说明北部的张家口与承德两座城市及南部的邯郸、邢台等需要能更好地融入区域的整体发展中,避免边缘化的风险。为此加强京津冀地区整体红利的增值并加以合理共享在未来区域发展中十分关键。

6)重心间关联分析:首先,从多指标空间重心移动轨迹星座图谱中各指标的空间分布关系来看,GDP、工业产值、非农人口、固定资产、城市化率与三产比重六大指标在空间上相互邻近,基本位于与北京、几何重心之间的区域中轴上,移动轨迹指向不同,表现北部高于南部的整体不均衡特征;外商投资与固定资产投资体现主体行为在空间上充分表现出不规则移动特征,在空间上呈分散状,且位于东北方位而独自分布;总人口、一产比重与二产比重相对集中分布在西南方位最远的位置,与其他重心相距较远。然而经济类主要指标重心向总人口重心的趋近及其与城镇化率重心的不断远离,也是喜忧参半,前者反映出空间财富生产配置的逐渐公平,而后者则反映出东北地区传统工业城市财富创造能力与资源吸引能力的下降,这种非均衡特征不利于京津冀城市群未来的真正成形与发展。其次,从图3-19(a)(b)中的东西方向(横坐标)与南北方向(纵坐标)的重心横纵坐标收敛变化趋势看,在东西方向上有:工业产值与城镇化率、GDP与三产比重、非农人口、二产比重与固定资产投资、总人口与一产比重等四组收敛趋近关系;在南北方向上有:GDP、工业产值、固定资产投资、非农人口与三产比重;一产比重与二产比重等两组收敛趋近关系,从这些指标所表现出的空间关联特征中也可以看出京津冀城市群经济系统中指标相互之间作用机制的演变。

3. 珠三角多指标空间重心轨迹演变分析

通过对珠三角城市群多指标空间重心演变轨迹的分析,区域发展均衡指标——经济空间重心的轨迹变化显示:

1)重心位置:经济类指标中,GDP、工业产值、固定资产投资、城市总人口四个指标重心主要分布在几何重心下方西南象限内,反映出这四大指标重心主要受到广东省西南板块城市的影响控制,二产比重与三产比重重心的空间位置主要分布在几何重心下方的东南象限;非农人口、城镇化率与外商直接投资三大指标则是在西南象限与东南象限两侧均有分布,体现出一种大幅度的跳跃性,反映了广东省东西两翼城市发展的变化对城市群整体空间结构均衡性的影响;而

第3章 实证研究

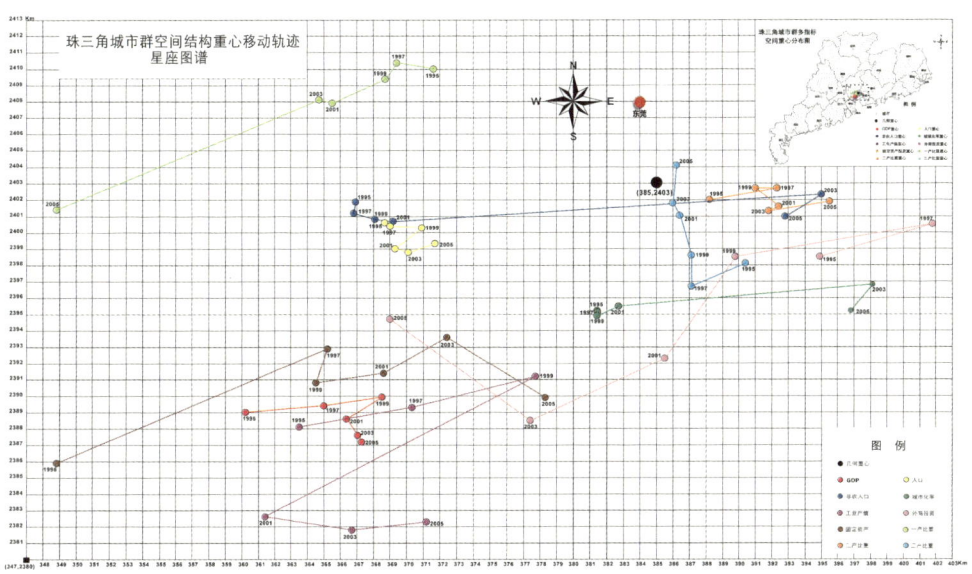

图3-20 珠三角城市群多指标空间重心移动轨迹星座图谱

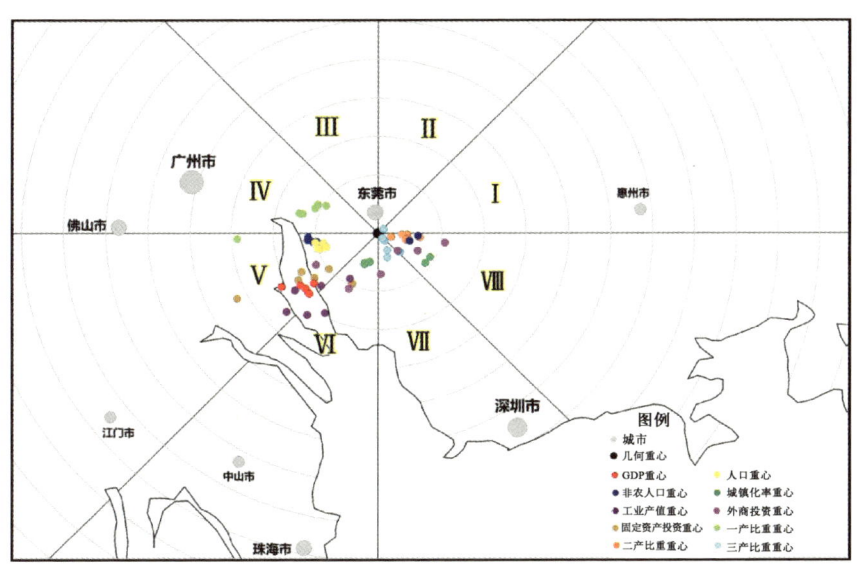

图3-21 珠三角城市群多指标空间重心分布示意

一产比重重心则独自分布于几何重心上方的西北象限内,表明目前广东省一产比重较高的城市主要分布在西部和北部。整体看都表现出离心发展趋势,这表明珠三角区域经济发展一直处于不平衡状态,南北方向的区域经济差异要大于

— 147 —

东西方向,广州—深圳—珠海的三角地带是珠三角城市群的核心区,而核心区东西两翼城市的实力差距与竞争作用使空间重心位置不断发生变化。

2) 偏心距离:首先与1995年相比,非均衡性增大的指标有城镇化率、外商直接投资、一产比重与二产比重四个指标,非均衡性减小的指标有GDP、总人口、非农人口、工业产值、固定资产投资与三产比重。各个指标均衡程度具体变化过程为:GDP与工业产值的非均衡程度变化特征为"变小—变大",工业产值与总人口的偏心距离所指示的非均衡程度变化特征为"变小—变大—变小",城镇化率与二产比重重心的偏心距离所指示的非均衡程度变化特征为"变大—变小—变大",外商直接投资的偏心距离所指示的非均衡程度变化特征最为多变为"变大—变小—变大—变小",非农人口与三产比重重心的偏心距离所指示的非均衡程度变化特征均为变小,而一产比重的空间非均衡程度则一直在增大。所有指标的均衡性都在动态变化,体现出珠三角地域内不同位置城市不同时期空间作用力量的博弈均衡结果。

3) 重心移动距离:首先需要指出的是工业产值、外商投资与固定资产投资等经济类指标是移动距离最大的,反映出珠三角城市群这10年间经济空间主要表现为工业发展、外资引入与建设投资的空间博弈重组,不同方位地域的城市的工业实力位序与投资引资策略都在不断发生变化,其次,GDP与三次产业类指标的重心移动距离也较大,说明城市群不同地域的产业发展阶段与职能分工定位也在不断进行着波动调整,而人口类指标中、总人口、非农人口与城镇化率重心的移动距离除个别年份外(行政区划调整为主要原因)整体移动距离较小,区域均衡特征变化有限,说明城市群内部人口迁移与城镇化进程较为稳定。

4) 重心移动速度:首先从各个指标移动速度的总体变化来看,除GDP的移动速度为线性下降和非农人口与城镇化率线性下降外,其他指标都呈现出较为规律的阶段性波动特征,说明城市群经济空间整体演变具有不同地域力量对比的非共时性增长,体现出一定有序的竞合博弈的良性发展特征。而从移动速度的数值大小来看,外商投资移动速度最快,充分表现出资本的游离特征与各个城市对外资的博弈状态,其次为工业产值与固定资产投资为移动速度较大,体现出珠三角城市工业发展的活力以及地方投资间的竞争行为,在这两者的影响下,GDP与三次产业比重重心也产生一定的变化,体现出随着城市经济发展阶段与需求的不同,不同产业间的升级与转移;但总体而言人口类指标变动最为缓慢,这与珠三角经济发展中两个机制相关—是外来务工人员对劳动力需求的满足,某种程度上制约了当地人口城镇化的发展；二是由于珠三角城市群是中国改革开放最早的地区，工业尤其是制造业发展迅速，很多市镇专业化程度很好，当地形成就地城镇化，无明显的人口迁移也就对整体格局的均衡影响不大。这一时期珠三角东西和南北方向经济发展的区域差异均在扩大，且东西方向的区域差异变化速度大于南北方向。

5）重心移动方向：经济类重心中，GDP重心从1995年起首先向东移动至1999年位置，后经1999年向西南转至2001年位置，2001年后保持向东南方向移动；整体上体现为珠三角东西两侧城市的竞争，特别是穗深城市走廊的实力进一步增强；工业产值重心的变化轨迹表现为"Z"字形，首先由1995年位置向东至1999年位置，后向西南下至2001年位置，后向东线性移动，主要表现为广州—深圳与广州—珠海两轴众多工业发展都十分迅速的城市，如东莞、惠州、中山等；外资的重心移动轨迹表现出大范围的移动与跳跃，先由1995年向东至1997年，之后保持向西路径并向南有移动，反映出珠三角沿海东西两侧城市就外资吸引所展开的竞争，而北部外围城市韶关、清远、梅州等城市则出于相对弱势的地位；经济结构类指标中，一产比重重心保持自东向西南的趋势，很好的表征了目前区域内部主要的农业经济分布地区以及原农业区的非农化进程，二产比重重心的移动方向整体保持向东趋势，但其中1997—1999年与2001—2003年发生小幅回跳，仍主要反映出广州—深圳与广州—珠海两轴众多工业城市的竞争博弈；而三产比重重心则主要是1995—1997年由东向西后1997—2005年由南至北的直线式移动轨迹，这种经济结构的空间变化也反映了广州作为首位城市其服务职能开始提升，而沿海城市仍保持着很强的制造业水平；人口类重心中，总人口重心移动轨迹亦表现为"Z"字形，首先由1995年位置向东至1999年位置，后向西南下至2001年位置，后向东线性移动，应当可以反映出珠三角东部地区城市为外部人口迁入更集中的区域；而非农人口与城镇化率主要是由西向东的移动，特别是2001—2003年所发生的一次跳跃性移动，主要受到汕头、东莞两市行政区划的影响，但整体上表现为东移，而2003—2005年向西南下行，反映出珠江入海口的三角洲地区对人口的集聚能力与整个城市群发展的核心地位。总体来看，各指标重心轨迹在广州为中心的东西两翼横向移动居多，但向南北纵向拓展尚未有明显变化，反映出珠三角城市群的空间博弈主要发生在东西向的沿海地带，特别是珠江入海口两侧，整体上仍表现为资源的高密度聚集，而向外围拓展不足，某种程度上没有体现出其华南地区战略性高地的区域辐射作用。

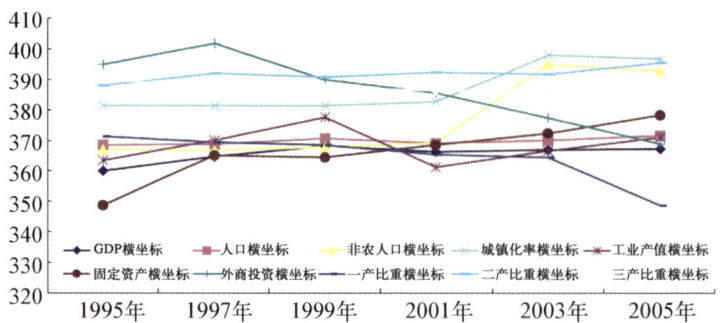

图 3-22(a) 1995—2005 年珠三角城市群多指标空间重心横坐标变化

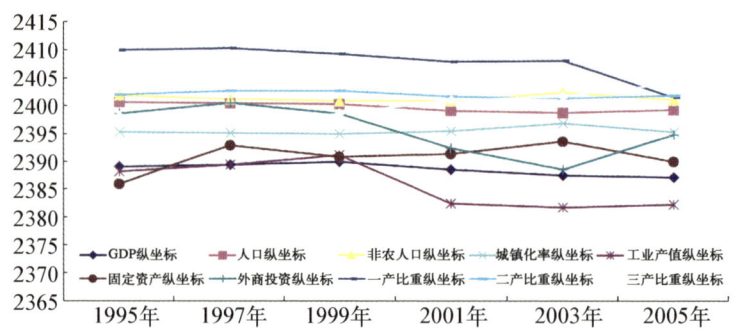

图 3-22(b) 1995—2005 年珠三角城市群多指标空间重心纵坐标变化

6) 重心间关联分析：首先，从多指标空间重心移动轨迹星座图谱中各指标的空间分布关系来看，GDP、工业产值、固定资产投资三大指标在空间上相互邻近，整体上表现出向东移动的一致性；二产比重与三产比重重心相互邻近，却呈现相互不同的移动方向，二产比重重心主要是东西横向移动，三产比重重心主要是南北纵向移动；外商投资重心的大幅度移动使其与多个指标重心移动轨迹相互交织；而总人口与非农人口在 2003 年前是相对集中的，但城镇化率重心却与两者相分离位于下方东南较远处，一产比重中心则独自分布于西北象限外围，虽然从星座图谱中我们可以看到，珠三角也存在经济类、人口类、产业结构类指标重心空间分离的情况，但它们彼此保持了较为一致的变化移动方向，说明珠三角内部地域发展与要素流动配置能够较好的自发调节，市场机制发挥了更大的作用，作为政府应加强南北向的调控引导，促进北部外围城市的发展。其次，从图 3-22(a) 中的东西方向（横坐标）与南北方向（纵坐标）的重心横纵坐标收敛变化趋势看，在东西方向上有两组收敛趋近关系：GDP、工业产值、总人口与外商投资，二产比重、非农人口与城镇化率；在南北方向上有三组收敛趋近关系：GDP、工业产值与固定资产投资;外商投资与城镇化率,总人口、非农人口、一产比重与二产比重,从这些指标所表现出的空间关联特征中也可以看出珠三角城市群经济系统中它们相互之间作用机制的演变。

3.5.5 空间重心研究发现与探讨

1. 中心地模式的解读与启示

城市群空间模式是各空间要素关系特征在地域上的外部表现形式,主要表现在几何分布、空间组织和演变过程等三个方面,是城市群研究的核心内容,也是目前研究内容与成果最为丰富的领域,如杜能提出的圈层模式、佩鲁提出的增长极模式、弗里德曼提出的中心—外围模式、陆大道提出的点—轴模式等。

那么如何来表达一种群体共生关系,包括联系的方向和强度呢?沃尔特·克里斯塔勒(Walter Christaller)在1933年提出的中心地理论(Central Place Theory),即经典的正六边形空间模式,其所蕴含的"中心地及其中心性(Centrality)"是理论的基石。在此,作者对其进行解读(图3-23),可以发现一级中心地可解读出三个基本内涵:① 位于几何中心位置,反映区域均衡的原点;② 区域核心城市所在地,即承担区域服务的最高职能,是调控区域发展格局的关键节点;③ 群体重心所在位置,即次级城市向心性与区域整体均衡性的最优点,反映城市群体作用的关系格局。

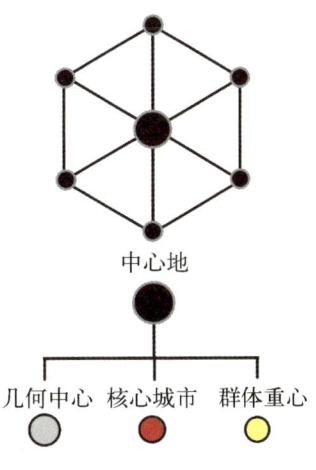

图3-23 中心地的解读

2. 三大城市群空间整体均衡类型划分

依据前文三大城市群多指标空间重心轨迹图谱信息,基于对中心地内涵的解读,在此,作者假设几何重心是固定不变的,而以城市群中核心城市与求算获得的指标重心两者的相对于几何重心的空间分布位置的组合形式,将三大城市群划分为以下三种类型(图3-24),其中指标重心简称为"心",核心城市简称为"核",根据三大城市群空间重心分布特征,将空间整体均衡类型特征归纳为:

1) 长三角城市群:心—核错位偏离型。首先是指城市群核心城市——上海与群体指标重心相互错位,同时由于核心城市上海分布于几何重心东侧,并且上海对整个区域的拉动作用明显,故对空间结构的形成表现出很强的控制力,使得群体重心偏于其一侧,这样就呈现出心—核错位偏离的特征。

2)京津冀城市群:心—核错位居中型。首先是指城市群核心城市——北京与群体指标重心相互错位,同时核心城市、群体指标重心基本分布于几何重心的中轴居中的位置,故描述为心—核错位居中型。

3)珠三角城市群:心—核叠置型。指城市群核心城市——广州与群体指标重心均分布于几何重心邻近位置,呈现叠置吻合状态,最为接近中心地模式所体现的空间发展格局特征。

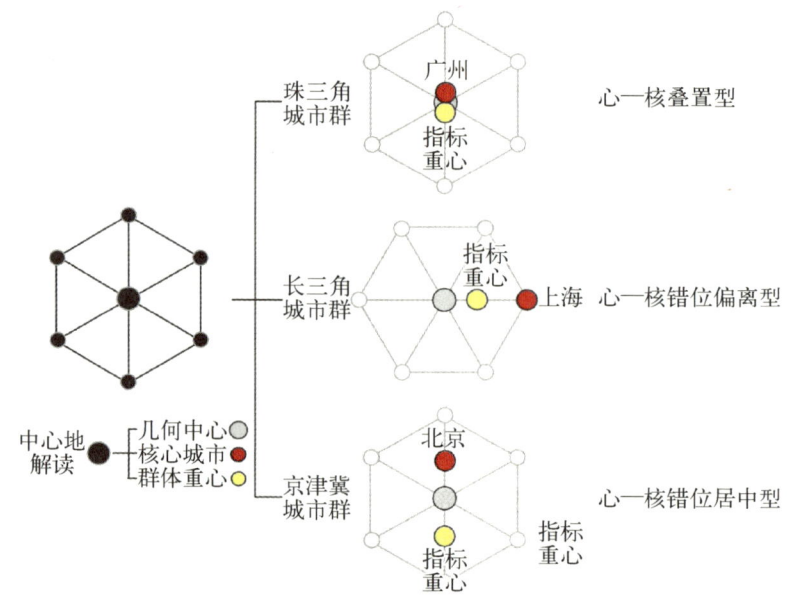

图 3-24 基于中心地思想的三大城市群空间结构类型划分

在前文通过空间趋势面研究,形成对主要围绕中心城市的能级均衡路径特征认知,在本章通过对城市群体空间重心研究,我们可以看到,三类城市群空间类型的得出虽然与每个城市群中已有城市的固有空间位置有关,但每个城市发展所表现出的实力差别以及行为差别所带来的群体重心的变化才使最富有价值的信息,而这种变化所形成的区域空间格局变化,反映出了区域发展的态势,也蕴含了区域发展的整体效益。

3. 城市群空间均衡变化的四种情景

城市群的结构具备规模结构、职能结构和布局结构的多重结构均衡特征。当已经形成的初始结构受到外生的经济或制度因素影响,城市群结构的稳定性遭到破坏,城市群空间经济的均衡点——重心的位置开始动态移动,并向新的多重结构均衡演进,其间不断发生着城市节点间行为的互动、序列的重组与资源的重新流动配置。通过三大城市群空间重心变化的类型与成因的归纳,空间结构均衡性的变化大致存在 4 种情景:

1) 初始状态与空间扰动:假设城市群的初始均衡态为——城市均衡分布且属性完全相同,此时空间重心处于几何重心的位置,空间重心的变化反映出系统中的某一地理区位的状态对其均衡状态的偏离。某一(些)地理区位的状态发生改变,通过系统内部的空间响应机制(非线性相互作用),可能引起整个系统空间结构的变化。

2) 情景 1:城市间合作关系的加强与削弱。如城市间产业合理分工、交通、信息、基础设施网络的建设带来的可达性提高、城市间合作协议的制定等空间关联性增强的行为,与此同时也存在市场保护、政策限制、收费站卡等消极行为。

3) 情景 2:城市综合实力的增强与下降。如基于区位、资源等先天比较优势获得竞争优势、中央政策、跨国公司投资、大型项目建设等外部因素的介入带来城市综合实力的增强,而城市竞争的失利、政策资金的贫乏、未能把握转型机遇等都会导致城市实力的下降。

4) 情景 3:新的空间功能枢纽或节点的出现。如新的城镇的出现、新的开发区的设置、新的交通枢纽的建设由于其特定的空间位置,必然引起整体均衡格局的变化。

5) 情景 4:前三种情景是假设城市群空间系统相对封闭的,但当系统是开放生长的,城市的数量是变化,那么随着新城市的加入,城市群的空间均衡格局也会发生变化。

应当讲,现实城市群发展中上述 4 种情景既可能单独发生,也可能复合发生,而这些情景的发生

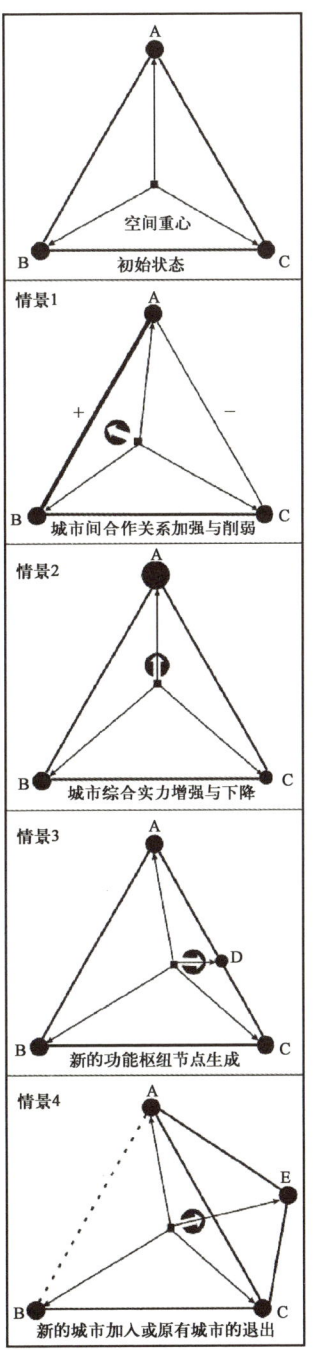

图 3-25 城市群空间重心轨迹变化的 4 种情景

意味着空间重心移动具有了新的非均衡诱因与动力,直至新的均衡,成为下一个阶段发展的初始态,进而表现为"均衡—非均衡—均衡"的系统循环过程。

上述四种情景从空间行为属性来看,空间重心轨迹在某种意义上反映出这样一种不同城市间博弈互动调整、平衡的图景,是城市个体行为与利益关系在空间维度下均衡局势与程度的变化的集中体现。由于个别空间行为主体的区位选择带来空间扰动成为城市群空间重心移动的初始诱因,其中不同地理区位的同类空间扰动,可能获得不同的空间响应;同一地理区位的不同空间扰动,也可能形成对系统空间响应机制的不同刺激。因为系统内外部其他空间行为主体会基于空间扰动的做出各自的区位反应,此时城市群的空间形态变化是空间扰动和响应机制综合作用的结果,即诸多空间行为主体空间博弈的结果。

这种博弈行为的结果又会表现为某一空间位置的属性特征变化,如某一时点各城市静态发展水平的差异,相应的定量评估指标可用城市间某经济变量的绝对量占区域的比率来度量;某一时期内各城市动态经济发展速度上的不相同及其变化状况,相应的定量评估指标可用城市间某综合经济变量的经济增长速度的差异来测度;某一时期内城市产业结构动态变动的差异,相应的指标则可用城市间各产业增长速度和结构变动的综合差异来衡量。

3.6 城市群空间结构能效测度经验分析

城市群被越来越视为一种中国城镇化空间组织的必然乃至最优形态,因为其具备形成"1+1＞2"的系统效益,然而在这个惯性认知之中却隐含着一个重要的区域研究命题:城市群资源配置的多区位组合效益差异。因为,虽然城市群内部紧密的经济社会分工合作联系使其具有巨大的规模与体量,但一体化进程并不能消除行政区划的存在,群体中每座城市依然具有独立的"市格",为此,一个个占据不同区位的个体城市构造出一个并行运转的生产系统,每座城市在区域中的空间区位关系与配置关系成为影响整个城市群空间运营效率的关键因子。当某类资源要素进入某个城市群区域,进而在不同区位的城市间配置,特定的资源要素空间分布组合状态随之出现,最终,不同的分布组合带来不同的系统产出,这种产出不仅有着数量上的差异,也有着效益上的差异。

为此,笔者认为,不同城市群的空间定位或布局对资源配置一定会产生不同的效率影响,让城市群不再是一群城市,"结构"应取代"规模"成为评价城市群更为重要的关键因素。这其中则蕴含了"空间结构与系统能效"存在何种映射关系？如何科学认知与评价这种空间结构所产生的系统运行绩效？如何优化空间结构、提升系统能效？等一系列亟待深入探析的问题，导师吴志强教授提出，可首先从三方面寻求突破：

① 跳出单个城市的规模限制，站在区域视角来认识城市群的整体性优势；

② 拓展城市群的系统能效刻画指标与测度方法，建立一个具有空间属性特征变量的评价模型，并加以应用检验；

③ 实证城市群运行中"空间结构对功能绩效影响"的关系规律，填补对城市群空间系统投入—产出科学量化分析的缺失。

正是基于这一思考逻辑，本部分对城市群空间结构的集合能效这一命题展开探索性研究，以期对城市群空间发展形成更深入与丰富的研究推进[①]。作者基于前文对城市群集合能效内涵的界定，选择其中作为最基本层面的结构势能作为切入点，结合运用空间经济学原理对其加以评价和解释从而对城市群空间结构的整体绩效加以客观认知，尝试以三大城市群空间结构能效为经验研究对象，基于经典的中心地空间结构，引入数据包络分析（Data Envelopment Analysis，简称 DEA）这一优化评价计量模型，对城市群地域资源空间配置特征与群体结构能级势能进行经验性的评价测度，进而对三大城市群进行了基于能效测度结果的空间结构类型划分。

3.6.1 城市群空间结构集合能效测度的思路

一般认为，空间经济学是关于资源在空间的配置以及经济活动的学科，把空间或区位作为研究的变量，是空间经济学的基本特征。在此，研究首先引入中心地理论，通过中心地结构的空间组织特征与城市群节点空间配置格局的外部特征之间的比较，寻找两者的自组织性特征及其相互联系，并作为本书城市群结构能效测度的基本评判标准，继而引入数据包络分析 DEA 模型，展开基于"结构决定功能"基本系统原理的空间结构与其产生的能效之间关联评价分析。

1. 中心地模式的判据价值

克里斯塔勒与廖什两位大师通过各自严谨的论述和数学模拟得出中心地模式解释了空间经济网络化的形成机理，被后人公认为城市群体研究的基础理论。中心地完美的正六边形结构是均质地域和完全竞争条件下形成的节点网络体系，是在满足了经济学中消费者成本最小化与生产者利润最大化基本原理的图式,从"结构决定功能"的系统原理来看,这意味着中心地模式在特定的条件下是一种最优的城市群体空间布局模式,其结构所能产生的系统功能效应为最优。从生物学的角度看,这种进化博弈使变异进入相对均衡与稳定的状态,这种状态在一定程度上具有较高的系统运行效率。虽然克里斯泰勒在论证中心地结构时,其所在德国南部区域并未发育成城市群,但其内涵的价值并不会因此发生变化。

城市群作为一个相对独立的经济区,其空间结构的形成涵盖了组织模式、运动路径或运动网络的特点、节点的空间布局、节点的层次、地面、时间和空间的扩散等6大自组织要素,也具备生物进化的基本特征与要求。现实中理想的中心地结构是不存在的,但今日城市群空间结构的形成是多个城市在市场经济条件下相互竞合博弈,通过彼此间的共生增长体现出一种空间节点配置结构的进化,表现出一种趋于理想空间形态的过程,进入一种相对均衡与稳定的、具有较高运行效率的状态,这种城市节点间配置关系的进化趋优与中心地的最优构造具有了内在的价值一致性。

为此,作者选择中心地结构作为此章关于城市空间结构能效测度的基本判据标准。我们假设几何重心为城市群空间中不变的参照点,以核心城市与群体重心相对其的分布变化为变量,展开中心性的分析评价,会发现我们已将理论中的中心地与现实中的节点的空间配置关系建立起了联系,探索一条对城市群空间结构进行富有创新意义的评价与认知方法。

2. 数据包络分析基本原理

数据包络分析(Data Envelopment Analysis,简称DEA),是一种对若干具有同类型的多输入、多输出的决策单元进行相对效率与效益方面比较的有效方法,由美国运筹学家查理斯(A. Charnes)和库柏(W. W. Cooper)等人于1978年创建。DEA以某一生产系统中的实际决策单元为基础,建立在决策单元的"Pareto最优"概念之上,通过利用线性规划技术确定生产系统的前沿生产函数,根据一组关于输入—输出的观察值来确定有效生产前沿面,进而得到各决策单元的相对效率以及规模效益等方面的信息。

目前DEA方法的应用领域也很广泛,可以用于多种方案之间的有效性评价、技术进步评估、规模报酬评价及企业效益评价等。前文集合能效研究综述部分中已经对DEA模型在城市研究中的实证应用进行了说明,在此对其基本原理进行具体说明,见下:

设有n个决策单元,对决策单元DEU_j有m维输入向量$X_j > 0$,s维输出向

量 $Y_j > 0, j \in J = \{1, \cdots, n\}$,设 DEU_{j0} 对应 (X_0, Y_0),有:

$$\vartheta = \min \vartheta$$

$$\text{s. t.} \begin{cases} \sum_{j \in J} X_j \lambda_j \leqslant \theta X_0 \\ \sum_{j \in J} Y_j \lambda_j \geqslant Y_0 \\ \delta \sum_{j \in J} \lambda_j = \delta \\ \lambda_j \geqslant 0, j \in J \end{cases}$$

给出定理[72]:若问题 (D_0) 的唯一最优解中 $\lambda_j = \lambda_j^0$, $\sum_{j \in J} \lambda_j^0$ 为决策单元 DEU_{j0} 的规模效益指数,有:

(1) 若 $\sum_{j \in J} \lambda_j^0 = 1$,则 DEU_{j0} 为规模收益不变;

(2) 若 $\sum_{j \in J} \lambda_j^0 < 1$,则 DEU_{j0} 为规模收益递增;

(3) 若 $\sum_{j \in J} \lambda_j^0 > 1$,则 DEU_{j0} 为规模收益递减。

DEA 基于单目标线性规划,在所定义的生产可能集内,或固定投入而将产出尽量扩大,或固定产出而将投入尽量缩小,其产出的最大扩大比率的倒数或投入的最小缩小比率被定义为决策单元的相对效率[73],依据不同的相对效率可以判断决策单元在一定的输入水平下的收益状况并指导其投入产出的优化调整。

3.6.2　DEA 模型变量选择与计算

在确定选择 DEA 模型作为对城市群空间结构势能进行效益诊断优化评价的模型工具之后,则评价工作就成为按一般评价原则进行的"测定"或"度量"问题,基本过程可分为 5 个步骤进行:

第 1 步:明确对象系统;

第 2 步:建立评价指标体系;

第 3 步:采集、录入与整理指标数据;

第 4 步:模型运算;

第 5 步:输出评价结果并解释其意义。

按照以上评价步骤,城市群区整体结构反映了各个城市在一个群体内集合功能以及形成的千丝万缕的节点网状关系,其间既存在城市个性的发展,又产生相互作用的共性关系(姚士谋,陈振光,陈爽,1998)。城市群经济发展和增长的过程可被视为个体城市经济在区域层面的空间综合过程,其发展绩效应由其社会经济的空间综合程度来评价的。

1. DEA 模型变量选择

如何测度城市群空间结构集合能效的关键在于选用什么样的指标组合更有利于反映客观发展绩效的变化。基于笔者在城市群经济空间宏观形态与空间重心轨迹研究中的初步发现,笔者提出以几何重心与核心城市为城市群空间中不变的参照点,以不同时刻指标重心相对两者的距离变化为变量(图 3-26),展开中心性的分析评价,发现通过这个思路可将理论中的中心地与现实中

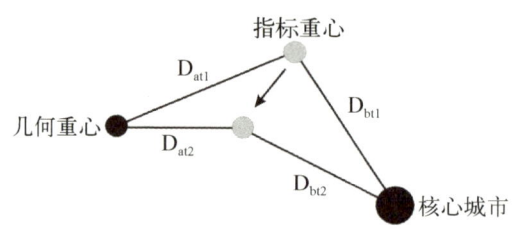

图 3-26 指标重心与几何中心、核心城市的距离

城市节点的空间配置关系建立起联系,从而对城市群空间结构集合能效研究的进一步开展打开一扇"门"。

1) 输入变量 1:指标重心距几何重心距离

围绕区域重心这一对指标,以指标重心相距几何重心的空间距离,即指标的偏心距离作为反映城市群体的空间作用均衡结果的评价指标。

选择 GDP、非农人口、工业产值、固定资产投资与外商直接投资等五项反映经济空间资源配置均衡关键性指标,测算 1995、1997、1999、2001、2003 与 2005 年各个指标重心的偏心距离分别组成 6 组多因子输入单元。

2) 输入指标 2:指标重心距核心城市距离

核心城市是在城市群整体发展过程中发挥着核心组织和主导作用的城市,在空间上具有明显的集聚与扩散功能,对城市群空间结构的形成具有明显的控制作用。在本研究的案例中,确立长三角城市群中的上海、京津冀城市群中的北京、珠三角城市群中的广州三座城市为各自区域中的核心城市。

分别计算三个城市群中各自核心城市与 6 个年份的 GDP、非农人口、工业产值、固定资产投资与外商直接投资等五项指标空间重心的距离,以此作为衡量核心城市对城市群空间发展影响贡献的评价指标。

3) 输出变量:城市群集聚向心势能

陈彦光等(2004)在城市体系空间网络分形结构研究的理论总结报告中,指

出熵最大化是城市系统宏观分析的理论基础,效用最大化则是微观分析的理论基础,西方学者早就认识到熵与效用最大化的内在一致性[①],并将其视为理论地理学最为重要的成就之一,两位学者指出通过他们的研究有两大发现:第一是发现了效用最大化的本质是能量最大化,第二是从模型上建立了熵与效用的对称转化关系。

W. 艾萨德(W. Isard)1960 年曾就测量区域中某一点相对于周围有关各点的综合影响力,发展了"引力"理论,提出城市 i 与周围几个城市相互作用的总潜力 E_i 的模型:

$$E_i = K \sum_{j=1}^{n} P_i P_j / d_{ij}^b$$

1982 年,贝克提出位置效用概念,将空间扩散、空间潜力和距离衰减规律归纳为位置效用的表现状态(Baker. R, 1982)。这种相互作用可以被看作是对定义一系列地区活动的随机变量间的共变性的一个测度,并用概率分布 $\{P_{ijk}^{rs}\}$ 完整地描述它,为空间结构的效用当量测算进一步奠定基础。

受此启发,笔者认为空间重心作为具有空间位置意义的属性均值,可以被假想为城市群经济空间中一个虚拟的中心点,这一点的综合影响力大小取决于其某项指标大小及周边城市的扩散影响力总和,这种影响力既取决于这些城市的发展水平,又取决于这些城市与该城市之间的两两距离。这种影响力测度得出是符合统计学中的频率最大化与离散度测算原理的,并融入了空间的意义与特征,其数值反映出一定空间范围内的城市群体集聚向心程度。

据此,计量测算空间重心这一空间虚拟点上的综合影响力,从而将城市群整体能量折算转化到一个可测度的定量指标——城市群集聚向心势能,成为城市群结构能效测度的输出指标,计算公式如下:

$$U_I = k \sum_{i=1}^{n} \frac{I_\Delta I_i}{d_i^b} \qquad 公式(1)$$

式中,I 为某"质量"指标,U_I 为指标 I 的城市 i 与指标重心的相互作用强度的累加和,d 为城市与指标重心之间的距离,本研究中采用空间直线距离,I_Δ 为指标

[①] 我们知道,复杂性研究最为关心的问题之一就是:系统微观层次的个体行为如何导致宏观层次的整体性秩序,而宏观层次的秩序又是如何左右着微观层次的个体行为。熵最大化与效用最大化的对偶研究为城市地理学有效沟通微观层次研究与宏观层次研究建立了严格的逻辑关系(陈彦光,王义民,靳军,2004)。

I 的重心属性数值,I_i 为指标 I 的第 i 座城市的属性数值,b 是距离摩擦指数,本研究中统一取值为 2。

其中:

$$I_\Delta = \frac{\sum_{i=1}^{n} I_i}{n} \qquad 公式(2)$$

$$d_i = \sqrt{(x_i - x_0)^2 + (y_i - y_0)^2} \qquad 公式(3)$$

公式(3)中某时期重心点 P_t 空间坐标 (x_0, y_0),城市点 P_i 空间坐标 (x_i, y_i)。

2. DEA 模型变量计算

此处,依然选择 GDP、总人口、工业产值、固定资产投资与外商直接投资五项反映经济空间资源配置均衡关键性指标作为考察对象,分别测算三个城市群 1995、1997、1999、2001、2003 与 2005 年各个指标重心距几何重心与核心城市的距离与集聚向心势能,分别组成三大城市群各自空间结构集合能效评价 DEA 模型运算所需的 6 组输入与输出评价单元,见表 3-15。

表 3-15 某年某城市群 DEA 模型投入与产出变量示意

指　　标	投入变量(I)	产出变量(O)
GDP 重心	距几何重心距离 I_{11}	集聚向心势能 O_1
	距核心城市距离 I_{12}	
非农人口重心	距几何重心距离 I_{21}	集聚向心势能 O_2
	距核心城市距离 I_{22}	
工业产值重心	距几何重心距离 I_{31}	集聚向心势能 O_3
	距核心城市距离 I_{32}	
固定资产投资重心	距几何重心距离 I_{41}	集聚向心势能 O_4
	距核心城市距离 I_{42}	
外商投资重心	距几何重心距离 I_{51}	集聚向心势能 O_5

借助 Mapinfo7.0 与 Excel 软件的空间分析量测与公式计算功能,分别获得三个城市群的 DEA 模型运算所需的输入单元与输出单元,分别见表 3-16、表 3-17、表 3-18。相关中间计算成果见附录。

表 3-16 长三角城市群 DEA 模型输入与输出变量值

指标	变量	1995年	1997年	1999年	2001年	2003年	2005年
GDP重心	距几何重心距离	107.42	92.32	100.42	107.35	111.38	109.58
	距核心城市距离	130.16	145.48	137.85	131.45	128.33	129.40
	集聚向心势能	5.288E+10	7.116E+10	1.07E+11	1.72E+11	3.26E+11	6.69E+11
非农人口重心	距几何重心距离	18.37	18.52	18.39	20.74	20.73	21.12
	距核心城市距离	181.98	182.05	184.65	187.47	188.80	189.49
	集聚向心势能	425.57	418.29	428.79	460.55	472.91	496.97
工业产值重心	距几何重心距离	114.06	121.26	121.4	132.22	137.23	137.72
	距核心城市距离	123.98	119.96	121.13	106.97	104.01	104.97
	集聚向心势能	2.76E+11	3.53E+11	4.69E+11	4.97E+11	1.26E+12	3.57E+12
固定资产投资重心	距几何重心距离	127.67	147.65	122.16	121.21	111.41	104.45
	距核心城市距离	109.01	92.30	120.00	117.99	128.69	133.81
	集聚向心势能	2.943E+09	3.081E+10	4.74E+11	1.243E+10	7.052E+10	1.49E+11
外商投资重心	距几何重心距离	146.68	162.83	131.97	145.97	136.08	147.11
	距核心城市距离	90.00	73.86	104.96	90.65	100.65	92.09
	集聚向心势能	92 589 840	50 006 683	21 133 633	124 121 004	173 592 314	217 445 465

表 3-17 京津冀城市群 DEA 模型输入与输出变量值

指标	变量	1995 年	1997 年	1999 年	2001 年	2003 年	2005 年
GDP 重心	距几何重心距离	16.28	8.11	8.55	11.38	11.93	20.70
	距核心城市距离	90.02	97.89	97.48	94.76	94.40	86.64
	集聚向心势能	2.229E+10	3.957E+10	5.4784E+10	8.679E+10	1.46E+11	2.74E+11
非农人口 重心	距几何重心距离	25.19	21.90	21.31	18.65	14.55	14.84
	距核心城市距离	81.30	84.40	84.95	87.40	91.86	91.68
	集聚向心势能	49.92	53.12	57.03	60.45	77.75	81.95
工业产值 重心	距几何重心距离	4.14	9.23	3.54	25.54	25.91	26.37
	距核心城市距离	101.91	114.93	109.20	84.60	86.29	87.80
	集聚向心势能	4.553E+10	9.285E+10	1.01E+11	1.07E+11	2.18E+11	5.81E+11
固定资产 投资重心	距几何重心距离	32.56	3.33	7.97	33.90	21.79	12.92
	距核心城市距离	75.51	103.90	98.48	72.14	84.34	93.80
	集聚向心势能	1.69E+09	4.427E+09	4.488E+09	1.225E+10	3.09E+10	4.891E+10
外商投资 重心	距几何重心距离	53.49	51.32	35.57	63.42	52.92	54.74
	距核心城市距离	71.85	87.14	81.00	57.07	63.14	67.58
	集聚向心势能	2 809 749.4	10 457 356	6 556 297	20 487 318	6 443 170.1	16 120 713

表 3-18 珠三角城市群 DEA 模型输入与输出变量值

指标	变量	1995 年	1997 年	1999 年	2001 年	2003 年	2005 年
GDP重心	距几何重心距离	28.46	24.20	21.11	23.60	23.72	23.75
	距核心城市距离	35.60	38.61	40.84	40.16	41.33	41.76
	集聚向心势能	5.544E+10	9.227E+10	1.38E+11	2.23E+11	5.32E+11	9.99E+11
非农人口重心	距几何重心距离	16.48	16.24	14.37	16.16	15.51	13.84
	距核心城市距离	33.05	33.28	34.63	35.65	59.54	57.81
	集聚向心势能	469.47	498.78	553.79	550.63	579.17	1 549.68
工业产值重心	距几何重心距离	26.13	20.06	13.89	31.25	28.04	24.86
	距核心城市距离	38.51	42.68	47.65	41.38	45.30	48.05
	集聚向心势能	1.29E+11	2.41E+11	4.32E+11	3.40E+11	8.20E+11	2.37E+12
固定资产投资重心	距几何重心距离	40.04	22.18	23.85	20.09	15.74	18.02
	距核心城市距离	32.31	36.50	37.33	40.07	41.86	38.39
	集聚向心势能	2.994E+09	8.255E+09	1.37E+10	1.946E+10	4.985E+10	1.12E+11
外商投资重心	距几何重心距离	10.87	17.01	6.59	10.71	16.36	14.73
	距核心城市距离	60.48	66.65	55.63	53.99	48.87	48.88
	集聚向心势能	24 189 358	23 731 082	86 010 593	55 819 062	58 522 176	38 412 759

3.6.3 DEA 模型运行与测度结果

研究采用由 FORTRAN 语言编写的 DEAP2.0 软件包,它是一种 DOS 程序,可在 Windows 环境下运行。该软件包包括一个简单的系统批处理文件,通过这个文件用户能够自己编写一个数据文件和一个包含指令的文件。用户在 DOS 环境下输入 DEAP 启动程序,然后调用指令文件。这个程序将按照指令自动计算并生成输出文件,输出文件能用文档编辑器编辑,比如写字板、记事本等,或者用一个 word 文件。该软件包包括 5 个文件:

1) 可执行程序:DEAP.EXE
2) 启动程序:DEAP.000
3) 数据文件:*.DAT
4) 命令文件:*.INS
5) 输出文件:*.OUT

其中关于运算所要求的数据文件(Data File),程序要求数据需被列在文本文件中并且以一定次序出现。这些数据必须按照观察的顺序排列(比如:一行为一个决策单元)。而输出和输入变量必须按列排列,首先为所有的输出变量数值,然后才是所有输入变量的数值。比如,如果我们有 40 个观察样本,并分别有两列为输出变量,两列为输入变量,那么将会有四列数据(每列有 40 个数值)按顺序排列,分别为 $y1,y2,x1,x2$。

数据文件可以通过文本编辑器,如记事本,或者通过 word 程序保存为文本文件格式,或者通过 Excel 表格打印生成。注意数据文件应该仅仅包含由空格键隔开的数字。同时不能包含列名字段。

其中,在命令文件(Instruction File)中输入关于输入与输出变量的行列数,并可设置选用的 DEA 模型变量参数,从而保证评价的有效性。

最终,在编译完成命令文件后,通过 DOS 环境下调用三大城市群的输入变量与输出变量的数值,模型将自动运行获得输出文件(Output File)。输出文件是由 DEAP 运行指令文件后自动生成的文本文件。输出文件能由文本编辑器,比如记事本、写字板,或文字编辑程序,如 word 等来打开阅读。输出文件也可以导入一个数据表格,比如 Excel,可进一步展开图表分析操作,并加入汇报文档。

研究在编译完成命令文件后,通过 DOS 环境下调用三大城市群输入变量与输出变量的数值,软件将自动运行获得输出文件。将三大城市群 1995、1997、

第 3 章 实证研究

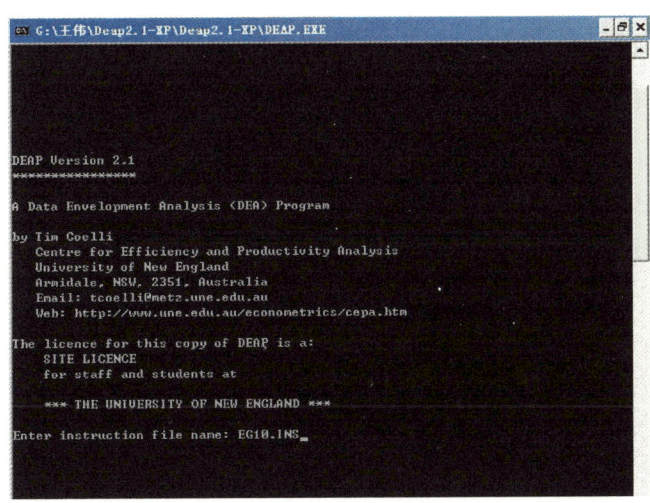

图 3-27 DEA 程序运算界面

1999、2001、2003 与 2005 年共 18 个评价决策单元 DEU,分别以指标重心距几何重心距离与集聚向心势能为第一组结构能效测评指标,以指标重心距核心城市距离与集聚向心势能为第二组结构能效测评指标,输入 DEAP2.0 软件运算,获得三个城市群 6 个年份的结构能效测评数值,并划分所属规模收益类型,见表 3-19。

表 3-19 长三角 DEA 有效值与规模收益类型表

名 称	年 份	基于距几何重心距离		基于距核心城市距离	
		测度指数	规模收益类型	测度指数	规模收益类型
长三角城市群	1995	0.289	递增	0.488	递增
	1997	0.169	递增	0.321	递增
	1999	**1**	**不变**	**1**	**不变**
	2001	0.392	递增	0.621	递增
	2003	0.538	递增	0.814	递增
	2005	0.695	递增	**1**	**不变**
	平均值	0.514	递增	0.707	递增
京津冀城市群	1995	0.386	递增	0.046	递增
	1997	0.941	递增	0.089	递增
	1999	0.649	递增	0.07	递增
	2001	0.549	递增	0.203	递增

续 表

名　称	年　份	基于距几何重心距离		基于距核心城市距离	
		测度指数	规模收益类型	测度指数	规模收益类型
京津冀城市群	2003	0.549	递增	0.164	递增
	2005	0.61	递增	0.28	递增
	平均值	0.614	递增	0.142	递增
珠三角城市群	1995	0.262	递增	0.383	递增
	1997	0.313	递增	0.365	递增
	1999	1	不变	1	不变
	2001	0.781	递增	0.831	递增
	2003	1	不变	0.891	递增
	2005	1	不变	1	不变
	平均值	0.726	递增	0.745	递增
三大城市群平均值		0.618	递增	0.531	递增

3.6.4　城市群结构能效测度的双维组合分析

通过对三大城市群集合能效 DEA 模型评价结果的分析，可以看到：经过两组指标评价后，所得出 DEA 有效值均为 1 的有 1999 年的长三角城市群与 1999 及 2005 年的珠三角城市群，此外 2005 年基于距核心城市距离测度的长三角城市群、2003 年基于距几何重心距离测度的珠三角城市群 DEA 有效值为 1，其他年份的测度值均小于 1，属于规模收益递增型，从 DEA 模型原理来看，说明这些决策单元仍有进一步优化提升空间，特别是京津冀城市群与其他两大城市群相比，差距明显。那么这种评价结果是否蕴含了更多有价值的信息呢？在此，作者将两组评价结果进行组合，分别以群体重心距几何重心测度值为 X 值，以群体重心距首位城市测度值为 Y 值，绘制出基于中心地思想的三大城市群不同年份结构能效测度组合的分布图（图 3-28）。

从图 3-28 我们可以清楚地看到三大城市群结构能效测度的分布格局，其中珠三角与长三角城市群两个维度都出现了由较低能效向较高能效的进化发展，即由 $0<X<0.5$；$0<Y<0.5$ 的区间发展至 $0.5<X<1$；$0.5<Y<1$ 的区间，而京津冀城市群整体能效虽有改进，但由于基于首位核心城市测度的能效值偏

第 3 章 实证研究

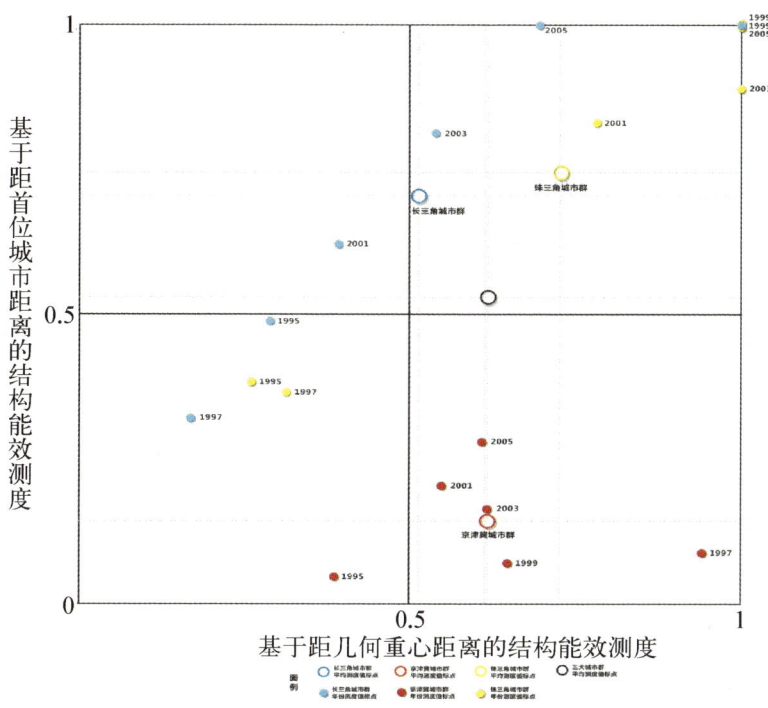

图 3-28 基于中心地思想的三大城市群结构能效测度双维统计分布

低,而处于 $0.5<X<1;0<Y<0.5$ 的区间,在此作者划定如下测度评值区间(表 3-20),提出:珠三角为(中高,中高)型、长三角为(中,中高)型、京津冀为(中低,低)型,这一分布态势的发现很有力的反映出当前三大城市群各自的空间发展态势,珠三角与长三角城市群从核心城市到群体发展的空间表现均优于京津冀城市群,而较前两者,京津冀城市群中北京作为核心城市对区域发展的贡献亟待提升。

表 3-20 三大城市群双维结构能效测度评值区间划分

基于距首位 城市距离测度	基于距几何 重心距离测度	区 间 划 分			
		低 (0—0.25)	中低 (0.25—0.50)	中高 (0.50—0.75)	高 (0.75—1.00)
区 间 划 分	高(0.75—1.00)				
	中高(0.50—0.75)			珠三角城市群 长三角城市群	
	中低(0.25—0.50)				
	低(0—0.25)		京津冀城市群		

— 167 —

那这种测度结果又能帮助我们对三大城市群空间结构有何新的认识和发现呢?在三大城市群经济空间重心轨迹研究中,笔者将长三角、珠三角与京津冀三者空间整体均衡类型划分为心—核错位偏离型、心—核叠置型与心—核错位居中型。在此,依循中心地结构的判据标准,获得进一步发现:

(1) 珠三角城市群:通过测度,城市群内部协同整体效益较好,其能效测度结果要优于其他两种类型。说明珠三角在历史条件形成的城镇空间格局基础上,中心城市广州的区域核心功能与外围其他城市的发展相对成熟,形成了较好的区域整体效应。

(2) 长三角城市群:这种结构虽与中心地有较大差距,但由于上海已经表现出对整个区域的拉动作用,同时其外围的城市发展较快,中心—外围呈现联动态势,形成较好的区域整体效应,故而测度评价较好。

(3) 京津冀城市群:应当讲,其空间结构较为接近中心地结构,即二级城市较为均匀地分布在核心城市周边,通过测度评价却发现其群体重心维度的能效测度尚可,但核心城市维度的测度则过于偏低,这说明一个很重要的问题:核心城市没有很好地融入和拉动区域的整体发展,周边城市与核心城市未能形成有效互动,故导致区域整体空间效益的偏低。

综上,从三大城市群节点的配置关系及在此基础上所发生的城市间空间互动作用效果来看,这种三种结构类型主要反映了核心城市作用、外围城市群体发展态势及两者联动作用后的城市群所产生的综合效益,而基于 DEA 模型给出的评价结果,可以看出珠三角＞长三角＞京津冀,而除去各自固有的地理特征与历史积淀外,不同时期中心城市及外围城市的发展政策、职能分工与定位所产生的区域整体效应是最根本的原因,这恰恰是我们通过科学研究,可以通过我们区域规划实践来加以优化提升的空间所在。

3.6.5　DEA 模型优化结果分析

DEA 模型不仅给出每种结构下的能效规模收益的测评值,针对三个城市群 18 个决策单元 DEU 中各自输入变量(即投入)和输出变量(即产出)仍具有优化空间的决策单元给出具体的定量优化调整数值,这使我们能够对系统能效的提升预期有更明确的定量认识,有助于我们进一步对三大城市群的空间发展提出优化建议。

由于 DEA 模型内部评价原理是对多因子协同作用的综合效果的评价优化,这些优化结果体现为对这些已选因子某种组合状态下的优化,而非单单某个因子的优化,因此我们会看到不同年份的各个指标的优化量会有所差别,但其实这就是 DEA 模型给定的某时可达到的一种最优组合状态,即系统整体功能可以得到多大程度的提升。输入变量优化程度最高的,应该为我们最应关注的因子,而输出变量优化程度最高的,则为我们指示出最可能获得改善的因子。各表为 DEA 模型根据经济学中的投入—产出边际效益最大原理给出的优化调整方案,表格中弹性优化值一栏为模型给出的各指标优化调整的具体数值,其中输入变量的减少数值,表示为"(-)",代表系统投入可减少的数量,其中增加输出变量数值,表示为"(+)",代表系统产出可增加的数量,根据 DEA 模型自动给出的对双维能效测度输出—输入组合各自的优化数值,作者依据向心集聚势能的增加量大小对以群体重心或核心城市为优化思路进行了选择,用"√"表示,相关数据见附录表格。下面对三大城市群展开各自简要的分析说明:

(1) 长三角城市群:除去 1999 年为规模收益不变的类型,模型未进行优化外,在 1995、1997、2001、2003 年等 4 个年份中,如果希望增加城市群 GDP 与非农人口两项总量指标所代表的向心集聚势能,可以通过推动外围城市的发展,特别是相对落后地区的发展,从而使得群体重心向几何重心方向移动,减少两者间距离,表示群体整体发展均衡性的提高;而如果希望增加城市工业产值与固定资产投资两项关系到区域发展与建设动力的指标的向心集聚势能,主要通过使得群体重心向核心城市的移动,减少两者之间的距离,意味着加强核心城市工业实力与投资规模,提升在区域的领导带动地位;而根据 2005 年的测度结果,长三角城市群 GDP、非农人口与固定资产投资三项指标向心集聚势能的提高均需通过群体重心的调节来实现。

(2) 京津冀城市群:京津冀在测度的六个年份中未出现规模效益不变的类型,因此 DEA 模型都给出了相应的优化建议,其中 1995 年针对 GDP、工业产值与固定资产投资三个指标的集聚势能的优化可通调整群体发展与中心城市的作用得到相同的结果;1997 年中针对 GDP 与固定资产投资指标的结构能效优化通过调控群体发展来实现,而工业产值指标的结构能效优化则通过加强中心城市的作用来实现;1999 年针对 GDP、工业产值与固定资产投资三个指标的集聚势能的优化则通过对中心城市的空间效用的调节得到最优;2001 年针对 GDP、工业产值与固定资产投资三个指标的集聚势能的优化依然通过对中心城市的空间效用的调节得到最优,而非农人口的集聚势能的提升则是通过调节群体发展来实现的;2003 年针对 GDP、非农人口与工业产值三个指标的集聚势能的最优化调节则是通过调控加强外围其他城市的发展来实现的;2005 年针对 GDP、非农人口、工业产值与外商投资四个指标的集聚势能的最优化调节依然是通过调控加强外围其他城市的发展来实现的。

(3) 珠三角城市群：除去 1999、2005 年为规模收益不变的类型，模型未进行优化外，在 1995 年针对 GDP 与固定资产投资指标的集聚势能的优化最佳方式是调节加强弱势城市群体增长，提高整体均衡性，针对工业产值指标的集聚势能的最优化则通过加强中心城市的空间集聚辐射作用来实现；在 1997 年针对 GDP、工业产值与固定资产投资三个指标的集聚势能的优化则通过对城市群体的空间效用的调节得到最优；在 2001 年针对非农人口与工业产值两个指标的集聚势能的优化则通过对中心城市的空间效用的调节得到最优，而固定资产指标的集聚势能的优化则通过对群体城市的发展格局的调整倾斜加以优化；在 2003 年针对 GDP、非农人口与工业产值三个指标的集聚势能的优化则都是通过对中心城市的空间效用的调节得到最优的。

3.6.6 结构能效研究发现与探讨

1. 研究关键发现

三个城市群的 DEA 模型优化结果分析告诉我们一个重要认知即：城市群的发展规划，可根据特定阶段发展的外部环境与自身需求，通过调控核心城市、外围地域的资源配置模式与联系组织的多样性及创新来优化城市群整体效益。其中一个核心要义就是城市群空间结构能效与整个区域的中心性效应具有密切关联，有两层内涵：一是区域核心城市的空间位置与所产生的空间关联正效应；二是区域虚拟的群体重心的空间位置与其所反映的区域发展均衡格局。这两种中心性对城市群整体集合能效的产生具有重要影响。笔者提出以下基本观点：

(1) 如果核心城市处于城市群几何重心位置，城市群的结构能效将变大。比森发现，区域内城市的空间排列是规模经济和技术进步率的重要的决定因素（保罗·切希尔，埃德温·S. 米尔斯，2003）。核心城市因其中心性在区域发展中占据举足轻重的地位（表 3-21），其位于区域中心或是区域边缘的结构配置对一个城市群空间结构能效的影响力是不同的，如珠三角城市群中，广州位于群体中心的地理位置，使其统领的城市群的测度要优于其他两个城市群，而通过 DEA 模型所给出的优化结果亦能看出，如在长三角城市群，如将上海与苏州进行位置调换，移至与几何重心更近的位置，这种核心城市区位的变化将导致各种"流"的流向由向东集聚变为向中间集聚，这必将减少各种"中介机会"，空间运行效率也将明显提高，整个城市群变得更加繁荣，外部表现为群体向心集聚能的大幅增加。特别是工业产值、固定资产等关系到城市群发展的动力指标，核心城市对其的影响作用是肯定的，如关于浦东国际机场的选址、近年开通的杭州湾大桥都对群体中心性带来重大的影响。

表 3-21 核心城市的中心性作用及其作用方式

序号	作 用	作 用 方 式
1	集聚功能	凭借其在区位条件、服务能力、交通运输、信息交换、设施水平、人口规模等诸多方面的优势,对区域内的资源、资金、人才、信息、产业具有更强的吸引力,促使区域内的这些生产要素向中心经济城市集中。通过功能集聚,提高集聚效益和城市经济效率,城市的中心性进一步扩大,并逐进一步提高扩散的能力和质量。中心城市一直是集聚功能与扩散功能的高级转换器。
2	扩散功能	主要通过生产要素(人才、资金、信息等)的扩散、产业的扩散和精神文明成果的扩散,促进中心城市的产业转移与经济结构升级、人才结构的升级以及各专业板块中心职能的强化。另外,通过功能扩散,提高周边区域生产要素的质量,间接提高周边城市承接中心城市产业和生产要素的转移,并最终形成自我发展的创新能力。
3	创新功能	通过各类生产要素的聚集,提高了城市的创新环境,促使其不断地开发和推广新技术、新工艺并更新观念,如提出新的经营理念或新的经济思想,勇于探索和尝试新制度、新机制。软环境的建设促进了城市内涵式竞争力的提高,使之具有极强的可持续发展能力。
4	示范与窗口功能	通过生产要素集聚与扩散功能的发挥,对周边地区产生示范效应,引导区域经济发展的整体方向,并以此调整与周边城镇的关系。另外,正是由于这种软硬环境的塑造,中心城市成为区域的形象窗口,对外开放窗口。
5	生产物流与贸易中心	通过集聚高新技术产业相关的制造业以及代表区域先进技术水平的制造业,使之成为世界高端工业产业的生产基地或者是区域主导产业产品的集聚地。另外,通过配套产业链条的发展,拓展工业体系的门类与技术水平,增强中心城市的区域市场竞争力,使之成为区域性生产、物流以及贸易中心。
6	国际性人货通道与转口中心	主要是指具有极强的区位条件和港口(主要是指海港,但同时也包括空港)建设条件的城市,在经济全球化、发达国家和地区进行产业结构升级,并实现国际产业的分工与协作的条件下,通过各种渠道拓展人与货的市场资源,使之成为国际性的通道与转口中心,并逐渐形成综合性的生产与服务中心。
7	国际软要素交流中心	世界城市或者城市群范围内的核心城市一般集聚先进的高新技术制造业、金融服务业、商务服务业、休闲娱乐业、创造性产业等几类主导性的产业,其中除了高新技术制造业之外均为第三(或者)为第四产业;另外,文化和政治对中心城市的影响也很大,因此中心城市必然成为软要素的交流中心。

资料来源:宋吉涛.城市群形成与发展机制研究.中国科学院地理科学与资源研究所博士学位论文,2007.

（2）如果群体重心接近区域几何重心位置，城市群的结构能效将变大。群体指标重心的分布反映了整个区域发展的整体实力均衡程度，即如果具有一定数量、不同规模（经济规模和人口规模）的城市，在一定的区位结构下，各类资源在各个城市节点上的配置不同所带来的不同发展水平对区域的整体势能是有明显影响的，特别是核心城市与外围地域的联动协同。正如前文分析，GDP、人口等总量指标的向心集聚势能通过提高整体有序均衡的发展的将会得到提升，而固定资产投资与外商投资作为外部变量可给予科学引导，成为目标实现的有益推动而非消极因素。这与世界大都市区发展的经验相吻合——世界级城市的出现必须要有一个富裕繁荣的区域对其支撑，政府关注发展的效率更应关注发展的公平。三大城市群需要上海、北京、广州等核心城市的牵引拉动，更需要外围城市的团队并进，内生式的抱团发展才是其成长为世界级城市群的正确之路。

表3-22　2005年与2014年三大城市群核心城市与外围城市互投分析

互 投 关 系	2005年	2014年
长三角中上海与外围城市	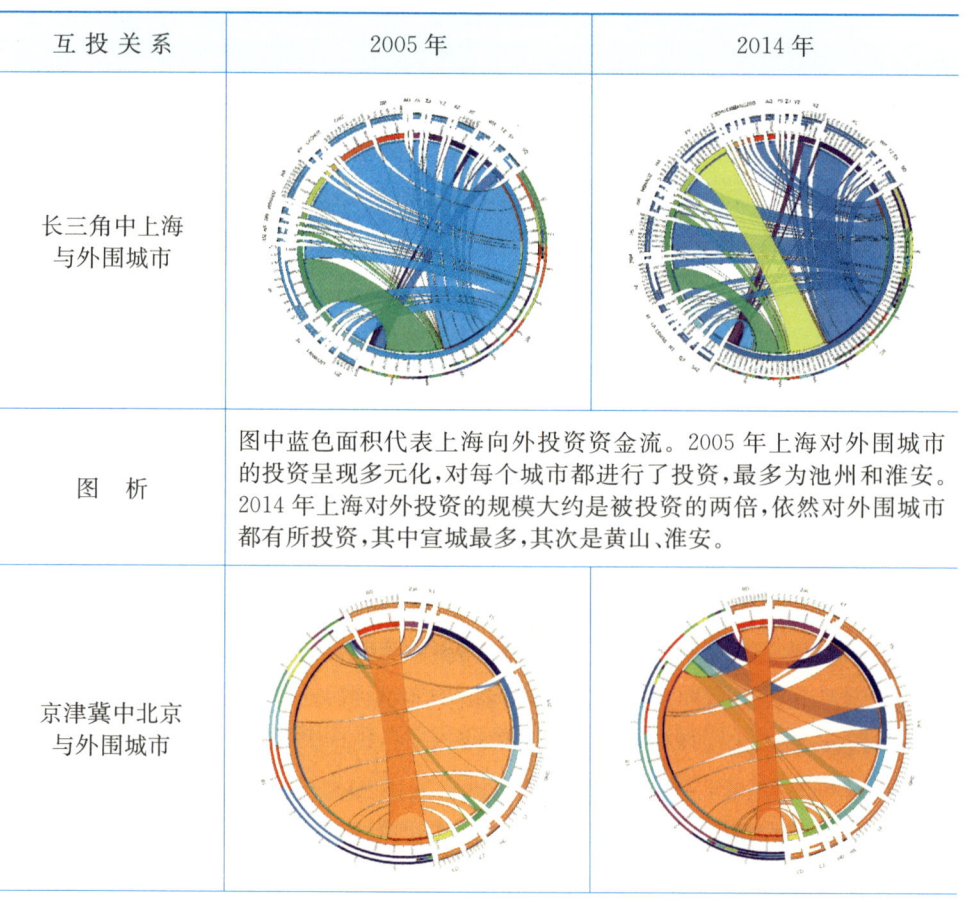	
图　析	图中蓝色面积代表上海向外投资资金流。2005年上海对外围城市的投资呈现多元化，对每个城市都进行了投资，最多为池州和淮安。2014年上海对外投资的规模大约是被投资的两倍，依然对外围城市都有所投资，其中宣城最多，其次是黄山、淮安。	
京津冀中北京与外围城市		

续 表

互投关系	2005 年	2014 年
图　析	图中橘色面积代表北京向外投资资金流。2005 年北京对外围城市的投资远大于外围城市对北京的投资,但集中于有限城市,其中北京对唐山和石家庄的投资最多。相对于 2005 年,北京对外投资格局变化不明显,但外围城市对北京的投资逐渐增多,其中依旧是邯郸、石家庄和唐山对北京的投资相对较多,廊坊对北京的投资有明显增幅。	
珠三角中广州与外围城市		
图　析	图中橘色面积代表广州向外投资资金流。2005 年广州对外投资远远多于外围城市对它的投资,并且广州对外围城市均有所投资,其中清远最多,剩下的城市相差不多。2014 年广州对外投资较多,其中湛江、清远、梅州较多。但相对于 2005 年来说,投资范围有所缩减。肇庆投资广州较多。	
总　结	表中图形是笔者根据量子数聚(北京)科技有限公司所提供 2005 年与 2014 年三个城市群城市间 20 个行业资本互投数据统计后绘制,通过对比,可以清晰地看出各个核心城市在群体中所扮演的角色和发挥的作用,以及不同城市群间所呈现出投资网络的稠密度和复杂度,进而刻画出不同城市群联动发展水平的高低。	

2. 进一步的探讨

城市群经济空间结构是城市群区域经济整体协调的"晴雨表",也是城市群经济发展的"杠杆"。一方面,通过其结构的变化来了解城市群区域经济运行状况;另一方面,也可以通过其结构的调整来协调各城市经济发展,以便达到城市群整体经济发展的良好态势。空间结构的这种作用使得其在城市群整体经济发展中具有传动作用(朱英明,2002)。

然而市场经济条件下,随着区域分工的不断深化,区域经济活动将日益专业化。但大量的资源投入仍是经济增长的基础,而其投入的产出效益和资源利用的有效性在很大程度上取决于空间结构的优化程度。因为经济发展首先要确定一定的空间位置,不同的空间定位或布局对资源配置一定会产生不同的效率。因此,"结构"已经取代"规模",成为城市规划影响城市经济运行最主要的设计范式(赵燕菁,2004)。对于中国城市群发展而言,中央及省级政府的调控作用发挥着很大的作用。通常的作法是以经济发展中各种要素的空间增量来优化存量的布局,常通过各项经济、社会政策以及大型基础设施项目的布局引导来实现,如果这些措施能够科学合理地加以应用,就可以实现"发展"中的"空间再分配",对区域整体的优化发展具有重要作用。

但是由于长期缺少合适的空间结构分析工具,我们对空间结构如何影响经济和被经济影响的机制并不清楚。通过上面对三大城市群空间结构集合能效的经验研究,作者希望通过 DEA 模型的引入为我们规划实践工作,特别是为区域空间要素配置与布局优化工作探索一个有力的认知与评价工具。

今日中国,城镇化已经到了打破行政区划进行跨界规划的重要阶段,城市群规划应成为未来区域规划的重要突破。而实现突破,一是需要创新城市群规划的指导思想;二是形成基于这种思想的规划思路和方法。未来中国,城市群的发展壮大,中央及区域政府的调控支持仍将发挥重大作用,如以各种发展要素的空间增量来优化存量的格局,各项经济、社会政策以及大型项目的布局引导等,实现"发展机会与权利"的"空间再分配"。而如果这些决策能够获得更科学的研究支撑,将充分帮助我们转变发展方式,走出一条低消耗高产出的科学发展之路。为此,笔者提出建立以"多区位资源配置的系统效益最大化"为基础、结构优先为核心的城市群规划思想,将中心地理论加以拓展,引入 DEA 模型,创新性的设计实施城市群空间结构集合能效研究,正是希望能为城市群规划理论研究与实践工作探索一条新路。

3.7 城市群空间组织关系演变经验分析

城市群系统在空间维上表现为既相互联系又相互区别的两个方面:① 其空间形态的静态映射,即系统的空间结构(地域空间结构);② 其空间形态的动态演化,即系统的空间组织(地域空间组织)。地域空间结构是指系统内部的社会经济客体通过空间相互作用形成的空间聚集程度和聚集形态;地域空间组织则是指系统内部的社会经济客体通过空间相互作用表现的空间聚集方向和聚集路径。因此,地域空间结构是地域空间组织的作用结果,地域空间组织是地域空间结构的形成过程,二者共同统一于系统内部社会经济客体的运动。因此,城市群空间结构反映的是地域经济资源的空间配置状况,而空间组织揭示的则是地域经济资源的空间配置过程。如果说,空间结构是区域发展水平的显示器,那么,空间组织则有可能成为区域发展的推动力(余斌,彭荣胜,2006)。其中网络化与层级化犹如城市群空间组织过程"一枚硬币的两个方面",在此分别展开阐述。

3.7.1 城市群空间组织的两类关系

1. 网络化

城市群内部分工与博弈作用,可以看出城市群空间的演化体现为区域中具有适应性的城市主体的互动互作的结果,城市间彼此相互依存、竞争、合作,并且不断学习、自我调整,他们的决策和行为持续地创造着城市和区域的空间差异。这其中城市间密切的人流、物流、资金流、信息流等多维空间关联使城市群网络化发展趋势日益密切与深入。城市网络的演化大致包括两个基本过程,即轴心联结与散点联结。在集聚阶段,中心城市生成和增多或首位度提高,引起网络的轴心联结,即与中心城市的联系轴线生成。当集聚的主导地位被分散替代,大量中小城市快速发展时,进入散点联结阶段,产生大量的交通网线以满足空间的相互联系,网络呈现雏形,这其中会经历一个形成阶段—震荡阶段—规范化阶段——体化阶段的系统发育、成长、成熟的脉络。

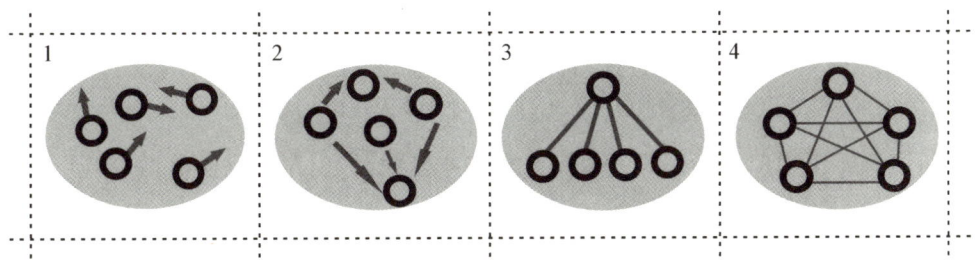

图 3-29 城市群空间组织的网络化解析

2. 层级化

复杂性来自分化和综合过程的相互渗透,来自同时"自上而下"和"自下而上"进行的过程的相互结合,它们从两方面造就了等级层次(埃里克·詹奇,1992)。专业化的生产必然引起相关产业的专业化进程,导致城市群地域空间的分工日益细密化，交易规模增加，空间集聚成为分工的内生结果。城市主体为了使聚集效应最大化，形成了各种类型的聚集体，同时聚集体之间也会为了获得聚集效应而相互聚集形成更高层次的聚集体。结果，不同等级规模、不同职能分工的城市，为了各自的利益需要自然地聚集成一个整体，使偶然的个体选择变成群体的整体现象。已存在的聚集效应会作为聚集因子影响新的聚集，而新的聚集又会进一步改变城市聚集效应的总量和分布并形成更高一级的主体。这个过程重复几次后，就得到了城市群系统的层次结构。随着城市群空间的不断循环演进，空间的等级规模体系形成，网络趋于完善，并相应走向等级化（图3-30）。

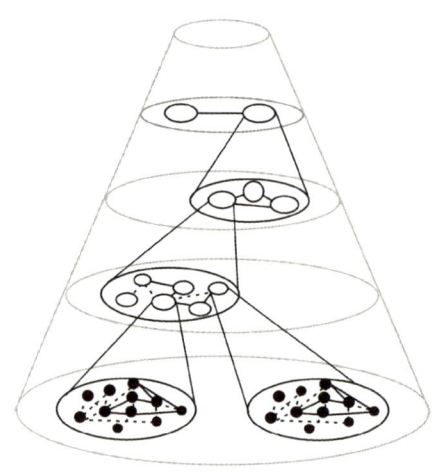

图3-30　城市群空间组织的层级化解析

在这个过程中，城市群空间组织和结构就是一个以前一阶段空间经济分布为基础不断更替演变的。随着城市群的发展，城市群内部主体关系与功能结构发生变化，相应引起城市群空间结构内容与形式的变化。

前文，三大城市群空间形态与重心的演变特征分析可使我们大致发现存在：① 以集聚效应为主导的点状发展；② 以通达效应为主导的线状发展；③ 以结构效应为主导的面状发展；④ 以联动效应为主导的立体发展等四种不同发展路径。这些城市群空间的中心性、分化性和整体性特征使空间的分布与组织产生了有序性。这种有序性既表现为城市群内各城市间分工趋于完善，功能上的有序，也表现为不同等级大小的城市在地域内合理分布的镶嵌关系。这种有序性的形成过程可以概述为：城市主体为了使聚集效应最大化，形成了各种类型的聚集体，同时聚集体之间也会为了获得聚集效应而相互聚集形成更高层次的聚集体。结果，不同等级规模、不同职能分工的城市，为了各自的利益需要自然地聚集成一个整体，使偶然的个体选择变成群体的整体现象。已存在的聚集效应会作为聚集因子影响新的聚集，而新的聚集又会进一步改变城市聚集效应的总量和分布并形成更高一级的主体。这个过程重复几次后，就得到了城市群系统的层次结构。随着城市群空间的不断循环演进，空间的等级规模体系形成，网络趋于完善，并相应走向等级化。

在层级化与网络化两个组织化过程中，城市群空间结构是一个以前一阶段空间经济分布为基础不断更替演变的。随着城市群的发展,城市群内部分工关系与功能结构发生变化,相应引起城市群空间结构内容与形式的变化,而城市群宏观空间形态正是这两种组织化过程的外部显相表征,下文将对两个过程展开探究性研究。

3.7.2 城市群圈层——等级组织演变分析

城市群是一个不断变动着的区域实体,其成长最基本的表现就是边界的拓展,而这种过程用圈层结构来描述是十分贴切的。所谓"圈",实际上意味着"向心性","层"则体现了"层次分异"的客观特征。圈层结构反映着城市群的社会经济景观由核心向外围呈规则性的向心空间层次分化。这在杜能环、伯吉斯的同心圆模式、狄更生和木内信藏的城市地域分异三地带说研究中都有很好的体现。研究借鉴这种圈层视角,将其与城市群的等级结构相结合,来考察等级—圈层的两者统一体,即不同时期不同圈层的城市规模等级变化(图 3-31),从而在时空两个维度得以展开。

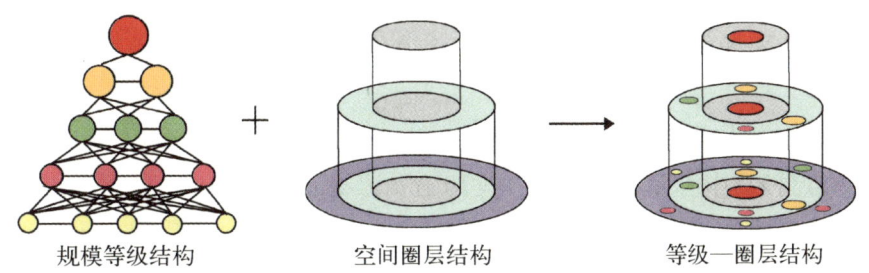

图 3-31 城市群圈层—等级分析示意

1. 城市群圈层—等级演变分析

首先分别以长三角城市群中的首位城市——上海,京津冀城市群中的首位城市——北京,以及珠三角城市群中的首位城市——广州为圆心,分别以 100 km 为缓冲半径绘制同心圆,从而得到三大城市群的同心圈层城市分布图(图 3-32、图 3-33、图 3-34),然后对落入各个圈层的城市"点"进行统计,分布得到三大城市群的城市圈层分布统计。

在此,由于研究中对象是地级城市,人口数据来源于国家统计局城市社会经济调查总队编制中国城市统计年鉴,因此作者采用其按城市市辖区人口规模分组的标准:① 巨型城市:1 000 万人口及以上;② 超大城市:500 万~1 000 万人口;③ 特大城市:200 万~500 万人口;④ 大城市:100 万~200 万人口;⑤ 中等城市:

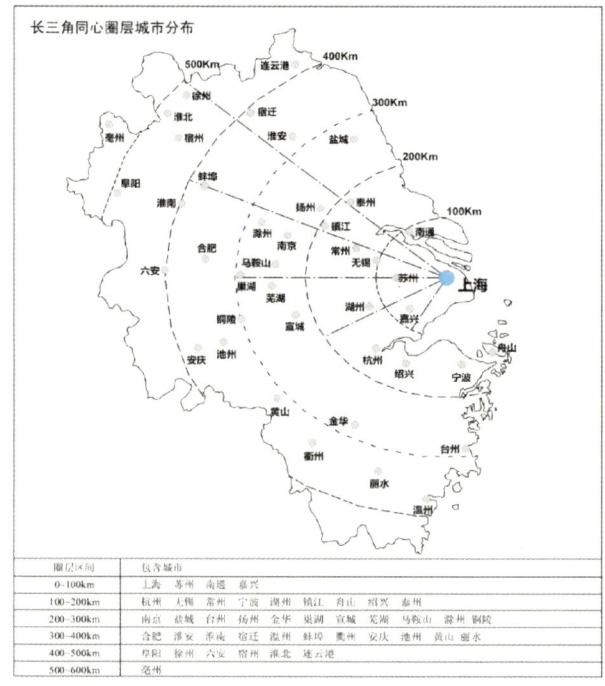

图 3-32　长三角同心圈层城市分布示意

图 3-33　京津冀同心圈层城市分布示意

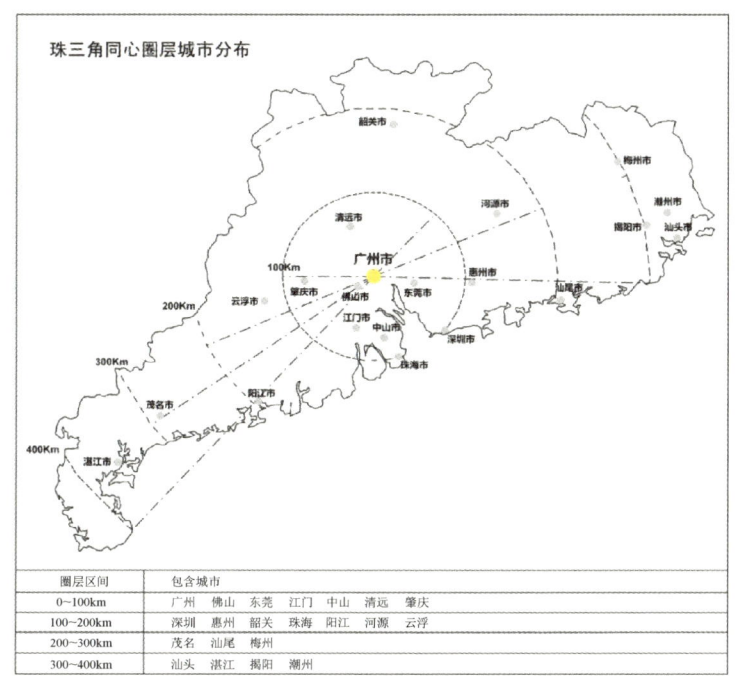

图 3-34 珠三角同心圈层城市分布示意

50 万～100 万人口；⑥ 小城市：50 万人口以下。来考察 1995 与 2005 年三大城市群不同圈层内城市等级秩序的变化，为更清晰直观的认知变动信息，作者采用绘图软件 CorelDRAW9.0 绘制了三大城市群 1995—2005 年空间等级—圈层结构变化分析图（图 3-35、图 3-36、图 3-37）。

2. 三大城市群演变分析

对照三大城市群的等级—圈层分析图，下面对其变化分别做简要归纳：

1）长三角城市群：整体来看，经过十年的发展，100～200 km 与 200～300 km 两个圈层的城市等级结构变化最大，说明这两个圈层的城市发展最为活跃。然后从各个圈层分别来看：① 0～100 km 圈层内的城市，上海与苏州的规模等级各上升一级，分别成为巨型城市与特大城市，而南通与嘉兴未发生等级变化；② 100～200 km 圈层内的城市，杭州、无锡、宁波的规模等级上升一级成为特大城市，常州则由中等城市跃迁成为特大城市，湖州保持大城市等级未发生变化，镇江则由中等城市上升一级成为大城市，舟山保持中等城市等级未变化，泰州与绍兴则由小城市上升为中等城市；③ 200～300 km 圈层内的城市，南京由特大城市进入超大城市行列，盐城与台州等级未变化仍为大城市，扬州由小城市跃迁

中国城市群空间结构与集合能效研究

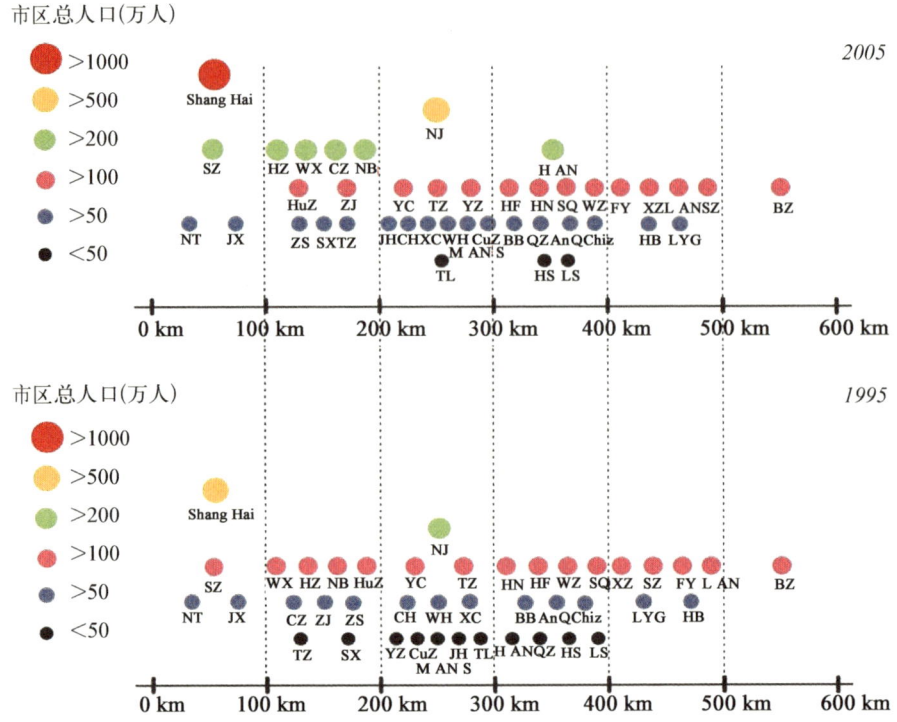

编号	城市名称	英文缩写	编号	城市名称	英文缩写	编号	城市名称	英文缩写
1	上 海	ShangHai	15	杭 州	HZ	29	淮 南	HN
2	南 京	NJ	16	宁 波	NB	30	马鞍山	M'AN'S
3	无 锡	WX	17	温 州	WZ	31	淮 北	HB
4	徐 州	XZ	18	嘉 兴	JX	32	铜 陵	TL
5	常 州	CZ	19	湖 州	Hu'Z	33	安 庆	AnQ
6	苏 州	SZ	20	绍 兴	SX	34	黄 山	HS
7	南 通	NT	21	金 华	JH	35	滁 州	CuZ
8	连云港	LYG	22	衢 州	QZ	36	阜 阳	FY
9	淮 安	H'AN	23	舟 山	ZS	37	宿 州	SZ
10	盐 城	YC	24	台 州	TZ	38	巢 湖	CH
11	扬 州	YZ	25	丽 水	LS	39	六 安	L'AN
12	镇 江	ZJ	26	合 肥	HF	40	亳 州	BZ
13	泰 州	TZ	27	芜 湖	WH	41	池 州	Chiz
14	宿 迁	SQ	28	蚌 埠	BB	42	宣 城	XC

图 3-35 1995—2005 年长三角城市群圈层—等级演变分析

第3章 实证研究

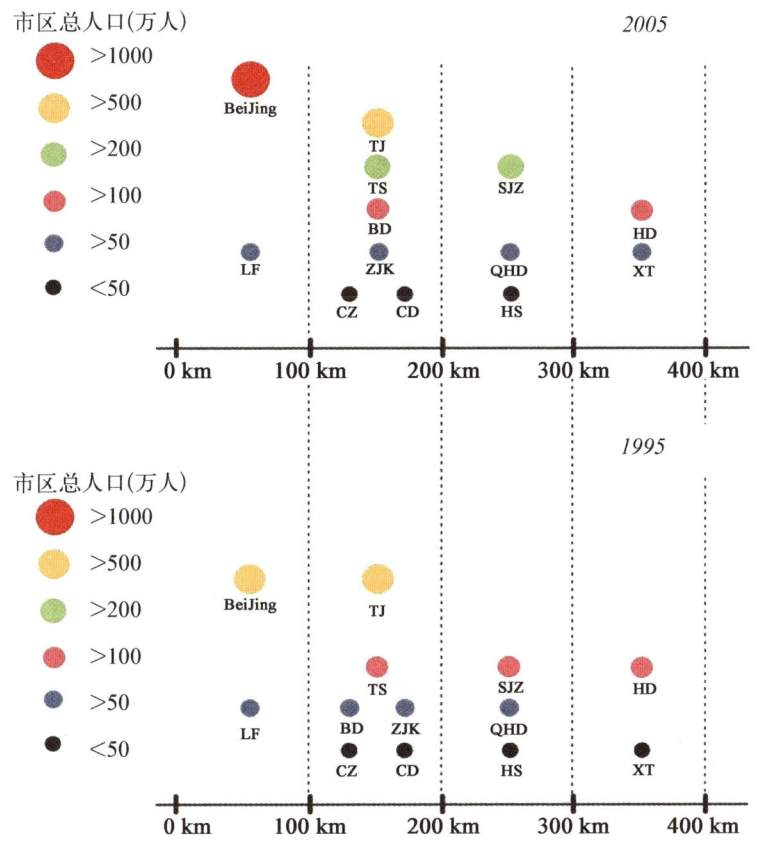

编号	城市名称	英文缩写	编号	城市名称	英文缩写	编号	城市名称	英文缩写
1	北京	BeiJing	6	邯郸	HD	11	沧州	CZ
2	天津	TJ	7	邢台	XT	12	廊坊	LF
3	石家庄	SJZ	8	保定	BD	13	衡水	HS
4	唐山	TS	9	张家口	ZJK			
5	秦皇岛	QHD	10	承德	CD			

图 3-36　1995—2005 年京津冀城市群圈层—等级演变分析

— 181 —

中国城市群空间结构与集合能效研究

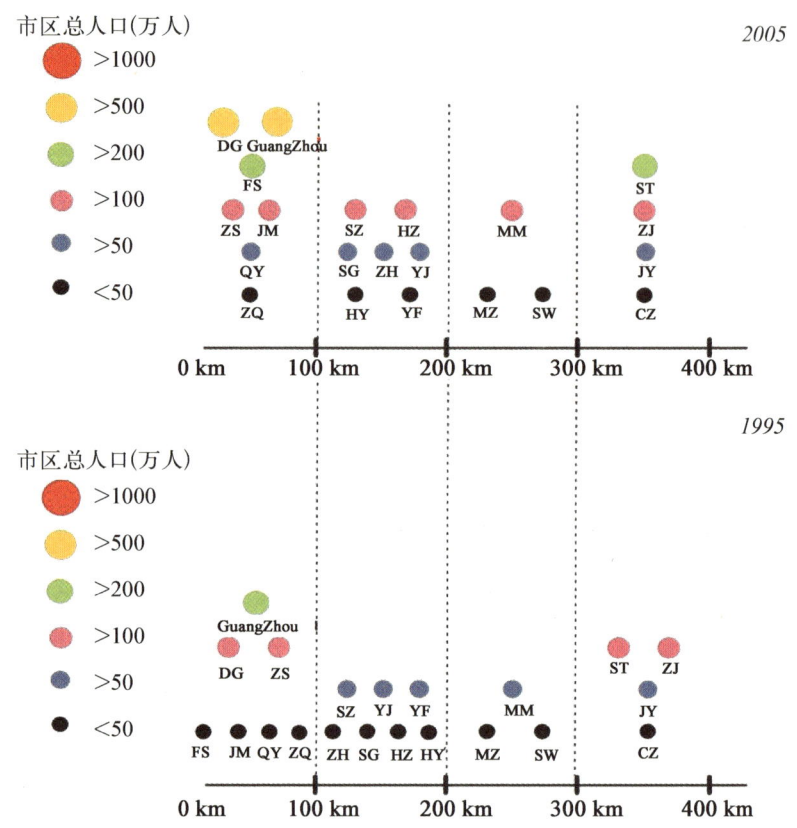

编号	城市名称	英文缩写	编号	城市名称	英文缩写	编号	城市名称	英文缩写
1	广州	GuangZhou	8	湛江	ZJ	15	阳江	YJ
2	韶关	SG	9	茂名	MM	16	清远	QY
3	深圳	SZ	10	肇庆	ZQ	17	东莞	DG
4	珠海	ZH	11	惠州	HZ	18	中山	ZS
5	汕头	ST	12	梅州	MZ	19	潮州	CZ
6	佛山	FS	13	汕尾	SW	20	揭阳	JY
7	江门	JM	14	河源	HY	21	云浮	YF

图3-37　1995—2005年珠三角城市群圈层—等级演变分析

为大城市,金华、滁州、马鞍山则由小城市升级为中等城市,巢湖、宣城与芜湖仍为中等城市,铜陵则仍为小城市;④ 300～400 km 圈层内的城市,淮安由小城市跃迁至特大城市,合肥、淮南、温州、宿迁依然为大城市,蚌埠、安庆、池州依然为中等城市,衢州由小城市升级至中等城市,黄山与丽水则仍为小城市等级未变化;⑤ 400～500 km 圈层内的城市,整体等级未发生变化,阜阳、徐州、六安、宿州仍为中等城市,连云港与淮北仍为小城市;⑥ 500～600 km 内的城市,亳州仍为大城市。

2) 京津冀城市群:整体来看,经过十年的发展,京津冀城市群内部各圈层等级结构未发生像长三角城市群那样明显的等级变化,只是局部的变化,说明京津冀城市群仍更多受历史传统惯性的束缚,整个群体活力有限。然后从各个圈层分别来看:① 0～100 km 圈层内的城市,北京由超大城市升级为巨型城市,而廊坊则仍为中等城市;② 100～200 km 圈层内的城市,天津仍然保持超大城市的等级,唐山由大城市升级为特大城市,保定由中等城市升级为大城市,张家口仍为中等城市,承德、沧州仍为小城市;③ 200～300 km 圈层内的城市,石家庄由大城市升级为特大城市,秦皇岛仍为中等城市,衡水则仍为小城市;④ 300～400 km 圈层内的城市,邯郸仍为大城市,邢台由小城市升级为中等城市。

3) 珠三角城市群:整体来看,经过十年的发展,0～100 km 与 100～200 km 两个圈层的城市等级结构变化最大,说明这两个圈层的城市发展最为活跃。然后从各个圈层分别来看:① 0～100 km 圈层内的城市,广州由特大城市发展成为超大城市,而东莞则由大城市跃迁为超大城市,佛山由小城市跃迁至特大城市,中山仍为大城市,江门则由小城市跃迁为大城市,清远由小城市升级为中等城市,肇庆仍然为小城市不变;② 100～200 km 圈层内的城市,深圳由中等城市升级为大城市,惠州由小城市跃迁为大城市,珠海、韶关由小城市升级为中等城市,阳江仍为中等城市,河源仍为小城市,而云浮则由中等城市下降为小城市;③ 200～300 km 圈层内的城市,只有茂名由中等城市升级为大城市,而梅州与汕尾仍为小城市;④ 300～400 km 圈层内的城市,汕头由大城市升级为特大城市,湛江仍为大城市不变,揭阳仍为中等城市,潮州则仍为小城市。

3. 分析小结

瑞典学者哈格斯特朗(T. Haggerstrand)于 20 世纪 50 年代初提出了接触扩散、等级扩散和非等级扩散三种基本的空间要素扩散形式。通过上述对三大城市群不同年份不同圈层城市等级结构的演变分析,主要存在两种有价值的

发现:

1)等级镶嵌和梯度形态的形成是空间组织有序发展的重要标志,这种有序是通过竞争机制的作用形成的。虽然文中主要考察的是市区人口这一指标,但依然能说明资源从多到少,从高级到低级存在于区域之中,这种自然和社会现象,而这是由于城市间对空间资源的竞争所形成。由于竞争导致对资源的最大利用,必然是多数的与高级的资源聚集于高等级空间,反之则存在于低等级空间。可以看到,在首位城市100~200 km范围内的城市是相当活跃的,通过与中心城市的密切联系,既能有效享有溢出效应,又能迅速掌握竞争信息,不断调整自身发展战略,增强区域竞争力。在三大城市群中,围绕首位城市,在其不同的空间距离内所发生等级变化的程度是不同,城镇的中心作用就在于它是空间扩散过程中的创新源,它不断地形成创新并向周围地区扩散,由此对区域经济发展起着带动作用。距离越近发生重组与重构的可能性越高,明显表现出空间方向上等级变化的梯度特征,这种扩散方式属于均衡扩散。

2)等级跃迁与位序功能的重构是空间组织创新发展的重要动力,这种创新是通过分工竞争与外生变量的影响作用形成的。在三大城市群中,在长三角城市群与珠三角城市群中发生着城市跨越等级的跃迁发展现象,这在珠三角城市群中尤为明显,除去人为行政区划调整造成的情形外,主要存在两方面的客观原因:一是由于在区域空间分工的进程中,每个城市自身原始优势与把握分工机遇的能力差异,在区域产业链分工环节中,部分城市可以通过学习、模仿与创新实现对先前领先城市的反超;二是随着全球生产体系的建立,以及现代交通、通信技术的有力支撑,各生产要素呈现出越来越显著的非均衡扩散的特征。每个城市与外部接触的机会都大大增加,全球资源的注入和最新信息的跟踪会使很多城市直接嵌入全球城市分工体系,而通过这种外部地位的提升将可以实现区域发展的内生化,够提升某些城市在区域城市等级体系中的位置,比如,长三角的昆山与义乌,珠三角的东莞就是最为典型的代表。这种扩散方式,使得城市实体空间与影响空间逐渐发生分离,城市群的空间分布将会逐渐出现跳跃性和不连续性。

3.7.3 城市群扇面——比重格局演变分析

作者做此研究最初的本意是,围绕空间重心,将研究区域等分为不同的空间扇面板块,这样城市"点"就会分属于不同的扇面区间,而空间重心的移动是具有方向的,这意味着在不同空间方位的城市增长是非均衡的,此时就类似物理学中的受力分析原理,我们可以通过观察不同年份不同扇面板块内城市加和实力的增长变化,来解释说明重心的偏移方向与移动方向。上文研究中其实质是空间经济系统均衡状态的趋势性特征这一问题,这是本书研究中始终贯穿的一条主线。均衡状态(路径)是否存在,是以空间经济系统增长的收敛性[①]来判定的,而这种收敛性和收敛程度反映为区域分化或区域增长的差异性。而城市群比重—扇面分析恰恰可以帮助我们对这一问题的认识与发现。

1. 城市群扇面—比重分析过程

在此,我们暂时抽象掉不同板块在空间范围上的具体差异,依据新增长理论的分析路径,选择对区域经济增长的收敛性及其决定和影响的 GDP、人口总量、工业产值、固定资产投资与外商直接投资等 5 个指标因素作探索性的分析。其过程为,首先通过 Mapbasic 语言编译空间扇形自动分区程序,然后在 Mapinfo7.0 软件运行环境中,调用此程序,以三大城市群的几何重心为中心,等分为八个扇面板块区间并编号(图 3-38—图 3-40),然后提取不同扇面区间的城市"点"统计获得三大城市群扇面区间城市分布统计表(图 3-38—图 3-40),最后将每个区间内城市的 6 个年份的 GDP、人口总量、工业产值、固定资产投资与外商直接投资的统计数据进行累积加和,在 Excel 软件中生成各个指标的百分比堆积柱形图(表 3-23—表 3-25),从而便于观察不同年份不同扇面所占比重的变化情况,使我们对整个区域的空间增长趋势有更清晰的认知。下文将对各个城市群的比重—扇面分析结果展开进一步分析说明。

2. 三大城市群演变分析

1) 长三角城市群:① GDP 比重—扇面特征:经济综合实力最强的为第Ⅷ扇面板块,其后依次为第Ⅶ、Ⅲ、Ⅰ、Ⅱ、Ⅳ、Ⅴ、Ⅵ扇面板块,从时间轴上看,整体

[①] 自 20 世纪 80 年代中期以来,趋同(Convergence)的概念已成为经济增长理论中的核心概念。从英文语义的渊源看,该词源于数学,含义是一个数列收敛于某一个值。而在经济分析中,"趋同"指的是地区间或国家间的收入差距随着事件的推移存在着减少的趋势。当然,还另外存在于趋同相对应的概念——趋异(Divergence),即对于不同的地区间或国家间存在着贫者愈贫、富者愈富的现象。对趋同问题的解答,实质也就是对经济增长理论学者所面临的基本问题的回答,比如说,为什么一些地区变得富裕,而另一些地区却依然贫穷。贫穷的地区能追赶上富裕的地区吗,还是被远远地抛在了后面? 未来地区间的收入分布将会是怎样的? 目前较为普遍的有四种趋同概念:① 绝对 β 趋同:该趋同的含义是贫穷的区域往往比富裕的区域有更高的增长率,换句话讲,经济增长率和经济发展水平之间存在着负相关。并且,随着时间的推移,所有的区域将收敛于相同的人均收入水平。② 条件 β 趋同:条件 β 趋同放弃了各个地区具有完全相同的基本经济特征的假定,从而意味着不同的地区也具有不同的稳态。③ σ 趋同:σ 趋同是指各国或地区的人均收入水平随着时间的推移而趋于减少,一般用区域间的人均收入或产出的标准差、基尼系数或泰尔指数衡量。这一概念最接近现实中我们对趋同的直观理解。④ 群体趋同:群体趋同或俱乐部趋同(club convergence)是指结构特征相似且初始收入也相同的区域,它们的人均收入在长期中相互趋同(魏后凯,2006)。

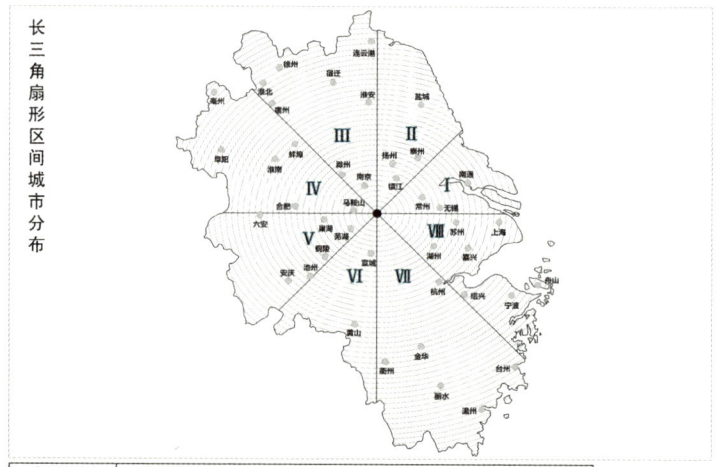

扇形区间	包含城市
I	无锡 常州 南通
II	镇江 扬州 泰州 盐城
III	南京 滁州 淮安 宿迁 宿州 淮北 徐州 连云港
IV	合肥 亳州 阜阳 淮南 蚌埠 马鞍山
V	芜湖 安庆 六安 巢湖 铜陵 池州
VI	宣城 黄山
VII	杭州 金华 衢州 台州 温州 丽水
VIII	上海 苏州 湖州 嘉兴 绍兴 宁波 舟山

图 3-38 长三角扇形区间城市分布示意

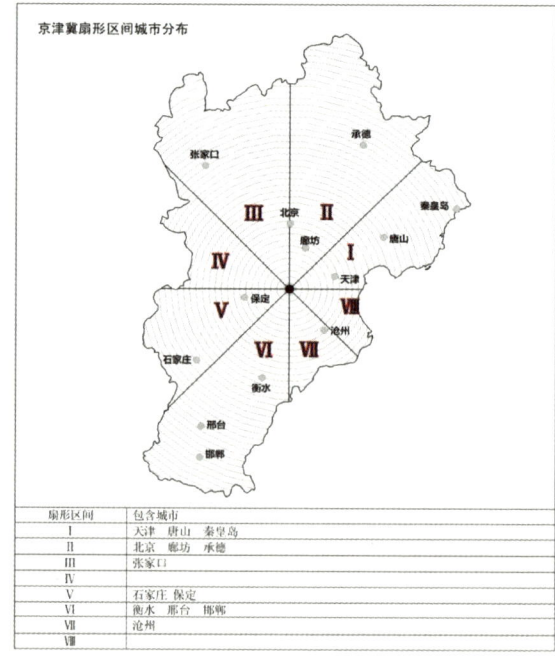

扇形区间	包含城市
I	天津 唐山 秦皇岛
II	北京 廊坊 承德
III	张家口
IV	
V	石家庄 保定
VI	衡水 邢台 邯郸
VII	
VIII	沧州

图 3-39 京津冀扇形区间城市分布示意

第 3 章　实证研究

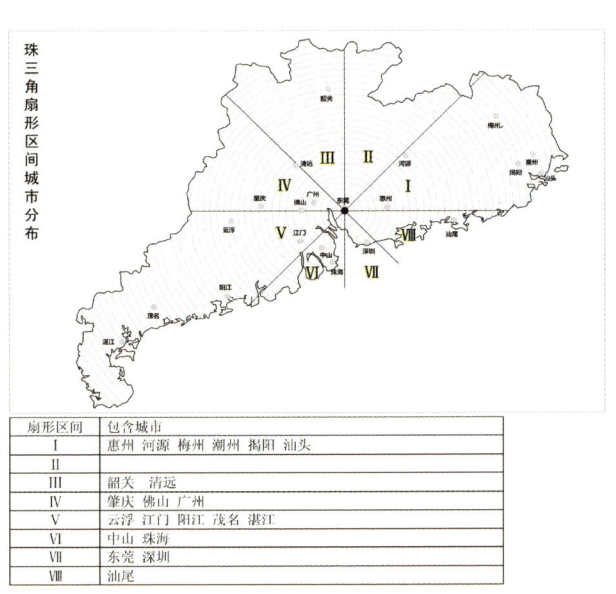

扇形区间	包含城市
I	惠州 河源 梅州 潮州 揭阳 汕头
II	
III	韶关 清远
IV	肇庆 佛山 广州
V	云浮 江门 阳江 茂名 湛江
VI	中山 珠海
VII	东莞 深圳
VIII	汕尾

图 3‑40　珠三角扇形区间城市分布示意

表 3‑23　长三角城市群扇面—比重分析

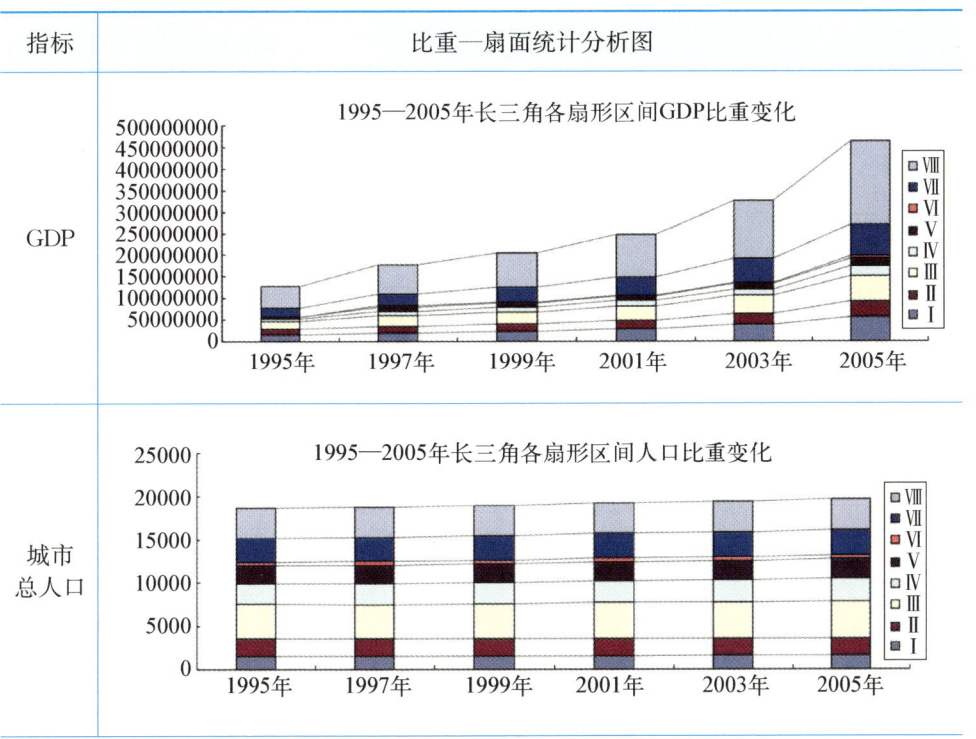

指标	比重—扇面统计分析图
工业产值	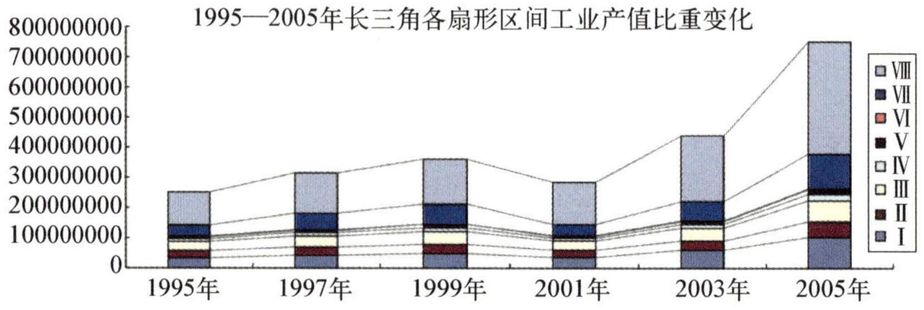 1995—2005年长三角各扇形区间工业产值比重变化
固定资产投资	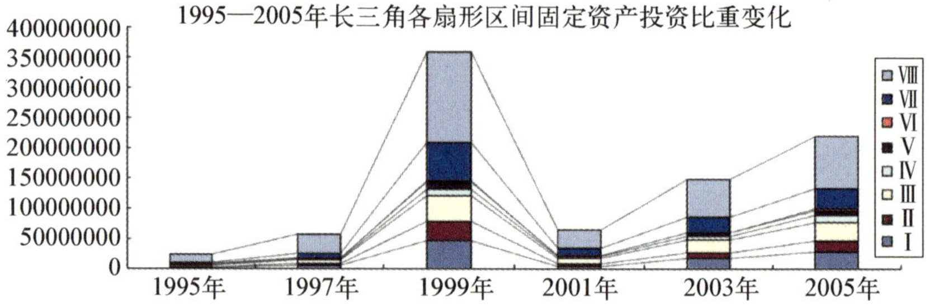 1995—2005年长三角各扇形区间固定资产投资比重变化
外商直接投资	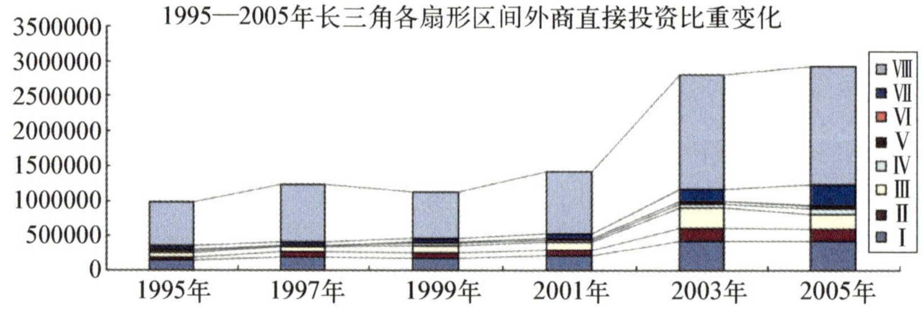 1995—2005年长三角各扇形区间外商直接投资比重变化

表3-24 京津冀城市群扇面—比重分析

指标	比重—扇面统计分析图
GDP	1995—2005年京津冀各扇形区间GDP比重变化

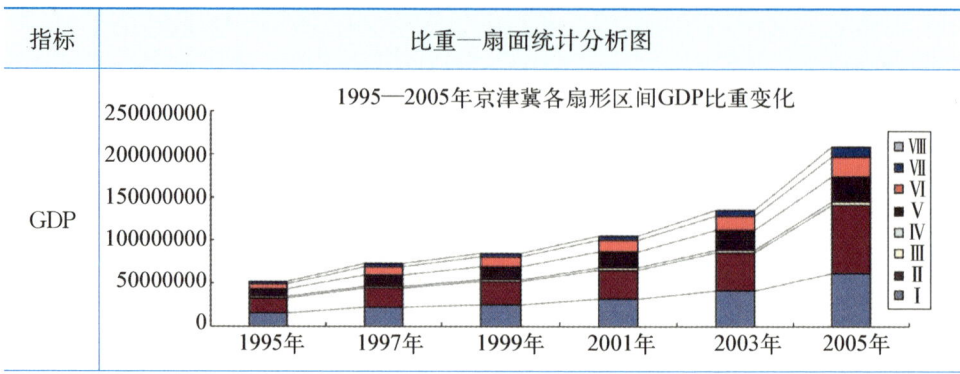

续 表

指标	比重—扇面统计分析图
城市总人口	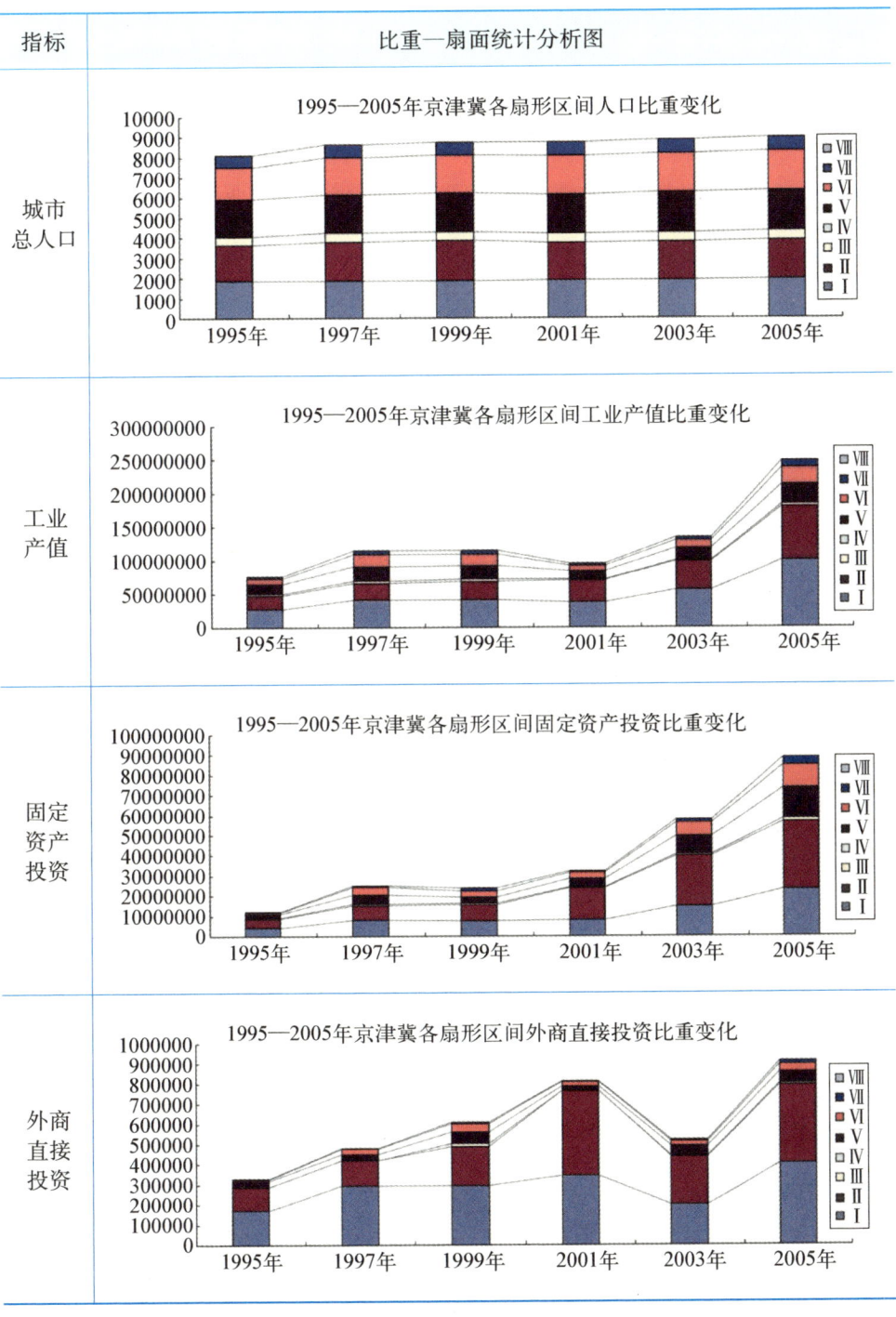
工业产值	
固定资产投资	
外商直接投资	

表3-25 珠三角城市群扇面—比重分析

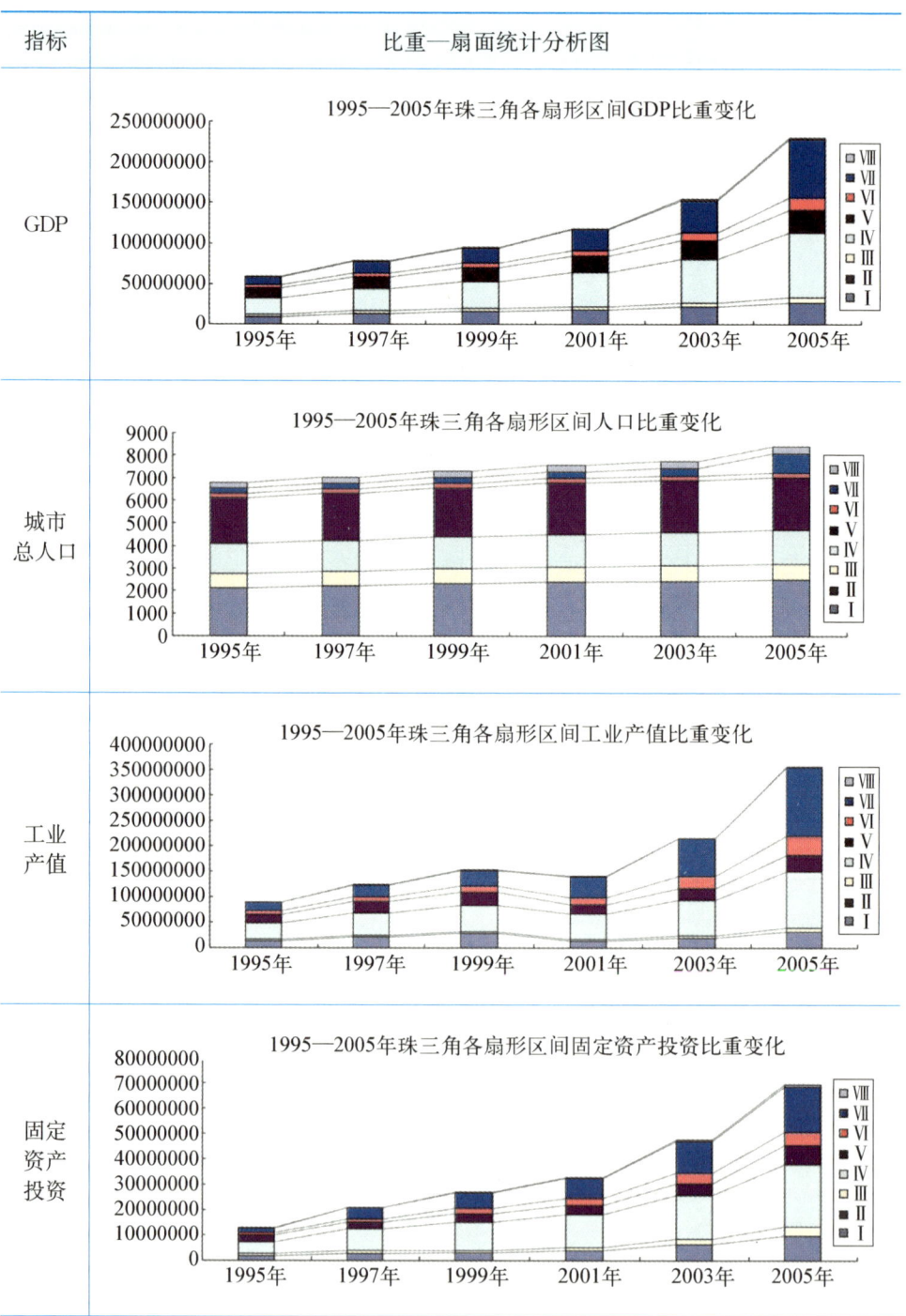

续　表

指标	比重—扇面统计分析图
外商直接投资	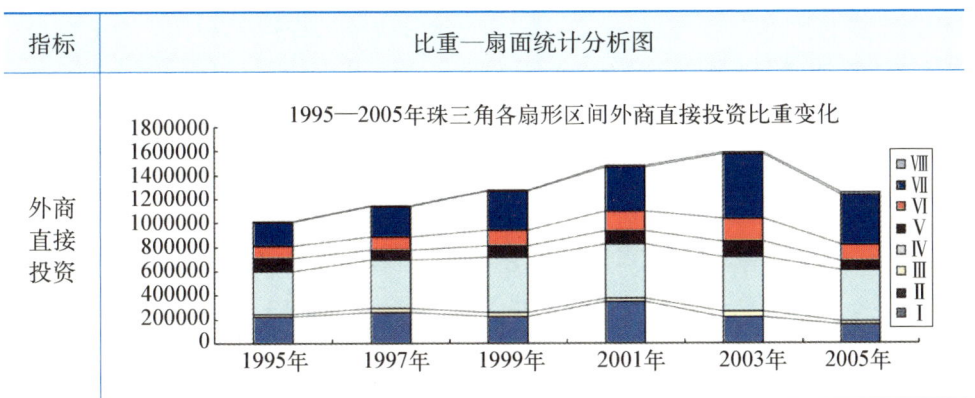

经济实力的比重—扇面格局未有明显变化,第Ⅰ与第Ⅷ扇面板块所占比重略有上升,第Ⅲ、Ⅳ、Ⅴ扇面板块比重呈下降;② 人口比重—扇面特征:人口最为集聚的是第Ⅲ扇面板块,其后依次为第Ⅷ、Ⅶ、Ⅴ、Ⅳ、Ⅱ、Ⅰ、Ⅵ扇面板块,从时间轴上看整体人口分布的比重—扇面格局变化很小;③ 工业产值比重—扇面特征:整体来看工业产值最高的是第Ⅷ扇面板块,其后依次为Ⅶ、Ⅰ、Ⅲ、Ⅱ、Ⅳ、Ⅴ、Ⅵ扇面板块,从时间轴上看,第Ⅶ扇面板块有较大增长;④ 固定资产投资比重—扇面特征:固定资产投资最为集中的是第Ⅷ扇面板块,其后依次为第Ⅶ、Ⅲ、Ⅰ、Ⅱ、Ⅳ、Ⅴ、Ⅵ扇面板块,从时间轴上看,区域整体固定资产投资有较大波动与起伏;⑤ 外商直接投资比重—扇面特征:外商投资最密集的扇面区域为第Ⅷ扇面板块,其后依次为第Ⅰ、Ⅲ、Ⅶ、Ⅱ、Ⅳ、Ⅴ、Ⅵ扇面板块,从时间轴上看,在第Ⅲ与第Ⅶ扇面板块间的外资流入上存在此消彼长的态势。

  2) 京津冀城市群:① GDP 比重—扇面特征:经济综合实力最强的为第Ⅱ扇面板块,其后依次为第Ⅰ、Ⅴ、Ⅵ、Ⅶ、Ⅲ扇面板块,从时间轴上看,整体实力比重格局没有明显变化;② 人口比重—扇面特征:人口分布最为集聚的是第Ⅴ扇面板块,其后依次为第Ⅵ、Ⅱ、Ⅰ、Ⅶ、Ⅲ扇面板块,从时间轴上看,整体人口分布格局没有明显变化;③ 工业产值比重—扇面特征:工业产值最高的为第Ⅰ扇面板块,其后依次为第Ⅱ、Ⅴ、Ⅵ、Ⅶ、Ⅲ扇面板块,从时间轴上看,各个扇面板块都有较大增长,第Ⅴ、Ⅵ扇面板块的增速明显;④ 固定资产投资比重—扇面特征:固定资产投资最为集中的是第Ⅱ板块,其后依次为第Ⅰ、Ⅴ、Ⅵ、Ⅶ、Ⅲ扇面板块,从时间轴上看第Ⅰ与第Ⅱ扇面板块变化最大;⑤ 外商直接投资比重—扇面特征:外商直接投资最为密集的是第Ⅱ扇面板块,其后依次为第Ⅰ、Ⅴ、Ⅵ、Ⅶ、Ⅲ扇面板块,而从时间轴上来看,第Ⅰ与第Ⅱ扇面板块是变化呈现此消彼长的态势。

3) 珠三角城市群：① GDP 比重—扇面特征：经济综合实力最强为第Ⅳ扇面板块，其后依次为第Ⅶ、Ⅴ、Ⅰ、Ⅵ、Ⅲ、Ⅷ扇面板块，从时间轴上看，整体实力格局未有大的变化；② 人口比重—扇面特征：人口分布最为集聚的是第Ⅰ扇面板块，其后依次为第Ⅴ、Ⅳ、Ⅶ、Ⅲ、Ⅷ、Ⅵ扇面板块，而随着时间发展，人口分布格局变化很小；③ 工业产值比重—扇面特征：工业产值最高的为第Ⅶ扇面板块，其后依次为第Ⅳ、Ⅵ、Ⅴ、Ⅰ、Ⅲ、Ⅷ扇面板块，从时间轴上看，第Ⅰ与第Ⅳ扇面板块为比重下降趋势，而第Ⅶ板块上升较快；④ 固定资产投资比重—扇面特征：固定资产投资最为集中的是第Ⅳ板块，其后依次为第Ⅶ、Ⅰ、Ⅴ、Ⅵ、Ⅲ、Ⅷ扇面板块，整体上固定资产投资的比重格局未发生显著变化；⑤ 外商直接投资比重—扇面特征：外商直接投资最为密集的板块为第Ⅶ扇面，其后依次为第Ⅳ、Ⅰ、Ⅵ、Ⅴ、Ⅲ、Ⅷ扇面板块，从时间轴上看，第Ⅰ扇面板块外资所占比重在下降，而第Ⅶ扇面板块的比重上升较快。

3. 分析小结

综上，通过此部分比重—扇面的空间组织特征演变分析，我们可以看到：

（1）城市群内部不同地域发展具有路径依赖，存在某种俱乐部趋同特征。多数区域经济学中的趋同模型只是分析了一个区域的经济增长与其初始水平的关系，而忽略了其与其他区域之间在经济发展方面的相互影响。不能够很好地解释趋同过程中空间相邻的城市之间经济增长的关联现象，特别是俱乐部趋同的形成。笔者在此将其置于具体空间范围内，以位置分布关系划分为不同的空间地域"城市群体"，可以看到是存在某种俱乐部趋同特征的，即往往增长快的城市之间或者是增长慢的城市之间趋向于地理上的群集，每个城市的增长不是独立地进行的，而是表现出与其周边城市相似的增长行为。这就意味着每个城市群存在着多重均衡点的可能与多重均衡增长路径。现实中即便结构特征相同的区域也不一定收敛于同一稳态，最后的增长结果还部分决定于初始条件。只有结构特征相同，初始条件相互近似的国家才最终收敛于同一稳态。结构特征和历史因素共同决定了经济增长的结果（魏后凯，2006）。新古典增长理论和新增长理论提出了一系列可能产生趋同或趋异的因素或机制，我们将其总结为四个方面的因素和机制：① 资本的边际报酬递减；② 技术进步；③ 区域内的经济结构变动；④ 经济一体化。

（2）城市在区域多重区位中所处的地位可成为中国城市间异速增长的主要解释变量。中国的城市政策一直较为重视全国性的空间格局，并据此确定特定时期的投资重点，重点建设的区域与城市往往能吸引较多的固定资产投资和基础设施建设项目，其他区域则因此而居于不利地位。因此，城市在区域中所获得政策支持具有很强的资源配置导向性,诸如中国不同时期区域政策的实施都具有这种增长极的效果,从深圳特区的设立到浦东新区的开发再到近年滨海新区的建设,无疑不体现出政府政策战略意图的空间落实,但是如何将这种战略意图的正面效应最大化却是极其需要重视的,特别是防止过度的路径依赖所带来的区域非均衡发展格局的惰性,最终达到效率与公平的兼顾。当前,国家开展编制的全国城镇体系规划,珠三角、长三角、京津冀城市群规划大都是一种政策导引,而未来真正具有实际意义的实施手段是分配各区域基础设施投资与大型项目的份额。这时中央政府会面临多方多重博弈的局面,如中央与省市两级地方政府、省与省、省与市、市与市等,此时中央政府应当兼顾效率与公平,充分考虑自身规划、政策、措施的外部效应、收益分配和均衡发展三个目标,在这个大前提下对区域内不同空间板块发展格局的清晰认识无疑是必要的。

3.7.4 城市群产业空间组织演变分析

1. 产业空间组织分析原理

城市作为现代工业的载体,其产业组织的功能非常突出。在现代城市,一般都存在两种类型产业,一种是以满足城市外(区域、全国以及国际)的需求为对象;另一类是以满足城市内的需求为对象。满足城市以外地区需要的输出产业,在整个城市经济的发展中起着决定性作用,不仅是城市成长的基本动因,而且决定着城市经济的性质和发展方向,以及在整个社会经济体系中的地位和作用,因此,被称为城市的"基础经济部门"或"基础产业部门"。同时,任何一个城市,只有基础产业是不能存在,还必须有为基础产业配套的非基础产业。基础和非基础两部分是相互依存的。然而城市的基础经济部门是城市产生、发展的动力,反映了城市和区域之间、城市与城市之间的关系。本书在此主要针对城市外部空间结构演化的分析,因此在此城市从基础经济部门分析开始,观察其在地域空间联系与组合上的变化。

城市发展的动力在于为外部提供生产和服务,根据分工理论,每一城市都根据相对优势,进行专业化生产,城市的专业化分工程度越高,其产生影响的空间范围就越大,围绕各自主导产业的前向、后向联系,城市之间发生着各种关联,不同的产业生产管理组织方式与产业链空间分离与组合方式,体现在城市外部空间形态上则具有不同的特征。

区位商可以反映经济部门与外部区域之间的输入输出关系。其原理是:全国性行业结构旨在满足全国人口的需求,每个城市必须有类似的结构才能满足市区人口的需求。若是一个城市某一行业所占比例地域全国的平均比例,则需

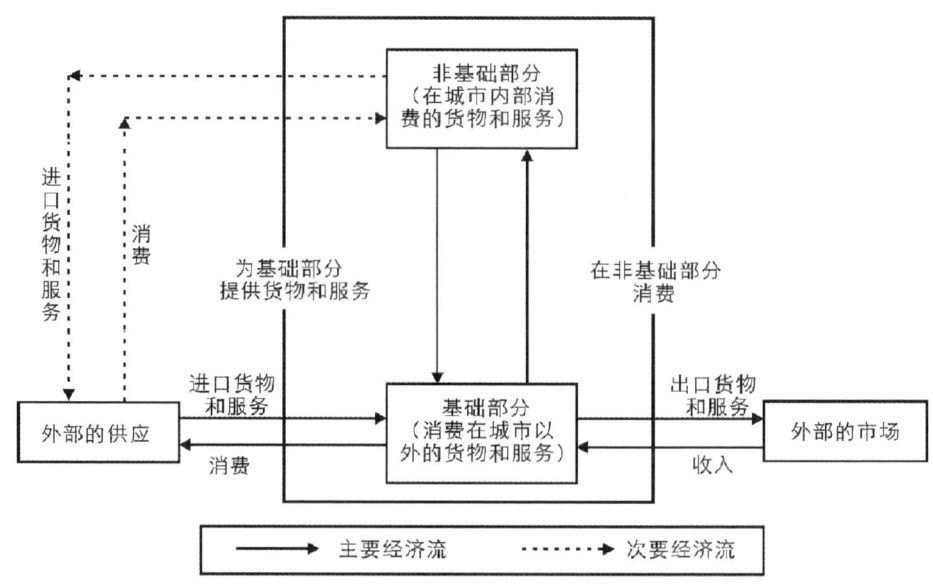

图 3-41 城市经济活动基础和非基础部分的构成

从市外输入产品或服务;反之则可以为外地提供消费或服务。当区位商小于或等于1时,表明某一部门为净输入,全部属于非基础经济活动;当区位商大于1时,则表明该部门存在着输出活动,即存在基础经济活动。将区位商赋予空间意义后,区位商的数值就可以反映出某一区域要素的空间分布情况,反映某一产业部门的专业化程度,以及某一区域在高层次区域的地位和作用等方面,是一个很有意义的指标(崔功豪,魏清泉,陈宗兴,1999)。

区位商的计算公式为:

$$Q = \left[\frac{d_i}{\sum_{i=1}^{n} d_i}\right] \bigg/ \left[\frac{D_i}{\sum_{i=1}^{n} D_i}\right] \qquad 公式(1)$$

式中,Q 为某区域 i 部门对于高层次区域的区位商;d_i 为某区域 i 部门的有关指标(通常可用产值、产量、生产能力、就业人数等指标);D_i 为高层次区域 i 部门的有关指标;n 为某类产业的部门数量。

考虑到指标选取的代表性及数据的可获得性,本研究选择城市从业人员[①]

---

① 1997、1999、2001 年中国城市统计年鉴中的按行业分组人口包括:农林牧渔业、采掘业、制造业、电力煤气及水生产供应业、建筑业、地质勘探与水利管理业、交通仓储邮电业、批发零售贸易业、金融保险业、房地产业、社会服务业、卫生体育福利业、教育文化广播影视业、科研综合技术服务业、机关和(转下页)

为城市分工专业化指标,即城市是否具有外向功能,主要取决于其某一部门从业人员的区位商。

2. 城市群制造业空间分析过程

克鲁格曼(1991)建立的中心—外围模型的主要思想是,一个经济规模较大的区域,由于前向和后向的联系,会出现一种自我持续的制造业集中现象,经济规模越大,集中越明显。运输成本越低,制造业在经济中所占的份额越大,在厂商水平上的规模经济越明显,越有利于集聚,"中心—外围"结构的形成取决于规模经济、运输成本和区域国民收入中的制造业份额(金相郁,2004)。为此,作者选择制造业进行区位商分析的代表性行业,通过计算制造业区位商来判断不同时期城市制造业外向度的类型变化,另一方面通过计算城市制造业区位商,来判断区域内制造业职能专业化趋势和程度。利用上述分析方法中的公式(1),作者测算了三大城市群共107座城市1997、1999、2001、2003、2005年共5个年份的制造业区位商,结果见表3-26至表3-28。其中,若$Q<1$,则i城市制造业部门不存在外向功能;若$Q>1$,则i城市制造业部门存在着外向功能,因为i城市的总从业人员中分配给制造业部门的比例超过了城市所在区域的分配比例,即制造业部门在j城市中相对于城市所在区域是专业化部门,可以为城市外界区域提供服务。

表3-26 1997—2005年长三角城市群各城市制造业区位商动态变化

序号	1997年		1999年		2001年		2003年		2005年	
	城市	区位商	城市	区位商	城市	区位商	城市	区位商	城市	区位商
1	无锡	1.92	铜陵	1.39	铜陵	1.53	苏州	1.79	嘉兴	1.94
2	苏州	1.88	常州	1.28	苏州	1.48	铜陵	1.55	苏州	1.89
3	上海	1.68	无锡	1.24	常州	1.38	常州	1.44	无锡	1.40
4	镇江	1.41	上海	1.22	马鞍山	1.34	无锡	1.42	常州	1.39
5	常州	1.41	马鞍山	1.22	无锡	1.34	马鞍山	1.40	南通	1.37
6	宁波	1.41	苏州	1.21	南通	1.24	南通	1.33	铜陵	1.36

(接上页)社会团体等15个行业部门。2003、2005年中国城市统计年鉴中按行业分组人口根据社会经济发展变化做出调整,包括:农林牧渔业、采掘业、制造业、电力煤气及水生产供应业、建筑业、交通运输仓储及邮政业、信息传输计算机服务和软件业、批发和零售业、住宿餐饮业、金融业、房地产业、租赁和商业服务业、科研技术服务和地质勘查业、水利环境和公共设施管理业、居民服务和其他服务业、教育、卫生社会保险和社会福利业、文化体育和娱乐业、公共管理和社会组织。

续 表

序号	1997年		1999年		2001年		2003年		2005年	
	城 市	区位商	城 市	区位商	城 市	区位商	城 市	区位商	城 市	区位商
7	嘉 兴	1.40	泰 州	1.14	芜 湖	1.15	芜 湖	1.28	温 州	1.34
8	杭 州	1.30	南 通	1.13	扬 州	1.15	嘉 兴	1.22	马鞍山	1.28
9	南 京	1.27	嘉 兴	1.08	镇 江	1.14	扬 州	1.17	湖 州	1.21
10	绍 兴	1.23	芜 湖	1.08	上 海	1.13	上 海	1.16	绍 兴	1.16
11	温 州	1.11	扬 州	1.06	泰 州	1.11	镇 江	1.15	泰 州	1.09
12	马鞍山	1.11	镇 江	1.04	南 京	1.10	南 京	1.12	芜 湖	1.09
13	铜 陵	1.11	南 京	1.04	嘉 兴	1.08	泰 州	1.11	扬 州	1.09
14	湖 州	1.02	衢 州	1.02	衢 州	1.01	温 州	1.04	镇 江	1.09
15	台 州	1.01	杭 州	0.99	杭 州	1.00	宁 波	0.99	杭 州	1.06
16	扬 州	0.99	湖 州	0.90	宁 波	0.96	杭 州	0.97	南 京	0.99
17	南 通	0.91	盐 城	0.89	合 肥	0.90	衢 州	0.96	宁 波	0.99
18	金 华	0.90	宁 波	0.87	盐 城	0.89	淮 安	0.92	上 海	0.95
19	泰 州	0.89	淮 阴	0.86	淮 安	0.88	宣 城	0.90	淮 安	0.91
20	舟 山	0.83	合 肥	0.85	蚌 埠	0.84	蚌 埠	0.88	衢 州	0.88
21	合 肥	0.82	绍 兴	0.83	温 州	0.82	合 肥	0.86	盐 城	0.82
22	芜 湖	0.81	滁 州	0.82	宣 城	0.80	绍 兴	0.85	合 肥	0.78
23	盐 城	0.70	蚌 埠	0.81	滁 州	0.80	盐 城	0.76	宣 城	0.73
24	衢 州	0.68	巢 湖	0.80	湖 州	0.78	舟 山	0.76	蚌 埠	0.71
25	安 庆	0.55	温 州	0.79	绍 兴	0.77	滁 州	0.73	舟 山	0.67
26	阜 阳	0.54	舟 山	0.77	巢 湖	0.74	宿 迁	0.67	连云港	0.65
27	徐 州	0.54	宿 迁	0.76	淮 北	0.74	安 庆	0.66	金 华	0.65
28	淮 北	0.53	安 庆	0.74	安 庆	0.74	连云港	0.62	滁 州	0.61
29	连云港	0.51	连云港	0.66	舟 山	0.70	台 州	0.60	宿 迁	0.60
30	蚌 埠	0.50	徐 州	0.66	宿 迁	0.68	徐 州	0.60	台 州	0.53
31	黄 山	0.50	黄 山	0.65	连云港	0.65	湖 州	0.57	徐 州	0.52
32	淮 阴	0.50	淮 北	0.63	徐 州	0.65	黄 山	0.56	丽 水	0.52
33	淮 南	0.49	金 华	0.62	台 州	0.58	巢 湖	0.55	安 庆	0.51

续 表

序号	1997年		1999年		2001年		2003年		2005年	
	城 市	区位商	城 市	区位商	城 市	区位商	城 市	区位商	城 市	区位商
34	滁 州	0.43	台 州	0.61	宿 州	0.57	池 州	0.53	巢 湖	0.47
35	宿 迁	0.40	六 安	0.57	六 安	0.56	金 华	0.53	亳 州	0.46
36			宿 州	0.56	黄 山	0.54	亳 州	0.53	池 州	0.40
37			阜 阳	0.44	金 华	0.53	丽 水	0.49	阜 阳	0.39
38			淮 南	0.38	池 州	0.52	六 安	0.46	黄 山	0.38
39					亳 州	0.48	宿 州	0.46	六 安	0.37
40					丽 水	0.47	阜 阳	0.46	淮 南	0.34
41					阜 阳	0.44	淮 南	0.38	宿 州	0.29
42					淮 南	0.37	淮 北	0.28	淮 北	0.29

表3-27 1997—2005年京津冀城市群各城市制造业区位商动态变化

序号	1997年		1999年		2001年		2003年		2005年	
	城 市	区位商	城 市	区位商	城 市	区位商	城 市	区位商	城 市	区位商
1	天 津	1.76	张家口	1.28	天 津	1.34	天 津	1.4	天 津	1.4
2	北 京	1.22	天 津	1.27	石家庄	1.11	石家庄	1.17	石家庄	1.1
3	石家庄	1.16	石家庄	1.11	张家口	1.03	唐 山	1.03	唐 山	1.04
4	衡 水	1.1	唐 山	1.08	唐 山	0.97	张家口	1	秦皇岛	0.91
5	邢 台	1.05	秦皇岛	0.99	秦皇岛	0.94	秦皇岛	0.93	张家口	0.88
6	唐 山	1.05	邯 郸	0.92	邯 郸	0.89	邯 郸	0.81	承 德	0.79
7	廊 坊	0.88	保 定	0.87	承 德	0.78	衡 水	0.78	保 定	0.79
8	沧 州	0.88	衡 水	0.84	保 定	0.78	保 定	0.78	衡 水	0.76
9	张家口	0.78	邢 台	0.84	邢 台	0.76	承 德	0.72	邯 郸	0.76
10	邯 郸	0.7	承 德	0.8	北 京	0.71	北 京	0.68	廊 坊	0.68
11	秦皇岛	0.68	北 京	0.74	沧 州	0.67	廊 坊	0.67	北 京	0.62
12	保 定	0.63	沧 州	0.71	廊 坊	0.62	邢 台	0.66	邢 台	0.61
13	承 德	0.41	廊 坊	0.63	衡 水		沧 州	0.63	沧 州	0.57

表 3-28　1997—2005 年珠三角城市群各城市制造业区位商动态变化

序号	1997 年		1999 年		2001 年		2003 年		2005 年	
	城 市	区位商	城 市	区位商	城 市	区位商	城 市	区位商	城 市	区位商
1	深 圳	2.41	惠 州	2.13	惠 州	1.83	珠 海	1.72	惠 州	1.74
2	珠 海	2.00	珠 海	2.01	珠 海	1.79	惠 州	1.70	珠 海	1.67
3	佛 山	1.78	深 圳	1.79	中 山	1.67	中 山	1.45	中 山	1.47
4	东 莞	1.73	佛 山	1.75	深 圳	1.51	深 圳	1.23	江 门	1.15
5	中 山	1.61	东 莞	1.65	佛 山	1.41	佛 山	1.19	深 圳	1.15
6	潮 州	1.28	江 门	1.63	江 门	1.31	江 门	1.13	佛 山	1.10
7	广 州	1.27	中 山	1.61	东 莞	1.26	东 莞	1.07	清 远	1.01
8	惠 州	1.17	广 州	1.27	广 州	1.05	广 州	0.97	云 浮	0.98
9	汕 头	1.03	韶 关	1.23	韶 关	1.01	肇 庆	0.93	东 莞	0.92
10	揭 阳	1.03	云 浮	1.22	云 浮	0.95	云 浮	0.90	肇 庆	0.91
11	江 门	0.95	潮 州	1.05	汕 头	0.83	韶 关	0.83	广 州	0.88
12	云 浮	0.79	清 远	1.00	潮 州	0.78	清 远	0.77	河 源	0.81
13	肇 庆	0.75	揭 阳	0.99	清 远	0.74	汕 头	0.76	韶 关	0.78
14	汕 尾	0.72	汕 头	0.97	湛 江	0.62	潮 州	0.69	汕 头	0.71
15	韶 关	0.58	阳 江	0.85	阳 江	0.59	河 源	0.56	潮 州	0.68
16	茂 名	0.54	茂 名	0.84	梅 州	0.59	湛 江	0.53	汕 尾	0.56
17	阳 江	0.51	梅 州	0.82	肇 庆	0.58	梅 州	0.51	湛 江	0.52
18	清 远	0.38	肇 庆	0.72	茂 名	0.56	阳 江	0.51	梅 州	0.46
19	湛 江	0.37	汕 尾	0.61	汕 尾	0.45	汕 尾	0.42	阳 江	0.45
20	河 源	0.25	湛 江	0.26	揭 阳	0.42	茂 名	0.41	揭 阳	0.39
21	梅 州	0.23	河 源	0.23	河 源	0.18	揭 阳	0.35	茂 名	0.34

在此,借助 Surfer8.0 软件,按上文进行趋势面分析步骤,将各个城市的制造业区位商值赋予每个城市"点",由软件自动生成三大城市群制造业区位商空间分级等高线图谱,从而城市群内部将产业分工空间联系强度通过图形表现出来,通过区位商的空间等级分布规律进行空间分工范围与格局的论证等。通过区位商等高线可以判断不同城市制造业产业的位势高低及其变化,从而了解各城市在制造业经济空间中的地位、作用、影响及其变化。

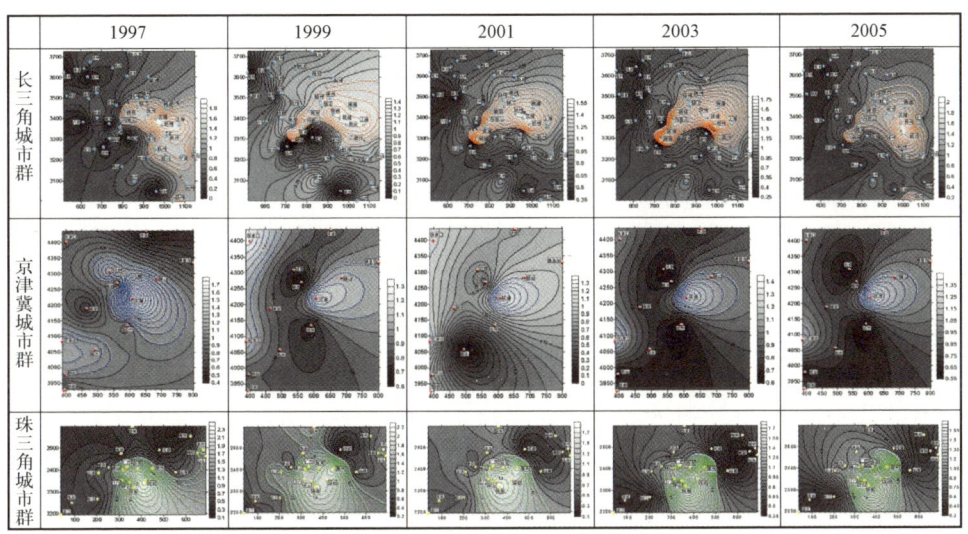

图 3-42　1997—2005 年中国三大城市群制造业区位商空间分级等值线图

3. 三大城市群演变分析

1) 长三角城市群：从区位商表中可以看出，在长三角城市群 42 座城市中，历年有 14—15 座城市制造业部门的区位商大于 1，其中按这些城市在 5 个年份中出现的频度排序为：苏州(5)、无锡(5)、常州(5)、镇江(5)、嘉兴(5)、马鞍山(5)、铜陵(5)、上海(4)、南京(4)、扬州(4)、泰州(4)、南通(4)、芜湖(4)、杭州(3)、温州(3)、湖州(2)、衢州(2)、绍兴(2)、宁波(1)、台州(1)，其中频度越高说明该城市在长三角城市群中其制造业有着很强的外向辐射功能，而其中有些城市不仅在整个长三角城市群具有重要地位，而且在全国也具有很强的辐射功能，如苏州、无锡。与此同时作者将这些城市按所属省份进行简要统计，可以看到除上海一个直辖市外，江苏省有 8 座城市制造业区位商超过 1，出现频度合计 36 次，浙江省也有 8 座城市制造业区位商超过 1，出现频度合计 19 次，安徽省有 3 座城市制造业区位商超过 1，出现频度合计 14 次，从这组数据我们也可以清楚的可以看出长三角城市群中制造业的实力格局，这为进一步优化区域产业分工，引导城市间产业链接，规划构造区域制造业核心区域提供了基础。同时还有两个现象值得关注，其一是上海、南京两个中心城市的制造业区位商 2005 年一起下降小于 1，杭州也仅是略有上升为 1.06，其二是浙江省湖州、绍兴与温州三个城市在 1997 年时均大于 1，但中间年份下降小于 1，后都在 2003 年、2005 年重新超过 1，这些说明中心城市与从属城市、省内与省际同级城市之间都在不断地依据市场规律调整与优化自身的职能定位与产业功能。

从长三角城市群制造业区位商空间分级等值线图所表现出的变化来看，作者根据每个城市的制造业区位商值分为两类：第一类为商值大于1的城市，图中用红色曲线表示其所形成的空间影响等高线；第二类为商值小于1的城市，图中用黑色曲线表示其所具有的空间影响等高线。在此，作者主要从顶点城市的变化、第一类城市等高线围合区域形态与两类城市等高线密度三个方面分析相关信息，首先通过鞍点的变化，我们可以看到，1997年时，鞍点城市为苏州—无锡的城市组合，1999年演变为常州、马鞍山与铜陵，2001年演变为苏州、马鞍山与铜陵，2003年为苏州、马鞍山与铜陵，2005年演变为苏州—嘉兴城市组合，马鞍山、铜陵、温州；其次再来观察第一类城市等高线围合区域形态的变化，我们可以看到，1997年主要是向南有一块拓展，主要表现纵向连绵星云状区域，1999年向西纵深腹地有很大突破，演变为东西向的连绵星云状区域，2001年依然为东西向，但影响范围有所减小，2003年依然为东西向，影响范围再次扩大，2005年向南有所拓展，形状近圆形，同时在南部温州出现局部峰值。最后从两类城市等高线密度变化来看，第一类城市的等高线密度以1997年为基准年份，经历了"疏→密→密→疏"的变化，而第二类城市的等高线密度亦以1997年为基准年份，则经历了"密→疏→疏→疏"的变化，两种变化说明一类城市间的竞争与二类城市间的追赶都不断进行。

2) 京津冀城市群：从区位商表中可以看出，在京津冀城市群13座城市中，历年有3—6座城市制造业部门的区位商大于1，其中按这些城市在5个年份中出现的频度排序为：天津(5)、石家庄(5)、唐山(4)、张家口(3)、北京(1)、衡水(1)、邢台(1)，其中频度越高说明该城市在京津冀城市群中其制造业有着很强的外向辐射功能，而其中有些城市不仅在整个京津冀城市群具有重要地位，而且在全国也具有很强的辐射功能，如天津。与此同时作者将这些城市按所属省份进行简要统计，可以看到除北京与天津两个直辖市外，河北省有5座城市制造业区位商超过1，出现频度合计7次，从这组数据我们也可以清楚的可以看出京津冀城市群中制造业的实力格局，这为进一步优化区域产业分工，引导城市间产业链接，规划构造区域制造业核心区域提供了基础。同时还有京津冀城市群中有三个现象值得关注，其一是京津两大核心城市的外围直接腹地河北省的制造业偏弱，既不利于与中心城市的产业转移对接，也不利于对中心城市的配套支持，其二是首都生产性功能外迁，如首钢迁往曹妃甸，沧州黄骅港渤海新区的建设等工业新区开始崛起，整合与永续发展成为京津冀城市群中传统与新兴城市的路径门槛;第三为环京津贫困带的出现,如何通过工业化进程予以解决颇为值得思考。综上看来,市场力与政府力如何有效结合是整个京津冀城市群地区发展的破题之作。

同长三角城市群的分析,我们从京津冀城市群制造业区位商空间分级等值线图所表现出的变化来看,首先通过鞍点的变化,可以看到,1997年时,鞍点城市为天津与石家庄,1999年演变为天津与张家口,2001年后演变为天津—唐山的城市组合及外围石家庄的刚刚超过1;其次再来观察第一类城市等高线围合区域形态的变化,我们可以看到,1997年主要是以天津为峰值的区域连绵星云状区域,1999年在1997年两个部分的基础上,张家口与石家庄在西侧外围形成一定的影响空间,2001年后演变为天津的独力支撑,整个区域未能出现类似长三角与珠三角城市群那样多个城市连绵块状地域,仅有唐山与天津毗邻、石家庄在外围整体呈斑块分布。最后从两类城市等高线密度变化来看,第一类城市的等高线密度以1997年为基准年份,经历了"密→密→密→疏"的变化,而第二类城市的等高线密度亦以1997年为基准年份,经历了"疏→疏→密→疏"的变化,这两种变化说明一类城市间的竞争与二类城市间的追赶都在不断进行,特别是一类城市间制造业比较优势的保持、下降与增强,从而导致城市间实力对比的变化。

3) 珠三角城市群:在珠三角城市群21座城市中,历年城市制造业部门的区位商大于1的城市数量相对其他两个城市变化较大,并呈现减少态势,其中按这些城市在5个年份中出现的频度排序为:深圳(5)、珠海(5)、佛山(5)、中山(5)、惠州(5)、东莞(4)、江门(4)、广州(3)、韶关(2)、潮州(2)、清远(2)、汕头(1)、揭阳(1)、云浮(1),其中频度越高说明该城市在珠三角城市群中其制造业有着很强的外向辐射功能,而其中有些城市不仅在整个珠三角城市群具有重要地位,而且在全国也具有很强的辐射功能,如深圳、东莞、惠州、中山。应当讲,珠三角作为中国改革开放最早的区域,其长期以来所形成的制造业先发优势与地位是十分明显的,而且广州与深圳两座城市的职能分工也逐渐清晰,但其制造业区位商值整体性的下降,不论是升级换代还是后劲不足都在某种程度上成为一种警示信号,而能不能做强做大取决于珠三角的城市能否进一步相互联合,整合资源,形成高、中、低端不同层次的制造业分工格局。

从珠三角城市群制造业区位商空间分级等值线图所表现出的变化来看,首先通过鞍点的变化,可以看到,1997年鞍点城市为深圳,而其后的1999、2001、2003、2005年的鞍点城市一直为珠海与惠州所占据;其次再来观察第一类城市等高线围合区域形态的变化,以广州—深圳—珠海为核心区域,1997年等高线围合区域主要是沿海向东延伸至潮州,1999年则发生很大变化,由向东延伸转变为向北部韶关的延伸,而之后的2001、2004、2005年基本都集中在核心区域,已无向外拓展;最后从两类城市等高线密度变化来看,第一类城市的等高线密度以1997年为基准年份,经历了"疏→疏→密→密"的变化,而第二类城市的等高线密度亦以1997年为基准年份,经历了"疏→密→密→密"的变化,这两种变化最主要反映出核心区域与外围区域城市的差距在扩大,一面是高强度的发展,另一面则是苦苦追赶。

4. 分析小结

艾伦·斯科特(Allen Scott)于1985年发表了《区位过程、城市化和区域发展》一文,强调劳动过程对纵向一体化和纵向分解所起的作用,把纵向分解及由此产生的联系网络看成是现代城市出现的原因和雏形。此部分以制造业这一对地区工业化水平和实力有根本影响的行业为对象进行探索研究发现:

1) 三大城市群经济空间形态差异明显,显示出城市群发育程度差距。三大城市群之间的产业经济空间形态差别明显,长、珠更呈连绵态势的块状,存在有多个城市组成的核心区域,这意味着城市群内部更容易产生密切的经济联动,更容易产生城市群特有的整体规模优势与竞争优势,同时随着发展,长三角城市群呈现出扩张的趋势,在向西部腹地安徽省扩展,珠三角则呈现相对收敛的空间态势,主要集中于珠江入海口两侧的区域,与区域的融合、联动、辐射有限,相比这两大城市群,京津冀不仅呈现出一种由少数中心城市控制的孤岛状,并且随着时间呈现萎缩的态势,说明区域内部经济联系亟待加强。基于这种区域分工态势图形化的直观显示,使我们更好地了解与把握了区域制造业发展的空间动态特征,一方面更清楚地认识到城市群更多是经济规律自发联系形成的,是超越行政区划的,另一方面可以发现区域中亟待加强与扶持的城市,从而推动区域均衡发展。

2) 城市群内部的制造业分工地位不断变化,重组明显。产业链(Industry Chain)是指经济布局和组织中,不同城市、不同产业之间或相关联系行业之间构成的具有链条绞合能力的经济组织关系。而据表3-16、表3-17和表3-18中三大城市群中每座城市的制造业区位商值都在不断发生着变化,意味着每座城市在区域制造业分工链中的比较优势在不断发生变化,空间分工的组合状态在不断调整。整体来看,长三角与珠三角城市群中具有输出实力的城市更多,而京津冀城市群则十分有限,这对于经济板块联系的加强以及产业复合体的形成有

3) 制造业分工空间关联密切，核心组团空间连续格局明显。区位商大于1意味一座城市在区域中具有外包生产与输出的专业化能力，城市间专业化的生产引起相关产业的专业化进程，导致城市群地域空间的分工日益细密化，交易规模增加，空间集聚成为分工的内生结果。城市群内部产业链的形成就成为一种城市外部经济空间网络的联结和整合的过程。杨小凯等学者以专业化分工为基础的关于报酬递增机制导致产业空间扩大的论述，说明了随着分工的演进，专业中间商与城市化及城乡二元结构的出现便都是内生的；其中将城市化定义为"邻人间距离的减少"表明了理论在用之于空间分析时解释了的实质问题应是聚集的形成机制。在这种情况下，原先仅限于城市内部的产业空间边界将被改变，即向外扩展。当产业融合发生在更大范围时，就使不同城市间的产业空间边界模糊化，这将打破城市之间自给自足的态势，并使相互产业空间边界不断向外扩展，发生产业环节间交叉与渗透，使各自空间的分割走向整体空间的融合。从而表现为城市群的产业空间边界呈现出富有弹性的连续空间，具有包容性和生长性的边界特征，这在长三角与珠三角城市群的制造业区域商空间格局中得到很好的反映。

3.7.5 空间组织研究发现与探讨

在初步完成了对城市群经济空间演变现象的描述性解释后，其更深层次的演变机制与动力又是什么呢？这是每一个研究者都会进一步予以关注和探索的问题。完成对这些问题的回答，才可以更有效的指导今后城市群规划理论发展与实践工作的开展，在此，作者结合自身的研究过程，谈一些萌芽式的理论思考。

系统的创生，大体经历以下几个环节：分化—类聚—成核—归并—边界闭合(颜泽贤，1993)。在自组织系统种存在着两种组织、两种有序或两种结构。一是系统内在物质—能量—信息流动方式的有序；二是系统在表面呈现出来的空间性组织、结构或有序化(孙志海，2004)。所以，理解系统进化就存在两个维度：一是内部动力机制维度；二是外部空间表征维度。系统内部的运动方式必然要通过外部空间现象的某种形式实现自己，所以，系统的运动方式必然与系统的空间性表征之间存在联系，不同的内部动力机制会通过各自的空间结构来实现自己的运动并表现为不同的空间性结果。

作为特定地域范围内不同性质、类型和等级规模的社会经济联系密切的城市构成的相对完整的城市"集合体"(朱英明，2002)，每座城市都是城市群的一分子,都和其他城市发生着广泛而复杂的联系,联系的多样性、紧密性和变化性在很大程度上决定了一座城市的区域角色也决定了整个区域的空间格局,城市群内在的关系机制是城市群空间演变更为本质的成因。本研究关注的不是每座城市的孤立轨迹,而是由此带来的区域整体空间格局的演变。那么城市群内部密切的城市间交互关系又是如何构成的呢?作者认为城市群空间格局的演变,从发展机制上讲更多是空间主体的自组织行为结果,因此应采用一种"自下而上"的视角,去分析理解由个体城市的微观行为动机所演化形成的区域宏观空间格局。

1. 区域的主体意义

一般而言,区域经济中有三类主要行为主体:企业、居民、政府。1990年代以来,随着中国社会主义市场经济体制的逐步确立,中国区域空间行为主体日益明确化与多元化。宁越敏从城市化的资本来源着手分析中国城市化动力,认为1990年代以来的中国城市化是以政府、企业、个人联合推动的新城市化过程,它们是对地域系统空间组织的内力来源(曾菊新、罗静,2002)。

居民——他们的空间意愿主要源于对一定居住场所的要求和良好居住环境的渴望;但其空间有效需求量小、空间消费水平低,因而其空间博弈能力弱,个体行为形成的空间扰动常自发收敛于有限的空间范围,难以刺激系统内部的空间响应机制。居民群体的空间需求和空间偏好有可能对地方政府的空间政策产生影响,并进而对城乡地域系统的空间结构演变产生间接影响。

企业——它是地域空间资源的大宗消费者,具体表现为对地域系统内部空间区位的大量"侵占"、对空间通道和空间媒介的大规模利用等。相对于居民在地域空间市场上的弱势地位,厂商具有较强的空间博弈能力,其空间行为有可能够产生较大的空间扰动;同时,不同厂商间还常常基于某种共同利益而结成地域企业网络,由此增强其讨价还价能力。此外,厂商的空间意愿能够更强烈地影响地方政府的空间政策。

地方政府——地方政府作为一种具有委托—代理意义的组织实体,不仅自身占用一定的地理空间平台,而且负责社会公共产品的生产(公共基础设施建设),并掌控企业及居民用地的批租,是地域空间资源的大宗消费者和垄断供给者。基础设施建设能够改变城乡地域系统内部的空间格局及其与外部系统的相对空间态势;通过对企业及居民用地的批租能够有效调控不同空间主体的空间行为。此外,体现政府空间意愿的空间政策的制定及其调整意味着地域空间博弈规则的形成和改变。

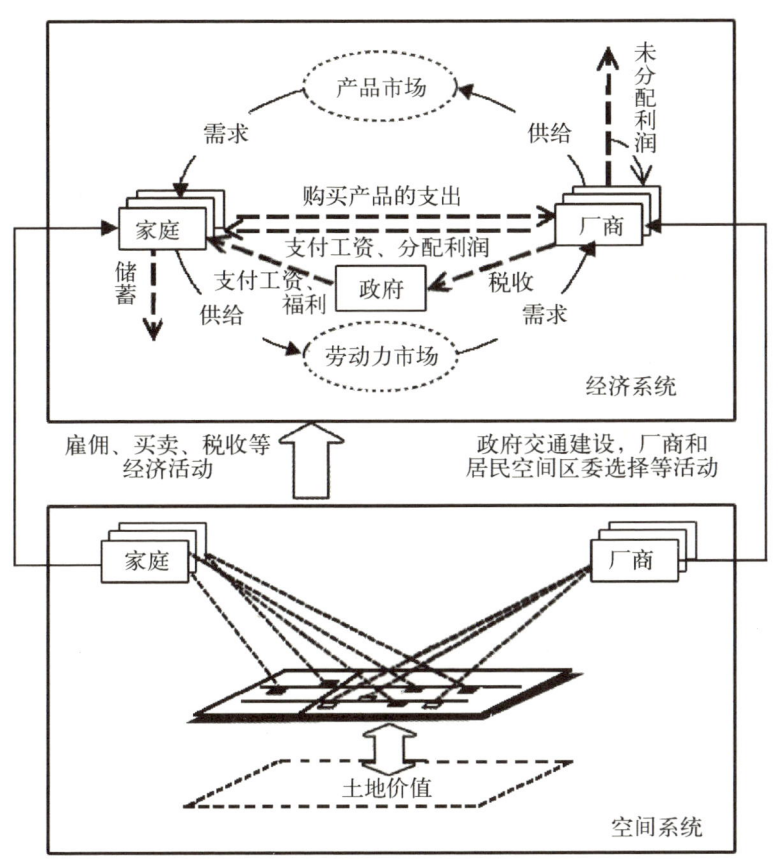

图 3‑43 空间主体演化模型的概念框架

城市作为以行政区划①为地域空间的独特经济系统,可视作政府、企业与居民的集合体,从经济学角度而言,城市是一类人格化的经济组织,并同时具有"经济人"的理性意识、主体意识和竞争意识,同级城市之间展开的复杂利益博弈决定了不同性质的经济活动,经济活动的空间分异构成了形态万千的城市群经济,城市群经济活动在不同空间的分布以及分散于不同地理空间之间的组合就构成了城市群经济空间结构。

2. 城市群经济空间演变的内在机制

生产和交易是经济系统的两大基本过程,城市作为经济组织具有生产和交

---

① 行政区划从其设立的初始意义上讲,是出于划分地方管辖事权领域、政府间利益分配需要而形成的政治、经济地理边界。由于地方利益的切实存在,"行政区经济"也就必然存在。

易双重属性。城市群作为城市的集合,是在一定契约结构条件下,为获取整体竞争优势各城市主体空间集聚、利益互动、分工协作的组织形式,具有"生产"和"契约"双重基本规定性的统一。从城市群城市个体决策的角度,揭示城市群本质的两重基本规定性及其内在联系。这种内在联系,表现为城市群解决分工经济中两个基本问题中所采用的机制是特殊的。因此,对城市群研究必须将其二元属性结合起来,撇开任何一面,去孤立地研究另一面,都有失偏颇。为此,基于前文对城市群"地理接近"与"关系接近"二维特征的界定,下文分别从"地域分工"与"竞合博弈"两个维度为切入,导入专业化分工理论与博弈论,展开对城市群空间结构动态演变内在动力机制的深入探讨。

1) 城市群:一种专业分工的生产网络

城市群经济空间结构的形成产生于自然空间的分异,却最终成就于专业化分工与的演进。在城市群经济空间内部,各城市的区位特征、历史传统、要素禀赋、比较优势及功能都存在着差异,为各城市之间互补性的分工发展提供了客观基础。这种非均质空间下形成的分工映射在一定的基础空间单元,就形成了以不同产业为划分依据的经济功能体。那么不同分工的城市在空间上是如何发生关联的呢?一般而言,城市区域空间的社会分工网络直接反映为城市区域内不同城市产业间的经济和技术联系。而这种联系在经济上体现为产业间贸易和投资,可以说,城市域际产业链的形成是城市群经济空间网络的联结和整合的过程(冯云廷,2006)。

因此,城市群经济可以描述为一个由交换联结而成的以生产专业化分工为基础的空间系统。在这个空间系统中,经济的空间组织模式取决于全部参与者共同决定的劳动分工与市场交易关系。应当说城市间分工的形成应是一个在较长的时期内逐步产生、调整与演变过程,在此对这种城市群内部的专业分工及其演进过程进行图式描述(图3-44)。

图中,假定一个城市群经济系统中有4座城市A、B、C、D代表4个生产性场所,每座城市只生产与消费4种产品(图中用1、2、3、4表示),并可在这四种产品中进行自由的选择。

依据分工程度,可分为自给自足、局部分工与完全分工与分工范围扩大四个阶段。

阶段一:自给自足。图中,每座城市完全自给自足,彼此间没有市场联系,交易费用为零。每座城市不仅专业化的水平低,而且生产力水平也较低下,城市群经济结构的多样化程度很低。此阶段不存在经济意义上的基础空间单元,而只有一般意义上的生产力布局。与这种空间属性相对应,只有行政区划的属性和功能。

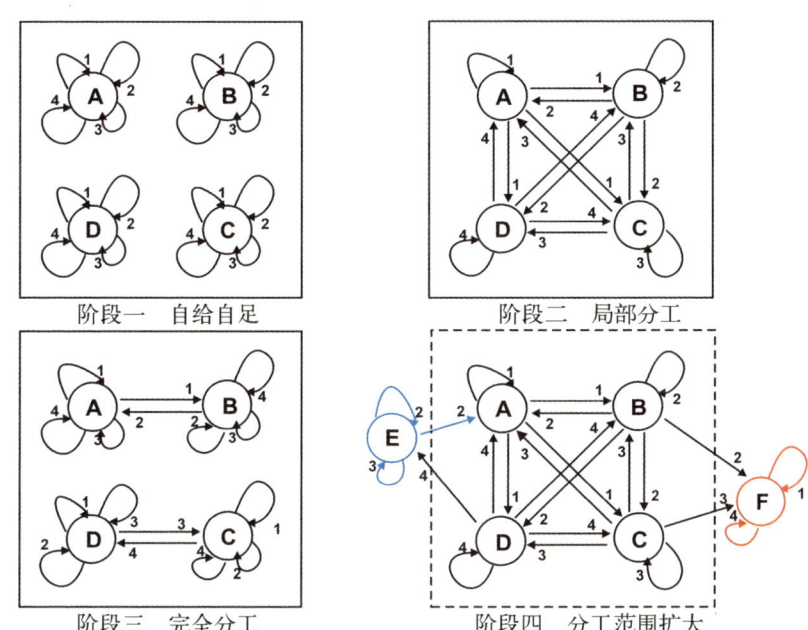

图 3-44 城市群专业分工演进图析

阶段二：局部分工。图中，经济被分为两个互不往来部分，此阶段，每座城市生产的产品种类由 4 减至 3，专业化水平上升，生产力水平提高，不仅市场从无到有，而且随着每座城市的交易次数从 0 增至 2，交易费用开始出现。与第一阶段相比，城市群中生产产品 1 或 2 的城市从自给自足的 4 个减少至 2 个，生产集中度与结构多样化程度同时上升；与此同时，城市与城市之间的依赖性与一体化得到了增加。从空间的角度，由于分工的出现，地域空间开始分异，在自组织规律的作用下，分工和空间异质性会不断深化。

阶段三：完全分工。图中各城市在市场的作用下，分工进一步细化，异质性也不断得到强化，每个区域只生产一种产品，形成了四个不同的城市产业经济功能，城市间贸易依存度相当高，交易次数以及总的交易费用开始显著增加。由于实现了完全分工，城市高度的专业化，不同城市之间的关系不再是竞争，而更重要的是协作。

阶段四：分工范围扩大。随着区域内部分工协作的日益成熟，在规模经济与范围经济作用下产生溢出效应，一方面现有城市群开始利用自身比较优势与其他群外城市 E、F 进行市场交易，另一方面，现有城市群的成功吸引其他城市 E、F 主动进入分工网络。

实际上，城市化与劳动分工之间循环演进的关系可以分为两个方面：一方面，劳动分工是经济增长和城市化的基础的根本动力。劳动分工推动生产效率的提高、促进知识和技术进步，从而推动经济增长，而随着经济增长和分工深化，对于分工协作的需求增强，直接促进城市化发展；另一方面，城市化是促进分工深化的空间组织形式，城市化通过把人口和产业聚集在一起，创造出大规模的市场，降低了协调交易活动的成本，提高了效率，从而推动劳动分工的进一步演进和深化。城市群经济空间的形成与发展正是这种城市化地区专业化分工①的高度关联的产物。

从市场经济中的分工模式来看，城市群和大城市是两种截然不同的分工协调模式。城市群通过专业化的分工、协作，在城市群内形成开放式的横向或纵向一体化的产业链网来提高分工水平；大城市是通过封闭式的纵向一体化组织形式来提高分工水平的。城市群内各个城市在地理位置上的邻近优势和其生产产品的高度相关性，可使其交易成本降低，从而使城市群变成了一个没有围墙的、可以不断发展的"城市集团"，既克服了规模过大、组织运行成本过高等一系列的"大城市病"，同时又避免了纯粹的市场分工所带来的城市间交易成本过高的弊端，这样既保证了分工与专业化的效率机制，与此同时还能将这种分工与专业化深化下去，使得分工与合作的关系得以在更大空间范围内扩大和加深，从而反过来促进了城市群网络组织的进一步发展。

2) 城市群：一种竞合博弈的关系图式

分工与专业化的不断演进使城市成为相对独立的经济主体与空间单元，城市之间出现两种形式的竞合关系：一是城市之间存在产品、技术、服务等方面的关联，形成互补关系和相互依赖，因而需要通过相互合作性竞争才能满足各自多方面的需要，这主要通过专业化分工和贸易来实现；二是迫于市场竞争压力，通过竞争性合作实现优势互补或扩大同种优势，形成竞争力的合力，追求各自经济发展的更加稳定、更大的规模（冯云廷，2006）。那么，城市群众多城市主体的行为则充分体现了整体和多主体的互动联系。城市对于集群整体竞争优势的依赖以及寻求自身发展的压力使得群内城市处于不断的竞合博弈中，形成了新型的竞合关系。在竞

---

① 地区分工和专业化的演变

阶　段	分工类型	专业化形式	专　业　化　特　点
第一阶段	部门间分工	部门专业化	不同部门在空间上的分离
第二阶段	部门内分工	产品专业化	同一部门不同产品在空间上的分离
第三阶段	产业链分工	功能专业化	同一产品价值链的不同环节在空间上的分离

资料来源：魏后凯. 现代区域经济学. 北京：经济管理出版社，2006

合博弈的网络化成长中寻求单个城市的发展以及整体竞争优势的形成是这种新型竞合关系的基本图式。这种竞合博弈使得城市群空间结构演化的内在机制更加错综复杂,包含不同范畴和不同层面的各种空间分化与组合过程。这意味着经济空间结构的本质是对均衡的博弈路径和固定特征的一种浓缩表征,不仅是主体博弈的空间均衡结果,更是主体博弈的空间均衡过程,是一种动态的"定态"。

"分而合之,竞而合之"的空间交互成为形成城市群的必然路径,这不仅仅是基于水平或纵向联结的关系互动,更是基于价值创造和利益分配的互动。其中包含若干个城市个体间相互联系的单边或多边博弈局势与过程。对于其中每个博弈局势而言,无论是完全信息博弈还是不完全信息博弈,无论是静态博弈还是动态博弈,无论是两方博弈还是多方博弈。它们都遵循经典博弈理论的基本假设、定义、表达式以及均衡实现规则。因此,可以通过分析城市个体间的博弈互动,研究群体达到均衡的行为调整过程,研究从个体行为到集体行为的形成机制,从而分析研究城市群这一复杂系统的发展。

在此,作者以上文城市群域际产业链形成为例,将根据城市所处产业链环节的不同而产生的横向互动、纵向互动和多角互动三种城市间互动模式①类比为博弈过程,该过程可抽象为如图3-45所示的博弈链模型图解。

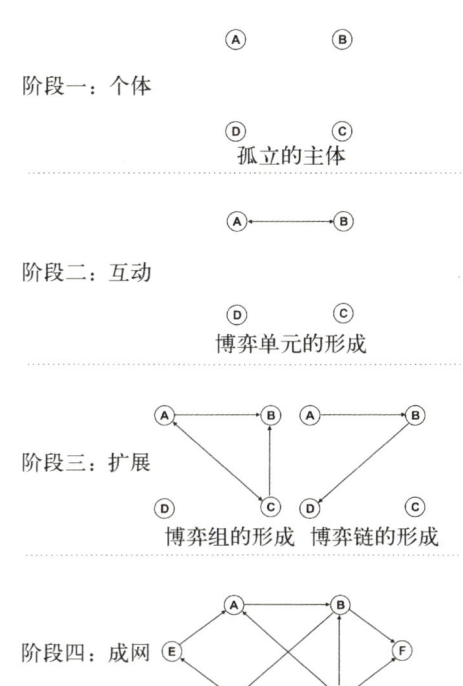

图3-45 城市群竞合博弈演进图析

将城市群系统看成一个由城市个体依据一定的行为规则而连接在一起的"结点"网络所代表的互动主体群。假定这个城市群系统中有4座城市,图中节点A、B、C、D:代表博弈单元中的参与主体;节点间的连线代表博弈单元之间的联系,说明产生了博弈关系;连线箭头的指向表示博弈效应的传递顺序与方向。

---

① 横向互动是指处于不同产业链同一环节经济行为体间的互动,纵向互动是指处于同一产业链不同环节经济行为体间的互动,多角互动是指处于不同产业链各环节经济行为体以及它们之间的一种互动模式。

依据博弈作用过程,可分为孤立的个体、博弈单元的形成、博弈组(链)的形成、博弈组链与网络的形成四个阶段。

阶段一:孤立的主体。是指一定地域空间里的城市 A、B、C、D,它们彼此间尚未发生互动。从空间的角度,即为城市在区域内散点状分布,保持一种孤立发展格局。

阶段二:博弈单元的形成。是指一定地域空间里的单个博弈局势,即图中城市 A 与 B 开始发生博弈互动,彼此产业开始发生竞争与合作,这是组成博弈组链的基本单位。空间上表现为由于商贸往来,交通设施与大型市场的兴建与发展,城市间轴向吸引联系。

阶段三:博弈组(链)的形成。是指在一定的地域空间里,由两个以上城市构成具有组团状或链状特征的城市群组合。图中增加一个供应商 C,A 和 C 是市场竞争对手,它们都是 B 的供应商,三者之间几乎同时构成两两博弈关系,其中包括三个相互影响的博弈单元,但并不具有链状特征,因而形成了一个产品供应博弈组;增加一个下游销售商 D,构成一条供应链,其中包含两个博弈单元,而且相互连接,依次有序,因而形成一条形象的博弈链。空间上表现为交通设施的进一步发展,企业工厂向接近市场的区位布局,出现组团状或带状城市群雏形。

阶段四:博弈组链与网络的形成。是指在一定地域空间里,存在具有一定链状结构特征的城市博弈关系组合,如图中 A、B、C、D 的组合,即阶段三中在博弈组的基础上由于下游销售商 D 的增加,前面的供应商 A、C,中间加工商 B 与后面的销售商 D 形成一条博弈组链。而博弈网络,是指在一定地域空间里,由若干个城市博弈组链交错连接,形成具有网络状结构特征的博弈组链的集合。空间上表现为,交通设施与基础设施呈网络状发展,大型交通枢纽、物流枢纽、交易市场开始出现,整个城市群呈现多中心网络状空间格局。

需要特别说明的是,利益关系作为行为主体之间最基本的社会、经济关系,不同的行为主体之间的利益差异及诸主体对这种差异的追求是利益关系演变的动力所在。现实中:① 群内城市之间存在多点关系。在这种多点关系中,城市在不同的方面产生联系。② 群内城市长时期的重复博弈。③ 第三方关系的存在。群内城市双方的合作与竞争可能受到第三方的影响。如中央政府的干预或跨国集团投资的诱因等。作者在进行上述博弈分析时进行了必要的简化。

3. 小结

城市群发展是一个不断演化的空间过程,空间结构则是由经济活动主体组成的密集网络,它们之间有着广泛的分工关系并保持密切的互动。从相互独立的点到点与点之间的网络,空间结构处于不断的变动过程之中。城市群在城市产业价值链不断分化与组合的过程中,发展成为既具有多种链路功能联合和多元化组织联合的统一体。城市群由于分工与博弈所具有的竞合关系在空间上的表现主要取决于其分化与组合的"溢出"效应①,在"溢出"机制的驱动下,城市群整体空间的扩展由以下过程推动:

① 市场自组织型驱动机制——功能性溢出。在市场机制驱动下,商品、资本、技术、劳动力、信息的相对自由流动和生产要素的优化配置,提高资源配置效率。作为经济空间主体的城市具有有限理性,为了追求利润最大化,本能地驱动市场扩张,推动城市内的纵向合作和城市间的横向合作,使城市群经济合作的范围不断扩展。

② 政府他组织型驱动机制——制度性溢出。随着经济合作领域的扩大,合作城市之间的利益关系更加复杂,客观上要求建立一个有效的组织机制来协调相互之间的利益,此时在制度驱动产生的政治性溢出的作用机制下,必然建立城市群经济合作组织与相关制度安排。

③ 市场与政府融合驱动机制——空间性溢出。在城市群合作组织内,功能性溢出效应和制度性溢出效应相互融合,基于市场扩张效应,原有区域空间逐渐不能满足要素扩张的需要,原有合作城市需要寻求更多的城市签订合作协议,扩大合作空间;同时,基于区域合作的示范效应也吸引合作群外的邻近城市加入这个合作组织,使得区域经济合作的纵向内涵——合作领域、合作方式和合作机制不断深化,横向规模——合作成员、合作空间不断扩展。

综上所述,基于区域城市主体理解,采用自下而上的视角去认识、发现与理解由于微观主体的动机与行为所带来的宏观空间变化现象,根据变化现象,提炼和总结主体行为类型与空间影响结果,对研究开展的重要价值,继而深刻剖析城市间关系类型,或者说关联,即主体间的互动是未来研究的另一个思想基点,因为孤立的主体不存在真正的空间变化,可以说也就不存在真正研究的价值,只有

---

① 新功能主义理论把"溢出效应"分为 3 种类型:功能性溢出(functional spillover)、政治性溢出(political spillover)和地理性溢出(geographic spillover)。其中功能性溢出是指当合作成员在一个或几个领域开展合作时,只有在另一个或几个相关领域进一步采取合作行动才能实现最initial目标。即如果成员国的一个经济部门进行合作,会导致其他部门的进一步合作(熊理然,骆华松,杜双燕,王家文,2006)。政治性溢出是指经济合作发展到一体化后,一体化的重要性日渐形成压力,要求在超国家层次上实行政治控制并承担责任,最终导致超国家机构的诞生。地理性溢出是指基于市场扩张的需要,原有合作成员需要寻求更多的国家或地区以扩大合作空间;同时,当被排除在合作组织外的国家感到区域经济合作组织的直接影响时,它们将越来越倾向于加入这个合作组织(邱芝,2005)。

当主体间相互发生作用时才会形成丰富多彩的空间结构,才会提供发现潜藏变化规律的可能。而现实中全球化所带来的城市联系尺度范围与交互对象的扩大,信息化所带来的主体联系的便捷化与密切化,分权化则带来主体的多元化与能动化,这些都无不让我们必须树立全新的整体联系观,不能就城市论城市,而要跳出来,站在一个区域、一个整体来分析和理解我们所看到的空间变化。从"主体及其相互关系"的角度去理解城市群空间发展中的现象与规律,将有助于我们摒弃以前抽象的现象分析方法,从而理解关系几何与空间具体产出的内在必然联系,打开内嵌的产生城市群空间变化的动力关系黑箱。最终基于"主体"认识展开进一步的理论创新与理论解释力的增强。

城市群空间结构的变动反映了其内在的社会、经济和文化因子在时空系统中的转变及其相互作用,源于两种力量的互动并随着时间的推移而逐渐积累呈现出其最终面貌。这两种力量,一种是"自发秩序",即城市群中的大量空间主体(企业、居民以及其他各类组织)不断地分化与组合,另一种是"人为秩序",即凭借总体的、宏观的管制及各项决策的应用进行人为的规划与管理。如果我们对其自发秩序的形成有更加科学的认识,无疑对城市群规划的有效实施是有力支撑。

第4章
结语展望

在本书研究与写作过程中,作者查阅了大量国内外文献书籍了解城市群的研究历程与最新动态,收集录入、整理分析大量城市统计数据,生成与绘制大量分析图谱……围绕"记录一种变化,寻找一种解释,搭建一座桥梁"的研究目标加以循序推进,就是为了力图能对城市群这个老而弥新的研究对象能有一些新的认知和理解,为这个领域能够增添一些新的实证发现,引入一些新的方法工具,探索一些新的理论视角。回顾整个过程,从背景趋势的把握、研究命题的切入、概念内涵的界定、理论进展的述评、实证对象的选择、方法模型的导入、数据信息的挖掘、规律特征的提炼、进一步的理论思考形成一个相对完整的研究逻辑体系与工作流程。作者认为对城市群研究主要做出了三个方面的推进与创新:

(1) 研究命题的创新。研究紧紧围绕"如何对城市群发展的空间结构及其能效评价加以整体性的刻画与测度?"这一核心命题,选择"形态—轨迹—能效"三项关系系统演化的核心指标展开层层深入的渐进式城市群空间研究,构建了城市群空间"宏观形态—均衡轨迹—结构能效"一套整体性的认知与评价框架与方法,特别是关于城市群结构集合能效的提出与测度是一项具有重要探索和创新意义的工作,使我们能够对城市群发展运行绩效做出整体性的定量化与科学化的评价,从而为今后城市群空间规划与区域经济发展政策的制定探索了一套科学评价方法与决策依据。

(2) 研究方法与工具的创新。借助与引入 GIS、Surfer、DEA 等先进的数据分析软件与模型,对城市群经济空间的宏观形态、均衡重心、结构能效进行数据挖掘,生成大量直观的图谱信息与定量的运算数据,使我们对三大城市群有了更为形象化、精确化与科学化的经验认知。在一定程度上建立起了现象与科学经验的概念化之间、空间原型和空间模型之间的纽带和桥梁,有助于对城市群展开更为深入的理论研究。

（3）三大城市群空间结构的一些新认知与新发现。以中国长三角、珠三角、京津冀三大城市群为经验案例，展开 6 个年份 10 项指标大量而翔实的数据分析，对获取的一手时空演变信息进行提炼归纳，初步发现城市群空间聚散与能级主导路径特征，心—核叠置、心—核错位偏离、心—核错位居中三种空间均衡类型与重心移动轨迹与变化的四种情景、双维结构集合能效测度中珠三角城市群为(中高,中高)型、长三角城市群为(中,中高)型、京津冀城市群为(中低,低)型等一系列新的发现，为城市群规划理论发展与实践开展提供了富有创新价值的认知信息。

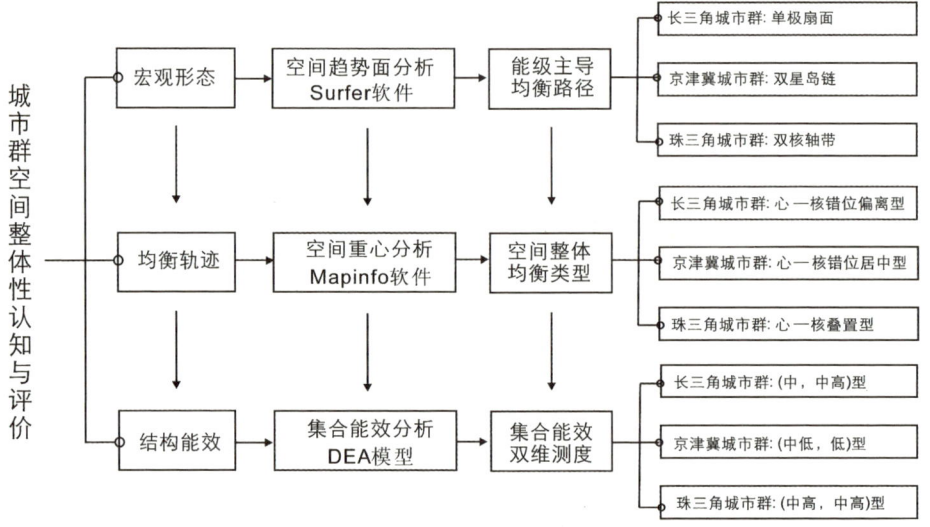

图 4-1　三大城市群空间整体型认知与评价

研究对三大城市群的空间结构及其集合能效所展开平行性研究，工作量是巨大的。鉴于研究时间精力与阅历经验的限制，并为了将来能将研究向真正的理论化高度进一步推进，论文还有一些有待深化完善之处与所值探索未知之域，在此也进行简要的梳理归纳，以便自己和后人作为未来研究的目标与方向继续努力钻研下去。

4.1　有待深入完善之处

（1）鉴于当前国内对三大城市群的范围界定尚未有明确一致观点，作者在研究中一方面根据三大区域的地理特征与内在联系，另一方面参照了国家建设部开展的长三角、珠三角、京津冀三大城市群规划编制时所采用的规划范围，经验性选择了三大城市群的空间范围，未来需进一步通过科学研究加以界定。

（2）由于城市研究数据与资料获取的限制，为保证研究的可实施性，作者文中采用地级城市的统计数据展开研究，使得部分研究未能更深入，未来在保持对现有数据动态更新的基础上可进一步加强研究数据的补充完善，如能获得更小的空间研究单元（县区级）的数据可进行基于面状数据的分析，如能获得城市间动态"流"数据的获取，便可展开城市群更为深入的网络分析。

（3）作者在论文研究与写作中借鉴吸取了众多学科的理论与方法，但由于属跨专业的运用，因此功力尚显薄弱，如 DEA 模型是经济学与管理学科所使用的模型，对其的引入对结构能效的测度完全是一种全新的探索，因此未来对所采用的软件与模型应加强进一步了解并加以改进与完善，从而与本专业需求更好的结合。

（4）集合能效是作者基于对城市群整体性提出的一个重要评价指标，国内外此类研究尚不多见，因此可参照研究极少，同时由于这一指标的"黑箱"特性，使我们对其产生与运行机制并未能真正了解，文中作者虽引入 DEA 模型并基于中心地模式进行了探索性的能效测度与评价研究，但未来还应加强对中心地结构作为一种理想模式的多学科原理解读、空间要素扩散作用的统计学原理及 DEA 模型经济学原理的空间研究转换对接等环节更深入的钻研，使这一富有创新意义的工作更加严密。

4.2　所值创新探索之域

4.2.1　城市群空间研究的复杂性思维与方法导入

1. 复杂思维与主体分析

城市的群体化发展要求城市研究需从孤立、分离的单个城市向更大范围的城市系统研究拓展。这在很大程度上增加了我们认知的复杂性，必须在研究思维和认知方法上进行创新。

20 世纪前期的区位论研究，以规范性分析为思维方式。经济活动最佳区位是在一系列简化的假设条件下求得的，是以一般均衡、报酬递减、完全理性的"经济人"、完全竞争、完全信息等一些古典经济学基本命题为基础的，使理论的实际应用受到一定的限制。虽然行为区位论对区位决策者行为差异的考虑，与规范区位论的"经济人"概念相比,使研究结果更加接近现实(李小建,1999)。近年的研究表明,揭示区域系统及其空间演化规律要比人们的想象困难得多,区域的空间复杂性以大量微观主体(居民、企业、政府以及各类组织)的非线性相互作用为特征,产生出不可逆转的、非连续的甚至混沌的时空动力学行为——这一点与传统的区域理论有很大的区别。

复杂区域科学基于"自下而上"的认识,注重研究区域中大量微观主体(居民、企业、政府以及其他各类组织)非线性的互作互动问题——它们是有序行为和空间结构的根源,应用复杂科学(sciences of complexity)的理论和方法来研究和分析区域问题及其时空演化的内在规律,内容涉及城市和区域系统内不同层次上的结构和功能以及在相应空间上的动态格局。Allen、Batty、Krugman 等知名学者都已在各自研究导入复杂系统理论与方法并提出了多重均衡、路径依赖、

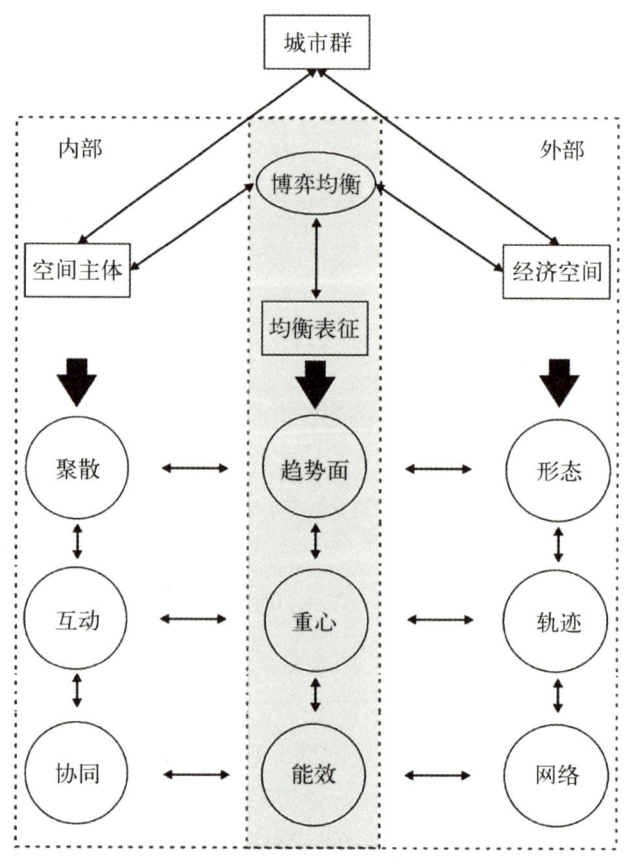

图 4-2　城市群经济空间的内—外机制特征分析认知

报酬递增、有限理性等一系列全新的概念体系。霍兰提出的复杂适应系统理论（Complex Adaptive Systems，简称CAS）为进一步理解系统宏观现象的微观机制提供了比较完备的认知范式和模型构架。

2. 层次界定与中观视角

空间经济自组织的本质是区域主体追求自身利益而在空间形成的一种累积因果关系，要想完整揭示经济空间形成和演化的一般机理，就必须对宏观—中观—微观各个层面的主体行为都具有深入的分析。现代城市群是一个多系统、多层次的高度复杂的综合体。一个显著的特点是层次性，大体上可分为微观和宏观两个层次，它们之间还存在许多中间层次。这种层次性使得宏观结构的微观机制问题（宏观整体的规律性如何从微观中突现出来），以及区域空间不同层次格局演化的尺度转换和互动问题就成为区域复杂性研究的核心内容之一。因此，对其研究既离不开对总体规律与宏观特征的把握，也离不开对微观尺度内部运行机理的剖析。为此，作者认为需要一种"中观"视角以反映宏观层面的概括性，也可显示微观层面的复杂性，通过选择中观层次的空间主体作为研究对象，将城市自身变化及与所在区域内其他城市相互作用两种空间关系相互结合，从而将由城市群空间演变规律的研究逻辑一致地统一在动态兼容的理论框架体系之中。本书主要以城市作为区域主体展开了相对宏观层面的研究，而对各级政府、企业等日益对区域空间产生显著影响的微观主体分析尚未展开，因此加强不同尺度层面的案例实证，特别是诸如基于政策空间效应的政府博弈行为分析、基于价值链空间组合的企业空间选址分析、跨国公司投资区位决策与区域一体化分析、政府企业间博弈行为空间影响等中观层面的案例实证研究的开展都会对城市群的研究形成更好的拓展和完善。

3. 量化趋势与技术革新

科学研究的开展过程中，研究工具与技术具有十分重要的作用。今日，新型数量方法与工具的出现与应用、反映了空间研究朝着定量化、科学化发展的新趋势。这种新趋势就是在空间研究中，以定量精确判断来补充定性文字描述的不足；以抽象的能反映本质的数学模型去刻画具体的庞杂的各种地理现象；以对过程的模拟和预测来代替对现状的分析和说明；以合理的趋势推导和反馈机制分析去代替简单的因果关系分析；以新的定量化技术去革新传统的研究方法。

城市群空间研究是通过结构化的要素来具体把握的，空间结构作为城市规划学、城市地理学的研究核心之一，众多学者对之进行了多角度的广泛研究。透过其中一些令人信服的经典研究，可以发现科学理性与客观合理地归纳演绎城市空间的法则,解释城市群空间演变的过程,很大程度上依赖于研究者能够熟练有效地将定量方法与技术与经验解释结合起来更好地描述与解释城市空间发展。大数据时代大量新的计量、统计、空间分析的方法、模型与软件的涌现,为我们展开城市群研究提供了强大的技术工具,应加以更好更快的学习引入与专业化的改进应用。

4.2.2　全球化信息化背景下中心地理论的再发展

中心地理论是最为经典的、符合科学理论特征的城市群空间理论,在笔者研究中发挥了非常重要的启示与依据作用,作为一个阶段性研究,作者深知目前研究对中心地理论的应用和拓展是有局限的,并意识到中心地理论在今天仍具有生命力与拓展价值的。

1933年,克里斯塔勒(W. Christaller)对中心地理论的提出与建立是有严格的条件设定与严密的演绎归纳的,很多条件在今天无疑都发生了巨大的改变,但笔者认为中心地理论背后的理想模式价值、高效结构价值与稳定关系价值使其依然具有十分重要的学术洞察,因为"中心性"是人类社会中永恒的存在,虽然全球化扩大了今天城市间的空间作用尺度与范围,信息化改变了今天城市间的空间作用介质与方式,但隐约之中我们仍能感受到中心性和中心地结构仍然以某种隐藏的形式存在着,发挥着作用。这提示我们需要一种新的区位理论开拓,立足于克里斯塔勒和廖士(A. Lösch)的中心地体系,并根据自他们的理论出现以来的变化进行修正、拓展、创新。

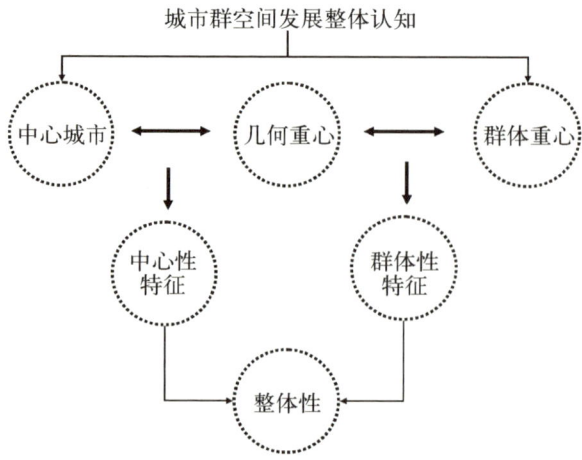

图4-3　基于中心地的城市群空间整体认知框架

本书研究中展开的城市群能级主导均衡路径、城市群空间整体均衡类型划分以及开展的城市群结构能效测度，背后一条主线是笔者通过"几何重心—中心城市—群体重心"两两比较，兼顾"中心性与群体性"两大特性，提炼归纳三大城市群空间结构的均衡类型，从一个新的视角形成对城市群空间的"整体性"客观认知判断。

但由于研究是基于所划定的研究区域展开的，某种程度上简化了很多可能的影响变量。在现实中，如全球城市的跨国界控制力等的出现，中心地体系中需要增加全球城市、亚全球城市的层级，这些城市的腹地系统是需要新的界定的，如北京、上海、广州的腹地不仅仅是国内的周边城市，还会有东亚、东南亚乃至更大范围的腹地，而全球化进程中城市层级的关系是在彼此竞合中动态变化的；再如市场的全球化、交通的全球化，传统的中心地理论是通过放射状的、连接着体系中低层次城镇以及村庄的交通体系（火车、公共汽车）联系起来，今天城市是由新的商务、资本和信息流系统（航空、高铁、高速公路、大数据传输）以及以旅游娱乐等形式的出行设施连接在一起，出现各种新形式的"枢纽"，这意味着需要定义新的中心地，传统的与新增的中心职能叠加交织在一起，其在经济、技术和社会等主要驱动力的助推下衍生出全球化中中心性的空间尺度拓展与空间关系重构这样新的概念，城市不但是近域范围内的中心地，更重要的是通过交通通信条件与全球范围连接，一座城市近域中心性与广域中心性并存，使得传统中心影响控制的城市区域转变为受到"全球—地方"共同作用塑造的"双层中心地体系嵌套结构"，不断的流动性带来不断的专业化、分散化和重新集中化，进而出现一种动态的多中心城市群结构。

本书的研究更侧重于对城市群空间演变客观过程的刻画与描述，未来汲取日渐兴起与成熟的复杂科学与博弈论等领域知识，展开对全球化、信息化等新要素的探究，力求从理论层面承接与发展中心地理论体系与思想，对中心地理论再发展，为城市与区域规划实践提供理论指导，从而敏锐地发现新的空间结构可能，最终通过规划抓住某些变量和机遇引导城市群形态向着更加可持续的方向发展将是值得进一步深入的工作方向与重点。

4.2.3 基于城市群形态的区域资源优化配置决策

在一系列国家城镇化战略文件中，城市群已被确立为未来中国城镇化的主体形态，意味着对国家新战略目标将在该层面被分解安排，意味着后续很多空间决策与资源配置调控会围绕其展开。为此，基于城市群形态的区域资源优化配置决策将是很重要的命题。

城市资源禀赋优势的地域性与发展能力的层次多样性决定了城市群内部发展不是在每个城市都以一种同样的速度进行的,不是在每个城市都有最佳的投入—产出效益,进而整个群体也会呈现出不同的发展绩效,这就使得资源配置引发的分工方向性、资源配置的时效性以及资源配置后关联性的建立等变得非常重要,尤其是在中国这样的国情体制中。

针对上述对不同城市群空间结构的资源供给绩效影响分析,可以发现面向城市群形态的资源合理配置是一项复杂的工作。但是再复杂的事务也一定体现出一定的共性,而这种共性正是优化配置的依据。笔者认为,研究城市群资源的空间合理配置问题意味着回答三个问题:一是从国家或区域层面上,将有限的资金资源投向哪个地区,使其发挥最大的效益;二是在具体城市群确定后,应首先配置哪种资源于中心—外围空间结构;三是在形成基本布局后,如何通过相关通道的建设、机制的建立,在保证城市群个体效益最大化的前提下,实现整体效益最优的目标。因此,从这些问题表征看是要素在空间布局的结构优化,实质是价值或效用的空间流转或实现过程。在总结与回顾了国内外关于城市群的建设与规划后,发现很难对这些规划评头论足。究其原因,是缺少构建适合我国城市群系统的顶层设计。所谓的顶层设计,一是确立城市群规划的指导思想;二是形成基于这种思想的规划思路和方法。

当前中国所提出的供给侧结构性改革,核心在于"建设新型供给体系,扩大有效供给,形成理性的供给管理",解决"供给要素低效""供需匹配错位""供给结构失衡"三个重点问题,通过对劳动力、土地、资本、创新及制度等生产要素进行结构性调整,使要素实现最优配置,提高供给体系质量和效率,进而增强经济持续增长动力,推动我国社会生产力水平实现整体跃升。推进以城市群为主体形态的城镇化发展,意味着区域一体化,意味着突破行政区划——优化资源配置的空间布局,从空间经济学理论的视角来看,意味着"要素在空间重新优化配置带来的生产率提高"应在经济增长中发挥更为重要的作用。区域内部不同城市不同地区分工协作的加深,分工协作的加深可以极大地提高效率。

归纳与总结前人的研究成果是继承与扬弃的过程,城市群空间结构的配置绩效评价与优化为我们留下很大的研究空间,这些恰恰是理论研究,尤其是实践中最需要回答的问题。

4.2.4 市场与治理双重逻辑下的城市群规划研制

中国城镇群体发展失衡与发展方针失效,原因之一是受到特定环境与特殊因素的影响,但层层分析下去,会发现问题的实质是,一整套观念、制度和利益格局"指使",并逐渐演进,方出现特大城市膨胀、中小城市萎缩等城市病现象。现在城市群似乎成为一剂良方被热捧,但要想真正改变已有"失衡"与"失效"态势,我们必须为城市群奠定正确的基本运行逻辑。

作为单一制国家,中国具有2 000多年高度集中的传统,中国层级制无处不在。中央管省、省辖地市、地市管县、县辖乡镇,形成严密的金字塔架构。人事任命、大政方针自上而下、整齐划一,以此保证政令畅通和行政效率。正因此,行政区划带给中国城镇的异化悄然形成(图4-4)。

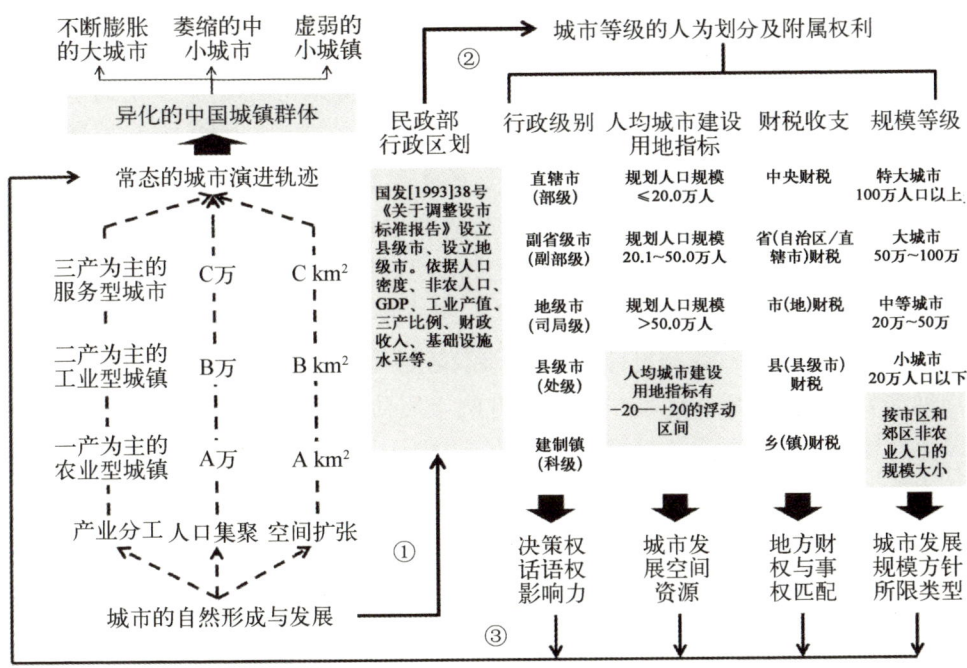

图4-4 制度夹缝中中国城市的异化机制成因示意

上述图景背后隐藏的逻辑是:人为设定的行政级别成为推进各地城镇化过程中最重要的资源,行政级别高的城市可利用自身的行政地位来吸取各种要素,包括土地、资金、人才等,而行政级别低的中小城市、小城镇则难以吸引优质产业项目,导致地方税源难以保证,政府财政能力有限就无法提供足够的公共服务与设施;受制于产业就业岗位缺乏和公共服务薄弱,这部分城镇群体一方面面临属地既有人口迁徙流失,另一方面面临无法吸引和承载乡村进城人口。由于产业创税有限,政府又有大量公共服务与物品需要提供,于是土地财政成为依赖,所以城市总规编制中人口规模成为地方政府最为关注的一个数字,总是尽可能增加人口预测数量,以期获批更多用地指标,随后大量新城、新区被"制造"出来。随着"用脚投票"的流动人口日益增多,很多经济欠发达地区人口流出远大于人口流入,这些地方的新城、新区由于缺乏足够的人口支撑很容易就沦为"空城"。当前,数量众多的中小城市、小城镇正走着这样一条"以地谋发展"的终南捷径,不仅土地资源低效浪费严重,而且带来普通居民住房问题,抬高了企业运营成本,对实体经济造成威胁,使得产业结构畸形演进,陷入"无产→无人→卖地→造城→无人→无产→再卖地"的恶性循环链条,再加上地方政府的周期性换届,犹如"击鼓传炸弹"般为这部分城镇的发展埋下巨大隐患。

在此,笔者认为中国城市群未来的可持续发展依赖两个逻辑的重视与形成。

首先,强化"市场"本源回归。综观发达国家的城镇化进程,很少是通过行政手段来维持城镇发展的。相反,这些国家在城镇化高速增长时期,都坚持城市发展和企业发展一样,应该是在一个相对公平环境下的市场选择,而非是政府计划中,等级行政体制下单方面强制的决策行为和过程。而从城市发展理论的演进看,韦伯的工业区位论到克里斯塔勒的中心地三原则,波特竞争力钻石模型,萨森的全球城市,克鲁格曼的新经济地理学,所反映出的都是城市在相对自由市场竞争环境下依托绝对或相对比较优势,转化输出本地资源与获取流动资源,获得发展动力与活力。重新定位中国城市群的本质功能与价值,有助于实现新型城镇化对传统城镇化的根本性超越。

其次,强化区域治理突破。从理论上说,真正好的地区经济社会发展规划必定是在区域经济发展规划指导下的地区经济发展规划。但现在我们很难做到这一点,现行区划经济特征对区域经济合作造成严重阻力,目前的体制及考核指标的导向是强化区划经济,而不是强化区域经济合作。各地区各自为政,自我规划、自我发展,造成大量的重复建设、产业结构雷同、市场相互封锁等现象,与此同时,不同层次城市间的观念差异阻碍区域合作,大城市怕周边城市赶上自己,小城市又担心被大城市所吞没,资源被吸走。因此,在区划经济约束下,城市群常常成为一群城市,而不是一体城市,大家貌合神离,城市群的规划建设很难顺利开展。

为此,城市群发展中一个关键的问题是:为什么进行区域协作?区域协作向着什么方向发展?只有在形成具广泛共识的区域发展方向的引领下,群内各城市才能有目的的进行自觉调整及整合,并在统一目标的规范下实现区域实力的整体提升。从这一点出发,城市群发展规划必须要有区域治理理念,基于正确认识各地区的优势、特长,建设新的区域规则、府际关系、区域机构等加以配套,才能更好保障规划实施的有效性。

城市群发展是一个不断演化的空间过程,其空间结构是由经济活动主体组成的密集网络,主体间有着广泛的分工关系并保持密切的互动。从相互独立的点到点与点之间的网络,城市群空间结构处于不断的变动过程之中,不同的空间结构状态又会表现出不同的运行绩效。

本书研究是一个阶段性成果,因为新的要素、新的趋势会不断给城市群空间结构带来新的变化,众多学科则有新的理论、研究方法与技术在不断出现。在中国,城市群正是一个富有时代需求价值与学术探索价值的研究命题,是一个正在不断深入的研究领域,需要广大城市研究者一同努力拓展,为祖国与世界城市群理论的发展做出属于中国学者的贡献!

参考文献

一、英文文献

[1] Graafland A. Cities in transition[M]. Rotterdam: 010 Publishers, 2001.

[2] Faludi A, Salet W. The Revival of Strategic Spatial Planning[M]. Amsterdam: Royal Netherlands Academy of Arts and Science, 2000.

[3] Scott A J. Metropolis: From the Division of Labor to Urban Form[M]. Berkeley • Los Angeles • London: University of California Press, 1988.

[4] Scott A J. Global City-Regions: Trends, Theory, Policy[M]. New York: Oxford University Press, 2001.

[5] Alonso W. Location and land use: toward a general theory of land rent[M]. Cambridge. MA: Harvard University Press, 1964.

[6] Amin A. Post-Fordism: A Reader[M]. Oxford: Blackwell, 1994.

[7] Moriarty B M. Industrial Location and Community Development[M]. The University of North Carolina Press, 1980.

[8] Batten D F. Network Cities. Creative Urban Agglomerations for the Century[J]. Urban Studies, 1995, 32(2): 313–327.

[9] Welter V M. Biopolis: Patrick Geddes and the city of life[M]. Cambridge, Massachusetts: The MIT Press, 2002.

[10] Gore C. Regions in Question: Space Development Theory and Regional Policy[M]. London and NewYork: Methuen & Co. Ltd, 1984.

[11] Soja E W. Postmetropolis: Critical Studies of Cities and Regions[M]. Oxford: Blackwell, 2000.

[12] Eckardt F, Hassenpflug D. Urbanism and Globalization[M]. Frankfurt: Peter Lang, 2004.

[13] Moulaert F, Rodriguez A, Swyngedouw E. The Globalized City: Economic Restructurring and Social Polarization European Cities[M]. New York: Oxford

University Press,2003.

[14] Duffy H. Competitive Cities: Succeeding in The Global Economy[M]. London: E & FN Spon Press, 1995.

[15] Steinberg J B, Lyon D W, Vaiana M E. Urban America: Policy Choices for Los Angeles and the Nation[M]. Santa Monica: RAND, 1992.

[16] Barnett J. Planning for a New Century: The Regional Agenda[M]. Washington. D. C: Island Press, 2001.

[17] Bollens J C, Schmandt H J. The Metropolis: Its People Politic and Economic Life (Second Edition)[M]. New York: Harper & Row Pblishers, 1970.

[18] Jones E. Metropolis[M]. New York: Oxford University Press, 1990.

[19] Kolars J F, Nystuen J D. Geography: the Study of Location, Culture and Environment [M]. McGraw-Hill, Inc, 1974.

[20] Logan J R. The New Chinese City: Globalization and Market Reform[M]. Oxford: Blackwell, 2002.

[21] Laurence J C Ma, Fulong Wu. Restructuring the Chinese City: Changing Society, Economy and Space[M]. New York: Routledge Press, 2005.

[22] Mumford L. The Culture of Cities[M]. New York: Harcourt Brace & Company, 1938.

[23] Castells M, Hall P. Technopoles of the World: The making of 21st Century Industrial Complexes[M]. London and NewYork: Routledge Press, 1994.

[24] Yeates M. The North American City (Fourth Edition)[M]. New York: Harper Collins Publisbers, 1990.

[25] Peirce N R, Johnson C W, Stuart J. Hall Citistates: How Urban America Can Prosper in a Competitive World[M]. Washington. D. C: Seven Locks Press, 1993.

[26] Marcuse P, Van Kempen R. Globalizing Cities: A New Spatial Order?[M]. Oxford: Blackwell Publishers Ltd, 2000.

[27] Newman P, Thornley A. Urban Planning in Europe: International competition national systems and planning projects[M]. London: Routledge Press, 1996.

[28] Haggett P, Cliff A D, Frey A. Locational analysis in human geography[M]. London: Edward Arnold, 1977.

[29] Allmendinger P, Chapman M. Planning Beyond 2000[M]. Chichester: John Wiley & Sons Ltd. Press, 1999.

[30] Hauser P M, Schnore L F. The Study of Urbanization[M]. New York: John Wiley & Sons Ltd. Press, 1965.

[31] Porter M E. Clusters and the New Economics of Competition[J]. Harvard Business

Review，1998，Nov-Pec：77-90.

[32] Hall P，Pain K. The Polycentric Metropolis：Learning From Mega-City Regions in Europe[M]. UK and USA：Earthscan，2006.

[33] Marshall R. Emerging Urbanity：Global Urban Projects in the Asia Pacific Rim[M]. London：Spon Press，2003.

[34] Sassen S. Territory·Authority·Rights：From Medieval to Global Assemblages[M]. Princeton and Oxford：Princeton University Press，2006.

[35] http：//www. citistates. com/whatis. html.

[36] http：//www. eurocities. org/eurocities/main. php.

[37] http：//www. lboro. ac. uk/gawc.

二、译文文献

[1] [美]阿瑟·奥沙利文. 城市经济学(第四版)[M]. 苏晓燕,常荆沙,朱雅丽,主译. 北京：中信出版社,2003.

[2] [美]阿瑟·奥肯. 平等与效率[M]. 王奔洲,等译. 北京：华夏出版社,1999.

[3] [美]埃德加·M. 胡佛. 区域经济学导论[M]. 王翼龙,译. 北京：商务印书馆,1990.

[4] [美]埃德温·S. 米尔斯. 区域与城市经济学手册：城市经济学[M]. 郝寿义,徐鑫,孙兵,等译. 北京：经济科学出版社,2003.

[5] [法]埃哈尔·费埃德伯格. 权力与规则：组织行动的动力[M]. 张月,等译. 上海：上海人民出版社,2005.

[6] [美]埃里克·詹奇. 自组织的宇宙观[M]. 曾国屏,等译. 北京：中国社会科学出版社,1992.

[7] [德]阿尔弗雷德·韦伯. 工业区位论[M]. 北京：商务印书馆,1997.

[8] [美]爱德华·W. 苏贾. 后现代地理学——重申批判社会理论中的空间[M]. 王文斌,译. 北京：商务印书馆,2004.

[9] [美]安东尼·奥罗姆,[美]陈向明. 城市的世界——对地点的比较分析和历史分析[M]. 曾茂娟,任远,译. 上海：上海人民出版社,2005.

[10] 安东尼·吉登斯. 社会学[M]. 4版. 赵旭东,等译. 北京：北京大学出版社,2003.

[11] 安娜·格兰多里主编. 企业网络：组织和产业竞争力[M]. 刘刚,等译. 北京：中国人民大学出版社,2005.

[12] [德]奥古斯特·勒施. 经济空间秩序——经济财货与地理间的关系[M]. 北京：商务印书馆,1995.

[13] [美]潘卡基·格玛沃特. 产业竞争博弈[M]. 胡汉辉,周治翰,译. 北京：人民邮电出版社,2002.

[14] [美]保罗·切希尔,[美]埃德温·S. 米尔斯. 区域与城市经济学手册[M]. 安虎森,朱妍,袁燕,等译. 北京:经济科学出版社,2003.

[15] [美]Brian J L Berry,等. 商业中心与零售业布局[M]. 王德,等译. 上海:同济大学出版社,2006.

[16] Edward W Soja. 后大都市——城市和区域的批判性研究[M]. 李钧,等译. 上海:上海教育出版社,2006.

[17] [英]G. L. 克拉克,[美]M. P. 费尔德曼,[加]M. S. 格特勒主编. 牛津经济地理学手册[M]. 刘卫东,王缉慈,李小建,等译. 北京:商务印书馆,2005.

[18] G. 施坚雅. 中国封建社会晚期城市研究——施坚雅模式[M]. 王旭,等译. 长春:吉林教育出版社,1991.

[19] [德]哈肯. 协同学——大自然构成的奥秘[M]. 凌复华,译. 上海:上海译文出版社,2005.

[20] [英] J. B. 麦克劳林. 系统方法在城市和区域规划中的应用[M]. 王凤武,译. 北京:中国建筑工业出版社,1988.

[21] [英]杰克逊. 系统思考:适于管理者的创造性整体论[M]. 高飞,等译. 北京:中国人民大学出版社,2005.

[22] [英] K. J. 巴顿. 城市经济学——理论和政策[M]. 北京:商务印书馆,1984.

[23] [美]瓦西里·列昂惕夫. 投入产出经济学[M]. 崔书香,译. 北京:商务印书馆,1980.

[24] [美]理查德·柯伦. 地球信息增长:历史与未来[M]. 庄嘉,译. 北京:社会科学文献出版社,2004.

[25] 李廉水,[美]Roger R Stough,等. 都市圈发展——理论演化 国际经验 中国特色[M]. 北京:科学出版社,2006.

[26] 联合国人居中心编. 城市化的世界——全球人类住区报告1996[M]. 沈建国,于立,董立,等译. 北京:中国建筑工业出版社,1999.

[27] 联合国人局署编. 全球化世界中的城市:全球人类住区报告[M]. 司然,焦怡雪,李昕,等译. 北京:中国建筑工业出版社,2004.

[28] [英]马歇尔. 经济学原理(上、下卷)[M]. 朱志泰,译. 北京:商务印书馆,2005.

[29] Michael J Dear. 后现代都市状况[M]. 李小科,等译. 上海:上海教育出版社,2004.

[30] [美]曼纽尔·卡斯特尔. 信息化城市[M]. 崔保国,等译. 南京:江苏人民出版社,2001.

[31] 曼纽尔·卡斯特尔. 网络社会的崛起[M]. 夏铸九,王志弘,等译. 北京:社会科学文献出版社,2006.

[32] 曼纽尔·卡斯特,戈岳,高向平. 城市化[J]. 国外城市规划,2006(5):7-14.

[33] [美]彼得·尼茨坎普. 区域与城市经济学手册:区域经济学[M]. 安虎森,刘海军,程同顺,等译. 北京:经济科学出版社,2003.

[34] [法]皮埃尔·卡蓝默.破碎的民主：试论治理的革命[M].高凌瀚,译.北京：生活·读书·新知三联书店,2005.

[35] [美]乔纳森·H.特纳.社会学理论的结构[M].第7版.邱泽奇,张茂元,等译.北京：华夏出版社,2006.

[36] 奇达夫,蔡文斌.社会网络与组织[M].王凤斌,朱超威,等译.北京：中国人民大学出版社,2006.

[37] [英]R.J.约翰斯顿.人文地理学词典[M].柴彦威,等译.北京：商务印书馆,2005.

[38] 彼得·豪尔,王士兰,王之光.长江范例[J].城市规划,2002(2)：6-17.

[39] 藤田昌久,保罗·克鲁格曼,安东尼·J.维纳布尔斯.空间经济学——城市、区域与国际贸易[M].梁琦,主译.北京：中国人民大学出版社,2005.

[40] [美]托马斯·C.谢林.微观动机与宏观行为[M].谢静,邓子梁,李天有,译.北京：中国人民大学出版社,2005.

[41] [德]沃尔特·克里斯塔勒.德国南部中心地原理[M].常正文,王兴中,等译.北京：商务印书馆,1998.

[42] 伊夫·格拉夫梅耶尔.城市社会学[M].徐伟民,译.天津：天津人民出版社,2005.

[43] [美]约翰·H.霍兰.隐秩序：适应性造就复杂性[M].周晓牧,韩晖,译.上海：上海科技教育出版社,2000.

[44] [美]约翰·霍兰.涌现——从混沌到有序[M].陈禹,等译.上海：上海科学技术出版社,2006.

[45] 约翰·弗里德曼,陈闽齐.世界城市的未来：亚太地区城市和区域政策的作用[J].国外城市规划,2005(5)：11-20.

[46] 约翰·弗里德曼,李路珂.城市营销与"准城市国家"：城市发展的两种模式[J].国外城市规划,2005(5)：28-36.

[47] 约翰·斯科特.社会网络分析法[M].刘军,译.重庆：重庆大学出版社,2007.

三、中文文献

[1] 蔡来兴主编.国际中心城市的崛起[M].上海：上海人民出版社,1995.

[2] 曹小曙,刘望保.城际轨道交通规划建设对珠江三角洲区域空间的影响[J].现代城市研究,2005,12：43-46.

[3] 曹小曙等.穗深港巨型城市走廊空间演化研究[M].北京：商务印书馆,2006.

[4] 陈燧莎.当前美国大城市连绵区规划研究的新动向[J].国际城市规划,2007,22(5)：24-35.

[5] 陈前虎.中国城市化发展面临的危机与出路[J].城市规划,2006,30(1)：34-39.

[6] 陈绍愿,张虹欧,林建平,等.城市群落学：城市群现象的生态学解读[J].经济地理,

2005,25(6):810-813.

[7] 陈修颖.空间结构重构的效应及地域性策略[J].财经科学,2003(6):39-42.

[8] 陈修颖.区域空间结构重组:理论与实证研究[M].南京:东南大学出版社,2005.

[9] 陈修颖,于涛方.长江三角洲经济空间结构最新发展及空间集聚合理度判断[J].经济地理,2007,27(3):447-451.

[10] 陈修颖,章旭健.演化与重组——长江三角洲经济空间结构研究[M].南京:东南大学出版社,2007.

[11] 陈彦光,王义民,靳军.城市空间网络:标度、对称、复杂与优化——城市体系空间网络分形结构研究的理论总结报告[J].信阳师范学院学报(自然科学版),2004,17(3):311-316.

[12] 陈彦光,刘继生.基于引力模型的城市空间互相关和功率谱分析——引力模型的理论证明、函数推广及应用实例[J].地理研究,2002,21(6):742-751.

[13] 陈忠,盛毅华.现代系统科学[M].上海:上海科学技术文献出版社,2005.

[14] 程大林,李侃桢,张京祥.都市圈内部联系与圈层地域界定——南京都市圈的实证研究[J].城市规划,2003,27(11):30-33.

[15] 崔大树.经济全球化进程中城市群发展的制度创新[J].财经问题研究,2003(5):68-72.

[16] 成德宁.城市化与经济发展:理论、模式与政策[M].北京:科学出版社,2004.

[17] 崔功豪.中国城镇发展研究[M].北京:中国建筑工业出版社,1992.

[18] 崔功豪,魏清泉,陈宗兴.区域分析与规划[M].北京:高等教育出版社,1999.

[19] 崔功豪,王兴平.当代区域规划导论[M].南京:东南大学出版社,2006.

[20] 崔功豪.长江三角洲城市发展的新趋势[J].城市规划,2006,30(B11):41-43.

[21] 戴宾.城市群及其相关概念辨析[J].财经科学,2004(6):101-103.

[22] 代合治.中国城市群的界定及其分布研究[J].地域研究与开发,1998,17(2):40-43.

[23] 杜志平,穆东.系统协同发展程度的DEA评价研究[J].运筹与管理,2005,14(1):75-81.

[24] 段进.城市空间发展论[M].2版.南京:江苏科学技术出版社,2006.

[25] 方创琳,宋吉涛,张蔷,等.中国城市群结构体系的组成与空间分异格局[J].地理学报,2005,60(5):827-840.

[26] 冯云廷.区域经济学[M].大连:东北财经大学出版社,2006.

[27] 冯宗宪,黄建山.重心研究方法在中国产业与经济空间演变及特征中的实证应用[J].社会科学家,2005(2):77-80.

[28] 冯振环,赵国杰.运用DEA对中国区域投资的分级有效性评价[J].现代财经,2004,24(1):18-21.

[29] 冯遥.城市群理论与都市圈理论比较[J].理论探索,2006(3):96-98.

[30] 高进田.区域经济学丛书:区位的经济学分析[M].上海:上海人民出版社,2007.
[31] 高汝熹,吴晓隽.上海大都市圈结构与功能体系研究.上海:上海三联书店,2007.
[32] 顾朝林.中国城镇体系——历史·现状·展望.北京:商务印书馆,1996.
[33] 顾朝林,等.新时期城镇体系规划理论与方法[J].城市规划汇刊,1997(2):14-16.
[34] 顾朝林.中国城市地理[M].北京:商务印书馆,1999.
[35] 顾朝林.中国城镇体系:历史、现状、展望[M].北京:商务印书馆,1992.
[36] 顾朝林,甄峰,张京祥.集聚与扩散——城市结构新论[M].南京:东南大学出版社,2000.
[37] 顾朝林,张敏.长江三角洲城市连绵区发展战略研究[J].现代城市研究,2000(1):7-11.
[38] 顾朝林,张敏.长江三角洲都市连绵区性状特征与形成机制研究[J].地球科学进展,2001,16(3):332-338.
[39] 顾朝林.中国城市发展的新趋势[J].城市规划,2006,30(3):26-31.
[40] 顾朝林,张敏,张成,等.长江三角洲城市群发展研究[J].长江流域资源与环境,2006,15(6):771-775.
[41] 顾朝林,张敏,张成,等.长江三角洲城市群发展展望[J].地理科学,2007,27(1):1-8.
[42] 官卫华,姚士谋,朱英明,等.关于城市群规划的思考[J].地理学与国土研究,2002,18(1):54-58.
[43] 官卫华,姚士谋.城市群空间发展演化态势研究——以福厦城市群为例[J].现代城市研究,2003,18(2):82-86.
[44] 管驰明,崔功豪.100多年来中国城市空间分布格局的时空演变研究[J].地域研究与开发,2004,23(5):28-32.
[45] 郭荣朝."边缘效应"与城镇发展空间组合研究[J].城市规划汇刊,2003(4):34-37.
[46] 何兴华.城市规划中实证科学的困境及其解困之道[M].北京:中国建筑工业出版社,2007.
[47] 何雄浪.专业化分工、网络组织与产业集群形成和发展机理分析[J].宁波广播电视大学学报,2006(4):35-41.
[48] 洪世健,黄晓芬.大都市区概念及其界定问题探讨[J].国际城市规划,2007,22(5):50-57.
[49] 候光明,等.组织系统科学概论[M].北京:科学出版社,2006.
[50] 侯景新,尹卫红.区域经济分析方法[M].北京:商务印书馆,2004.
[51] 黄建富.世界城市的形成与城市群的支撑——兼谈长三角城市群的发展战略[J].世界经济研究,2003(7):17-21.
[52] 胡俊成,刘兴政,周勇.基于复杂系统理论的城市集群研究[J].现代城市研究,2006(7):51-59.

[53] 胡序威,周一星,顾朝林,等.中国沿海城镇密集地区空间集聚与扩散研究[M].北京:科学出版社,2000.

[54] 胡序威.沿海城镇密集地区空间集聚与扩散研究[J].城市规划,1998(6):22-28.

[55] 胡伟平.城镇群体空间关系的生态学透视——以珠江三角洲为例[J].热带地理,2003,23(3):284-288.

[56] 黄亚平.城市空间理论与空间分析[M].南京:东南大学出版社,2002.

[57] 蒋满元.新兴古典经济理论的空间应用分析[J].江汉论坛,2006(4):51-54.

[58] 江曼琦.城市空间结构优化的经济分析[M].北京:人民出版社,2001.

[59] 江曼琦.集聚效应与城市空间结构的形成和演变[J].天津社会科学,2001(4):69-71.

[60] 金丽国.区域经济学丛书:区域主体与空间经济自组织[M].上海:上海人民出版社,2007.

[61] 金相郁.20世纪区位理论的五个发展阶段及其评述[J].经济地理,2004,24(3):294-298.

[62] 景建军.山东半岛城市群的功能联系与结构优化[J].经济地理,2006,26(3):469-472.

[63] 简博秀.全球化观点的中国都市与区域研究[J].地理学报,2004,59(10):93-100.

[64] 柯健,李超.基于DEA聚类分析的中国各地区资源、环境与经济协调发展研究[J].中国软科学,2005(2):144-148.

[65] 李军.地理空间信息与区域多目标规划研究[M].北京:电子工业出版社,2006.

[66] 李红卫.Global-Region in China——以中国珠江三角洲为例的区域空间发展研究[D].上海:同济大学,2005.

[67] 李红卫,吴志强,易晓峰,等.Global-Region:全球化背景下的城市区域现象[J].城市规划,2006,30(8):31-37.

[68] 李红,李宁,王洪刚.基于DEA-DA模型的区域规划方法研究[J].滨州师专学报,2004,20(4):32-36.

[69] 李健,宁越敏,石崧.长江三角洲城市化发展与大都市圈圈层重构[J].城市规划学刊,2006(3):16-21.

[70] 李金华.中国产业结构的演变轨迹、σ-收敛性与空间集聚格局[J].财贸研究,2006(2):7-16.

[71] 李美娟,陈国宏.数据包络分析法(DEA)的研究与应用[J].中国工程科学,2003,5(6):88-94.

[72] 李平华,陆玉麒.长江三角洲空间运输联系与经济结构的时空演化特征分析[J].中国人口·资源与环境,2005,15(1):16-20.

[73] 李瑞,冰河.快速城市化背景下城市群和城市群脉的空间发展模式[J].武汉大学学报(工学版),2005,38(1)148-152.

[74] 李新运,乔平林,李成名,等. 城市群分布轴线挖掘方法研究[J]. 测绘科学,2004,29(1):17-19.

[75] 李巧,朱忠旗. 我国城市群存在的问题及对策建议[J]. 经济问题探索,2005(2):19-21.

[76] 李小建主编. 经济地理学[M]. 北京:高等教育出版社,1999.

[77] 李小建. 20世纪经济地理学发展及研究特点[J]. 人文地理,1998,13(4):5-9.

[78] 李秀彬. 地区发展均衡性的可视化测度[J]. 地理科学,1999,19(3):254-257.

[79] 李桢业,金银花. 长江流域城市群经济带城市流——基于长江干流30城市外向型服务业统计数据的实证分析[J]. 社会科学研究,2006(3):28-33.

[80] 黎夏,叶嘉安,刘小平,等. 地理模拟系统:元胞自动机与多智能体[M]. 北京:科学出版社,2007.

[81] 林先扬,陈忠暖,蔡国田. 国内外城市群研究的回顾与展望[J]. 热带地理,2003,23(1):44-49.

[82] 林先扬,陈忠暖. 长江三角洲和珠江三角洲城市群职能特征及其分析[J]. 人文地理,2003,18(4):78-83.

[83] 林先扬. 大珠江三角洲城市群经济空间拓展的战略抉择[J]. 现代城市研究,2005(10):68-72.

[84] 林先扬,周春山. 论城市群经济整合内涵、特征及其空间过程[J]. 经济地理,2006,26(1):70-73.

[85] 刘静玉,王发曾. 我国城市群经济整合的理论与实践[J]. 城市发展研究,2005,12(4):15-19.

[86] 刘君德. 长江三角洲地区空间经济的制度性矛盾与整合研究——中国"行政区经济"的案例分析[J]. 杭州师范学院学报,2000(1):15-19.

[87] 刘荣增. 城镇密集区发展演化机制与整合[M]. 北京:经济科学出版社,2003.

[88] 刘荣增. 城镇密集区及其相关概念研究的回顾与辨析[J]. 人文地理,2003,18(3):13-17.

[89] 刘荣增. 我国城镇密集区发展演化阶段的划分与判定[J]. 城市规划,2003,27(9):78-81.

[90] 刘小飞,司增绰. 城市群空间层级的定量分析——一种方法的引入及在长江三角洲城市群中的应用[J]. 华东经济管理,2005,19(6):13-16.

[91] 刘艳军,孙迪,李诚固. 城市群发展的产业集群作用机制探悉[J]. 规划师,2006,22(3):29-31.

[92] 刘志彪,等. 长三角托起的中国制造[M]. 北京:中国人民大学出版社,2006.

[93] 吕鹏. 珠江三角洲城市空间布局与可持续发展研究[J]. 地域研究与开发,1996,15(4):26-29.

[94] 陆大道. 京津唐地区的区域发展与空间结构[J]. 经济地理. 1985(1):37-43.

[95] 陆大道. 区域发展及其空间结构[M]. 北京:科学出版社,1995.

[96] 陆大道. 关于"点—轴"空间结构系统的形成机理分析[J]. 地理科学. 2002,22(1):1-6.

[97] 陆大道. 论区域的最佳结构与最佳发展——提出"点—轴系统"和"T"型结构以来的回顾与再分析[J]. 地理学报,2001(2):127-135.

[98] 陆军. 城市外部空间运动与区域经济[M]. 北京:中国城市出版社,2001.

[99] 陆军. 论京津冀城市经济区域的空间扩散运动[J]. 经济地理,2002,22(5):574-578.

[100] 陆玉麒. 区域发展中的空间结构研究[M]. 南京:南京师范大学出版社,1998.

[101] 罗静,曾菊新. 论基于空间结构的宏观经济政策[J]. 华中师范大学学报(人文社会科学版),2002,41(5):10-15.

[102] 罗云辉. 过度竞争:经济学分析与治理[M]. 上海:上海财经大学出版社,2004.

[103] 罗震东,张京祥. 大都市区域空间集聚—碎化的测度及实证研究——以江苏沿江地区为例[J]. 城市规划,2002,26(4):61-63.

[104] 罗震东. 中国都市区发展:从分权化到多中心治[M]. 北京:中国建筑工业出版社,2006.

[105] 马丽,刘毅. 经济全球化下的区域经济空间结构演化研究评述[J]. 地球科学进展,2003,18(2):270-276.

[106] 马国霞,甘国辉. 区域经济发展空间研究进展[J]. 地理科学进展,2005,24(2):90-99.

[107] 马国霞,徐勇,田玉军. 京津冀都市圈经济增长收敛机制的空间分析[J]. 地理研究,2007,26(3):590-598.

[108] 马占新. 经济社会整体发展水平综合评价的DEA方法[J]. 内蒙古大学学报(自然科学版),2002,33(5):499-503.

[109] 马志强. 论我国城市群的发展趋势及存在的问题[J]. 商业经济与管理,2003(7):37-40.

[110] 毛政元,李霖. 空间模式的测度及其应用[M]. 北京:科学出版社,2004.

[111] 梅伟霞. 珠江三角洲城市群的演进与整合[J]. 探求,2005(6):56-59.

[112] 苗长虹. 区域发展理论:回顾与展望[J]. 地理科学进展,2011,18(4):296-305.

[113] 苗长虹,王海江. 中国城市群发育现状分析[J]. 地域研究与开发,2006,25(2):24-29.

[114] 苗建军. 城市发展路径:区域性中心城市发展研究[M]. 南京:东南大学出版社,2004.

[115] 母爱英. 区域经济政策新视角研究[M]. 北京:经济科学出版社,2004.

[116] 年福华,姚士谋. 信息化与城市空间发展趋势[J]. 世界地理研究,2002(1):72-76.

[117] 宁越敏.国外大都市区规划体系评述[J].世界地理研究,2003,12(1):36-43.
[118] 宁越敏,施倩,查志强.长江三角洲都市连绵区形成机制与跨区域规划研究[J].城市规划,1999(6):2-9.
[119] 欧阳莹之.复杂系统理论基础[M].田宝国,周亚,樊瑛,译.上海:上海科技教育出版社,2002.
[120] 彭震伟.大都市地区小城镇发展的职能演变及其展望——上海地区小城镇发展的思考[J].城市规划汇刊,1995(2):32-36.
[121] 彭震伟.大都市区空间发展与区域协调研究[D].上海:同济大学,2003.
[122] 乔家君,李小建.近50年来中国经济重心移动路径分析[J].地域研究与开发,2005,24(1):12-16.
[123] 仇保兴.集群结构与我国城镇化的协调发展[J].城市规划,2003,27(6):5-10.
[124] 仇保兴.中国城市化进程中的城市规划变革[M].上海:同济大学出版社,2005.
[125] 仇勇懿,沈玉芳.城市集群发展与网络化现象研究[J].世界地理研究,2005,14(3):7-12.
[126] 史育龙,周一星.戈特曼关于大都市带的学术思想评介[J].经济地理,1996,16(3):32-36.
[127] 史育龙,周一星.关于大都市带(都市连绵区)研究的论争及近今进展述评[J].国外城市规划,1997(2):2-11.
[128] 石忆邵,章仁彪.从多中心城市到都市经济圈——长江三角洲地区协调发展的空间组织模式[J].城市规划汇刊,2001(4):51-54.
[129] 宋吉涛,方创琳,宋敦江.中国城市群空间结构的稳定性分析[J].地理学报,2006年12期.
[130] 舒倩,周国华,谭卫红.基于分形理论的城市体系空间结构研究——对比分析长江三角洲、珠江三角洲和东京圈[J].热带地理,2005,25(2):103-106.
[131] 孙兵.区域协调组织与区域治理[M].上海:上海人民出版社,2007.
[132] 孙娟.都市圈空间界定方法研究——以南京都市圈为例[J].城市规划汇刊,2003(4):73-77.
[133] 孙群郎.美国城市郊区化研究[M].北京:商务印书馆,2005.
[134] 孙施文.城市规划哲学[M].北京:中国建筑工业出版社,1997.
[135] 孙施文.现代城市规划理论[M].北京:中国建筑工业出版社,2007.
[136] 孙一飞.城镇密集区的界定——以江苏省为例[J].经济地理,1995,15(3):36-40.
[137] 孙志海.自组织的社会进化理论:方法与模型[M].北京:中国社会科学出版社,2004.
[138] 唐路,薛德升,许学强.1990年代以来国内大都市带研究回顾与展望[J].城市规划汇刊,2003年05期.

[139] 唐路,路德升,许学强.1990年代以来国内大都市区研究回顾与展望[J].城市规划,2006,30(1):80-87.

[140] 唐子来.西方城市空间结构研究的理论和方法[J].城市规划汇刊,1997(6):1-11.

[141] 谭成文,杨开忠,谭遂.中国首都圈的概念与划分[J].地理学与国土研究,2000,16(4):1-7.

[142] 谭遂,杨开忠,谭成文.基于自组织理论的两种城市空间结构动态模型比较[J].经济地理,2002,22(3):322-326.

[143] 王德,刘锴,耿慧志.沪宁杭地区城市一日交流圈的划分与研究[J].城市规划汇刊,2001(5):38-44.

[144] 王德,郭洁.沪宁杭地区城市影响腹地的划分及其动态变化研究[J].城市规划汇刊,2003(6):6-11.

[145] 王建廷.区域经济发展:动力与动力机制[M].上海:上海人民出版社,2007.

[146] 王冠贤,魏清泉,蔡小波.20世纪90年代珠三角经济区空间分异的特征分析[J].经济地理,2003,23(1):18-22.

[147] 王桂新,董春.中国长三角地区人口迁移空间模式研究[J].人口与经济,2006(3):55-60.

[148] 王宏伟,袁中金,候爱敏.城市增长理论述评与启示[J].国外城市规划,2003(3):36-39.

[149] 王凯.全球化时代区域空间的理论认识[J].城市规划,2004,28(10):21-25.

[150] 王凯.全国城镇体系规划的历史与现实[J].城市规划,2007,31(10):9-15.

[151] 王凯.大城市连绵区规划研究的再认识[J].国际城市规划,2007,22(5):1-1.

[152] 王缉慈.创新的空间——企业集群与区域发展[M].北京:北京大学出版社,2001.

[153] 王雷.东南沿海城市化快速发展地区的城乡区域协调规划研究:[R].上海:同济大学,2006.

[154] 王乃静.国外城市群的发展模式及经验新探[J].技术经济与管理研究,2005(2)83:84.

[155] 王书国,段学军,姚士谋.长江三角洲地区人口空间演变特征及动力机制[J].长江流域资源与环境,2007,16(4):405-409.

[156] 王雅娟.国外城市密集地区形态发展现象综述[J].城市规划汇刊,1994(6):40-43.

[157] 汪涛.竞争的演进:从对抗竞争到合作的竞争[M].武汉:武汉大学出版社,2002.

[158] 汪斌,董赟.从古典到新兴古典经济学的专业化分工理论与当代产业集群的演进[J].学术月刊,2005(2):29-36.

[159] 魏后凯主编.现代区域经济学[M].北京:经济管理出版社,2006.

[160] 魏红英.宪政架构下的地方政府模式研究[M].北京:中国社会科学出版社,2004.

[161] 魏兴华,王大鹏,王周龙.胶东半岛城镇群空间结构分形研究[J].测绘科学,2007,

32(6)：179-181.

[162] 韦亚平.大都市地区空间结构演化的经济解释及"珠三角的经验验证"[D].上海：同济大学,2005.

[163] 韦亚平,赵民.都市区空间结构与绩效——多中心网络结构的解释与应用分析[J].城市规划,2006,30(4)：9-16.

[164] 吴传清,李浩.西方城市区域集合体理论及其启示——以 Megalopolis、Desakota Region、Citistate 为例[J].经济评论,2005(1)：84-89.

[165] 吴缚龙,王红扬.解读城市群发展的国际动态.中国城市规划学会编.规划 50 年：2006 中国城市规划年会论文集(上册)[M].北京：中国建筑工业出版社,2006.

[166] 吴缚龙,马润潮,张京祥主编.转型与重构：中国城市发展多维透视[M].南京：东南大学出版社,2007.

[167] 吴良镛.城镇密集地区空间发展模式——以长江三角洲为例[J].城市发展研究,1995(2)：8-14.

[168] 吴良镛.城市地区理论与中国沿海城市密集地区发展[J].城市规划,2003,10(2)：3-9.

[169] 吴启焰.城市密集区空间结构特征及演变机制——从城市群到大都市带[J].人文地理,1999,14(1)：11-16.

[170] 吴启焰,朱喜钢.城市空间结构研究的回顾与展望[J].地理学与国土研究,2001,17(2)：46-50.

[171] 吴文江.用数据包络分析进行规模收益分析的探讨[J].系统工程理论方法应用,2000,9(3)：248-251.

[172] 吴向鹏.市域经济空间结构：理论、演化与优化[J].重庆社会科学,2006(6)：18-22.

[173] 吴志强."全球化理论"提出的背景及其理论框架[J].城市规划汇刊,1998(2)：1-6.

[174] 吴志强."扩展模型"——全球化理论对于城市发展的理论探索[J].城市规划汇刊,1998(5)：1-8.

[175] 夏兰,周钟山,等.基于网络结构视角的产业集群演化和创新[M].北京：中国市场出版社,2006.

[176] 谢守红.大都市区的空间组织[J].北京：科学出版社,2004.

[177] 谢永琴.城市外部空间结构理论与实践[J].北京：经济科学出版社,2006.

[178] 谢燮,杨开忠,刘安国.新经济地理学与复杂科学的区位选择模型[J].经济地理,2005,25(4)：442-444.

[179] 邢怀滨,陈凡,刘玉劲.城市群的演进及其特征分析[J].哈尔滨工业大学学报(社会科学版),2001,3(4)：83-87.

[180] 熊剑平,刘承良,袁俊.国外城市群经济联系空间研究进展[J].世界地理研究,2006,15(1)：63-70.

[181] 熊理然,骆华松,杜双燕,等.区域经济合作的空间扩展与适度空间控制分析[J].地理与地理信息科学,2006,22(01):73-77.

[182] 徐康宁,赵波,王绮.长三角城市群:形成、竞争与合作[J].南京社会科学,2005(5):1-9.

[183] 徐琼.浙江省地区技术效率差异实证分析[J].浙江学刊,2005(2):195-197.

[184] 徐清梅,张思锋,牛玲,等.中国城市群几个基本问题的观点述评[J].城市问题,2002(1):18-22.

[185] 徐永健,许学强,阎小培.中国典型都市连绵区形成机制初探——以珠江三角洲和长江三角洲为例[J].人文地理,2000,15(2):19-23.

[186] 薛东前,王传胜.城市群演化的空间过程及土地利用优化配置[J].地理科学进展,2002,21(2):95-102.

[187] 薛凤旋,杨春.外资:发展中国家城市化的新动力——珠江三角洲个案研究[J].地理学报,1997(3):193-206.

[188] 薛凤旋,郑艳婷.我国都会经济区的形成及其界定[J].经济地理,2005,25(6):827-833.

[189] 薛凤旋,蔡建明.中国三大都会经济区的演变及其发展战略[J].地理研究,2003,22(5):531-540.

[190] 薛俊菲,顾朝林,孙加凤.都市圈空间成长的过程及其动力因素[J].城市规划,2006,30(3):53-56.

[191] 薛领,杨开忠.复杂性科学理论与区域空间演化模拟研究[J].地理研究,2002,21(1):79-88.

[192] 许国志主编.系统科学[M].上海:上海科技教育出版社,2000.

[193] 许学强,叶嘉安,张蓉.我国经济的全球化及其对城镇体系的影响[J].地理研究,1995,14(3):1-13.

[194] 许学强,周一星,宁越敏.城市地理学[M].北京:高等教育出版社,1997.

[195] 许学强,周素红.20世纪80年代以来我国城市地理学研究的回顾与展望[J].经济地理,2003,23(4):433-440.

[196] 许学强,林先扬,周春山.国外大都市区研究历程回顾及其启示[J].城市规划学刊,2007(2):9-14.

[197] 阎小培,郭建国,胡宇冰.穗港澳都市连绵区的形成机制研究[J].地理研究,1997,16(2):22-29.

[198] 阎小培,方远平.全球化时代城镇体系规划理论与模式探新[J].城市规划,2002,26(6):40-45.

[199] 阎小培,林彰平.20世纪90年代中国城市发展空间差异变动分析[J].地理学报,2004,59(3):437-445.

[200] 颜泽贤主编. 复杂系统演化论[J]. 北京：人民出版社,1993.

[201] 杨国安,甘国辉. 中国城镇体系空间分布特征及其变化[J]. 地球信息科学,2004, 6(3)：12-18.

[202] 杨家文,周一星. 通达性：概念,度量及应用[J]. 地理学与国土研究,1999,15(2)：61-66.

[203] 杨俊宴,糕振坤,陈雯. 长三角世界城市群建设方向初探[J]. 规划师,2006,22(3)：15-18.

[204] 杨汝万. 全球化背景下的亚太城市[M]. 北京：科学出版社,2004.

[205] 杨先卫,阎理. 基于场理论的经济空间分析探讨[J], 经济地理,2006,26(1)：20-22.

[206] 杨印生,李树根,孙巍. 熵—DEA有效性与多目标决策[J]. 技术经济,1995,23(1)：22-27.

[207] 杨吾扬. 杨吾扬论文选集：地理学的理论和实践[M]. 北京：商务印书馆,2005.

[208] 杨一帆. 论基础设施对城市群落空间秩序的影响[J]. 规划师,2006,22(3)：26-28.

[209] 姚士谋,陈振光,陈爽. 关于城市群基本概念的新认识[J]. 现代城市研究,1998(6)：15-17.

[210] 姚士谋. 我国城市群的特征、类型与空间布局[J]. 城市问题,1992(1)：10-15.

[211] 姚士谋. 沪宁杭城市群区发展趋势探讨[J]. 人文地理,1995(4)：10-16.

[212] 姚士谋主编. 中国大都市的空间扩展[M]. 合肥：中国科学技术大学出版社,1997.

[213] 姚士谋,陈爽. 长江三角洲地区城市空间演化趋势[J]. 地理学报,1998,65(S1)：1-10.

[214] 姚士谋,陈彩虹,陈爽. 沪宁杭地区城市群发展规划探索[J]. 长江流域资源与环境,2005,14(3)：267-271.

[215] 姚士谋,陈彩虹,陈振光. 我国城市群区空间规划的新认识[J]. 地域研究与开发,2005,24(3)：37-41.

[216] 姚士谋,陈振光,朱英明,等. 中国城市群[M]. 3版. 合肥：中国科学技术大学出版社,2006.

[217] 姚士谋,王书国,陈爽,等. 区域发展中"城市群现象"的空间系统探索[J]. 经济地理,2006,26(5)：726-730.

[218] 叶华,陈修颖,宗跃光. 新经济背景下区域空间结构转型研究[J]. 浙江师范大学学报(社会科学版),2006,31(2)：87-91.

[219] 叶玉瑶. 城市群空间演化动力机制初探——以珠江三角洲城市群为例[J]. 城市规划,2006,30(1)：61-66.

[220] 郁鸿胜. 崛起之路. 城市群发展与制度创新[M]. 长沙：湖南人民出版社,2005.

[221] 于涛方. 基于行业门类人口的长江三角洲地区区域结构研究[J]. 中国人口科学,2004(5)：48-55.

[222] 于涛方,吴志强.基于行业门类人口的环渤海湾地区区域结构分析[J].人口与经济,2005(3):1-7.

[223] 于涛方,吴志强.长江三角洲都市连绵区边界界定研究[J].长江流域资源与环境,2005,14(4):397-403.

[224] 于涛方.京津冀全球城市区域边界研究[J].地理与地理信息科学,2005年04期.

[225] 于涛方.中国"Global-Regions"边界研究——界定、演变与机制;博士后研究工作报告[R].上海:同济大学,2005.

[226] 于涛方.从功能溢出到制度平衡:长三角区域整合辨析[J].城市规划,2006(1):55-60.

[227] 于涛方,吴志强."Global Region"结构与重构研究——以长三角地区为例[J].城市规划学刊,2006(2):4-11.

[228] 于涛方,吴志强.京津冀地区区域结构与重构[J].城市规划,2006,30(9):36-41.

[229] 于涛方,邵军,周学江.多中心巨型城市区研究—京津冀地区实证[J].规划师,2007,23(12):15-23.

[230] 易千枫,张京祥.全球城市区域及其发展策略[J].国际城市规划,2007,22(5):65-69.

[231] 于立.城市连绵区的协调与管治机制:城市联盟的现状与对策[J].国际城市规划,2007,22(6):69-73.

[232] 曾凡银,冯宗宪.经济空间场理论研究述评[J].理论建设,2001(1):29-23.

[233] 曾菊新.空间经济:系统与结构[M].武汉:武汉出版社,1996.

[234] 曾菊新.试论空间经济结构[J].华中师范大学学报(哲社版),1996(2):8-13.

[235] 曾菊新.现代城乡网络化发展模式[M].北京:科学出版社,2001.

[236] 曾菊新,罗静.经济全球化的空间效应——论基于企业网络的地域空间结构重组[J].经济地理,2002,22(3):257-261.

[237] 曾艳红.国外典型大都市区发展对我国大都市区建设的启示[J].地域研究与开发,1998,17(1):40-43.

[238] 甄峰,朱传耿,穆安宏.全球化、信息化背景下的新区域城市现象[J].现代城市研究,2002,17(2):56-60.

[239] 甄峰.信息时代的区域空间结构[M].北京:商务印书馆.2004.

[240] 赵东阳.蓬勃发展的中国城市群——理论及模型探讨[J].经济师,2005(12):32-33.

[241] 赵亮.欧洲空间规划中的"走廊"概念及相关研究[J].国外城市规划,2006(1):59-64.

[242] 赵改栋,赵花兰.产业—空间结构:区域经济增长的结构因素[J].财经科学,2002(2):112-115.

[243] 赵民,陶小马.城市发展和城市规划的经济学原理[M].北京:高等教育出版

社,2001.
[244] 赵全超,汪波.对珠三角经济圈城市群能级梯度分布结构的实证研究[J].西北农林科技大学学报,2005,5(5):60-65.
[245] 赵全超,汪波,王举颖.环渤海经济圈城市群能级梯度分布结构与区域经济发展战略研究[J].北京交通大学学报(社会科学版),2006,5(2):28-32.
[246] 张成.长江三角洲地区多中心空间结构的经济分析和聚类[J].规划师,2006,22(9):52-55.
[247] 张洪.城市空间结构均衡理论及在我国的应用[J].城市问题,2004(5):66-68.
[248] 张虹欧,叶玉瑶,罗晓云,等.珠江三角洲城市群城市流强度研究[J].地域研究与开发,2004,23(6):53-56.
[249] 张虹鸥,叶玉瑶,陈绍愿.珠江三角洲城市群城市规模分布变化及其空间特征[J].经济地理,2006,26(5):806-809.
[250] 张景秋,杨吾扬.中国临海地带空间结构演化及其机制分析[J].经济地理,2002,22(5):559-563.
[251] 张京祥.西方城镇群体空间研究之述评[J].国外城市规划,1999(1):31-33.
[252] 张京祥.试论中国城镇群体发展地区区域/城市管治[J].城市问题,1999,91(5):44-47.
[253] 张京祥.城镇群体空间组合[M].南京:东南大学出版社,2000.
[254] 张京祥,崔功豪.试论城镇群体空间的组织调控[J].人文地理,2002(3):5-8.
[255] 张京祥,沈建法,黄钧尧,等.都市密集地区区域管治中行政区划的影响[J].城市规划,2002,26(9):40-44.
[256] 张京祥,何建颐,殷洁.全球城市密集地区发展与规划的新趋势[M]//中国城市规划学会编.规划50年:2006中国城市规划年会论文集(上册).北京:中国建筑工业出版社,2006.
[257] 张敏,顾朝林,等.长江三角洲全球城市区空间建构[J].长江流域资源与环境,2006,15(6):787-792.
[258] 张尚武.长江三角洲城镇密集地区城镇空间形态发展的整体研究[D].上海:同济大学,1998.
[259] 张尚武.长江三角洲地区城镇空间形态协调发展研究[J].城市规划汇刊,1999(3):32-35.
[260] 张尚武.长江三角洲城镇密集地区形成及发展的历史特征[J].城市规划汇刊,1999(1):40-46.
[261] 张尚武,王雅娟.上海与长江三角洲地区城镇空间发展关系研究[J].城市规划汇刊,2003(5):6-11.
[262] 张庭伟.1990年代中国城市空间结构的变化及其动力机制[J].城市规划,2001,

25(7):7-14.

[263] 张文忠.新经济地理学的研究视角探究[J].地理科学进展,2003,22(1):94-102.

[264] 张文忠,张军涛.经济学和地理学对区位论发展轨迹的影响[J].地理科学进展,1999,18(1):54-59.

[265] 张宇星.城市和城市群形态的空间分形特征[J].新建筑,1994,3:42-46.

[266] 张勇强.城市空间发展自组织与城市规划[M].南京:东南大学出版社,2006.

[267] 张维迎.博弈论与信息经济学[M].上海:上海人民出版社,1996.

[268] 张兆安.大都市圈与区域经济一体化:兼论长江三角洲区域经济一体化[M].上海:上海财经大学出版社,2006.

[269] 章光日.从大城市到都市区——全球化时代中国城市规划的挑战与机遇[J].城市规划,2003,27(5):33-37.

[270] 郑道文.佩鲁的经济空间理论[J].中南财经大学学报,2001(5):17-21.

[271] 甄富春.长江三角洲城市空间结构变异的成因及其动力机制研究[D].上海:同济大学,2002.

[272] 中国城市规划学会学术工作委员会.中国城市规划学术研究进展年度报告2006[M].北京:中国建筑工业出版社,2006.

[273] 中国市长协会,《中国城市发展报告》编辑委员会.中国城市发展报告(2002—2003)[R].北京:商务印书馆,2004.

[274] 邹军,王学锋主编.都市圈规划[M].北京:中国建筑工业出版社,2005.

[275] 周干峙.高密集、高城市化地区城镇间的强相互作用——城市规划和城市化的一种新现象[J].城市发展研究,1997(1):1-6.

[276] 周克瑜.走向市场经济:中国行政区与经济区的关系及其整合[M].上海:复旦大学出版社,1999.

[277] 周建明.欧美城市连绵区的理论研究[J].国外城市规划,1997(2):12-15.

[278] 周旗.区位:地理理论演绎的逻辑起点[J].西北大学学报(自然科学版),2003,33(4):470-475.

[279] 周伟林.长三角城市群经济与空间的特征及其演化机制[J].世界经济文汇,2005(4):142-146.

[280] 朱喜钢.城市空间集中于分散论[M].北京:中国建筑工业出版社,2002.

[281] 朱文晖.走向竞合——珠三角与长三角经济发展比较[M].北京:清华大学出版社,2003.

[282] 朱英明,姚士谋.我国城市群发展方针研究[J].城市规划汇刊,1999(5):28-30.

[283] 朱英明,姚士谋.国外区域联系研究综述[J].世界地理研究,2001,10(2):16-24.

[284] 朱英明.我国城市群地域结构特征及发展趋势研究[J].城市规划汇刊,2001(4):55-57.

[285] 朱英明.我国城市群区域联系发展趋势[J].城市问题,2001(6):22-24.
[286] 朱英明,姚士谋,李玉见.我国城市群地域结构理论研究[J].现代城市研究,2002,17(6):50-52.
[287] 朱英明.城市群经济空间分析[M].北京:科学出版社,2004.
[288] 朱英明.产业空间结构与地区产业增长研究——基于长江三角洲城市群制造业的研究[J].经济地理,2006,26(3):387-390.
[289] 朱英明.中国城市群区集聚式城市化发展研究[J].工业技术经济,2006,25(2):2-4.
[290] 宗跃光.城市景观生态价值的边际效用分析法[J].城市环境与城市生态,1998,11(4):52-54.

附录 A 长三角城市群研究原始资料与过程数据

行政区划调整

• 上海市

1997 年

撤销金山县,设立金山区,以原金山县的行政区域为金山区的行政区域。区人民政府驻金山卫镇。(国务院 1997 年 4 月 29 日批准)

1998 年

撤销松江区,设立上海市松江区。(国务院 1998 年 2 月 27 日批准)

1999 年

撤销青浦县,设立青浦区,以原青浦县的行政区域为青浦区的行政区域。区人民政府驻青浦镇。(国务院 1999 年 9 月 16 日批准国函[1999]113 号)

2000 年

撤销黄浦区和南市区,设立新的黄浦区,以原黄浦区和南市区的行政区域为新的黄浦区的行政区域。区人民政府驻九江路。(国务院 2000 年 6 月 13 日批准)

2001 年

1. 撤销奉贤县,设立奉贤区,以原奉贤县的行政区域为奉贤区的行政区域。区人民政府驻南桥镇。(国务院 2001 年 1 月 9 日批准国函[2001]2 号)

2. 撤销南汇县,设立南汇区,以原南汇县的行政区域为南汇区的行政区域。区人民政府驻惠南镇。(国务院 2001 年 1 月 9 日批准国函[2001]3 号)

2003 年

1. 黄浦区人民政府驻地从九江路 219 号迁移至延安东路 300 号。(上海市人民政府 2003 年 2 月 21 日批准沪府[2003]8 号)

2. 松江区人民政府驻地从中山中路 38 号迁移至园中路 1 号。(上海市人民政府 2003 年 8 月 22 日批准沪府[2003]79 号)

2005 年

将上海市宝山区的长兴乡、横沙乡划入崇明县管辖。(国务院 2005 年 5 月 18 日批准国函[2005]40 号)

- 江苏省

1994 年

1. 撤销江都县,设立江都市。(国务院 1994 年 4 月 26 日批准)

2. 撤销海门县,设立海门市。(国务院 1994 年 4 月 26 日批准)

3. 撤销扬中县,设立扬中市。(国务院 1994 年 5 月 19 日批准)

4. 撤销泰县,设立姜堰市。(国务院 1994 年 7 月 27 日批准)

1995 年

1. 撤销句容县,设立句容市。(国务院 1995 年 4 月 6 日批准)

2. 撤销吴县,设立吴县市。(国务院 1995 年 6 月 8 日批准)

3. 撤销武进县,设立武进市。(国务院 1995 年 6 月 8 日批准)

4. 撤销无锡县,设立锡山市。(国务院 1995 年 6 月 8 日批准)

5. 徐州市矿区更名为九里区。(国务院 1995 年 12 月 26 日批准)

1996 年

1. 将淮阴市的灌南县划归连云港市管辖。(国务院 1996 年 7 月 19 日批准)

2. 撤销县级宿迁市,设立地级宿迁市,宿迁市新设宿城区。将淮阴市沭阳、泗阳、泗洪 3 县划归宿迁市管辖。(国务院 1996 年 7 月 19 日批准)

3. 设立宿豫县,县人民政府驻顺河镇。(国务院 1996 年 7 月 19 日批准)

4. 撤销县级泰州市,设立地级泰州市,泰州市新设海陵区。将扬州市代管的泰兴、姜堰、靖江、兴化 4 县级市划归泰州市代管。(国务院 1996 年 7 月 19 日批准)

5. 撤销盐城市郊区,设立盐都县,县人民政府驻潘黄镇。(国务院 1996 年 8 月 1 日批准)

6. 撤销大丰县,设立大丰市。(国务院 1996 年 8 月 1 日批准)

1997 年

设立泰州市高港区。(国务院 1997 年 8 月 20 日批准)

2000 年

1. 将苏州市郊区更名为虎丘区。(国务院 2000 年 1 月 5 日批准)

2. 撤销江宁县,设立南京市江宁区,以原江宁县的行政区域为江宁区的行政区域。区人民政府驻东山镇。(国务院 2000 年 12 月 21 日批准)

3. 撤销邗江县,设立扬州市邗江区,以原邗江县的行政区域为邗江区的行政区域。区人民政府驻蒋王镇。(国务院 2000 年 12 月 21 日批准)

4. (1)将地级淮阴市更名为淮安市。市人民政府驻清河区。(2)撤销县级淮安市,设立淮安市楚州区,以原县级淮安市的行政区域为楚州区行政区域。区人民政府驻淮城镇。(3)撤销淮阴县,设立淮安市淮阴区,以原淮阴县的行政区域为淮阴区的行政区域。区人民政府驻王营镇。(4)地级淮安市辖盱眙县、涟水县、金湖县、洪泽县、清河区、清浦区和新设立的楚州区、淮阴区。(国务院 2000 年 12 月 21 日批准)

5. (1)撤销县级锡山市,设立无锡市锡山区和惠山区。锡山区人民政府驻东亭镇。惠山区人民政府驻洛社镇。(2)撤销无锡市马山区。(3)将无锡市郊区更名为滨湖区。区人民政府驻河埒镇。(国务院 2000 年 12 月 21 日批准)

6. 撤销县级吴县市,设立苏州市吴中区和相城区。吴中区人民政府驻长桥镇。相城区人民政府驻陆慕镇。(国务院 2000 年 12 月 31 日批准)

2001 年

撤销连云港市云台区。将原云台区的朝阳镇、徐圩镇、板桥镇和中云街道划归连云港市连云区管辖,南城镇、花果山乡、云台乡和猴嘴街道划归连云港市新浦区管辖。(国务院 2001 年 10 月 1 日批准国函[2001]129 号)

2002 年

1. 调整常州市部分行政区划:(1)撤销县级武进市,设立常州市武进区。武进区辖原县级武进市的湖塘、牛塘、洛阳、礼嘉、南夏墅、前黄、寨桥、潘家、漕桥、雪堰、奔牛、邹区、卜弋、夏溪、嘉泽、湟里、东安、横林、遥观、横山桥、芙蓉、焦溪、郑陆 23 个镇。区人民政府驻湖塘镇。(2)常州市郊区更名为新北区。新北区辖原常州市郊区的河海街道。三井乡和龙虎塘、新桥、百丈、圩塘 4 个镇以及原县级武进市的薛家、安家、魏村、罗溪、西夏墅、小河、孟河 7 个镇。区人民政府驻河海中路。(3)将原常州市郊区的永红、五星、西林、北港 4 个乡和新闸镇划归钟楼区管辖。(4)将原常州市郊区的茶山、雕庄、红梅、青龙 4 个乡划归常州市天宁区管辖。(国务院 2002 年 4 月 3 日批准国函[2002]22 号)

2. 调整南京市部分行政区划:(1)撤销南京市浦口区和江浦县,设立新的南京市浦口区,以原浦口区和原江浦县的行政区域为浦口区的行政区域。区人民政府驻珠江镇。(2)撤销南京市大厂区和六合县,设立南京市六合区,以原大厂区和原六合县的行政区域为六合区的行政区域。区人民政府驻雄州镇。(国务院 2002 年 4 月 3 日批准国函[2002]23 号)

3. 撤销丹徒县,设立镇江市丹徒区,以原丹徒县的行政区域为丹徒区的行政区域。区人民政府驻谷阳镇。(国务院 2002 年 4 月 3 日批准国函[2002]24 号)

4. 扬州市郊区更名为维扬区。(国务院 2002 年 11 月 11 日批准民函[2002]182 号)

2003 年

1. 锡市惠山区人民政府驻地由洛社迁至堰桥镇。(民政部 2003 年 4 月 27 日批准民函[2003]76 号)

2. 撤销盐都县,设立盐城市盐都区;盐城市城区更名为亭湖区。(国务院 2003 年 12 月 18 日批准国函[2003]130 号)

(1) 撤销盐都县,设立盐城市盐都区,以原盐都县潘黄、大纵湖、北龙港、楼王、学富、义丰、尚庄、葛武、北蒋、秦南、龙冈、郭猛、大冈 13 个镇的行政区域为盐都区的行政区域。区人民政府驻潘黄镇。

(2) 盐城市城区更名为盐城市亭湖区。亭湖区辖原盐城市城区以及原盐都县的便仓、伍佑、步凤 3 个镇。区人民政府驻人民中路。

2004 年

调整宿迁市部分行政区划。(国务院 2004 年 1 月 15 日批准国函[2004]6 号)

(1) 撤销宿豫县,设立宿迁市宿豫区。宿豫区辖原宿豫县的顺河、皂河、大兴、来龙、蔡集、王官集、黄墩、晓店、陆集、仰化、丁咀、关庙、新庄、侍岭 14 个镇和曹集、保安 2 个乡以及宿城区的井头乡。区人民政府驻顺河镇。

(2) 将原宿豫县的耿车镇、埠子镇、洋北镇、龙河镇、罗圩乡、南蔡乡、三棵树乡和泗阳县的洋河镇、郑楼镇、中扬镇、仓集镇、屠园乡以及泗洪县的陈集镇划归宿城区管辖。调整后,宿城区辖幸福、项里、河滨、古城 4 个街道和双庄、耿车、埠子、洋北、龙河、洋河、郑楼、中扬、仓集、陈集 10 个镇以及罗圩、南蔡、三棵树、屠园 4 个乡。区人民政府驻中山路。

2005 年

1. 将铜山县大黄山镇和大庙镇划归徐州市鼓楼区管辖。(国务院 2005 年 5 月 18 日批准国函[2005]41 号)

2. 将连云港新浦区猴嘴街道办事处划归连云港连云区管辖;猴嘴街道办事处辖区范围内的海域和滩涂,一并划归连云区管辖。(江苏省政府批准苏政复

[2005]20 号)

3. 将灌云县宁海乡整建制划归连云港新浦区管辖。(江苏省政府批准苏政复[2005]37 号)

- 浙江省

1994 年

1. 撤销富阳县,设立富阳市。(国务院 1994 年 1 月 18 日批准)

2. 撤销温岭县,设立温岭市。(国务院 1994 年 2 月 18 日批准)

3. 撤销余杭县,设立余杭市。(国务院 1994 年 4 月 5 日批准)

4. 撤销台州地区和椒江市、黄岩市,设立地级台州市和椒江区、黄岩区、路桥区。台州市辖原台州地区的玉环县、三门县、天台县、仙居县和新设的椒江区、黄岩区、路桥区。原台州地区的温岭市、临海市由浙江省直辖。(国务院 1994 年 8 月 22 日批准)

1995 年

撤销嵊县,设立嵊州市。(国务院 1995 年 8 月 30 日批准)

1996 年

1. 撤销临安县,设立临安市。(国务院 1996 年 10 月 28 日批准)

2. 设立杭州市滨江区,调整杭州市市辖区的行政区域。(国务院 1996 年 12 月 12 日批准)

2000 年

1. (1)撤销丽水地区和县级丽水市,设立地级丽水市。市人民政府驻新设立的莲都区。(2)丽水市设立莲都区,以原县级丽水市的行政区域为莲都区的行政区域。区人民政府驻解放街。(3)丽水市辖原丽水地区的青田县、缙云县、遂昌县、松阳县、云和县、庆元县、景宁畲族自治县和新设立的莲都区。原丽水地区的龙泉市由浙江省直辖。(国务院 2000 年 5 月 20 日批准)

2. (1)撤销金华县,设立金华市金东区。金东区辖原金华县的傅村、孝顺、曹宅、塘雅、澧浦、岭下、江东、赤松、源东和金华市婺城区的仙桥、多湖、东孝 12 个乡(镇)。区人民政府驻多湖镇。(2)将原金华县的雅畈、安地、白龙桥、琅琊、蒋堂、汤溪、罗埠、洋埠、长山、沙畈、塔石、岭上、莘畈、箬阳 14 个乡(镇)划归金华市婺城区管辖。(国务院 2000 年 12 月 30 日批准)

2001 年

1. (1)将绍兴县的斗门镇(不含新马山村、新合作村、新黄甫村、新孙端村、新豆姜村和新斗门村)、东浦镇、鉴湖镇、皋埠镇和马山镇划归绍兴市越城区管辖。(2)绍兴县人民政府驻地由绍兴市越城区迁至绍兴县柯桥镇。(国务院2001年1月13日批准国函[2001]5号)

2.(1)撤销萧山市,设立杭州市萧山区,以原县级萧山市的行政区域为萧山区的行政区域。区人民政府驻城厢镇。(2)撤销余杭市,设立杭州市余杭区,以原县级余杭市的行政区域为余杭区的行政区域。区人民政府驻临平镇。(国务院2001年2月2日批准国函[2001]13号)

3.调整温州市市辖区行政区划。(1)将永嘉县的七都镇和桥下镇中央涂居委会,温州市瓯海区的临江镇、藤桥镇、上戍乡、双潮乡、岙底乡和梧埏镇的前网、鱼鳞浃、上田、划龙桥4个村,温州市龙湾区蒲州镇的蒲州和上蒲州2个村划入鹿城区。鹿城区人民政府驻墨池坊1号。(2)将瑞安市塘下镇的上涂、西一、中星、东门、埭头、石坦、屿门、邱宅、东溪、东成10个村委会和前冈、后冈2个居委会,瓯海区的永中镇、天河镇、沙城镇、灵昆镇划入龙湾区。龙湾区人民政府驻地由状元镇龙飞路4号迁至永中镇。(3)将瑞安市的丽岙镇、仙岩镇划入瓯海区。瓯海区人民政府驻地由兴海路50号迁至娄桥镇。(国务院2001年7月7日批准国函[2001]84号)

4.(1)撤销衢县,设立衢州市衢江区。将原衢县的云溪、太真、双桥、庙前、周家、灰坪、长柱、坑口、举村、岭头、洋口、横路12个乡和高家、莲花、峡川、杜泽、上方、廿里、后溪、湖南、大洲、樟潭、安仁、全旺12个镇以及衢州市柯城区的浮石、下张2个乡和石室乡的黄坛口村划归衢江区管辖。区人民政府驻樟潭镇。(2)将原衢县的华墅、沟溪、七里、九华4个乡和航埠、石梁2个镇划归柯城区管辖。(国务院2001年12月10日批准国函[2001]161号)

2002年

撤销鄞县,设立宁波市鄞州区,以原鄞县的行政区域为鄞州区的行政区域。区人民政府驻鄞州路。(国务院2002年2月1日批准国函[2002]8号)

2003年

湖州市设立吴兴区、南浔区。(国务院2003年1月2日批准国函[2003]2号)

(1)设立湖州市吴兴区和南浔区。

(2)吴兴区辖织里、八里店、杨家埠、妙西、东林、埭溪6个镇和道场、环渚、白雀3个乡以及月河、朝阳、爱山、飞英、龙泉、凤凰6个街道。区人民政府驻湖东路。

(3) 南浔区辖南浔、练市、双林、善琏、旧馆、菱湖、和孚、千金、石淙9个镇。区人民政府驻南浔镇。

2005年

嘉兴市秀城区更名为南湖区。(民政部2005年5月17日批复)

● 安徽省

1994年

撤销嘉山县,设立明光市。(国务院1994年5月31日批准)

1996年

1. 撤销阜阳地区、阜阳市,设立地级阜阳市,阜阳市新设颍州区、颍泉区、颍东区。(国务院1996年1月1日批准)

2. 撤销桐城县,设立桐城市。(国务院1996年8月20日批准)

1997年

撤销宁国县,设立宁国市。(国务院1997年3月11日批准)

1998年

1. 将怀宁县人民政府驻地由石牌镇迁至高河镇。(国务院1998年9月25日批准)

2. 撤销宿县地区和县级宿州市,设立地级宿州市,地级宿州市新设埇桥区。(国务院1998年12月6日批准)

1999年

1. (1)撤销巢湖地区和县级巢湖市,设立地级巢湖市。市人民政府驻新设立的居巢区青年路。(2)巢湖市设立居巢区,以原县级巢湖市的行政区域为居巢区的行政区域。区人民政府驻东风路。(3)巢湖市辖原巢湖地区的无为县、庐江县、和县、含山县和新设立的居巢区。(国务院1999年7月9日批准国函〔1999〕80号)

2. (1)撤销六安地区和县级六安市,设立地级六安市。市人民政府驻新设立的金安区人民路。(2)六安市设立金安区、裕安区。金安区辖原县级六安市的东市、中市、三里桥3个街道办事处和九里沟、望城岗、翁墩、淠东、城北、先生店、中店、横塘岗8个乡及马头、东桥、木厂、双河、孙岗、椿树、三十铺、张店、毛坦厂、东河口、施桥11个镇。区人民政府驻人民路。裕安区辖原县级六安市的鼓楼、西市、北市、南市4个街道办事处和平桥、罗集、狮子岗、单王、青山、西河口、石板冲7个乡及新安、顺河、丁集、固镇、徐集、江家店、独山、苏埠、城南、分路口、石婆店、韩摆渡12个镇。区人民政府驻云露街。(3)六安市辖原六安地区的舒城县、霍山县、金寨县、霍邱县、寿县和新设立的金安区、裕安区。(国务院1999年9月2日批准国函[1999]109号)

2000 年

1. 调整阜阳市的行政区划,将阜阳市管辖的涡阳县、蒙城县、利辛县划归新设立的地级亳州市管辖。调整后的阜阳市辖颍州区、颍东区、颍泉区和临泉县、颍上县、阜南县、太和县。县级界首市由安徽省直辖。(国务院2000年5月21日批准)

2. (1)撤销县级亳州市,设立地级亳州市。市人民政府驻新设立的谯城区。(2)亳州市设立谯城区,以原县级亳州市的行政区域为谯城区的行政区域。区人民政府驻文化巷。(3)亳州市辖涡阳县、蒙城县、利辛县和新设立的谯城区。(国务院2000年5月21日批准)

3. (1)撤销宣城地区和县级宣州市,设立地级宣城市。市人民政府驻新设立的宣州区。(2)宣城市设立宣州区,以原县级宣州市的行政区域为宣州区的行政区域。区人民政府驻叠嶂中路。(3)宣城市辖原宣城地区的广德县、郎溪县、泾县、旌德县、绩溪县和新设立的宣州区。原宣城地区的宁国市由安徽省直辖。(国务院2000年6月25日批准)

4. (1)撤销池州地区和县级贵池市,设立地级池州市。市人民政府驻新设立的贵池区。(2)池州市设立贵池区,以原县级贵池市的行政区域为贵池区的行政区域。区人民政府驻长江南路。(3)池州市辖原池州地区的东至县、石台县、青阳县和新设立的贵池区。(国务院2000年6月25日批准)

2001 年

(1)撤销马鞍山市向山区。(2)将原向山区的慈湖乡划归马鞍山市金家庄区管辖,霍里镇、濮塘镇划归马鞍山市花山区管辖,雨山乡、佳山乡和向山镇划归马鞍山市雨山区管辖。(国务院2001年7月1日批准国函[2001]75号)

2002 年

调整合肥市部分行政区划:(1)合肥市东市区更名为合肥市瑶海区,将合肥市郊区的长淮、方庙两个街道和城东乡、七里塘镇、大兴镇,以及肥东县的磨店乡和龙岗镇的三合、刘大郢、油坊、大彭、罗岗、马岗、王岗、史城8个村及新站、大店2个居委会划归瑶海区管辖。(2)合肥市中市区更名为合肥市庐阳区,将合肥市郊区的三十岗乡、杏花村镇、大杨镇划归庐阳区管辖。(3)合肥市西市区更名为合肥市蜀山区,将合肥市郊区的井岗镇划归蜀山区管辖。(4)合肥市郊区更名

为合肥市包河区,将原西市区的巢湖路、芜湖路、宁国路3个街道划归包河区管辖。区人民政府驻宣城路。(国务院2002年2月1日批准国函[2002]10号)

2004 年

1. 调整蚌埠市部分行政区划。(国务院2004年1月10日批准国函[2004]4号)

(1) 蚌埠市东市区更名为龙子湖区,中市区更名为蚌山区,西市区更名为禹会区,郊区更名为淮上区;调整蚌埠市龙子湖区、蚌山区、禹会区、淮上区的行政区划。市人民政府驻蚌山区东海大道。

(2) 龙子湖区辖原东市区的东风、治淮、东升、解放和曹山5个街道;原中市区的延安街道;原郊区的李楼乡、长淮卫镇,雪华乡的曹彭、仇岗、孙郢、山南4个村。区人民政府驻解放路。

(3) 蚌山区辖原中市区的天桥、青年、纬二路、胜利和黄庄5个街道;原东市区的宏业村、龙湖新村2个街道及烟墩村;原西市区朝阳街道的新建、东方红2个居委会,钓鱼台街道的友谊、雅郢2个居委会和施徐村;原郊区的燕山乡,雪华乡的邱桥、纪郢、沈圩3个村,长青乡的陶店、金圩2个村,秦集镇的仲集村。区人民政府驻南山路。

(4) 禹会区辖原西市区的大庆、张公山、纬四3个街道,朝阳街道的红旗里、平安里、新风、创新、新村5个居委会,钓鱼台街道的继红、钓鱼台、安平、燕山路、迎河桥5个居委会;原郊区长青乡的许庄、九龙、山香、黄山、王岗、石巷6个村,秦集镇的秦集、九塘、河北、东周、姜顾、花郢、西朱、禹会、大徐、高埂、前郢、冯东、冯西、宗洼、草寺、大孔、老贯徐、三尖塘、彭巷、仁和、枣林、周蔡、杭刘、广德24个村。区人民政府驻红旗一路。

(5) 淮上区辖原郊区的小蚌埠镇、吴小街镇;原中市区的淮滨街道;原属怀远县的梅桥乡;原属固镇县的曹老集镇。区人民政府驻小蚌埠镇。

2. 调整淮南市和长丰县部分行政区划。(国务院2004年5月29日批准国函[2004]39号)

(1) 将长丰县的孔店乡划归淮南市大通区管辖,长丰县的史院乡、三和乡、曹庵镇划归淮南市田家庵区管辖,长丰县的孙庙乡、孤堆回族乡、杨公镇划归淮南市谢家集区管辖。

(2) 将歙县郑村镇的上朱村划归黄山市徽州区岩寺镇管辖。

2005 年

1. 调整安庆市部分行政区划。(国务院2005年5月13日批准国函[2005]

38号)

(1) 将安庆市郊区的老峰镇、龙狮桥乡、长风乡、新洲乡划归安庆市迎江区管辖。

(2) 将安庆市郊区的十里铺乡(不含眉山、象册、苏岗、砂桥、罗冲5个村)和怀宁县的海口镇、山口乡划归安庆市大观区管辖。

(3) 安庆市郊区更名为安庆市宜秀区,将怀宁县的大龙山镇、五横乡和桐城市的罗岭镇划归宜秀区管辖。宜秀区人民政府驻地由迎江区青少年宫路迁至大龙山镇。

2. 调整芜湖市部分行政区划。(国务院2005年9月13日批准国函[2005]77号)

(1) 撤销芜湖市新芜区、镜湖区,设立新的芜湖市镜湖区。将原新芜区、镜湖区的行政区域和鸠江区的荆山街道以及湾里镇的广福、莲塘2个居委会划归镜湖区管辖。镜湖区人民政府驻北京东路。

(2) 设立芜湖市三山区,将马塘区的三山、保定2个街道和繁昌县的峨桥镇划归三山区管辖。三山区人民政府驻三华路。

(3) 马塘区更名为弋江区。将芜湖县火龙岗镇划归弋江区管辖。弋江区人民政府驻利民路。

原始统计数据表1　1995—2005年长三角城市群各地级市GDP统计数据(万元)

编号	城市名称	1995年	1997年	1999年	2001年	2003年	2005年
1	上海	24 625 700	33 602 100	40 349 600	49 508 400	62 508 100	91 541 800
2	南京	5 764 586	7 550 549	8 994 202	11 503 034	15 763 300	24 111 100
3	无锡	7 611 135	9 600 128	11 380 111	13 601 059	19 012 200	28 046 800
4	徐州	4 107 390	5 150 180	6 000 327	7 157 099	9 057 900	12 121 500
5	常州	3 697 000	4 701 069	5 387 217	6 729 008	9 014 200	13 033 600
6	苏州	9 031 127	11 325 941	13 584 312	17 602 795	28 015 600	40 265 200
7	南通	4 665 291	5 774 733	6 704 393	8 092 955	10 067 100	14 720 800
8	连云港	1 551 626	2 385 282	2 849 626	3 158 201	3 449 236	4 559 700
9	淮安	2 770 664	1 965 801	2 527 188	3 290 168	4 206 400	5 618 100
10	盐城	3 240 721	4 214 760	5 002 400	6 032 330	7 433 900	10 049 000

附录 A　长三角城市群研究原始资料与过程数据

续　表

编号	城市名称	1995 年	1997 年	1999 年	2001 年	2003 年	2005 年
11	扬　州	5 653 713	3 766 734	4 269 748	5 054 619	6 472 200	9 220 200
12	镇　江	2 858 627	3 605 427	4 165 149	5 026 584	6 405 100	8 716 700
13	泰　州	396 505	3 177 639	3 689 193	4 499 734	5 800 400	8 222 600
14	宿　迁	1 011 569	1 446 946	1 820 013	2 231 631	2 781 900	3 759 300
15	杭　州	7 620 055	10 363 299	12 252 795	15 680 138	20 997 744	29 426 519
16	宁　波	6 376 278	8 974 306	10 417 362	13 126 854	17 868 542	24 493 099
17	温　州	4 035 891	6 058 218	7 331 880	9 320 751	12 264 424	15 963 530
18	嘉　兴	3 212 716	4 197 460	4 718 859	6 042 610	8 580 276	11 596 615
19	湖　州	2 273 113	2 961 650	3 426 184	3 850 025	4 907 516	6 442 499
20	绍　兴	4 112 082	5 945 503	7 050 648	8 225 419	10 892 802	14 474 700
21	金　华	3 408 281	4 619 568	5 000 345	5 973 418	8 016 023	10 635 397
22	衢　州	1 144 684	1 334 083	1 474 938	1 762 770	2 337 312	3 291 100
23	舟　山	734 927	891 533	1 013 672	1 266 912	1 722 656	2 801 592
24	台　州	4 082 316	5 090 663	6 050 030	7 475 941	9 950 324	12 517 703
25	丽　水	310 064	227 707	1 226 800	1 589 669	2 202 878	3 059 863
26	合　肥	1 675 816	2 489 887	2 944 484	3 634 412	4 849 623	8 535 700
27	芜　湖	1 008 828	1 649 423	1 931 721	2 187 703	2 848 538	4 006 500
28	蚌　埠	1 146 086	1 625 911	1 802 529	1 716 516	2 081 442	3 113 300
29	淮　南	834 994	1 230 000	1 258 010	1 348 558	1 705 041	2 636 000
30	马鞍山	942 344	1 235 224	1 236 502	1 381 549	1 925 237	3 713 461
31	淮　北	735 759	938 827	987 706	1 073 760	1 324 689	2 089 900
32	铜　陵	442 654	580 129	685 354	801 435	1 030 449	1 820 500
33	安　庆	1 731 412	2 522 000	2 482 255	2 641 430	3 204 307	4 296 400
34	黄　山	466 037	675 571	778 711	882 945	1 084 187	1 599 782
35	滁　州	1 559 090	2 410 482	2 435 104	2 653 988	3 005 000	3 280 800
36	阜　阳	473 530	4 029 739	3 505 614	2 005 501	2 168 607	3 246 100
37	宿　州	406 057	2 200 400	1 975 034	1 932 239	2 199 287	3 129 800
38	巢　湖	364 738	2 184 400	2 084 849	2 052 484	2 482 739	3 018 700

— 253 —

续　表

编号	城市名称	1995年	1997年	1999年	2001年	2003年	2005年
39	六安	399 680	2 107 600	1 791 815	1 806 100	2 090 680	3 128 200
40	亳州	379 521	564 172	573 000	1 640 174	1 832 512	2 650 000
41	池州	191 448	598 200	569 700	619 052	755 027	1 101 800
42	宣城	325 660	1 958 900	1 731 800	1 689 098	2 031 763	2 515 300

原始统计数据表2　1995—2005年长三角城市群各地级市人口统计数据(万人)

编号	城市名称	1995年	1997年	1999年	2001年	2003年	2005年
1	上海	1 301.37	1 305.46	1 313.12	1 327.14	1 341.77	1 360.26
2	南京	521.72	529.82	537.44	553.04	572.23	595.8
3	无锡	429.19	432.29	433.4	435.9	442.54	452.84
4	徐州	851.15	867.16	877.53	901.86	908.66	925.31
5	常州	333.65	339.23	339.71	341.52	346.22	351.63
6	苏州	572.91	574.99	476.23	580.53	590.97	607.31
7	南通	784.24	786.3	785.99	782.46	777.62	770.86
8	连云港	359.63	437.25	448.15	459.64	467.83	472.18
9	淮安	1 030.18	495	502.48	514.38	519.92	527.77
10	盐城	783.53	789.11	793.6	795.56	796.51	798.67
11	扬州	938.81	446.14	447.39	451.59	453.61	456.31
12	镇江	263.27	265.41	266.17	266.58	267.19	267.61
13	泰州	26.97	496.83	501.26	503.1	503.66	502.05
14	宿迁	113.22	488.83	499.73	510.84	517.26	524.54
15	杭州	597.96	607.96	616.05	629.14	642.78	660.45
16	宁波	526.2	533.31	538.41	543.35	549.07	556.7
17	温州	697.89	708.35	721.62	738.81	742.28	750.28
18	嘉兴	326.39	329.29	330.19	331.93	332.96	334.33
19	湖州	252.63	254.58	255.07	256.49	256.78	257.58
20	绍兴	424.7	428.94	431.7	433.27	433.84	435.09

续　表

编号	城市名称	1995年	1997年	1999年	2001年	2003年	2005年
21	金　华	436.24	440.51	444.33	447.94	449.91	454.13
22	衢　州	236.39	238.97	241.35	243.57	244.83	245.57
23	舟　山	98.28	98.58	98.42	98.1	97.12	96.73
24	台　州	529.56	535.98	542.98	548.52	552.61	559.85
25	丽　水	243.4	245.82	247.34	248.73	249.4	251.39
26	合　肥	411.11	422.31	429.95	442.16	456.6	455.7
27	芜　湖	211.27	213.95	216.4	220.26	223.82	226.88
28	蚌　埠	315.49	323.27	330.04	340.35	344.93	349.33
29	淮　南	193.26	198.63	202.82	208.1	211.84	235.78
30	马鞍山	114.19	116.12	118.14	120.05	124.09	125.64
31	淮　北	179.43	184.59	189.8	198.78	203.94	210.52
32	铜　陵	66.35	67.05	68.5	69.7	70.91	72.22
33	安　庆	589.96	594.46	598.03	602.94	605.2	605.55
34	黄　山	145.91	146.44	146.49	146.8	146.91	146.94
35	滁　州	403.2	412.11	419.03	428.28	432.94	435.62
36	阜　阳	1 207.11	1 224.85	1 249.56	889.01	904.1	932.76
37	宿　州	544.21	555.64	570.8	582.95	563.1	604.52
38	巢　湖	435.72	440.7	445.5	451.37	453.3	453.06
39	六　安	639.01	648.27	655.65	664.88	669.5	681
40	亳　州	132.56	135.13	137.39	530.02	539.23	550.14
41	池　州	150.7	152.42	153.1	154.44	154.91	156.31
42	宣　城	271.13	273.26	274.23	275.12	274.83	273.56

原始统计数据表3　1995—2005年长三角城市群各地级市
非农人口统计数据(万人)

编号	城市名称	1995年	1997年	1999年	2001年	2003年	2005年
1	上　海	921.7	943.03	969.63	999.07	1 041.39	1 148.94
2	南　京	259.04	270.11	287.03	323.86	391.67	435.3
3	无　锡	180.77	173.63	176.45	182.77	272.77	315.61

续　表

编号	城市名称	1995 年	1997 年	1999 年	2001 年	2003 年	2005 年
4	徐　州	168.62	182.43	193.17	240.71	284.5	315.85
5	常　州	120.48	127.77	138.75	151.43	159.68	160.56
6	苏　州	168.85	186.18	206.45	265.76	290.07	309.71
7	南　通	211.61	244.36	248.47	257.76	234.92	247.16
8	连云港	70.54	82.83	87.2	120.67	172.49	218.26
9	淮　安	130.08	86.25	98.39	128.12	141.21	170.59
10	盐　城	138.42	151.3	171.13	224.05	269.62	285.84
11	扬　州	178.74	105.62	113.86	127.06	170.58	173.6
12	镇　江	83.76	90.21	97.06	102.65	117.48	115.46
13	泰　州	17.15	86.9	101.25	125.21	135.52	136.52
14	宿　迁	11.88	50.36	110.24	140.54	135.92	207.62
15	杭　州	191.43	204.39	219.05	237.77	263.67	297.54
16	宁　波	115.3	123.5	137.12	150.86	168.81	182.61
17	温　州	111.24	119.76	127.16	134.13	142.95	152.61
18	嘉　兴	66.81	70.35	76.18	83.55	101.31	112.2
19	湖　州	50.03	54.2	60.56	70.96	74.47	77.81
20	绍　兴	65.05	70.11	77.31	85.73	103.01	126.71
21	金　华	59.01	64.97	70.89	83.8	92.97	99.1
22	衢　州	33.69	36.07	37.84	40.63	41.8	42.98
23	舟　山	23.24	24.42	27.15	29.82	33.59	34.91
24	台　州	57.68	66.26	81.57	92.09	95.35	98.32
25	丽　水	29.85	31.09	32.84	36.85	39.56	42.02
26	合　肥	122.02	129.57	136.91	146.81	160.18	184.91
27	芜　湖	65.82	67.94	69.99	75.89	90.87	95.41
28	蚌　埠	70.45	74.96	78.44	82.22	85.27	92.71
29	淮　南	84.61	88.88	91.38	95.26	99.98	106.66
30	马鞍山	46.53	47.96	49.78	51.82	56.44	59.17
31	淮　北	65.2	68.79	71.6	75.38	78.88	83.07

附录 A 长三角城市群研究原始资料与过程数据

续 表

编号	城市名称	1995 年	1997 年	1999 年	2001 年	2003 年	2005 年
32	铜 陵	32.48	33.28	34.66	36.42	38.02	39.67
33	安 庆	78.29	82.96	87.73	91.15	95.51	102.35
34	黄 山	25.45	26.78	28.18	29.63	30.51	33.61
35	滁 州	83.1	90.47	93.39	96.25	97.68	93.64
36	阜 阳	108.65	113.39	121.43	94.34	102	106.82
37	宿 州	57.5	62.86	65.93	68.96	63.8	73.67
38	巢 湖	64.17	67.48	71.38	75	81.3	69.85
39	六 安	74.71	78.13	93.57	96.86	98.27	99.3
40	亳 州	24.5	25.03	25.72	59.62	61.61	54.73
41	池 州	18.91	20.69	28.29	23.56	24.49	26
42	宣 城	40.5	45.91	55.93	58.02	45.97	46.94

原始统计数据表 4　1995—2005 年长三角城市群各地级市城镇化率数据(%)

编号	城市名称	1995 年	1997 年	1999 年	2001 年	2003 年	2005 年
1	上 海	70.83	72.24	73.84	75.28	77.61	84.46
2	南 京	49.65	50.98	53.41	58.56	68.45	73.06
3	无 锡	42.12	40.17	40.71	41.93	61.64	69.70
4	徐 州	19.81	21.04	22.01	26.69	31.31	34.13
5	常 州	36.11	37.66	40.84	44.34	46.12	45.66
6	苏 州	29.47	32.38	43.35	45.78	49.08	51.00
7	南 通	26.98	31.08	31.61	32.94	30.21	32.06
8	连云港	19.61	18.94	19.46	26.25	36.87	46.22
9	淮 安	12.63	17.42	19.58	24.91	27.16	32.32
10	盐 城	17.67	19.17	21.56	28.16	33.85	35.79
11	扬 州	19.04	23.67	25.45	28.14	37.60	38.04
12	镇 江	31.82	33.99	36.47	38.51	43.97	43.14
13	泰 州	63.59	17.49	20.20	24.89	26.91	27.19
14	宿 迁	10.49	10.30	22.06	27.51	26.28	39.58

续 表

编号	城市名称	1995年	1997年	1999年	2001年	2003年	2005年
15	杭州	32.01	33.62	35.56	37.79	41.02	45.05
16	宁波	21.91	23.16	25.47	27.76	30.74	32.80
17	温州	15.94	16.91	17.62	18.15	19.26	20.34
18	嘉兴	20.47	21.36	23.07	25.17	30.43	33.56
19	湖州	19.80	21.29	23.74	27.67	29.00	30.21
20	绍兴	15.32	16.34	17.91	19.79	23.74	29.12
21	金华	13.53	14.75	15.95	18.71	20.66	21.82
22	衢州	14.25	15.09	15.68	16.68	17.07	17.50
23	舟山	23.65	24.77	27.59	30.40	34.59	36.09
24	台州	10.89	12.36	15.02	16.79	17.25	17.56
25	丽水	12.26	12.65	13.28	14.82	15.86	16.72
26	合肥	29.68	30.68	31.84	33.20	35.08	40.58
27	芜湖	31.15	31.76	32.34	34.45	40.60	42.05
28	蚌埠	22.33	23.19	23.77	24.16	24.72	26.54
29	淮南	43.78	44.75	45.05	45.78	47.20	45.24
30	马鞍山	40.75	41.30	42.14	43.17	45.48	47.09
31	淮北	36.34	37.27	37.72	37.92	38.68	39.46
32	铜陵	48.95	49.63	50.60	52.25	53.62	54.93
33	安庆	13.27	13.96	14.67	15.12	15.78	16.90
34	黄山	17.44	18.29	19.24	20.18	20.77	22.87
35	滁州	20.61	21.95	22.29	22.47	22.56	21.50
36	阜阳	9.00	9.26	9.72	10.61	11.28	11.45
37	宿州	10.57	11.31	11.55	11.83	11.33	12.19
38	巢湖	14.73	15.31	16.02	16.62	17.94	15.42
39	六安	11.69	12.05	14.27	14.57	14.68	14.58
40	亳州	18.48	18.52	18.72	11.25	11.43	9.95
41	池州	12.55	13.57	18.48	15.26	15.81	16.63
42	宣城	14.94	16.80	20.40	21.09	16.73	17.16

附录 A 长三角城市群研究原始资料与过程数据

原始统计数据表 5 1995—2005 年长三角城市群各地级市工业总产值数据（万元）

编号	城市名称	1995 年	1997 年	1999 年	2001 年	2003 年	2005 年
1	上 海	45 474 700	56 499 302	56 656 522	70 035 721	103 428 195	157 675 146
2	南 京	10 381 596	13 831 951	15 455 462	17 735 601	25 093 816	40 634 843
3	无 锡	18 237 420	22 048 267	24 922 135	20 109 452	32 847 344	57 179 988
4	徐 州	6 091 214	9 001 834	9 959 642	5 143 552	7 261 281	12 282 691
5	常 州	8 639 384	9 990 649	11 110 112	10 012 488	15 272 769	25 041 903
6	苏 州	29 234 548	24 224 588	30 062 836	27 847 905	49 765 079	99 085 843
7	南 通	7 709 159	9 714 991	11 390 435	7 754 374	11 239 073	21 433 853
8	连云港	2 425 312	4 439 396	5 928 573	2 444 924	2 114 602	3 428 673
9	淮 安	3 517 060	2 797 457	3 630 755	2 625 058	3 536 744	5 686 070
10	盐 城	5 201 043	7 478 743	8 751 487	5 520 451	7 614 522	10 977 040
11	扬 州	11 226 363	7 080 438	7 911 293	6 099 831	8 372 354	14 488 231
12	镇 江	5 525 382	7 452 814	8 406 141	6 132 497	8 553 554	13 314 090
13	泰 州	1 195 998	5 543 577	6 364 302	4 993 852	7 366 458	12 167 979
14	宿 迁	509 497	1 840 848	2 376 717	1 051 332	1 399 368	1 958 210
15	杭 州	11 578 526	16 547 022	20 284 636	19 195 133	32 025 226	54 411 271
16	宁 波	13 081 080	20 392 352	23 507 520	16 296 574	26 302 862	48 909 669
17	温 州	7 194 505	12 423 975	15 549 502	8 335 248	12 659 636	22 439 748
18	嘉 兴	6 724 888	9 430 718	11 322 669	6 425 095	11 135 272	21 789 594
19	湖 州	4 446 662	6 328 709	8 584 732	4 095 037	5 886 152	10 707 901
20	绍 兴	9 213 806	14 766 349	18 565 359	12 019 285	18 953 957	32 150 738
21	金 华	7 332 901	10 351 001	11 072 128	3 311 891	7 290 449	13 985 250
22	衢 州	1 685 281	1 742 657	2 038 547	1 116 832	1 688 461	3 212 086
23	舟 山	729 253	813 871	1 004 511	886 576	1 530 256	2 833 416
24	台 州	8 539 704	11 663 235	15 084 854	6 112 431	9 558 209	17 376 957
25	丽 水	197 980	1 303 387	1 487 200	962 858	1 671 170	3 168 087
26	合 肥	3 115 888	2 557 519	3 268 164	3 553 352	5 348 605	8 808 230
27	芜 湖	1 846 042	1 816 007	3 420 008	1 941 042	3 306 914	5 396 559

— 259 —

续 表

编号	城市名称	1995 年	1997 年	1999 年	2001 年	2003 年	2005 年
28	蚌 埠	1 569 850	1 412 782	2 322 904	936 953	1 312 619	1 774 316
29	淮 南	1 168 694	1 188 222	1 342 009	1 064 434	1 534 684	2 821 416
30	马鞍山	1 609 068	1 524 111	1 609 379	1 554 387	2 568 230	5 376 539
31	淮 北	1 340 146	919 743	1 472 149	929 878	1 216 161	2 270 166
32	铜 陵	809 786	810 990	992 183	947 876	1 450 354	3 163 463
33	安 庆	2 267 367	2 030 421	2 942 795	1 753 453	2 251 898	3 579 773
34	黄 山	546 117	393 398	715 089	293 663	395 449	742 367
35	滁 州	3 164 642	2 900 821	2 794 312	1 271 331	1 629 531	2 597 801
36	阜 阳	937 597	3 441 173	2 284 080	698 830	891 924	1 598 634
37	宿 州	3 367 622	1 102 224	1 170 803	421 317	463 344	1 035 285
38	巢 湖	631 244	1 225 193	1 939 029	746 401	1 050 997	1 949 359
39	六 安	641 798	2 030 198	2 252 452	786 911	841 404	1 454 450
40	亳 州	816 309	459 920	508 422	386 118	457 827	789 265
41	池 州	211 308	296 084	323 220	163 503	300 723	515 653
42	宣 城	484 064	1 950 919	740 209	807 446	1 082 757	2 009 939

原始统计数据表6　1995—2005年长三角城市群各地级市
固定资产投资总额数据(万元)

编号	城市名称	1995 年	1997 年	1999 年	2001 年	2003 年	2005 年
1	上 海	9 822 026	19 775 919	56 656 522	19 947 306	24 521 126	35 425 531
2	南 京	1 336 338	3 516 592	15 455 462	3 914 247	9 540 495	14 027 220
3	无 锡	902 008	2 353 366	24 922 135	2 254 072	8 933 173	13 360 359
4	徐 州	471 347	1 521.73	9 959 642	2 009 372	3 830 289	6 013 112
5	常 州	439 066	1 185 541	11 110 112	1 238 666	4 465 944	7 698 021
6	苏 州	1 376 431	4 051 760	30 062 836	3 245 827	14 089 329	18 701 431
7	南 通	646 905	2 286 261	11 390 435	1 340 785	4 484 170	8 152 636
8	连云港	298 000	655 189	5 928 573	1 073 492	2 123 858	3 235 953
9	淮 安	294 396	535 480	3 630 755	870 348	2 281 101	3 307 259

附录 A. 长三角城市群研究原始资料与过程数据

续 表

编号	城市名称	1995 年	1997 年	1999 年	2001 年	2003 年	2005 年
10	盐 城	356 250	955 277	8 751 487	812 517	2 806 381	5 000 000
11	扬 州	910 746	1 153 276	7 911 293	1 067 933	2 470 087	4 100 713
12	镇 江	314 934	1 013 889	8 406 141	888 968	2 372 847	4 047 505
13	泰 州	87 579	721 630	6 364 302	935 799	2 306 477	4 031 318
14	宿 迁	37 248	293 516	2 376 717	552 705	1 420 647	1 671 155
15	杭 州	1 038 295	3 033 904	20 284 636	4 617 873	10 067 440	13 866 833
16	宁 波	967 147	3 005 719	23 507 520	3 205 235	8 375 862	13 363 043
17	温 州	408 929	1 781 132	15 549 502	2 410 392	4 486 012	5 421 089
18	嘉 兴	414 162	1 442 108	11 322 669	1 921 678	5 255 300	7 034 577
19	湖 州	306 991	840 495	8 584 732	943 135	2 679 721	4 160 475
20	绍 兴	537 891	1 645 175	18 565 359	1 451 819	5 350 324	6 761 274
21	金 华	387 400	1 120 158	11 072 128	1 365 729	4 121 860	5 074 701
22	衢 州	151 756	274 067	2 038 547	631 788	1 604 214	2 338 437
23	舟 山	115 582	340 853	1 004 511	379 375	980 091	1 611 191
24	台 州	345 205	1 085 782	15 084 854	1 177 047	3 861 009	5 376 194
25	丽 水	26 973	212 077	320 000	616 359	1 433 648	1 981 604
26	合 肥	589 568	528 600	3 268 164	1 243 629	2 551 061	4 952 700
27	芜 湖	204 729	308 164	3 420 008	610 346	1 429 283	2 208 970
28	蚌 埠	144 133	194 210	2 322 904	423 552	847 217	1 248 018
29	淮 南	381 901	460 092	1 342 009	276 015	540 909	1 282 996
30	马鞍山	284 647	281 406	1 609 379	306 859	1 067 938	1 913 805
31	淮 北	179 779	202 094	1 472 149	296 627	511 228	841 296
32	铜 陵	167 182	188 419	992 183	288 675	468 715	766 815
33	安 庆	274 356	278 254	2 942 795	488 184	1 032 023	1 555 331
34	黄 山	109 045	66 073	715 089	238 824	528 027	1 148 139
35	滁 州	164 690	187 522	2 794 312	291 198	658 170	1 138 447
36	阜 阳	136 175	298 216	2 284 080	355 268	746 606	1 260 000
37	宿 州	31 450	168 044	1 170 803	247 202	569 272	850 360

续 表

编号	城市名称	1995 年	1997 年	1999 年	2001 年	2003 年	2005 年
38	巢 湖	34 969	174 730	1 939 029	395 027	927 651	1 371 072
39	六 安	33 083	184 590	2 252 452	301 038	660 779	1 164 212
40	亳 州	20 909	43 283	26 337	213 107	544 709	805 404
41	池 州	21 146	52 371	20 967	162 983	363 363	756 084
42	宣 城	15 090	127 110	17 791	366 317	747 275	1 345 379

原始统计数据表 7　1995—2005 年长三角城市群各地级市实际利用外商投资额数据（万美元）

编号	城市名称	1995 年	1997 年	1999 年	2001 年	2003 年	2005 年
1	上 海	324 996	480 816	304 772	439 159	585 022	684 965
2	南 京	40 276	49 422	77 087	90 205	221 022	141 778
3	无 锡	85 737	87 241	90 808	135 746	270 057	200 713
4	徐 州	10 432	8 929	20 184	21 840	34 095	26 056
5	常 州	26 170	41 032	50 882	62 036	85 522	73 120
6	苏 州	232 747	244 723	285 626	302 183	680 511	511 596
7	南 通	30 763	60 807	28 332	17 523	73 092	153 162
8	连云港	6 988	10 613	4 668	5 781	21 240	27 480
9	淮 安	3 870	4 100	3 639	1 804	10 036	6 771
10	盐 城	6 047	10 979	15 957	19 377	23 907	16 183
11	扬 州	15 867	7 371	3 922	9 968	48 097	52 579
12	镇 江	16 484	44 176	50 771	32 637	80 552	59 590
13	泰 州	2 055	9 639	7 547	12 071	30 269	45 647
14	宿 迁	945	0	491	1 030	1 970	3 345
15	杭 州	42 659	41 187	42 025	50 324	100 850	171 274
16	宁 波	39 909	55 408	39 956	87 446	172 727	231 097
17	温 州	7 351	6 025	5 662	5 510	11 969	35 708
18	嘉 兴	8 019	14 780	12 300	27 067	79 768	115 666
19	湖 州	3 998	5 543	6 023	20 972	53 734	65 072
20	绍 兴	12 972	11 481	8 249	15 777	74 271	90 095

附录 A 长三角城市群研究原始资料与过程数据

续　表

编号	城市名称	1995 年	1997 年	1999 年	2001 年	2003 年	2005 年
21	金　华	4 386	3 730	2 026	3 244	25 750	45 775
22	衢　州	1 306	1 468	1 800	1 206	2 069	3 042
23	舟　山	2 319	1 162	869	1 141	1 704	3 120
24	台　州	3 700	3 697	4 347	5 568	21 588	33 780
25	丽　水	44	1 095	215	807	1 245	1 943
26	合　肥	29 470	5 053	26 310	17 600	26 048	40 660
27	芜　湖	5 320	4 139	9 620	4 520	21 000	25 718
28	蚌　埠	1 233	4 109	1 207	7 468	8 065	11 612
29	淮　南	829	302	2 746	1 748	8 126	14 630
30	马鞍山	570	634	1 170	1 802	3 000	4 798
31	淮　北	167	1 026	410	1 163	3 061	547
32	铜　陵	3 964	373	3 751	3 087	4 546	6 004
33	安　庆	2 300	708	4 096	4 680	1 338	4 494
34	黄　山	1 477	971	283	616	3 105	5 261
35	滁　州	1 800	3 200	2 040	2 300	4 015	2 433
36	阜　阳	3 662	3 731	2 686	120	654	4 392
37	宿　州	0	0	448	806	1 146	2 720
38	巢　湖	285	511	2 363	4 835	4 329	1 427
39	六　安	3 403	258	242	291	534	1 497
40	亳　州	0	0	162	709	2 504	611
41	池　州	73	139	7	505	2 050	3 757
42	宣　城	0	84	219	334	3 815	6 172

原始统计数据表 8　1995—2005 年长三角城市群各地级市
第一产业占 GDP 的比重数据(%)

编号	城市名称	1995 年	1997 年	1999 年	2001 年	2003 年	2005 年
1	上　海	2.5	2.26	2	1.73	1.49	0.88
2	南　京	7.6	6.35	5.7	5.13	4.37	3.32

续 表

编号	城市名称	1995年	1997年	1999年	2001年	2003年	2005年
3	无 锡	5.3	4.75	4.1	4	3.06	1.72
4	徐 州	24.5	20.96	18.9	17.61	15.22	14.02
5	常 州	10.8	9.44	8.2	7	5.55	4.34
6	苏 州	8.9	7.78	6.5	5.19	3.05	2.2
7	南 通	23.2	21.15	19.1	16.76	14.18	10.87
8	连云港	38.5	32.48	29	24.73	23.44	20.48
9	淮 安	43.3	37.23	33	28.64	23.48	21.34
10	盐 城	36.9	35.24	31.9	28.71	24.71	22.74
11	扬 州	16.9	15.33	14.4	13.31	11.31	9.68
12	镇 江	11.8	8.77	7.6	6.65	5.26	4.44
13	泰 州	2.9	20.21	17.3	15.34	12.87	10.93
14	宿 迁	34.1	45.86	40.8	36.07	29.41	26.51
15	杭 州	9.1	8.82	8	7.11	6.03	5.04
16	宁 波	12.8	9.51	8.9	7.64	6.28	5.4
17	温 州	10.3	8.65	7.3	6.18	4.72	4.06
18	嘉 兴	17.7	15.12	11.7	10.51	7.97	7.28
19	湖 州	18.7	16.65	14.6	13.12	11.29	9.78
20	绍 兴	13.9	11.59	10.5	9.78	7.57	6.43
21	金 华	15.3	11.06	10.1	8.81	7.16	6.17
22	衢 州	27.3	27.13	23.6	20.25	17.17	14.97
23	舟 山	30.3	33.28	30.8	26.08	19.15	14.22
24	台 州	21.1	17.1	15.3	12.25	9.33	8.2
25	丽 水	36.5	27.91	28.14	23.11	17.71	14.33
26	合 肥	18.8	16.56	12.2	10.48	8.25	6.15
27	芜 湖	17.7	13.49	11.1	10.82	8.58	7.49
28	蚌 埠	27.8	24.43	23.8	23.6	19.86	21.76
29	淮 南	16.2	13.82	14.9	12.65	10.42	11.19
30	马鞍山	9.9	10.01	10	9.3	7.05	4.67

附录 A　长三角城市群研究原始资料与过程数据

续　表

编号	城市名称	1995 年	1997 年	1999 年	2001 年	2003 年	2005 年
31	淮　北	17.3	15.02	14.6	16.33	12.85	10.72
32	铜　陵	8.8	9.18	6.5	6.28	4.93	3.57
33	安　庆	29.5	23.43	21.7	23.5	22.92	20.79
34	黄　山	32.4	26.49	23.7	22.07	19.26	16.35
35	滁　州	33.5	27.9	44.6	24.45	20.9	27.47
36	阜　阳	27.9	37.58	39.6	41.6	35.08	32.25
37	宿　州	44.6	32.9	39.5	46.29	42.18	40.53
38	巢　湖	18.3	15.58	28.7	27.5	25.41	24.87
39	六　安	31.3	30.53	28.8	35.87	31.01	26.6
40	亳　州	34.9	30.59	26.88	41.19	37.82	34.51
41	池　州	30.5	30.27	30.37	28.99	25.92	23.26
42	宣　城	27	21.62	20	23.32	21.66	21.87

原始统计数据表 9　1995—2005 年长三角城市群各地级市第二产业占 GDP 的比重数据（%）

编号	城市名称	1995 年	1997 年	1999 年	2001 年	2003 年	2005 年
1	上　海	57.3	52.21	48.4	47.58	50.09	48.64
2	南　京	52.1	50.8	48.5	47.54	51.04	49.78
3	无　锡	59.6	58.72	57.6	55.22	57.49	60.47
4	徐　州	45.3	46.24	46.4	45.77	48.7	50.65
5	常　州	59.7	56.54	55.6	56.58	57.71	61.08
6	苏　州	60.2	56.19	56.2	56.8	63.25	66.6
7	南　通	50.2	46.66	46.8	48.54	51.43	56.1
8	连云港	34.5	37.78	41.1	43.38	42.99	44.2
9	淮　安	33.4	34.94	37.9	41.24	46.51	45.52
10	盐　城	38.1	36.95	37.9	39.3	43.93	44
11	扬　州	55.9	50.16	48	48.68	51.36	56.31
12	镇　江	56.5	56.41	55.4	55.27	57.29	60.59
13	泰　州	68.1	44.84	46	47.94	51.78	57.97

续　表

编号	城市名称	1995 年	1997 年	1999 年	2001 年	2003 年	2005 年
14	宿　迁	43.1	29.86	33.6	35.99	41.53	43.43
15	杭　州	53.8	52.25	51.5	50.61	51.88	50.87
16	宁　波	58.3	56.97	55.9	54.77	56.03	54.77
17	温　州	58.3	58.47	57.4	56.63	57.15	54.3
18	嘉　兴	57.5	59.12	59.6	55.21	59.28	58.8
19	湖　州	52	56.18	56.5	53.86	53.34	54.83
20	绍　兴	59.9	60.75	61.4	58.11	59.2	60.31
21	金　华	55.8	57.24	57.2	55.62	55.71	53.14
22	衢　州	47.1	42.58	44.8	45.44	47.24	46.28
23	舟　山	33.8	30.68	31.5	34.08	41.3	39.71
24	台　州	53	55.46	56.7	58.69	58.1	52.58
25	丽　水	35.7	40.95	37.52	41.55	44.21	44.82
26	合　肥	47.2	46.76	47.5	49.3	50.25	44.83
27	芜　湖	49.3	52.47	53.9	52.41	57.12	53.2
28	蚌　埠	45	46.16	43.6	39.72	43.41	38.4
29	淮　南	56.6	55.28	48.9	47.34	51.1	53.18
30	马鞍山	69.9	65.7	62.6	59.24	64.9	64.82
31	淮　北	56.5	56.78	53.2	48.5	53.19	56.43
32	铜　陵	60.8	55.15	55.6	55.79	57.97	61.67
33	安　庆	39.6	45.72	45.4	43.66	45.18	41.12
34	黄　山	30	33.02	31.5	30.19	33.57	35.95
35	滁　州	43.6	45.55	42.3	41.28	43.59	37.97
36	阜　阳	39.6	36.08	24.7	24.5	28.13	29.38
37	宿　州	24.4	34.9	29.5	21.64	23.23	23.97
38	巢　湖	55	49.2	41.3	38.8	40.14	37.07
39	六　安	33.5	34.25	33.8	31.68	34.52	33.54
40	亳　州	41.9	41.13	38.04	24.25	26.38	27.29
41	池　州	39.4	40.24	36.58	34.77	38.63	36.88
42	宣　城	40.9	43	44.12	37.8	40.66	37.39

附录 A   长三角城市群研究原始资料与过程数据

原始统计数据表 10   1995—2005 年长三角城市群各地级市第三产业占 GDP 的比重数据(%)

编号	城市名称	1995 年	1997 年	1999 年	2001 年	2003 年	2005 年
1	上海	40.2	45.53	49.6	50.69	48.43	50.48
2	南京	40.3	42.85	45.8	47.33	44.59	46.9
3	无锡	35.1	36.53	38.2	40.78	39.45	37.81
4	徐州	30.2	32.8	34.7	36.62	36.08	35.33
5	常州	29.5	34.02	36.2	36.41	36.73	34.58
6	苏州	30.9	36.02	37.3	38	33.7	31.2
7	南通	26.6	32.19	34.2	34.7	34.39	33.03
8	连云港	27	29.74	29.9	31.89	33.57	35.33
9	淮安	23.3	27.83	29.1	30.11	30	33.14
10	盐城	25	27.8	30.2	31.99	31.35	33.26
11	扬州	27.2	34.51	37.6	38.01	37.33	34.01
12	镇江	31.7	34.82	37	38.08	37.45	34.97
13	泰州	29	34.95	36.7	36.72	35.35	31.1
14	宿迁	22.7	24.28	25.7	27.94	29.06	30.07
15	杭州	37.1	38.93	40.6	42.28	42.09	44.09
16	宁波	28.9	33.52	35.2	37.59	37.69	39.83
17	温州	31.4	32.88	35.3	37.19	38.13	41.63
18	嘉兴	24.8	25.76	28.6	34.29	32.75	33.91
19	湖州	29.3	27.17	28.8	33.01	35.37	35.39
20	绍兴	26.2	27.66	28.1	32.11	33.23	33.26
21	金华	28.9	31.7	32.7	35.57	37.13	40.69
22	衢州	25.6	30.29	31.7	34.31	35.58	38.75
23	舟山	35.9	36.05	37.7	39.84	39.55	46.06
24	台州	25.9	27.44	28	29.06	32.57	39.22
25	丽水	27.8	31.14	34.35	35.34	38.09	40.85
26	合肥	34	36.68	40.3	40.22	41.5	49.02
27	芜湖	33	34.04	35.1	36.77	34.3	39.3

续 表

编号	城市名称	1995年	1997年	1999年	2001年	2003年	2005年
28	蚌埠	27.2	29.41	32.7	36.68	36.74	39.84
29	淮南	27.2	30.89	36.3	40.01	38.49	35.63
30	马鞍山	20.2	24.29	27.3	31.46	28.05	30.51
31	淮北	26.2	28.2	32.1	35.17	33.95	32.84
32	铜陵	30.4	35.67	37.9	37.93	37.09	34.77
33	安庆	30.9	30.85	32.8	32.84	31.89	38.09
34	黄山	37.6	40.49	44.8	47.74	47.16	47.7
35	滁州	22.9	26.56	29	34.27	35.51	34.56
36	阜阳	32.5	26.34	30.8	33.9	36.79	38.37
37	宿州	31	32.2	31.1	32.06	34.58	35.5
38	巢湖	26.7	35.22	29.8	33.7	34.44	38.06
39	六安	35.2	35.22	26.5	32.45	34.47	39.86
40	亳州	23.2	28.29	35.08	34.56	35.8	38.2
41	池州	30.2	29.49	33.05	36.25	35.45	39.86
42	宣城	32.1	35.38	35.88	38.88	37.68	40.74

过程数据表11　长三角城市群城市"点"空间位置坐标

编号	省市	城市名称	空间位置坐标	编号	省市	城市名称	空间位置坐标
1	上海	上海	(1 074,3 370)	11	江苏	扬州	(867,3 486)
2	江苏	南京	(814,3 441)	12		镇江	(874,3 457)
3		无锡	(960,3 399)	13		泰州	(916,3 497)
4		徐州	(646,3 674)	14		宿迁	(752,3 645)
5		常州	(926,3 419)	15	浙江	杭州	(958,3 252)
6		苏州	(991,3 370)	16		宁波	(1 098,3 226)
7		南通	(1 013,3 448)	17		温州	(1 041,3 001)
8		连云港	(826,3 726)	18		嘉兴	(1 015,3 319)
9		淮安	(821,3 606)	19		湖州	(948,3 322)
10		盐城	(923,3 601)	20		绍兴	(1 008,3 228)

附录 A　长三角城市群研究原始资料与过程数据

续　表

编号	省　市	城市名称	空间位置坐标	编号	省市	城市名称	空间位置坐标
21	浙江	金　华	(924,3 215)	32	安徽	铜　陵	(737,3 301)
22		衢　州	(854,3 095)	33		安　庆	(665,3 253)
23		舟　山	(1 149,3 246)	34		黄　山	(796,3 168)
24		台　州	(1 105,3 085)	35		滁　州	(770,3 463)
25		丽　水	(962,3 048)	36		阜　阳	(532,3 511)
26	安徽	合　肥	(678,3 401)	37		宿　州	(633,3 603)
27		芜　湖	(787,3 357)	38		巢　湖	(735,3 375)
28		蚌　埠	(677,3 523)	39		六　安	(610,3 383)
29		淮　南	(639,3 494)	40		亳　州	(518,3 625)
30		马鞍山	(794,3 393)	41		池　州	(708,3 263)
31		淮　北	(615,3 644)	42		宣　城	(827,3 308)

过程数据表 12　长三角几何重心与不同年份各个指标重心位置坐标

指标＼年份	1995 年	1997 年	1999 年	2001 年	2003 年	2005 年
几何重心	(838,3 387)	(838,3 387)	(838,3 387)	(838,3 387)	(838,3 387)	(838,3 387)
GDP	(944,3 369)	(929,3 369)	(936,3 366)	(943,3 363)	(946,3 360)	(945,3 363)
人口	(847,3 403)	(847,3 403)	(845,3 404)	(845,3 407)	(844,3 407)	(843,3 407)
非农人口	(895,3 401)	(895,3 402)	(892,3 403)	(891,3 410)	(890,3 413)	(890,3 416)
城镇化率	(853,3 400)	(851,3 396)	(853,3 396)	(857,3 398)	(860,3 401)	(862,3 404)
工业总产值	(950,3 366)	(955,3 355)	(954,3 352)	(967,3 360)	(971,335 4)	(971,3 351)
固定资产投资额	(965,3 375)	(983,3 357)	(955,3 353)	(956,3 361)	(946,3 359)	(940,3 366)
外商投资额	(984,3 374)	(1 001,3 378)	(970,3 384)	(984,3 376)	(973,3 374)	(983,3 359)
一产比重	(806,3 410)	(804,3 418)	(797,3 420)	(780,3 427)	(774,3 431)	(767,3 437)
二产比重	(850,3 380)	(848,3 377)	(853,3 376)	(858,3 374)	(856,3 377)	(856,3 380)
三产比重	(841,3 380)	(843,3 381)	(842,3 383)	(841,3 382)	(841,3 381)	840,3 377

过程数据表 13　长三角重心属性均值

指标＼年份	1995年	1997年	1999年	2001年	2003年	2005年
GDP(万元)	3 032 856	4 236 480	4 891 933	5 901 644	7 770 171	11 013 601
非农人口	107.81	113.60	122.64	135.55	149.67	163.72
工业总产值(万元)	5 967 162.00	7 470 663.24	8 607 744.69	6 774 306.98	10 444 529.29	17 910 059.33
固定资产(万元)	590 153.74	1 357 711.09	8 544 079.07	1 556 602.81	3 525 134.07	5 246 920.45
外商投资(万元)	23 442.69	29 301.48	26 807.57	33 881.10	66 866.74	69 911.67

过程数据表 14　1995—2005年长三角城市群各城市点与 GDP 重心空间距离(km)

编号	城市名称	1995年	1997年	1999年	2001年	2003年	2005年
1	上海	130.16	145.48	137.85	131.45	128.33	129.40
2	南京	148.62	135.33	143.37	150.31	154.92	152.54
3	无锡	34.34	43.55	40.66	39.59	41.40	39.50
4	徐州	426.52	415.82	423.16	429.57	434.31	431.63
5	常州	53.38	50.17	53.95	58.08	62.30	59.52
6	苏州	47.17	62.49	54.94	48.73	46.03	46.79
7	南通	105.22	115.73	112.33	110.00	110.55	109.34
8	连云港	376.24	371.53	376.46	380.95	385.18	382.39
9	淮安	267.22	260.34	266.19	271.45	275.95	273.14
10	盐城	233.24	232.17	235.34	238.44	242.09	239.46
11	扬州	140.23	132.28	138.50	144.12	148.74	145.94
12	镇江	112.59	103.61	110.21	116.14	120.83	118.06
13	泰州	131.29	128.71	132.52	136.27	140.24	137.52
14	宿迁	336.38	327.71	334.30	340.13	344.78	342.00
15	杭州	117.55	120.56	116.09	112.42	108.67	111.32
16	宁波	210.06	221.68	213.98	207.33	202.60	205.20
17	温州	380.31	384.71	379.77	375.47	371.36	374.11

附录 A 长三角城市群研究原始资料与过程数据

续　表

编号	城市名称	1995 年	1997 年	1999 年	2001 年	2003 年	2005 年
18	嘉兴	86.79	99.84	91.76	84.81	80.22	82.59
19	湖州	46.88	50.78	45.58	41.71	38.06	40.66
20	绍兴	154.63	161.77	155.58	150.29	145.82	148.63
21	金华	154.97	153.96	151.52	149.55	146.68	148.99
22	衢州	288.07	283.86	283.22	282.66	280.55	282.53
23	舟山	239.05	252.42	244.31	237.34	232.77	235.10
24	台州	326.27	334.28	327.82	322.22	317.64	320.44
25	丽水	321.21	322.64	319.07	315.96	312.42	315.00
26	合肥	267.80	252.57	260.56	267.38	271.18	269.57
27	芜湖	157.28	142.02	149.48	155.85	159.09	157.91
28	蚌埠	308.25	294.98	303.03	309.98	314.58	312.21
29	淮南	329.59	315.40	323.58	330.62	335.02	332.87
30	马鞍山	151.80	136.67	144.74	151.64	155.60	153.86
31	淮北	428.87	417.11	424.78	431.45	436.18	433.59
32	铜陵	217.64	203.20	209.55	214.97	217.23	216.73
33	安庆	301.89	287.88	293.81	298.85	300.75	300.49
34	黄山	249.27	240.67	242.64	244.33	243.70	244.92
35	滁州	197.78	184.35	192.42	199.39	203.97	201.63
36	阜阳	435.74	421.22	429.41	436.45	440.73	438.70
37	宿州	389.26	377.01	384.82	391.60	396.30	393.77
38	巢湖	208.94	193.62	201.40	208.05	211.59	210.18
39	六安	334.15	318.84	326.64	333.30	336.85	335.44
40	亳州	497.03	483.86	491.89	498.83	503.44	501.06
41	池州	258.45	244.63	250.38	255.28	257.07	256.88
42	宣城	131.67	118.39	123.66	128.29	129.93	129.82

过程数据表 15　1995—2005 年长三角城市群各城市点与 GDP 重心间空间引力势能

编号	城市名称	1995 年	1997 年	1999 年	2001 年	2003 年	2005 年
1	上海	4 408 381 898	6 726 099 508	10 386 758 042	16 910 455 442	29 494 106 406	60 207 793 772
2	南京	791 532 005	1 746 582 704	2 140 610 138	3 004 563 069	5 103 678 977	11 412 281 883
3	无锡	19 573 979 044	21 440 641 235	33 669 166 716	51 202 591 705	86 186 423 861	1.979 39E+11
4	徐州	68 474 877.63	126 186 946.8	163 925 047	228 897 701.3	373 130 880.5	716 592 395.7
5	常州	3 935 643 147	7 913 781 621	9 055 813 343	11 771 283 323	18 044 117 930	40 522 020 809
6	苏州	12 308 855 887	12 288 993 355	22 015 561 656	43 745 501 026	1.027 28E+11	2.025 75E+11
7	南通	1 277 986 203	1 826 611 321	2 599 419 275	3 947 103 072	6 400 237 309	13 562 356 278
8	连云港	33 244 329.75	73 208 432.59	98 360 935.34	128 435 491.2	180 649 678.6	343 435 177.2
9	淮安	117 682 476	122 871 163.8	174 472 287.9	263 527 923.1	429 216 308	829 367 391.9
10	盐城	180 674 627.9	331 262 923.5	441 831 474.6	626 174 309.1	985 618 772.2	1 930 083 077
11	扬州	871 929 261.8	911 964 013.4	1 088 878 729	1 436 208 041	2 273 200 046	4 767 753 934
12	镇江	683 954 244.5	1 422 867 207	1 677 672 413	2 199 360 728	3 409 037 364	6 887 627 091
13	泰州	69 764 036.48	812 575 907.8	1 027 638 522	1 430 080 397	2 291 479 190	4 788 622 053
14	宿迁	27 114 277.65	57 079 560.9	79 667 824.57	113 844 497.6	181 834 289.8	353 984 018.1
15	杭州	1 672 456 763	3 020 795 462	4 447 424 882	7 322 254 957	13 815 295 395	26 154 602 708
16	宁波	438 255 227.9	773 667 412.8	1 113 026 470	1 802 310 894	3 382 663 548	6 406 339 877
17	温州	84 626 183.33	173 416 234.6	248 683 722.7	390 195 312	691 030 754.9	1 256 204 691
18	嘉兴	1 293 530 850	1 783 974 237	2 741 425 710	4 957 446 125	10 361 186 467	18 723 209 897
19	湖州	3 136 814 247	4 865 611 639	8 067 287 345	13 059 709 099	26 317 709 195	42 923 538 224
20	绍兴	521 570 369.8	962 528 308.3	1 424 880 394	2 149 088 340	3 980 333 621	7 216 186 782
21	金华	430 408 362.9	825 596 264.3	1 065 469 241	1 576 200 568	2 894 834 445	5 276 547 103
22	衢州	41 836 445.08	70 144 669.26	89 951 302.48	130 208 382.8	230 740 961	454 105 055.9
23	舟山	39 006 385.57	59 280 366.9	83 077 290.28	132 737 547.3	247 039 086.4	558 242 621.2
24	台州	116 304 281.5	193 003 138.6	275 394 263	424 938 647.7	766 302 550.3	1 342 605 125
25	丽水	9 114 365.116	9 267 185.042	58 948 956.66	93 973 079.47	175 362 818	339 629 142.1
26	合肥	70 868 517.43	165 353 443.1	212 164 038.8	300 016 870.8	512 425 353.3	1 293 672 694
27	芜湖	123 684 653.8	346 432 918	422 943 373.2	531 546 190.6	874 500 247.5	1 769 633 986

附录 A 长三角城市群研究原始资料与过程数据

续　表

编号	城市名称	1995年	1997年	1999年	2001年	2003年	2005年
28	蚌　埠	36 582 290.7	79 163 263.69	96 027 267.1	105 427 571.7	163 433 390.3	351 776 494.7
29	淮　南	23 311 897.87	52 383 879.78	58 774 728.51	72 809 268.21	118 037 537.5	262 009 968.1
30	马鞍山	124 050 174.4	280 175 234.6	288 740 321.8	354 566 050.9	617 875 810.2	1 727 691 393
31	淮　北	12 131 954.13	22 860 988.16	26 777 828.74	34 041 999.25	54 102 872.83	122 432 869.2
32	铜　陵	28 342 123.12	59 520 865.13	76 353 211.39	102 350 253.6	169 670 738.2	426 856 472.8
33	安　庆	57 615 724.78	128 918 642.4	140 664 125.7	174 543 732.1	275 272 768.2	524 065 142
34	黄　山	22 746 800.38	49 411 655.42	64 706 639.6	87 285 549.86	141 850 525.6	293 715 671
35	滁　州	120 885 353.5	300 483 538.7	321 720 299.4	393 961 018.2	561 230 051.5	888 830 380.8
36	阜　阳	7 563 960.816	96 220 809.84	93 001 621.45	62 134 998.68	86 748 746.29	185 763 294.5
37	宿　州	8 127 542.367	65 583 662.93	65 243 207.04	74 363 396.76	108 811 582.7	222 316 308.4
38	巢　湖	25 338 829.28	246 851 934.5	251 433 457.5	279 856 302.3	430 878 852.6	752 592 227.5
39	六　安	10 856 161.68	87 833 229.63	82 153 003.31	95 950 409.04	143 169 589.5	306 198 491.1
40	亳　州	4 659 367.677	10 208 955.7	11 584 858.22	38 900 164.9	56 179 432.02	116 252 546.3
41	池　州	8 692 804.465	42 347 039.84	44 454 835.84	56 060 687	88 773 795.43	183 898 141
42	宣　城	56 969 782.59	592 113 781.5	553 986 064.9	605 699 609.5	935 173 332.1	1 643 737 479

过程数据表16　1995—2005年长三角城市群各城市点与
非农人口重心空间距离(km)

编号	城市名称	1995年	1997年	1999年	2001年	2003年	2005年
1	上　海	181.98	182.05	184.65	187.47	188.80	189.49
2	南　京	89.95	89.83	86.95	82.89	81.13	80.15
3	无　锡	65.30	65.35	67.75	70.04	71.23	71.86
4	徐　州	369.06	368.89	365.97	360.16	357.35	355.02
5	常　州	35.89	35.84	37.05	36.37	36.30	35.82
6	苏　州	101.24	101.34	104.11	107.82	109.64	110.89
7	南　通	127.12	127.10	128.59	128.02	127.68	126.73
8	连云港	331.84	331.65	329.36	322.74	319.42	316.22

续 表

编号	城市名称	1995年	1997年	1999年	2001年	2003年	2005年
9	淮安	217.53	217.33	214.81	208.22	204.94	201.87
10	盐城	201.64	201.45	199.96	193.86	190.75	187.49
11	扬州	89.08	88.88	86.42	79.80	76.50	73.40
12	镇江	59.39	59.19	56.67	50.07	46.79	43.76
13	泰州	97.98	97.80	96.53	90.74	87.79	84.62
14	宿迁	282.38	282.19	279.43	273.08	269.95	267.18
15	杭州	162.20	162.39	165.00	171.54	174.79	177.79
16	宁波	268.44	268.60	271.56	276.99	279.63	281.77
17	温州	426.23	426.43	428.96	435.55	438.82	441.88
18	嘉兴	145.75	145.90	148.85	153.86	156.31	158.24
19	湖州	95.57	95.75	98.58	104.81	107.89	110.64
20	绍兴	207.07	207.26	210.07	216.33	219.41	222.14
21	金华	188.64	188.83	191.03	197.64	200.96	204.19
22	衢州	309.05	309.23	310.78	316.98	320.14	323.43
23	舟山	297.96	298.10	301.03	305.78	308.07	309.79
24	台州	379.85	380.04	382.86	389.09	392.16	394.87
25	丽水	359.70	359.89	362.15	368.77	372.09	375.30
26	合肥	216.74	216.70	214.41	212.99	212.52	212.84
27	芜湖	116.52	116.55	115.16	116.48	117.44	119.13
28	蚌埠	249.42	249.29	246.37	241.91	239.84	238.44
29	淮南	272.01	271.90	269.11	265.50	263.89	262.99
30	马鞍山	101.09	101.06	98.94	98.26	98.26	99.08
31	淮北	370.31	370.16	367.20	361.81	359.23	357.19
32	铜陵	186.96	187.02	186.10	188.42	189.81	191.85
33	安庆	273.48	273.55	272.63	274.93	276.29	278.29
34	黄山	253.39	253.54	254.37	259.75	262.56	265.68
35	滁州	139.14	139.02	136.14	131.99	130.13	129.00

附录 A 长三角城市群研究原始资料与过程数据

续 表

编号	城市名称	1995年	1997年	1999年	2001年	2003年	2005年
36	阜 阳	378.95	378.85	376.12	372.80	371.32	370.56
37	宿 州	330.41	330.26	327.30	322.15	319.70	317.83
38	巢 湖	161.90	161.89	159.94	159.65	159.79	160.70
39	六 安	285.33	285.30	283.13	282.09	281.79	282.26
40	亳 州	438.12	437.99	435.06	430.44	428.28	426.75
41	池 州	232.41	232.49	231.76	234.47	236.04	238.23
42	宣 城	115.34	115.47	115.66	120.17	122.62	125.51

过程数据表 17 1995—2005 年长三角城市群各城市点与
非农人口重心间空间引力势能

编号	城市名称	1995年	1997年	1999年	2001年	2003年	2005年
1	上 海	3.00	3.23	3.49	3.85	4.37	5.24
2	南 京	3.45	3.80	4.66	6.39	8.91	11.09
3	无 锡	4.57	4.62	4.72	5.05	8.05	10.01
4	徐 州	0.13	0.15	0.18	0.25	0.33	0.41
5	常 州	10.08	11.30	12.40	15.52	18.13	20.49
6	苏 州	1.78	2.06	2.34	3.10	3.61	4.12
7	南 通	1.41	1.72	1.84	2.13	2.16	2.52
8	连云港	0.07	0.09	0.10	0.16	0.25	0.36
9	淮 安	0.30	0.21	0.26	0.40	0.50	0.69
10	盐 城	0.37	0.42	0.52	0.81	1.11	1.33
11	扬 州	2.43	1.52	1.87	2.70	4.36	5.27
12	镇 江	2.56	2.92	3.71	5.55	8.03	9.87
13	泰 州	0.19	1.03	1.33	2.06	2.63	3.12
14	宿 迁	0.02	0.07	0.17	0.26	0.28	0.48
15	杭 州	0.78	0.88	0.99	1.10	1.29	1.54
16	宁 波	0.17	0.19	0.23	0.27	0.32	0.38

— 275 —

续　表

编号	城市名称	1995年	1997年	1999年	2001年	2003年	2005年
17	温 州	0.07	0.07	0.08	0.10	0.11	0.13
18	嘉 兴	0.34	0.38	0.42	0.48	0.62	0.73
19	湖 州	0.59	0.67	0.76	0.88	0.96	1.04
20	绍 兴	0.16	0.19	0.21	0.25	0.32	0.42
21	金 华	0.18	0.21	0.24	0.29	0.34	0.39
22	衢 州	0.04	0.04	0.05	0.05	0.06	0.07
23	舟 山	0.03	0.03	0.04	0.04	0.05	0.06
24	台 州	0.04	0.05	0.07	0.08	0.09	0.10
25	丽 水	0.02	0.03	0.03	0.04	0.04	0.05
26	合 肥	0.28	0.31	0.37	0.44	0.53	0.67
27	芜 湖	0.52	0.57	0.65	0.76	0.99	1.10
28	蚌 埠	0.12	0.14	0.16	0.19	0.22	0.27
29	淮 南	0.12	0.14	0.15	0.18	0.21	0.25
30	马鞍山	0.49	0.53	0.62	0.73	0.87	0.99
31	淮 北	0.05	0.06	0.07	0.08	0.09	0.11
32	铜 陵	0.10	0.11	0.12	0.14	0.16	0.18
33	安 庆	0.11	0.13	0.14	0.16	0.19	0.22
34	黄 山	0.04	0.05	0.05	0.06	0.07	0.08
35	滁 州	0.46	0.53	0.62	0.75	0.86	0.92
36	阜 阳	0.08	0.09	0.11	0.09	0.11	0.13
37	宿 州	0.06	0.07	0.08	0.09	0.09	0.12
38	巢 湖	0.26	0.29	0.34	0.40	0.48	0.44
39	六 安	0.10	0.11	0.14	0.16	0.19	0.20
40	亳 州	0.01	0.01	0.02	0.04	0.05	0.05
41	池 州	0.04	0.04	0.06	0.06	0.07	0.08
42	宣 城	0.33	0.39	0.51	0.54	0.46	0.49

过程数据表18 1995—2005年长三角城市群各城市点与
工业产值重心空间距离(km)

编号	城市名称	1995年	1997年	1999年	2001年	2003年	2005年
1	上海	123.98	119.96	121.13	106.97	104.01	104.97
2	南京	155.45	165.11	166.13	173.45	179.66	181.00
3	无锡	34.59	44.23	47.43	39.52	46.33	49.57
4	徐州	432.92	444.06	445.80	449.24	456.22	458.35
5	常州	58.34	70.20	72.78	71.96	79.14	81.76
6	苏州	41.12	39.00	40.98	25.48	25.41	27.97
7	南通	103.46	109.56	112.63	98.90	102.82	106.11
8	连云港	380.91	392.72	395.45	392.21	399.29	402.34
9	淮安	272.63	284.47	286.89	286.14	293.33	296.08
10	盐城	236.69	248.01	251.03	244.88	251.61	254.90
11	扬州	146.07	157.75	159.96	161.00	168.14	170.60
12	镇江	118.72	130.19	132.20	134.57	141.60	143.84
13	泰州	135.49	147.19	150.03	146.17	153.24	156.30
14	宿迁	342.28	353.93	356.08	357.13	364.29	366.80
15	杭州	114.14	103.10	99.99	108.61	102.91	99.46
16	宁波	203.57	192.64	191.12	187.20	180.20	178.06
17	温州	376.02	364.36	361.49	366.64	359.88	356.60
18	嘉兴	80.06	70.02	69.12	62.89	56.09	54.33
19	湖州	43.91	33.79	30.56	42.88	39.58	36.62
20	绍兴	149.53	137.68	135.08	138.27	131.31	128.14
21	金华	153.10	143.45	140.22	151.57	146.85	143.49
22	衢州	287.40	278.98	275.78	288.46	284.34	281.06
23	舟山	232.24	222.57	221.71	214.46	208.04	206.62
24	台州	320.75	308.93	306.56	307.65	300.48	297.59
25	丽水	318.09	307.14	304.02	312.25	306.19	302.76
26	合肥	274.35	280.76	280.55	292.34	296.95	297.13
27	芜湖	163.33	167.99	167.30	180.50	184.24	183.94

续　表

编号	城市名称	1995年	1997年	1999年	2001年	2003年	2005年
28	蚌埠	315.07	324.77	325.76	332.99	339.27	340.66
29	淮南	336.44	345.18	345.77	354.68	360.49	361.48
30	马鞍山	158.43	165.39	165.41	176.55	181.45	181.83
31	淮北	435.48	446.17	447.64	452.53	459.30	461.17
32	铜陵	222.74	224.58	223.11	237.96	240.15	239.04
33	安庆	306.61	307.41	305.67	320.91	322.46	321.03
34	黄山	250.78	245.49	242.61	257.57	255.57	252.82
35	滁州	204.61	214.17	215.12	222.63	228.82	230.13
36	阜阳	442.56	450.81	451.20	460.85	466.42	467.21
37	宿州	395.95	406.38	407.71	413.31	419.96	421.69
38	巢湖	215.28	220.88	220.44	232.95	237.14	237.08
39	六安	340.52	346.11	345.63	358.20	362.38	362.28
40	亳州	503.84	513.63	514.65	521.68	528.03	529.46
41	池州	263.03	263.58	261.79	277.08	278.52	277.05
42	宣城	136.01	136.36	134.59	149.86	151.39	150.01

过程数据表19　1995—2005年长三角城市群各城市点与
工业产值重心间空间引力势能

编号	城市名称	1995年	1997年	1999年	2001年	2003年	2005年
1	上海	17 652 775 786	29 333 130 055	33 237 444 605	41 460 304 789	99 852 915 383	2.56E+11
2	南京	2 563 582 429	3 790 620 488	4 820 432 912	3 993 673 314	8 120 046 187	22 213 926 878
3	无锡	90 967 424 696	84 214 027 107	95 349 661 243	87 238 061 150	1.598 59E+11	4.168 12E+11
4	徐州	193 938 562.6	341 040 198	431 370 979.9	172 649 350	364 385 621.9	1 047 132 439
5	常州	15 146 406 672	15 145 456 244	18 056 204 404	13 098 978 785	25 470 467 983	67 099 540 996
6	苏州	1.031 58E+11	1.190 01E+11	1.541 02E+11	2.904 8E+11	8.050 31E+11	2.269 01E+12
7	南通	4 297 395 487	6 045 936 925	7 728 818 962	5 370 275 958	11 103 695 667	34 094 038 899
8	连云港	99 742 710.29	215 035 374.7	326 335 971.5	107 670 473.7	138 528 469.6	379 344 882
9	淮安	282 352 067.9	258 263 166.3	379 713 824.3	217 197 774.3	429 316 424	1 161 700 917

附录 A　长三角城市群研究原始资料与过程数据

续　表

编号	城市名称	1995 年	1997 年	1999 年	2001 年	2003 年	2005 年
10	盐　城	553 979 063.4	908 343 032.2	1 195 422 542	623 659 430.5	1 256 241 180	3 025 862 758
11	扬　州	3 139 733 941	2 125 574 274	2 661 574 603	1 594 100 082	3 093 057 764	8 915 314 662
12	镇　江	2 339 198 808	3 284 977 214	4 139 952 531	2 294 116 630	4 455 870 103	11 524 938 526
13	泰　州	388 738 915	1 911 471 086	2 433 752 853	1 583 435 471	3 276 382 141	8 920 368 359
14	宿　迁	25 950 623.42	109 786 063.8	161 353 402.7	55 840 413.99	110 135 538.9	260 678 416.6
15	杭　州	5 303 455 440	11 628 462 478	17 463 518 811	11 023 141 692	31 586 980 795	98 511 745 921
16	宁　波	1 883 596 428	4 105 002 953	5 539 662 605	3 150 158 576	8 460 454 443	27 628 838 831
17	温　州	303 632 148.2	699 128 904	1 024 269 906	420 042 054	1 020 910 676	3 160 445 518
18	嘉　兴	6 260 275 260	14 369 524 317	20 401 444 878	11 003 326 634	36 973 550 413	1.322 2E+11
19	湖　州	13 759 857 216	41 412 336 864	79 119 289 314	15 090 080 658	39 247 157 127	1.430 36E+11
20	绍　兴	2 458 824 963	5 819 598 415	8 757 513 341	4 258 884 591	11 481 444 207	35 068 978 608
21	金　华	1 866 727 266	3 758 106 624	4 847 539 355	976 638 701.3	3 530 944 212	12 166 022 080
22	衢　州	121 748 164.7	167 276 716.7	230 724 118	90 927 567.08	218 126 922.9	728 254 785.6
23	舟　山	80 683 174.05	122 735 438.2	175 900 418.6	130 587 394	369 272 485.6	1 188 656 752
24	台　州	495 300 085.8	912 959 075	1 381 652 086	437 497 855.9	1 105 707 695	3 514 215 222
25	丽　水	11 676 107.22	103 218 590.7	138 501 939	66 901 463.87	186 175 976.1	619 017 069.9
26	合　肥	247 032 790.6	242 382 749.5	357 409 475	281 664 457.1	633 513 188.1	1 786 880 662
27	芜　湖	412 947 930.7	480 744 324	1 051 743 001	403 572 402.9	1 017 507 034	2 856 719 910
28	蚌　埠	94 366 425.43	100 065 153.8	188 414 087.3	57 243 180.9	119 103 498.2	273 838 822.1
29	淮　南	61 609 459.13	74 503 422.09	96 623 061.91	57 319 522.94	123 344 093.5	386 726 733.3
30	马鞍山	382 544 566.7	416 261 002.7	506 330 411.5	337 819 530.6	814 746 892.3	2 912 396 239
31	淮　北	42 168 121.41	34 515 756	63 237 750.36	30 760 623.89	60 211 373.17	191 173 483.1
32	铜　陵	97 396 517.65	120 122 990.8	171 564 451.9	113 401 147.8	262 659 853.7	991 582 553.4
33	安　庆	143 914 818.1	160 508 186.1	271 101 434.9	115 343 189.8	226 195 384.9	622 088 186
34	黄　山	51 814 935.07	48 766 545.51	104 571 793.9	29 985 585.08	63 234 514.21	208 012 568.5
35	滁　州	451 051 635.8	472 467 673.7	519 745 684.7	173 757 838.2	325 062 785.3	878 539 987.5
36	阜　阳	28 565 197.79	126 497 850.2	96 574 717.72	22 290 504.45	42 822 111.13	131 163 823.1

续　表

编号	城市名称	1995年	1997年	1999年	2001年	2003年	2005年
37	宿州	128 176 439.5	49 861 642.37	60 627 738.99	16 707 642.01	27 439 570.17	104 274 689.9
38	巢湖	81 275 191.24	187 608 111.9	343 481 580.6	93 179 659.05	195 192 545.1	621 131 320.7
39	六安	33 028 395.64	126 612 178.4	162 305 088.1	41 546 225.54	66 922 932.05	198 478 365
40	亳州	19 188 686.48	13 023 821.91	16 522 975.34	9 611 183.71	17 150 156.74	50 425 008.99
41	池州	18 224 779.63	31 838 795.69	40 595 897.82	14 426 746.12	40 489 116.91	120 318 641.2
42	宣城	156 148 495	783 877 234.3	351 719 663.6	243 558 205.2	493 415 246.1	1 599 642 506

过程数据表20　1995—2005年长三角城市群各城市点与
固定资产投资重心空间距离（km）

编号	城市名称	1995年	1997年	1999年	2001年	2003年	2005年
1	上海	109.01	92.30	120.00	117.99	128.69	133.81
2	南京	164.94	188.30	166.58	163.37	155.31	146.99
3	无锡	24.68	47.57	46.54	38.31	42.60	38.69
4	徐州	437.39	462.28	445.94	440.89	434.98	426.16
5	常州	58.97	83.85	72.46	65.59	63.33	55.14
6	苏州	26.36	15.37	39.71	35.82	46.56	50.92
7	南通	87.44	95.82	111.43	103.93	111.65	109.82
8	连云港	377.69	400.73	395.04	387.71	386.21	377.95
9	淮安	272.38	296.73	286.67	280.03	276.88	268.24
10	盐城	230.03	251.04	250.38	242.44	243.23	235.90
11	扬州	148.24	173.11	159.86	153.77	149.59	140.82
12	镇江	122.66	147.53	132.21	126.59	121.61	112.78
13	泰州	131.65	154.91	149.54	142.00	141.34	133.49
14	宿迁	344.08	368.84	356.02	350.00	345.61	336.80
15	杭州	123.05	107.97	100.74	108.87	107.53	115.11
16	宁波	199.55	174.68	190.87	195.57	202.02	210.73
17	温州	381.48	360.89	362.01	369.68	370.29	378.39

续　表

编号	城市名称	1995 年	1997 年	1999 年	2001 年	2003 年	2005 年
18	嘉　兴	74.90	50.04	68.60	72.05	79.85	88.15
19	湖　州	55.55	49.31	31.55	39.75	36.90	44.41
20	绍　兴	152.99	131.61	135.40	142.54	144.87	153.49
21	金　华	165.05	153.74	141.21	149.41	145.48	151.61
22	衢　州	301.09	291.98	276.88	284.89	279.35	284.14
23	舟　山	224.55	200.10	221.19	224.28	232.43	240.64
24	台　州	321.85	298.40	306.74	313.36	316.76	325.50
25	丽　水	326.86	309.82	304.78	312.91	311.26	318.47
26	合　肥	288.28	307.74	281.42	281.24	271.09	264.62
27	芜　湖	178.99	195.60	168.30	169.41	158.80	153.51
28	蚌　埠	323.95	347.71	326.23	323.00	314.96	306.66
29	淮　南	347.18	369.85	346.38	344.16	335.25	327.43
30	马鞍山	172.05	191.98	166.21	165.51	155.59	148.78
31	淮　北	441.60	466.28	447.91	443.50	436.74	428.05
32	铜　陵	239.75	251.93	224.29	227.38	216.66	213.32
33	安　庆	323.89	334.23	306.90	310.69	300.08	297.45
34	黄　山	267.17	265.69	243.88	250.82	242.61	244.76
35	滁　州	214.08	237.50	215.60	212.52	204.34	196.08
36	阜　阳	453.99	476.14	451.88	450.14	440.88	433.33
37	宿　州	402.91	427.40	408.04	403.97	396.81	388.21
38	巢　湖	230.09	248.24	221.38	221.81	211.41	205.47
39	六　安	355.19	373.49	346.58	347.07	336.66	330.71
40	亳　州	512.32	536.28	515.10	511.79	503.83	495.50
41	池　州	280.37	290.28	263.02	266.95	256.38	253.96
42	宣　城	153.42	163.17	135.82	139.75	129.21	127.12

过程数据表 21   1995—2005 年长三角城市群各城市点与
固定资产投资重心间空间引力势能

编号	城市名称	1995 年	1997 年	1999 年	2001 年	2003 年	2005 年
1	上 海	487 749 003.8	3 151 355 863	33 614 936 757	2 230 256 036	5 219 371 615	10 380 953 862
2	南 京	28 988 995.36	134 653 266.9	4 759 074 340	228 292 231.6	1 394 332 910	3 406 422 771
3	无 锡	873 874 138.4	1 411 811 675	98 318 595 509	2 390 473 324	17 352 233 744	46 841 375 909
4	徐 州	1 454 004.354	9 668.093 048	427 906 083.9	16 091 098.72	71 363 900.95	173 719 433.9
5	常 州	74 512 534.97	228 955 368.3	18 079 084 393	448 194 808	3 924 738 931	13 283 130 643
6	苏 州	1 169 319 605	23 299 267 469	1.628 6E+11	3 937 100 776	22 907 005 655	37 841 363 320
7	南 通	49 931 496.5	338 110 898	7 838 219 293	193 229 760.7	1 267 981 363	3 547 072 398
8	连云港	1 232 821.456	5 539 547.436	324 592 646.3	11 116 257.33	50 194 206.53	118 859 233.9
9	淮 安	2 341 712.519	8 257 295.953	377 475 491.7	17 276 951.73	104 890 832.2	241 176 754.4
10	盐 城	3 973 164.798	20 580 164.51	1 192 740 170	21 517 113.38	167 216 909.1	471 430 424.7
11	扬 州	24 456 967.35	52 248 855.48	2 645 005 878	70 303 674.64	389 094 756.2	1 084 971 352
12	镇 江	12 352 279.82	63 244 093.05	4 109 088 370	86 344 573.42	565 554 928.9	1 669 585 096
13	泰 州	2 982 280.98	40 828 647.35	2 431 719 036	72 245 278.97	407 013 284.8	1 186 997 884
14	宿 迁	185 675.404 9	2 929 351.885	160 215 831.7	7 023 282.231	41 927 147.4	77 301 454.24
15	杭 州	40 465 842.65	353 317 217.4	17 076 781 765	606 419 551.5	3 069 088 640	5 491 294 137
16	宁 波	14 333 426.9	133 735 566.5	5 513 053 313	130 442 382.6	723 451 645.4	1 578 885 427
17	温 州	1 658 337.902	18 567 194.83	1 013 786 031	27 454 394.41	115 334 523.5	198 661 392.8
18	嘉 兴	43 569 058.27	781 823 359.9	20 556 703 482	576 269 469.3	2 905 258 855	4 750 083 236
19	湖 州	58 720 496.05	469 331 849.8	73 690 239 587	929 087 520.6	6 936 072 175	11 067 449 186
20	绍 兴	13 562 280.75	128 954 100.2	8 651 936 631	111 223 280.9	898 627 016.5	1 505 821 347
21	金 华	8 392 777.313	64 344 274.89	4 744 468 026	95 234 053.02	686 535 588	1 158 463 647
22	衢 州	987 883.088 4	4 364 738.705	227 194 345.3	12 117 288.1	72 466 808.54	151 971 791.3
23	舟 山	1 352 750.064	11 557 527.22	175 423 924.4	11 739 697.18	63 950 704.74	145 983 301.1
24	台 州	1 966 694.119	16 556 233.6	1 369 802 548	18 659 161.97	135 652 680.2	266 241 740.6
25	丽 水	148 990.285 8	2 999 703.434	29 433 559.7	9 798 653.772	52 163 951.33	102 511 125.9
26	合 肥	4 186 631.894	7 578 290.463	352 568 989.5	24 474 339.32	122 366 260.9	371 114 630.9
27	芜 湖	3 771 449.494	10 936 244.67	1 031 571 422	33 105 155.15	199 787 767.3	491 864 659.5

续　表

编号	城市名称	1995 年	1997 年	1999 年	2001 年	2003 年	2005 年
28	蚌　埠	810 517.307 8	2 180 986.411	186 491 603.3	6 319 265.287	30 106 636.31	69 634 401.33
29	淮　南	1 869 856.115	4 566 645.932	95 569 190.17	3 627 398.518	16 965 546.9	62 791 415.4
30	马鞍山	5 674 739.463	10 366 858.62	497 757 084.2	17 436 357.14	155 509 215.9	453 658 082.5
31	淮　北	544 069.171 2	1 262 017.602	62 695 553.68	2 347 437.257	9 448 100.22	24 091 713.23
32	铜　陵	1 716 464.73	4 030 622.879	168 512 885.1	8 691 007.08	35 199 834.76	88 419 657.09
33	安　庆	1 543 440.276	3 381 818.673	266 955 051.2	7 872 580.793	40 401 406.93	92 237 410.29
34	黄　山	901 565.109 7	1 270 822.123	102 725 849.3	5 909 154.868	31 625 021.44	100 557 470
35	滁　州	2 120 634.048	4 513 849.639	513 629 964.8	10 036 498.79	55 567 999.36	155 359 192.1
36	阜　阳	389 915.716	1 785 934.662	95 570 840.42	2 729 237.416	13 540 008.48	35 207 347.03
37	宿　州	114 331.234 9	1 249 025.118	60 083 346.11	2 357 899.233	12 744 982.45	29 606 361.76
38	巢　湖	389 798.625	3 849 745.165	338 057 291.8	12 497 693.92	73 164 314.04	170 405 575.2
39	六　安	154 759.181	1 796 598.554	160 222 055.3	3 890 161.938	20 551 519.76	55 853 001.44
40	亳　州	47 013.565 84	204 331.196 3	848 089.683 1	1 266 454.001	7 564 212.393	17 211 927.67
41	池　州	158 755.872 1	843 825.757 6	2 589 546.558	3 560 168.761	19 487 102.2	61 508 311.23
42	宣　城	378 330.881 8	6 481 943.765	8 240 415.491	29 198 279.55	157 772 491.2	436 821 781.5

过程数据表 22　1995—2005 年长三角城市群各城市点与
外商投资重心空间距离(km)

编号	城市名称	1995 年	1997 年	1999 年	2001 年	2003 年	2005 年
1	上　海	90.00	73.86	104.96	90.65	100.65	92.09
2	南　京	182.94	196.89	166.16	181.69	173.09	187.20
3	无　锡	35.00	45.63	18.35	33.15	28.75	45.50
4	徐　州	452.26	461.80	435.06	450.49	444.36	460.62
5	常　州	73.71	85.04	56.43	72.04	65.67	82.09
6	苏　州	7.81	12.59	25.07	9.36	17.94	13.53
7	南　通	79.83	70.94	77.50	78.14	84.30	93.64
8	连云港	386.23	389.20	371.45	384.15	382.02	398.55
9	淮　安	283.91	290.11	267.68	281.92	277.95	294.73

续 表

编号	城市名称	1995年	1997年	1999年	2001年	2003年	2005年
10	盐城	235.46	235.97	222.44	233.35	232.95	248.76
11	扬州	162.30	171.69	145.21	160.49	154.81	171.33
12	镇江	138.10	149.13	120.80	136.44	129.79	145.91
13	泰州	140.94	145.87	125.60	138.88	136.13	152.78
14	宿迁	357.10	364.69	340.35	355.19	350.28	366.97
15	杭州	124.35	133.15	132.11	126.24	122.54	110.22
16	宁波	186.45	180.67	203.06	188.40	193.13	176.49
17	温州	376.92	379.31	389.12	379.02	378.65	363.20
18	嘉兴	62.75	60.89	78.75	64.79	68.61	51.89
19	湖州	62.95	76.93	65.36	64.33	57.49	50.93
20	绍兴	147.55	150.34	160.16	149.65	149.62	133.91
21	金华	169.59	180.24	174.71	171.31	166.09	155.86
22	衢州	307.46	318.85	310.98	309.08	303.09	294.03
23	舟山	208.52	198.72	225.82	210.21	217.03	201.48
24	台州	312.91	311.19	327.70	315.00	317.15	300.55
25	丽水	326.34	332.40	335.66	328.34	325.77	312.14
26	合肥	307.29	323.40	292.44	306.57	296.69	307.33
27	芜湖	197.77	214.63	184.84	197.40	187.15	195.53
28	蚌埠	341.49	354.53	324.42	340.11	331.95	346.53
29	淮南	365.47	379.69	348.86	364.29	355.44	368.92
30	马鞍山	191.06	207.12	176.18	190.32	180.47	191.47
31	淮北	457.53	468.35	440.22	455.88	448.99	464.79
32	铜陵	257.51	274.65	247.13	257.57	247.30	252.38
33	安庆	341.10	358.17	331.70	341.32	331.15	334.88
34	黄山	278.64	293.29	276.98	279.78	271.54	267.29
35	滁州	231.99	245.70	215.13	230.70	222.21	236.39

续 表

编号	城市名称	1995年	1997年	1999年	2001年	2003年	2005年
36	阜 阳	472.49	487.06	456.09	471.38	462.32	475.31
37	宿 州	419.38	430.90	402.08	417.80	410.51	425.99
38	巢 湖	249.07	265.61	235.08	248.52	238.42	248.00
39	六 安	374.19	390.62	359.93	373.60	363.54	373.25
40	亳 州	529.55	542.06	512.37	528.10	520.21	535.05
41	池 州	297.40	314.43	288.34	297.66	287.53	290.97
42	宣 城	170.21	187.23	161.67	170.51	160.43	163.80

过程数据表23　1995—2005年长三角城市群各城市点与
外商投资重心间空间引力势能

编号	城市名称	1995年	1997年	1999年	2001年	2003年	2005年
1	上 海	940 512.10	2 582 330.90	741 679.25	1 810 578.77	3 861 795.80	5 646 161.69
2	南 京	28 212.24	37 357.14	74 844.51	92 584.15	493 281.98	282 839.74
3	无 锡	1 640 962.22	1 227 854.12	7 232 000.23	4 184 082.21	21 844 073.61	6 778 800.03
4	徐 州	1 195.66	1 226.84	2 858.69	3 646.16	11 545.75	8 585.50
5	常 州	112 904.03	166 253.57	428 303.34	405 031.67	1 326 133.56	758 642.94
6	苏 州	89 511 475.77	45 256 635.15	12 186 844.06	116 783 734.44	141 359 400.79	195 313 472.79
7	南 通	113 148.92	354 057.84	126 441.75	97 238.99	687 740.89	1 221 150.20
8	连云港	1 098.14	2 052.96	906.97	1 327.29	9 731.85	12 094.57
9	淮 安	1 125.53	1 427.38	1 361.44	769.00	8 686.56	5 449.40
10	盐 城	2 556.79	5 777.70	8 645.62	12 056.70	29 458.31	18 282.79
11	扬 州	14 121.43	7 327.28	4 986.32	13 111.59	134 199.55	125 223.21
12	镇 江	20 261.76	58 199.55	93 263.22	59 401.20	319 767.98	195 696.09
13	泰 州	2 425.38	13 272.88	12 825.63	21 203.04	109 218.74	136 726.44
14	宿 迁	173.73	0.00	113.63	276.61	1 073.58	1 736.54
15	杭 州	64 668.38	68 071.76	64 551.10	106 985.07	449 053.77	985 616.57
16	宁 波	26 912.23	49 740.28	25 978.36	83 468.04	309 660.00	518 667.10

续 表

编号	城市名称	1995年	1997年	1999年	2001年	2003年	2005年
17	温 州	1 213.01	1 227.01	1 002.47	1 299.53	5 582.01	18 924.24
18	嘉 兴	47 747.85	116 825.00	53 174.41	218 431.23	1 133 147.59	3 003 080.37
19	湖 州	23 651.92	27 440.32	37 800.21	171 689.29	1 086 951.72	1 753 525.78
20	绍 兴	13 968.85	14 884.39	8 620.76	23 868.45	221 838.56	351 256.58
21	金 华	3 575.14	3 364.42	1 779.29	3 745.24	62 414.63	131 735.39
22	衢 州	323.87	423.10	498.95	427.72	1 506.03	2 459.91
23	舟 山	1 250.25	862.18	456.84	874.86	2 418.94	5 373.55
24	台 州	885.90	1 118.60	1 085.14	1 901.22	14 350.94	26 143.49
25	丽 水	9.69	290.39	51.16	253.62	784.43	1 394.23
26	合 肥	7 316.16	1 415.69	8 246.91	6 344.54	19 787.21	30 095.73
27	芜 湖	3 188.74	2 632.63	7 547.82	3 929.92	40 090.23	47 030.20
28	蚌 埠	247.87	957.91	307.44	2 187.42	4 893.99	6 760.52
29	淮 南	145.50	61.38	604.85	446.28	4 300.83	7 515.11
30	马鞍山	366.07	433.04	1 010.52	1 685.62	6 159.41	9 149.65
31	淮 北	18.70	137.06	56.71	189.60	1 015.30	177.02
32	铜 陵	1 401.35	144.89	1 646.51	1 576.50	4 970.20	6 590.17
33	安 庆	463.43	161.72	997.97	1 361.11	815.87	2 801.52
34	黄 山	445.98	330.75	98.89	266.63	2 815.73	5 148.17
35	滁 州	784.05	1 553.18	1 181.69	1 464.11	5 437.23	3 043.88
36	阜 阳	384.54	460.85	346.15	18.30	204.60	1 359.10
37	宿 州	0.00	0.00	74.29	156.44	454.71	1 047.89
38	巢 湖	107.70	212.24	1 146.27	2 652.28	5 092.21	1 622.10
39	六 安	569.76	49.55	50.08	70.64	270.18	751.21
40	亳 州	0.00	0.00	16.54	86.13	618.70	149.21
41	池 州	19.35	41.20	2.26	193.12	1 658.07	3 102.47
42	宣 城	0.00	70.21	224.61	389.23	9 911.45	16 081.42

附录 A　长三角城市群研究原始资料与过程数据

过程数据表 24　1995—2005 年长三角城市群扇面—
比重各指标累积加和

指标	扇面区间	1995 年	1997 年	1999 年	2001 年	2003 年	2005 年
GDP (万元)	Ⅰ	15 973 426	20 075 930	23 471 721	28 423 022	38 093 500	55 801 200
	Ⅱ	12 149 566	14 764 560	17 126 490	20 613 267	26 111 600	36 208 500
	Ⅲ	17 906 741	24 048 467	27 589 200	33 000 120	41 787 712	58 670 200
	Ⅳ	5 452 511	11 174 933	11 320 139	11 726 710	14 562 462	23 894 561
	Ⅴ	4 138 760	9 641 752	9 545 694	10 108 204	12 411 740	17 372 100
	Ⅵ	791 697	2 634 471	2 510 511	2 572 043	3 115 950	4 115 082
	Ⅶ	20 601 291	27 693 538	33 336 788	41 802 687	55 768 705	74 894 112
	Ⅷ	50 365 943	67 898 493	80 560 637	99 623 015	134 495 492	191 615 505
人口 (万人)	Ⅰ	1 547.08	1 557.82	1 559.1	1 559.88	1 566.38	1 575.33
	Ⅱ	2 012.58	1 997.49	2 008.42	2 016.83	2 020.97	2 024.64
	Ⅲ	4 002.74	3 970.4	4 044.96	4 149.77	4 185.88	4 296.26
	Ⅳ	2 373.72	2 420.31	2 467.9	2 529.69	2 580.79	2 649.35
	Ⅴ	2 093.01	2 116.85	2 137.18	2 163.59	2 177.64	2 195.02
	Ⅵ	417.04	419.7	420.72	421.92	421.74	420.5
	Ⅶ	2 741.44	2 777.59	2 813.67	2 856.71	2 881.81	2 921.67
	Ⅷ	3 502.48	3 525.15	3 443.14	3 570.81	3 602.51	3 648
工业产值 (万元)	Ⅰ	34 585 963	41 753 907	47 422 682	37 876 314	59 359 186	103 655 744
	Ⅱ	23 148 786	27 555 572	31 433 223	22 746 631	31 906 888	50 947 340
	Ⅲ	30 797 089	36 834 274	42 788 413	31 622 993	42 714 847	69 893 739
	Ⅳ	9 217 406	10 583 727	11 334 958	8 194 074	12 113 889	21 168 400
	Ⅴ	6 407 545	8 208 893	11 869 687	6 339 186	9 202 290	16 059 257
	Ⅵ	1 030 181	2 344 317	1 455 298	1 101 109	1 478 206	2 752 306
	Ⅶ	36 528 897	54 031 277	65 516 867	39 034 393	64 893 151	114 593 399
	Ⅷ	108 904 937	132 455 889	149 704 149	137 606 193	217 001 773	373 152 307
固定产 值投资 (万元)	Ⅰ	1 987 979	5 825 168	47 422 682	4 833 523	17 883 287	29 211 016
	Ⅱ	1 669 509	3 844 072	31 433 223	3 705 217	9 955 792	17 179 536
	Ⅲ	2 813 248	5 559 958.7	42 788 413	9 255 191	20 935 060	31 084 802

— 287 —

续 表

指标	扇面区间	1995年	1997年	1999年	2001年	2003年	2005年
固定产值投资（万元）	IV	1 557 333	1 805 807	10 852 873	2 818 430	6 298 440	11 462 923
	V	735 465	1 186 528	11 567 434	2 246 253	4 881 814	7 822 484
	VI	124 135	193 183	732 880	605 141	1 275 302	2 493 518
	VII	2 358 558	7 507 120	64 349 667	10 819 188	25 574 183	34 058 858
	VIII	13 540 230	31 102 029	149 704 149	31 094 375	61 251 753	87 057 522
外商直接投资（万美元）	I	142 670	189 080	170 022	215 305	428 671	426 995
	II	40 453	72 165	78 197	74 053	182 825	173 999
	III	64 478	77 290	108 967	124 929	296 585	211 130
	IV	35 764	13 829	34 281	29 447	48 397	76 703
	V	15 345	6 128	20 079	17 918	33 797	42 897
	VI	1 477	1 055	502	950	6 920	11 433
	VII	59 446	57 202	56 075	66 659	163 471	291 522
	VIII	624 960	813 913	657 795	893 745	1 647 737	1 701 611

附录 B   京津冀城市群研究原始资料与过程数据

行政区划调整

- **北京市**

1997 年

1. 撤销通县,设立通州区。(国务院 1997 年 4 月 29 日批准)

2. 将房山区人民政府驻地迁至良乡。(国务院 1997 年 11 月 17 日批准)

1998 年

撤销顺义县,设立北京市顺义区。(国务院 1998 年 3 月 3 日批准)

1999 年

撤销昌平县,设立昌平区,以原昌平县的行政区域为昌平区的行政区域。区人民政府驻政府街。(国务院 1999 年 9 月 16 日批准国函[1999]112 号)

2001 年

1. 撤销大兴县,设立大兴区,以原大兴县的行政区域为大兴区的行政区域。区人民政府驻黄村镇。(国务院 2001 年 1 月 9 日批准国函[2001]4 号)

2. 撤销怀柔县,设立怀柔区,以原怀柔县的行政区域为怀柔区的行政区域。区人民政府驻城关镇。(国务院 2001 年 12 月 30 日批准国函[2001]175 号)

3. 撤销平谷县,设立平谷区,以原平谷县的行政区域为平谷区的行政区域。区人民政府驻城关镇。(国务院 2001 年 12 月 30 日批准国函[2001]176 号)

- **河北省**

1994 年

1. 撤销丰南县,设立丰南市。(国务院 1994 年 4 月 5 日批准)

2. 撤销获鹿县,设立鹿泉市。(国务院 1994 年 5 月 18 日批准)

3. 撤销深县,设立深州市。(国务院 1994 年 7 月 4 日批准)

4. 保定地区和保定市合并,组建新的地级保定市。原保定地区的涿州市、定州市、安国市、高碑店市由河北省直辖。(国务院1994年12月17日批准)

1995年

唐山市东矿区更名为古冶区。(国务院1995年1月11日批准)

1996年

1. 撤销衡水地区和县级衡水市,设立地级衡水市,衡水市新设桃城区。(国务院1996年5月31日批准)

2. 撤销迁安县,设立迁安市。(国务院1996年10月10日批准)

3. 将丘县更名为邱县。(国务院1996年10月10日批准)

1997年

撤销沧州市郊区。(国务院1997年10月21日批准)

2000年

调整廊坊市安次区的行政区划,增设廊坊市广阳区。区人民政府驻北门外大街。(国务院2000年3月7日批准)

2002年

调整唐山市部分行政区划:(1)撤销县级丰南市,设立唐山市丰南区,以原县级丰南市的行政区域为丰南区的行政区域。区人民政府驻胥各庄镇。(2)撤销丰润县和唐山市新区,设立唐山市丰润区,以原丰润县和新区的行政区域为丰润区的行政区域。区人民政府驻幸福道。(国务院2002年2月1日批准 国函[2002]7号)

原始数据表1 1995—2005年京津冀城市群各地级市GDP统计数据(万元)

编号	城市名称	1995年	1997年	1999年	2001年	2003年	2005年
1	北 京	13 948 900	18 100 900	21 744 600	28 456 500	36 631 000	68 863 101
2	天 津	9 201 100	12 404 000	14 500 600	18 401 000	24 476 600	36 976 200
3	石家庄	5 403 093	7 813 998	9 083 677	10 854 284	13 779 438	17 867 750
4	唐 山	4 985 998	7 108 752	8 325 611	10 064 571	12 953 220	20 276 374
5	秦皇岛	1 722 375	2 307 143	2 629 975	3 073 141	3 870 301	4 911 470
6	邯 郸	2 898 612	4 411 249	4 969 986	5 916 767	7 625 607	11 572 862

附录 B　京津冀城市群研究原始资料与过程数据

续　表

编号	城市名称	1995 年	1997 年	1999 年	2001 年	2003 年	2005 年
7	邢　台	2 005 161	2 908 907	3 393 337	4 063 406	5 146 061	6 807 485
8	保　定	3 753 772	5 450 860	6 365 742	7 473 056	9 248 071	10 721 423
9	张家口	1 594 731	2 172 573	2 295 098	2 580 246	3 199 369	4 157 878
10	承　德	977 513	1 418 522	1 585 321	1 824 136	2 349 782	3 602 892
11	沧　州	2 509 651	3 694 603	4 225 325	4 872 054	6 288 615	11 307 973
12	廊　坊	2 016 917	2 820 730	3 324 707	4 134 429	5 285 451	6 212 260
13	衡　水	652 774	2 424 187	2 972 124	3 227 800	3 967 576	5 196 937

原始数据表 2　1995—2005 年京津冀城市群各地级市
人口统计数据(万人)

编号	城市名称	1995 年	1997 年	1999 年	2001 年	2003 年	2005 年
1	北　京	1 076.98	1 216.7	1 249.9	1 122.3	1 148.82	1 180.7
2	天　津	898.58	899.8	910.17	913.98	926	939.31
3	石家庄	846.27	860.19	875.4	895.94	910.51	927.3
4	唐　山	679.46	688.34	694.09	700.15	706.28	714.51
5	秦皇岛	259.96	261.87	264.41	268.2	273.29	278.64
6	邯　郸	794.28	807.56	820.98	844.33	857.09	871.43
7	邢　台	633.1	639.67	651.18	661.36	667.44	675.08
8	保　定	1 022.42	1 035.39	1 050.09	1 062.43	1 076.98	1 092.17
9	张家口	434.47	440.09	433.69	448.94	450.41	450.29
10	承　德	345.07	349.36	353.39	355.47	359.06	361.28
11	沧　州	639.23	648.25	659.12	673.55	680.17	684.75
12	廊　坊	360.36	367.61	374.76	381.59	387.24	391.57
13	衡　水	132.68	409.77	415.03	410.521	413.35	417.63

— 291 —

原始数据表3 1995—2005年京津冀城市群各地级市
非农人口统计数据(万人)

编号	城市名称	1995年	1997年	1999年	2001年	2003年	2005年
1	北 京	698.04	722.69	747.2	780.1	830.8	880.2
2	天 津	510.2	515.36	528.68	535.22	549.74	562.4
3	石家庄	178.12	191.69	204.15	231.26	331.33	367.57
4	唐 山	168.52	181.55	189.16	193.89	223.54	229.95
5	秦皇岛	58.28	63.31	67.21	78.05	113.09	116.12
6	邯 郸	129.7	139.22	146.26	154.47	169.9	179.18
7	邢 台	77.71	82.14	85.78	104.12	148.06	137.55
8	保 定	137.08	147.66	155.65	166.96	250.8	254.18
9	张家口	96.99	101.36	104.13	108.93	137.97	130.55
10	承 德	56.64	61.8	65.79	68.46	86.88	87.13
11	沧 州	88.87	96.28	102.09	114.71	153.03	148.67
12	廊 坊	50.53	58.14	63.74	70.05	115.07	113.48
13	衡 水	30.01	66.45	69.26	72.52	79.45	71.28

原始数据表4 1995—2005年京津冀城市群各地级市
城镇化率数据(%)

编号	城市名称	1995年	1997年	1999年	2001年	2003年	2005年
1	北 京	64.81	59.40	59.78	69.51	72.32	74.55
2	天 津	56.78	57.27	58.09	58.56	59.37	59.87
3	石家庄	21.05	22.28	23.32	25.81	36.39	39.64
4	唐 山	24.80	26.38	27.25	27.69	31.65	32.18
5	秦皇岛	22.42	24.18	25.42	29.10	41.38	41.67
6	邯 郸	16.33	17.24	17.82	18.29	19.82	20.56
7	邢 台	12.27	12.84	13.17	15.74	22.18	20.38
8	保 定	13.41	14.26	14.82	15.71	23.29	23.27
9	张家口	22.32	23.03	24.01	24.26	30.63	28.99
10	承 德	16.41	17.69	18.62	19.26	24.20	24.12

附录 B　京津冀城市群研究原始资料与过程数据

续　表

编号	城市名称	1995 年	1997 年	1999 年	2001 年	2003 年	2005 年
11	沧　州	13.90	14.85	15.49	17.03	22.50	21.71
12	廊　坊	14.02	15.82	17.01	18.36	29.72	28.98
13	衡　水	22.62	16.22	16.69	17.67	19.22	17.07

原始数据表 5　1995—2005 年京津冀城市群各地级市
工业总产值数据(万元)

编号	城市名称	1995 年	1997 年	1999 年	2001 年	2003 年	2005 年
1	北　京	16 654 268	19 638 337	21 446 119	29 088 152	38 103 630	69 462 116
2	天　津	18 796 490	28 382 016	27 513 669	29 404 045	40 496 103	67 741 031
3	石家庄	8 897 578	13 736 933	11 886 999	8 608 672	11 981 505	20 155 826
4	唐　山	6 993 934	9 721 495	10 700 636	6 814 284	12 139 175	27 380 134
5	秦皇岛	1 878 085	2 451 413	2 339 151	1 721 041	2 664 729	4 945 301
6	邯　郸	5 133 319	6 731 479	6 356 364	3 567 907	5 594 611	12 652 895
7	邢　台	3 238 464	6 226 919	5 812 325	2 628 706	3 766 264	7 061 688
8	保　定	5 658 301	8 484 899	9 232 688	3 450 313	5 144 919	9 467 339
9	张家口	1 986 059	2 744 355	2 459 284	1 691 935	2 218 685	3 663 054
10	承　德	958 903	1 370 162	1 552 343	1 153 012	1 833 740	3 854 662
11	沧　州	2 974 195	6 126 652	6 206 824	2 497 000	3 707 030	10 220 457
12	廊　坊	2 739 453	4 653 914	5 147 370	1 979 290	3 103 730	6 168 206
13	衡　水	258 560	4 475 124	4 498 372	2 299 200	2 977 831	4 510 240

原始数据表 6　1995—2005 年京津冀城市群各地级市
固定资产投资总额数据(万元)

编号	城市名称	1995 年	1997 年	1999 年	2001 年	2003 年	2005 年
1	北　京	4 441 085	5 820 764	6 513 968	14 170 733	21 571 000	28 272 000
2	天　津	2 668 991	4 986 552	5 035 568	6 226 043	10 466 915	15 168 405
3	石家庄	1 147 323	2 981 487	2 015 717	2 581 724	5 349 800	9 290 289

— 293 —

续　表

编号	城市名称	1995 年	1997 年	1999 年	2001 年	2003 年	2005 年
4	唐　山	831 637	1 925 887	2 101 352	1 221 448	3 148 635	6 357 025
5	秦皇岛	477 674	860 062	563 777	666 981	1 151 749	1 649 322
6	邯　郸	521 982	1 648 806	2 239 142	1 293 466	2 568 899	4 909 695
7	邢　台	267 346	1 138 015	559 515	581 229	2 176 187	3 490 735
8	保　定	547 217	1 699 689	1 153 722	1 345 825	3 591 239	5 603 258
9	张家口	252 286	632 661	728 826	631 288	962 157	1 677 488
10	承　德	135 879	530 038	329 157	443 675	1 119 643	1 892 496
11	沧　州	248 168	977 920	1 331 531	728 955	1 784 508	3 545 152
12	廊　坊	308 564	1 027 114	830 476	993 576	2 243 101	3 416 103
13	衡　水	187 188	822 478	456 031	1 225 454	1 946 706	3 184 608

原始数据表 7　1995—2005 年京津冀城市群各地级市
实际利用外商投资额数据(万美元)

编号	城市名称	1995 年	1997 年	1999 年	2001 年	2003 年	2005 年
1	北　京	107 996	107 729	178 191	400 997	214 675	352 638
2	天　津	152 064	251 135	253 203	322 000	163 325	332 885
3	石家庄	13 688	29 193	42 613	16 701	25 414	43 931
4	唐　山	7 822	25 605	24 382	15 405	20 198	50 411
5	秦皇岛	9 724	18 375	17 079	8 806	15 443	23 679
6	邯　郸	6 059	14 286	27 466	12 188	8 528	15 244
7	邢　台	1 267	3 056	6 559	4 688	5 784	14 178
8	保　定	13 798	28.47	15 031	6 910	26 603	12 919
9	张家口	2 065	3 041	12 327	459	2 183	4 481
10	承　德	1 715	4 046	4 559	4 491	7 509	11 047
11	沧　州	2 495	3 653	6 788	6 222	8 404	14 422
12	廊　坊	7 859	12 397	12 502	12 900	18 686	26 412
13	衡　水	1 156	7 919	7 784	4 231	6 839	11 592

附录 B 京津冀城市群研究原始资料与过程数据

原始数据表 8　1995—2005 年京津冀城市群各地级市
第一产业占 GDP 的比重数据(%)

编号	城市名称	1995 年	1997 年	1999 年	2001 年	2003 年	2005 年
1	北　京	5.8	4.69	4	3.27	2.68	1.42
2	天　津	6.9	6.01	4.9	4.27	3.66	3.04
3	石家庄	19.6	17.99	16.1	14.15	13.65	13.87
4	唐　山	24.9	22.26	20.6	17.85	14.96	11.65
5	秦皇岛	19.6	18.04	15.9	13.1	10.05	10.44
6	邯　郸	25.5	21.86	19	16.68	14.49	13.66
7	邢　台	32.6	27.1	23.3	20.13	18.52	18.26
8	保　定	29.7	26.87	22.5	19.94	16.13	18.29
9	张家口	22.6	15.87	13.8	11.51	14.67	16.2
10	承　德	35.1	29.27	21	19.63	18.5	18.25
11	沧　州	26.4	21.67	18.4	17.75	14.93	11.97
12	廊　坊	27.5	21.27	19.1	16.49	14.49	16.22
13	衡　水	24.2	22.02	19.7	18.18	18.41	17.43

原始数据表 9　1995—2005 年京津冀城市群各地级市
第二产业占 GDP 的比重数据(%)

编号	城市名称	1995 年	1997 年	1999 年	2001 年	2003 年	2005 年
1	北　京	44.1	40.8	38.6	36.22	35.81	29.43
2	天　津	54.5	51.91	49.1	49.16	50.88	55.47
3	石家庄	47.8	46.78	46.2	46.24	48.25	48.45
4	唐　山	47	48.74	49.6	51.1	55.2	57.29
5	秦皇岛	37.7	37.05	37	35.59	39.66	38.76
6	邯　郸	44.1	47.95	47.1	47.99	51.76	50.3
7	邢　台	40.9	48.75	50.8	52.46	54.58	57.3
8	保　定	39.5	41.55	43.5	44.32	47.54	48.8
9	张家口	41.8	46.65	43	44.78	45.44	44.72
10	承　德	32.8	38.93	42.7	42.87	46.72	50.94
11	沧　州	44.1	49.73	49.8	48.32	52.35	53.4

续　表

编号	城市名称	1995 年	1997 年	1999 年	2001 年	2003 年	2005 年
12	廊　坊	43	47.58	49.7	52.77	55.22	54.09
13	衡　水	46.8	52.01	53.1	53.91	53.01	52.97

原始数据表 10　1995—2005 年京津冀城市群各地级市第三产业占 GDP 的比重数据(%)

编号	城市名称	1995 年	1997 年	1999 年	2001 年	2003 年	2005 年
1	北　京	50.1	54.51	57.3	60.51	61.5	69.15
2	天　津	38.6	42.08	46	46.57	45.46	41.49
3	石家庄	32.6	35.23	37.8	39.61	38.11	37.69
4	唐　山	28.1	29	29.8	31.06	29.84	31.06
5	秦皇岛	42.7	44.9	47.1	51.31	50.29	50.8
6	邯　郸	30.4	30.19	33.9	35.32	33.74	36.04
7	邢　台	26.5	24.15	25.9	27.41	26.9	24.44
8	保　定	30.8	31.58	33.9	35.74	36.32	32.91
9	张家口	35.6	37.48	43.1	43.7	39.89	39.08
10	承　德	32.1	31.81	36.2	37.5	34.78	30.81
11	沧　州	29.5	28.6	31.9	33.93	32.72	34.63
12	廊　坊	29.5	31.16	31.2	30.74	30.28	29.69
13	衡　水	29	25.96	27.2	27.91	28.57	29.6

过程数据表 11　京津冀城市群城市"点"空间位置坐标

编号	省　市	城市名称	空间位置坐标	编号	省　市	城市名称	空间位置坐标
1	北　京	北　京	(538,4 308)	8		保　定	(465,4 188)
2	天　津	天　津	(609,4 222)	9		张家口	(401,4 402)
3		石家庄	(388,4 086)	10		承　德	(653,4 436)
4		唐　山	(686,4 286)	11	河　北	沧　州	(592,4 135)
5	河　北	秦皇岛	(802,4 333)	12		廊　坊	(562,4 269)
6		邯　郸	(394,3 929)	13		衡　水	(494,4 058)
7		邢　台	(396,3 980)				

附录 B 京津冀城市群研究原始资料与过程数据

过程数据表 12 京津冀几何重心与不同年份各个指标重心位置坐标

年份 指标	1995 年	1997 年	1999 年	2001 年	2003 年	2005 年
几何重心	(537,4 202)	(537,4 202)	(537,4 202)	(537,4 202)	(537,4 202)	(537,4 202)
GDP	(540,4 218)	(537,4 210)	(538,4 211)	(539,4 213)	(540,4 214)	(544,4 222)
人口	(519,4 188)	(518,4 185)	(518,4 185)	(517,4 182)	(517,4 183)	(517,4 182)
非农人口	(542,4 227)	(540,4 224)	(540,4 223)	(538,4 221)	(534,4 216)	(534,4 216)
城镇化率	(551,4 228)	(554,4 230)	(554,4 230)	(553,4 230)	(553,4 229)	(553,4 229)
工业总产值	(538,4 206)	(534,4 193)	(539,4 199)	(550,4 224)	(552,4 223)	(554,4 222)
固定资产投资额	(547,4 233)	(534,4 193)	(540,4 210)	(539,4 236)	(535,4 224)	(533,4 214)
外商投资额	(570,4 244)	(579,4 194)	(559,4 230)	(566,4 258)	(561,4 249)	(568,4 247)
一产比重	(531,4 195)	(533,4 191)	(532,4 187)	(532,4 186)	(525,4 189)	(520,4 191)
二产比重	(534,4 196)	(532,4 194)	(533,4 194)	(532,4 194)	(534,4 194)	(535,4 194)
三产比重	(544,4 216)	(546,4 220)	(544,4 221)	(545,4 220)	(545,4 219)	(546,4 218)

过程数据表 13 京津冀重心属性均值

年份 指标	1995 年	1997 年	1999 年	2001 年	2003 年	2005 年
GDP(万元)	3 974 661	5 618 186	6 570 469	8 072 415	10 370 853	16 036 508
非农人口	175.44	186.74	194.55	206.06	245.36	252.17
工业总产值(万元)	5 859 047	8 826 438	8 857 857	7 300 273.6	10 287 073	19 021 765.31
固定资产(万元)	925 795.38	1 927 036.38	1 835 290.92	2 470 030.54	4 467 733.77	6 804 352.00
外商投资(万元)	25 208.31	36 958.73	46 806.46	62 769.08	40 276.23	70 295.31

过程数据表 14 1995—2005 年京津冀城市群各城市点与
GDP 重心空间距离(km)

编号	城市名称	1995 年	1997 年	1999 年	2001 年	2003 年	2005 年
1	北京	90.02	97.89	97.48	94.76	94.40	86.64
2	天津	69.12	72.67	72.20	70.77	69.80	65.23

续 表

编号	城市名称	1995 年	1997 年	1999 年	2001 年	2003 年	2005 年
3	石家庄	201.32	194.16	194.73	197.29	198.24	206.49
4	唐山	161.06	166.94	166.38	164.22	163.22	156.15
5	秦皇岛	286.13	291.83	291.28	289.19	288.19	281.25
6	邯郸	323.79	315.53	316.08	318.99	319.75	328.66
7	邢台	278.17	270.03	270.60	273.47	274.28	283.17
8	保定	80.78	75.61	76.13	77.97	78.97	85.62
9	张家口	230.60	235.38	235.28	233.69	233.94	230.09
10	承德	245.55	253.79	253.24	250.33	249.58	240.66
11	沧州	97.94	92.91	93.00	94.63	94.42	99.09
12	廊坊	55.54	63.86	63.32	60.40	59.70	50.83
13	衡水	166.48	158.15	158.66	161.57	162.19	170.96

过程数据表 15　1995—2005 年京津冀城市群各城市点与 GDP 重心间空间引力势能

编号	城市名称	1995 年	1997 年	1999 年	2001 年	2003 年	2005 年
1	北京	6 841 331 825.63	10 611 584 353.07	15 034 531 770.88	25 582 746 916.73	42 634 257 975.18	101 608 341 477.33
2	天津	7 655 695 239.31	13 196 255 390.17	18 279 127 034.02	29 658 526 463.19	52 099 161 527.80	96 232 988 631.89
3	石家庄	529 892 042.27	1 164 585 648.71	1 573 882 009.88	2 251 063 614.51	3 636 195 290.88	4 640 785 854.11
4	唐山	763 980 467.65	1 433 106 100.78	1 976 005 597.93	3 012 561 553.32	5 042 311 634.66	9 209 648 903.66
5	秦皇岛	83 619 651.76	152 201 241.15	203 669 056.37	296 638 357.62	483 294 950.06	687 626 552.22
6	邯郸	109 894 416.69	248 928 906.05	326 851 080.40	469 390 809.02	773 531 206.13	1 186 506 427.77
7	邢台	102 996 069.30	224 124 949.96	304 489 279.10	438 596 586.09	709 424 132.39	940 212 763.84
8	保定	2 286 585 797.13	5 356 192 754.72	7 216 767 044.03	9 922 170 406.97	15 377 895 026.98	16 197 540 980.44
9	张家口	119 196 562.46	220 311 810.13	272 402 638.45	381 408 212.57	606 300 230.90	869 761 640.48
10	承德	64 440 036.14	123 728 423.61	162 421 737.30	234 972 805.00	391 227 194.76	688 932 336.61
11	沧州	1 039 822 029.14	2 404 592 892.52	3 209 940 344.68	4 391 769 143.47	7 314 725 343.17	12 755 005 899.61
12	廊坊	2 598 561 413.93	3 886 192 110.00	5 448 155 562.32	9 148 488 056.12	15 379 480 108.92	26 632 963 763.88
13	衡水	93 612 193.70	544 507 228.02	775 754 155.92	998 106 799.96	1 564 159 457.25	1 969 183 121.41

过程数据表 16　1995—2005 年京津冀城市群各城市点与
非农人口重心空间距离(km)

编号	城市名称	1995 年	1997 年	1999 年	2001 年	2003 年	2005 年
1	北　京	81.30	84.40	84.95	87.40	91.86	91.68
2	天　津	67.65	68.62	68.90	70.63	75.27	75.68
3	石家庄	208.30	205.35	204.77	201.82	195.61	195.42
4	唐　山	156.15	158.40	158.88	161.45	167.29	167.59
5	秦皇岛	281.30	283.54	284.02	286.58	292.38	292.69
6	邯　郸	332.32	329.00	328.38	325.39	319.51	319.51
7	邢　台	286.49	283.21	282.59	279.58	273.56	273.52
8	保　定	85.79	83.39	82.90	80.30	74.51	74.19
9	张家口	224.61	226.38	226.64	227.55	228.44	228.04
10	承　德	237.07	240.37	240.99	243.99	249.94	249.97
11	沧　州	104.74	102.56	102.23	101.01	99.84	100.25
12	廊　坊	46.93	50.25	50.87	53.85	59.76	59.78
13	衡　水	175.34	172.01	171.40	168.55	163.20	163.29

过程数据表 17　1995—2005 年京津冀城市群各城市点与
非农人口重心间空间引力势能

编号	城市名称	1995 年	1997 年	1999 年	2001 年	2003 年	2005 年
1	北　京	18.53	18.95	20.15	21.04	24.16	26.41
2	天　津	19.56	20.44	21.67	22.11	23.81	24.76
3	石家庄	0.72	0.85	0.95	1.17	2.12	2.43
4	唐　山	1.21	1.35	1.46	1.53	1.96	2.06
5	秦皇岛	0.13	0.15	0.16	0.20	0.32	0.34
6	邯　郸	0.21	0.24	0.26	0.30	0.41	0.44
7	邢　台	0.17	0.19	0.21	0.27	0.49	0.46
8	保　定	3.27	3.96	4.41	5.34	11.08	11.64
9	张家口	0.34	0.37	0.39	0.43	0.65	0.63
10	承　德	0.18	0.20	0.22	0.24	0.34	0.35

续表

编号	城市名称	1995年	1997年	1999年	2001年	2003年	2005年
11	沧州	1.42	1.71	1.90	2.32	3.77	3.73
12	廊坊	4.03	4.30	4.79	4.98	7.91	8.01
13	衡水	0.17	0.42	0.46	0.53	0.73	0.67

过程数据表18　1995—2005年京津冀城市群各城市点与
工业产值重心空间距离(km)

编号	城市名称	1995年	1997年	1999年	2001年	2003年	2005年
1	北京	101.91	114.93	109.20	84.60	86.29	87.80
2	天津	73.12	79.93	74.20	59.43	56.71	54.54
3	石家庄	191.86	181.46	188.09	212.65	213.87	214.81
4	唐山	168.52	177.73	171.33	149.73	147.84	146.38
5	秦皇岛	293.25	301.89	295.69	274.84	272.89	271.38
6	邯郸	312.11	299.15	306.07	333.71	333.83	333.85
7	邢台	266.79	254.15	261.12	288.50	288.85	289.07
8	保定	74.85	69.66	74.30	92.03	94.02	95.62
9	张家口	238.85	247.88	245.36	231.73	234.45	236.72
10	承德	257.23	270.26	263.38	235.68	235.69	235.81
11	沧州	89.50	81.78	83.25	98.76	96.46	94.53
12	廊坊	67.46	80.72	74.02	46.48	47.10	47.84
13	衡水	154.39	141.05	147.67	175.26	174.91	174.57

过程数据表19　1995—2005年京津冀城市群各城市点与
工业产值重心间空间引力势能

编号	城市名称	1995年	1997年	1999年	2001年	2003年	2005年
1	北京	9 395 938 072.02	13 121 779 648.55	15 930 026 397.44	29 671 364 648.75	52 647 029 641.59	134 595 170 465.49
2	天津	20 598 059 207.32	39 210 160 814.50	44 260 398 325.10	60 784 837 116.01	129 556 326 418.43	340 171 572 686.05
3	石家庄	1 416 160 732.88	3 682 242 253.98	2 976 185 835.51	1 389 788 577.50	2 694 754 054.48	6 524 441 075.57
4	唐山	1 442 954 205.67	2 716 382 911.85	3 228 843 775.17	2 218 859 337.76	5 713 644 102.19	19 084 261 996.25

续 表

编号	城市名称	1995年	1997年	1999年	2001年	2003年	2005年
5	秦皇岛	127 956 314.32	237 408 355.83	236 977 566.24	166 334 656.71	368 100 459.41	1 002 907 107.52
6	邯 郸	308 759 152.01	663 921 810.50	601 045 377.84	233 894 109.28	516 436 461.53	1 695 552 940.71
7	邢 台	266 577 812.38	850 879 131.97	755 087 538.71	230 561 257.18	464 363 847.54	1 262 251 357.59
8	保 定	5 917 309 059.81	15 434 802 795.35	14 812 417 048.61	2 973 682 253.39	5 987 018 673.48	15 464 862 145.50
9	张家口	203 977 777.34	394 222 717.00	361 853 730.35	230 019 285.41	415 230 350.24	976 337 904.34
10	承 德	84 909 986.79	165 575 113.96	198 216 229.70	151 536 797.16	339 591 016.39	1 035 340 172.40
11	沧 州	2 175 455 587.95	8 085 832 582.24	7 932 441 008.37	1 868 903 516.32	4 098 895 199.66	17 081 768 569.05
12	廊 坊	3 526 724 384.23	6 304 369 886.11	8 320 708 509.14	6 689 130 449.65	14 391 196 308.73	40 260 481 393.96
13	衡 水	63 557 824.27	1 985 375 150.99	1 827 286 605.22	546 440 458.78	1 001 296 477.50	2 210 586 241.16

过程数据表20　1995—2005年京津冀城市群各城市点与固定资产投资重心空间距离(km)

编号	城市名称	1995年	1997年	1999年	2001年	2003年	2005年
1	北 京	75.51	103.90	98.48	72.14	84.34	93.80
2	天 津	63.07	76.64	70.49	71.78	73.93	76.26
3	石家庄	216.48	188.18	195.57	212.44	201.49	193.72
4	唐 山	148.85	172.22	165.15	155.72	163.26	168.84
5	秦皇岛	273.99	296.94	289.98	280.76	288.42	293.90
6	邯 郸	340.30	308.94	316.07	339.22	326.74	317.44
7	邢 台	294.60	263.48	270.76	292.91	280.61	271.50
8	保 定	93.46	71.32	77.66	87.77	78.66	73.04
9	张家口	223.25	238.65	237.19	215.70	223.09	229.52
10	承 德	229.04	260.38	253.27	230.54	242.84	252.01
11	沧 州	107.89	89.97	91.09	114.14	105.39	98.78
12	廊 坊	39.02	70.44	63.54	40.58	52.68	61.83
13	衡 水	182.84	151.66	158.25	183.37	170.73	161.14

过程数据表 21　1995—2005 年京津冀城市群各城市点与
固定资产投资重心间空间引力势能

编号	城市名称	1995 年	1997 年	1999 年	2001 年	2003 年	2005 年
1	北京	721 121 041.37	1 039 107 846.29	1 232 586 213.23	6 726 556 488.86	13 547 607 672.35	17 659 744 470.21
2	天津	621 232 900.20	1 635 856 628.03	1 859 874 851.90	2 984 910 127.38	8 556 503 729.71	14 336 188 636.93
3	石家庄	22 665 163.74	162 238 800.39	96 721 381.52	141 293 624.84	588 713 425.26	1 360 634 882.59
4	唐山	34 751 469.66	125 121 393.49	141 398 210.87	124 424 397.87	527 783 747.97	1 225 666 158.86
5	秦皇岛	5 890 792.41	18 796 198.59	12 304 912.56	20 899 436.16	61 858 961.33	104 951 138.16
6	邯郸	4 172 913.62	33 289 757.35	41 135 089.28	27 765 156.57	107 504 736.75	267 805 963.21
7	邢台	2 851 812.88	31 589 999.75	14 007 166.63	16 733 527.12	123 477 546.84	260 292 448.42
8	保定	58 000 219.02	643 978 120.14	351 044 700.88	431 474 446.77	2 592 886 257.09	5 773 480 506.13
9	张家口	4 686 059.56	21 407 000.77	23 775 153.18	33 513 901.11	86 372 237.47	175 017 830.58
10	承德	2 398 015.68	15 064 973.00	9 417 866.29	20 620 103.80	84 826 843.10	163 782 378.62
11	沧州	19 736 075.39	232 819 973.65	294 491 909.40	138 201 537.69	717 778 078.40	1 996 910 556.75
12	廊坊	187 611 694.63	398 871 044.80	377 491 212.40	1 490 439 557.47	3 610 814 848.23	4 911 045 225.72
13	衡水	5 183 914.06	68 908 491.09	33 421 399.26	90 024 057.53	298 390 999.60	674 064 396.38

过程数据表 22　1995—2005 年京津冀城市群各城市点与
外商投资重心空间距离(km)

编号	城市名称	1995 年	1997 年	1999 年	2001 年	2003 年	2005 年
1	北京	71.85	87.14	81.00	57.07	63.14	67.58
2	天津	44.41	31.19	50.44	56.20	55.19	48.41
3	石家庄	241.16	240.09	223.56	247.85	237.80	241.50
4	唐山	123.11	120.04	138.72	123.03	130.34	124.44
5	秦皇岛	248.23	244.95	263.85	247.41	255.19	249.45
6	邯郸	360.85	354.44	343.17	371.61	361.11	362.63
7	邢台	316.23	310.92	298.38	326.21	315.71	317.71
8	保定	119.22	122.10	103.03	123.18	113.81	118.62
9	张家口	231.71	246.83	233.80	218.87	221.23	227.44
10	承德	209.19	217.68	226.53	197.77	208.25	207.07

续　表

编号	城市名称	1995 年	1997 年	1999 年	2001 年	2003 年	2005 年
11	沧　州	110.97	97.06	100.34	126.02	118.33	114.90
12	廊　坊	26.51	41.52	39.29	11.43	19.84	22.44
13	衡　水	200.90	193.03	183.76	212.93	202.58	203.16

过程数据表 23　1995—2005 年京津冀城市群各城市点与
外商投资重心间空间引力势能

编号	城市名称	1995 年	1997 年	1999 年	2001 年	2003 年	2005 年
1	北　京	527 382.08	524 318.98	1 271 202.08	7 727 440.79	2 168 969.99	4 461 534.32
2	天　津	1 943 702.46	9 538 888.21	4 657 607.16	6 398 510.12	2 159 283.52	8 206 521.14
3	石家庄	5 933.04	18 717.57	39 907.37	17 065.39	18 101.32	43 527.05
4	唐　山	13 009.25	65 678.46	59 303.46	63 887.29	47 884.65	188 107.21
5	秦皇岛	3 978.01	11 318.28	11 483.07	9 030.05	9 551.08	21 988.54
6	邯　郸	1 172.95	4 202.76	10 916.24	5 540.06	2 634.07	6 698.68
7	邢　台	319.38	1 168.38	3 448.33	2 765.24	2 337.16	8 116.25
8	保　定	24 472.97	70.58	66 275.83	28 584.77	82 717.70	53 058.15
9	张家口	969.58	1 844.81	10 555.00	601.42	1 796.52	5 005.74
10	承　德	987.93	3 155.74	4 158.21	7 207.58	6 973.47	14 888.06
11	沧　州	5 107.07	14 331.43	31 558.54	24 590.81	24 174.03	63 124.88
12	廊　坊	281 992.71	265 806.50	379 091.65	6 196 236.70	1 912 034.42	3 031 913.37
13	衡　水	721.98	7 854.78	10 790.07	5 857.77	6 712.21	16 229.77

过程数据表 24　1995—2005 年京津冀城市群扇面一
比重各指标累积加和

指标	扇面区间	1995 年	1997 年	1999 年	2001 年	2003 年	2005 年
GDP (万元)	Ⅰ	15 909 473	21 819 895	25 456 186	31 538 712	41 300 121	62 164 044
	Ⅱ	16 943 330	22 340 152	26 654 628	34 415 065	44 266 233	78 678 253
	Ⅲ	1 594 731	2 172 573	2 295 098	2 580 246	3 199 369	4 157 878
	Ⅳ						

续　表

指标	扇面区间	1995年	1997年	1999年	2001年	2003年	2005年
GDP (万元)	Ⅴ	9 156 865	13 264 858	15 449 419	18 327 340	23 027 509	28 589 173
	Ⅵ	5 556 547	9 744 343	11 335 447	13 207 973	16 739 244	23 577 284
	Ⅶ	2 509 651	3 694 603	4 225 325	4 872 054	6 288 615	11 307 973
	Ⅷ						
人口 (万人)	Ⅰ	1 838	1 850.01	1 868.67	1 882.33	1 905.57	1 932.46
	Ⅱ	1 782.41	1 933.67	1 978.05	1 859.36	1 895.12	1 933.55
	Ⅲ	434.47	440.09	433.69	448.94	450.41	450.29
	Ⅳ						
	Ⅴ	1 868.69	1 895.58	1 925.49	1 958.37	1 987.49	2 019.47
	Ⅵ	1 560.06	1 857	1 887.19	1 916.211	1 937.88	1 964.14
	Ⅶ	639.23	648.25	659.12	673.55	680.17	684.75
	Ⅷ						
工业产值 (万元)	Ⅰ	27 668 509	40 554 924	40 553 456	37 939 370	55 300 007	100 066 466
	Ⅱ	20 352 624	25 662 413	28 145 832	32 220 454	43 041 100	79 484 984
	Ⅲ	1 986 059	2 744 355	2 459 284	1 691 935	2 218 685	3 663 054
	Ⅳ						
	Ⅴ	14 555 879	22 221 832	21 119 687	12 058 985	17 126 424	29 623 165
	Ⅵ	8 630 343	17 433 522	16 667 061	8 495 813	12 338 706	24 224 823
	Ⅶ	2 974 195	6 126 652	6 206 824	2 497 000	3 707 030	10 220 457
	Ⅷ						
固定资产投资 (万元)	Ⅰ	3 978 302	7 772 501	7 700 697	8 114 472	14 767 299	23 174 752
	Ⅱ	4 885 528	7 377 916	7 673 601	15 607 984	24 933 744	33 580 599
	Ⅲ	252 286	632 661	728 826	631 288	962 157	1 677 488
	Ⅳ						
	Ⅴ	1 694 540	4 681 176	3 169 439	3 927 549	8 941 039	14 893 547
	Ⅵ	976 516	3 609 299	3 254 688	3 100 149	6 691 792	11 585 038
	Ⅶ	248 168	977 920	1 331 531	728 955	1 784 508	3 545 152
	Ⅷ						

续　表

指标	扇面区间	1995年	1997年	1999年	2001年	2003年	2005年
外商直接投资（万美元）	Ⅰ	169 610	295 115	294 664	346 211	198 966	406 975
	Ⅱ	117 570	124 172	195 252	418 388	240 870	390 097
	Ⅲ	2 065	3 041	12 327	459	2 183	4 481
	Ⅳ						
	Ⅴ	27 486	29 221.47	57 644	23 611	52 017	56 850
	Ⅵ	8 482	25 261	41 809	21 107	21 151	41 014
	Ⅶ	2 495	3 653	6 788	6 222	8 404	14 422
	Ⅷ						

附录 C 珠三角城市群研究原始资料与过程数据

行政区划调整

• 广东省

1994 年

1. 撤销英德县，设立英德市。（国务院 1994 年 1 月 12 日批准）
2. 撤销恩平县，设立恩平市。（国务院 1994 年 2 月 28 日批准）
3. 撤销从化县，设立从化市。（国务院 1994 年 3 月 26 日批准）
4. 云浮市升格为地级市，设立云城区，将肇庆市的新兴县、郁南县划归云浮市管辖，将罗定市由云浮市代管。（国务院 1994 年 4 月 5 日批准）
5. 撤销澄海县，设立澄海市。（国务院 1994 年 4 月 18 日批准）
6. 撤销高明县，设立高明市。（国务院 1994 年 4 月 18 日批准）
7. 撤销连县，设立连州市。（国务院 1994 年 4 月 22 日批准）
8. 汕头市设立河浦区。（国务院 1994 年 4 月 25 日批准）
9. 撤销海康县，设立雷州市。（国务院 1994 年 4 月 26 日批准）
10. 撤销乐昌县，设立乐昌市。（国务院 1994 年 4 月 28 日批准）
11. 撤销阳春县，设立阳春市。（国务院 1994 年 5 月 5 日批准）
12. 撤销惠阳县，设立惠阳市。（国务院 1994 年 5 月 6 日批准）
13. 撤销吴川县，设立吴川市。（国务院 1994 年 5 月 26 日批准）
14. 撤销兴宁县，设立兴宁市。（国务院 1994 年 6 月 8 日批准）
15. 撤销化州县，设立化州市。（国务院 1994 年 7 月 4 日批准）
16. 江门市城区更名为江海区，郊区更名为蓬江区。（国务院 1994 年 8 月 10 日批准）
17. 湛江市郊区更名为麻章区。（国务院 1994 年 10 月 10 日批准）

1995 年

1. 撤销陆丰县,设立陆丰市。(国务院 1995 年 1 月 19 日批准)

2. 撤销信宜县,设立信宜市。(国务院 1995 年 9 月 11 日批准)

1996 年

1. 设立云安县,县人民政府驻六都镇。(国务院 1996 年 1 月 9 日批准)

2. 撤销南雄县,设立南雄市。(国务院 1996 年 6 月 17 日批准)

1997 年

设立深圳市盐田区。(国务院 1997 年 10 月 21 日批准)

1999 年

将开平市人民政府驻地由三埠街道长沙沿江东路 135 号迁至长沙街道长沙光华路 1 号。(民政部 1999 年 6 月 21 日批准民发[1999]45 号)

2000 年

1. 撤销县级番禺市,设立广州市番禺区,以原县级番禺市的行政区域为番禺区的行政区域。区人民政府驻海傍西路。(国务院 2000 年 5 月 21 日批准)

2. 撤销县级花都市,设立广州市花都区,以原县级花都市的行政区域为花都区的行政区域。区人民政府驻新华镇。(国务院 2000 年 5 月 21 日批准)

2001 年

1. 设立茂名市茂港区。茂港区辖从电白县划出的羊角、坡心、七迳、小良、沙院和南海 6 个镇。区人民政府驻南海镇。(国务院 2001 年 1 月 22 日批准国函[2001]11 号)

2. (1) 撤销斗门县,设立珠海市斗门区,斗门区辖原斗门县的井岸、白蕉、乾务、五山、斗门、上横、六乡、蓬溪 8 个镇。区人民政府驻井岸镇。(2) 设立金湾区,金湾区辖原属珠海市香洲区的三灶、南水、小林 3 个镇和原斗门县的红旗、平沙 2 个镇。(国务院 2001 年 4 月 4 日批准国函[2001]35 号)

2002 年

1. (1) 撤销县级新会市,设立江门市新会区。新会区辖原县级新会市的会城镇、大泽镇、司前镇、沙堆镇、古井镇、三江镇、崖门镇、双水镇、罗坑镇、大鳌镇、睦洲镇。区人民政府驻会城镇。(2) 原县级新会市的棠下镇、荷塘镇、杜阮镇将划归江门市蓬江区管辖。(国务院 2002 年 6 月 22 日批准国函[2002]56 号)

2. (1) 撤销佛山市城区和石湾区,设立佛山市禅城区,以原佛山市城区、石湾区和原南海市南庄镇的行政区域为禅城区的行政区域。区人民政府驻大福南路。(2) 撤销县级南海市,设立佛山市南海区,以原县级南海市的行政区域(不含南庄镇)为南海区的行政区域。区人民政府驻南海大道。(3)撤销县级顺德市,设立佛山市顺德区,以原县级顺德市的行政区域为顺德区的行政区域。区人民政府驻德民路。(4)撤销县级三水市,设立佛山市三水区,以原县级三水市的行政区域为三水区的行政区域。区人民政府驻人民三路。(5)撤销县级高明市,设立佛山市高明区,以原县级高明市的行政区域为高明区的行政区域。区人民政府驻文汇路。(国务院2002年12月8日批准国函[2002]109号)

2003年

1. 调整汕头市行政区划。(国务院2003年1月29日批准国函[2003]11号)

(1)撤销汕头市升平区、金园区,设立汕头市金平区。以原升平区、金园区(不含高新技术开发区东片区域,即东起天山北路,西至华山北路,南起汕头经济特区北界线,北至科技北三街向南转向科技西路再转向科技北二街)、原达濠区礐石街道浔洄居委会、龙湖区龙溪路以北区域(即东起华山北路,西至龙湖沟西侧,南起龙溪路,北至汕头经济特区北界线)的行政区域为金平区的行政区域。区人民政府驻金砂中路。

(2)撤销汕头市河浦区、达濠区,设立汕头市濠江区。以原达濠区(不含礐石街道的浔洄居委会)和河浦区的行政区域为濠江区的行政区域。区人民政府驻府前路。

(3)撤销县级潮阳市,分别设立汕头市潮阳区、潮南区。以原潮阳市文光、城南、金浦、棉北4个街道,海门、河溪、和平、西胪、关埠、灶浦、金玉、谷饶、贵屿、铜盂等10个镇的行政区域为潮阳区的行政区域。区人民政府驻中华路。以原潮阳市峡山、井都、沙陇、成田、田心、司马浦、陈店、两英、仙城、胪岗、红场、雷岭12个镇的行政区域为潮南区的行政区域。区人民政府驻峡山镇。

(4)撤销县级澄海市,设立汕头市澄海区。以原县级澄海市的行政区域(不含外砂镇、新溪镇)为澄海区的行政区域。区人民政府驻文冠路。

(5)将原澄海市的外砂、新溪2个镇、原金园区高新技术开发区东片区域(即东起天山北路,西至华山北路,南起汕头经济特区北界线,北至科技北三街向南转向科技西路再转向科技北二街)划归龙湖区管辖。

2. 调整惠州市行政区划。(国务院2003年3月6日批准国函[2003]36号)

(1)撤销县级惠阳市,设惠州市惠阳区。惠阳区辖原县级惠阳市的淡水、永湖、良井、平潭、沙田、霞涌、澳头、秋长、新圩、镇隆等10个镇。区人民政府驻淡水镇金惠大道。

（2）原惠阳市所辖的陈江、潼湖、潼桥、沥林、水口、马安、横沥、矮陂、芦洲、大岚等10个镇以及博罗县的仍图镇划归惠城区管辖。惠城区人民政府驻新联路。

2004年

1. 调整韶关市部分行政区划。（国务院2004年5月29日批准国函[2004]40号）

（1）撤销韶关市北江区、曲江县,2.设立韶关市曲江区,3.调整韶关市浈江区、武江区和仁化县的行政区划。

（2）将原北江区的行政区域和原曲江县的花坪镇、犁市镇划归浈江区管辖。

（3）将原曲江县的重阳镇、龙归镇、江湾镇划归武江区管辖。

（4）将原曲江县的黄坑镇、周田镇、大桥镇划归仁化县管辖。

（5）曲江区辖原曲江县的马坝镇、罗坑镇、樟市镇、大坑口镇、乌石镇、沙溪镇、大塘镇、小坑镇、枫湾镇、白土镇,4.区人民政府驻马坝镇。

2005年

撤销广州市东山区、芳村区,设立广州市南沙区、萝岗区。（国务院2005年4月28日批准国函[2005]35号）

（1）将原东山区的行政区域,白云区的矿泉街道,天河区的登峰街道、天河南街道的杨箕和中山一2个居委会、沙东街道部分区域划归越秀区管辖。越秀区人民政府驻越华路。

（2）将原芳村区的行政区域划归荔湾区管辖。荔湾区人民政府驻中山七路。

（3）将番禺区的南沙街道和万顷沙镇、横沥镇、黄阁镇,灵山镇的庙南村、七一村和庙青村的部分区域,东涌镇的庆盛村、沙公堡村、石牌村的各一部分区域划归南沙区管辖。南沙区人民政府驻黄阁镇凤凰大道。

（4）将白云区的萝岗街道,钟落潭镇的九佛、穗北2个居委会和红卫、凤尾、浦心、蟹庄、枫下、佛郎、燕塘、莲塘、山龙、重岗、黄田、何棠下、迳下、长庚14个村,黄埔区的夏港街道、荔联街道的笔岗居委会、穗东街道的东基和西基2个自然村,天河区新塘街道的玉树村,增城市中新镇的镇龙居委会和镇龙、迳头、九楼、大坦、麦村、金坑、均和、福洞、福山、大涵、汤村、旺村、洋田、新田14个村,新塘镇的贤江、新庄、永岗、禾丰4个村划归萝岗区管辖。萝岗区人民政府驻志城大道。

原始统计数据表1　1995—2005年珠三角城市群各地级市GDP统计数据(万元)

编号	城市名称	1995年	1997年	1999年	2001年	2003年	2004年	2005年
1	广　州	12 430 697	16 462 567	20 567 383	26 857 574	34 968 787	41 158 077	51 542 283
2	韶　关	1 446 335	1 733 320	1 966 510	2 191 864	2 680 300	3 127 628	3 399 334
3	深　圳	7 956 950	11 300 057	14 365 071	19 541 700	28 954 070	34 228 000	49 509 078
4	珠　海	1 990 990	2 351 974	2 866 141	3 665 942	4 732 742	5 462 802	6 349 521
5	汕　头	2 617 763	3 735 241	4 545 900	4 637 544	5 269 693	6 037 625	6 513 573
6	佛　山	5 458 907	7 245 687	8 337 935	11 038 915	13 815 951	16 564 573	23 831 836
7	江　门	3 793 935	4 578 679	5 146 937	6 151 585	7 300 825	8 345 574	8 053 737
8	湛　江	2 826 626	3 485 591	3 797 350	4 348 730	5 209 716	6 081 602	6 580 938
9	茂　名	2 968 766	3 959 962	4 572 196	5 401 839	6 572 548	7 503 380	8 082 259
10	肇　庆	2 416 617	3 310 964	3 923 948	4 110 187	4 663 914	5 485 089	4 505 704
11	惠　州	2 304 263	3 228 699	3 923 696	4 803 938	5 909 772	6 851 423	8 034 283
12	梅　州	1 275 285	1 443 303	1 615 402	1 895 468	2 270 363	2 716 400	3 144 589
13	汕　尾	770 694	1 032 576	1 329 952	1 552 966	1 869 331	2 123 059	2 109 840
14	河　源	608 419	754 919	854 599	1 023 440	1 368 518	1 730 575	2 049 360
15	阳　江	1 047 352	1 264 759	1 537 796	1 855 144	2 328 630	2 738 565	2 953 441
16	清　远	1 257 693	1 395 869	1 443 580	1 618 963	1 967 999	2 482 768	3 229 561
17	东　莞	2 056 273	2 947 037	4 128 370	5 789 340	9 479 654	11 552 982	21 816 245
18	中　山	1 552 142	2 209 508	2 726 750	3 625 016	5 014 043	6 101 413	8 802 018
19	潮　州	1 013 097	1 514 713	1 837 378	2 051 118	2 364 556	2 569 282	2 876 046
20	揭　阳	2 096 938	3 098 550	3 835 917	4 115 157	4 878 432	5 405 300	4 204 984
21	云　浮	1 291 677	1 557 306	1 720 537	1 801 652	2 147 012	2 575 959	2 137 294

原始统计数据表2　1995—2005年珠三角城市群各地级市人口统计数据(万人)

编号	城市名称	1995年	1997年	1999年	2001年	2003年	2005年
1	广　州	646.71	666.49	685	712.6	725.19	750.53
2	韶　关	293.62	299.43	305.1	312.63	314.85	318.66

续　表

编号	城市名称	1995年	1997年	1999年	2001年	2003年	2005年
3	深　圳	99.16	109.46	119.85	132.04	150.93	181.93
4	珠　海	63.24	67.34	71.4	75.93	82.02	89.6
5	汕　头	401.27	413.09	448.94	461.59	484.64	491.29
6	佛　山	311.06	320.96	329.24	335.85	344.24	354.48
7	江　门	371.81	377.07	379.84	380.74	381.98	386.24
8	湛　江	603.85	627.32	657.14	700.71	713.94	718.05
9	茂　名	571.57	590.19	618.73	654.76	668.12	679.33
10	肇　庆	355.97	368.34	381.27	388.9	392.65	396.48
11	惠　州	255.9	266.53	271.82	280.45	286.36	297.58
12	梅　州	458.81	469.44	476.13	486.38	490.6	498.91
13	汕　尾	247.95	255.69	269.26	299.5	306.4	315.36
14	河　源	294.4	305.62	314.63	324.91	334.13	337.36
15	阳　江	240	244.35	247.87	257.43	259.53	264.15
16	清　远	359.79	368.58	377.68	387.13	389.97	393.44
17	东　莞	143.65	147.12	150.82	153.89	158.96	656.07
18	中　山	125.25	128.36	132	134.83	137.86	140.82
19	潮　州	231.18	236.24	242.45	246.98	249	250.42
20	揭　阳	479.28	508.46	568.87	579.25	590.54	609.28
21	云　浮	234.28	243.65	250.85	258.84	261.28	263.36

原始统计数据表3　1995—2005年珠三角城市群各地级市非农人口统计数据(万人)

编号	城市名称	1995年	1997年	1999年	2001年	2003年	2005年
1	广　州	395.28	410.87	425.63	451.08	493.32	517.23
2	韶　关	100.8	105.03	107.95	111.15	125.05	126.1
3	深　圳	74.77	84.8	95.05	106.12	122.39	181.93
4	珠　海	42.91	46.22	49.44	53.08	82.02	89.6
5	汕　头	128.98	138.05	149.19	157.21	480.07	486.78

续 表

编号	城市名称	1995年	1997年	1999年	2001年	2003年	2005年
6	佛 山	138.64	146.15	142.83	150.38	343.7	354.48
7	江 门	133.08	138.19	144.6	146.33	221.67	218.82
8	湛 江	137.66	148.91	158.95	166.37	186.39	192.11
9	茂 名	99.69	114.13	120.71	124.09	243.89	261.35
10	肇 庆	89.39	91.96	91.98	93.62	97.58	110.98
11	惠 州	80.61	89.8	94.18	100.57	111.85	166.53
12	梅 州	81.38	91.08	96.91	101.38	120.01	121.58
13	汕 尾	58.08	61.71	66.09	74	153.2	158.82
14	河 源	55.27	61.49	65.76	71.71	84.58	87.35
15	阳 江	60.88	65.01	67.52	70.41	83.29	103.01
16	清 远	67.36	71.63	75.89	78.46	113.03	112.65
17	东 莞	35.38	36.97	38.73	40.37	56.87	459.45
18	中 山	35.57	37.95	40.41	42.69	58.76	72.11
19	潮 州	57.05	60.01	62.31	64.16	64.78	70.97
20	揭 阳	91.48	97.34	103.54	106.53	204.75	211.34
21	云 浮	71.09	76.21	78.76	80.25	97.63	98.35

原始统计数据表4　1995—2005年珠三角城市群各地级市城镇化率数据(%)

编号	城市名称	1995年	1997年	1999年	2001年	2003年	2005年
1	广 州	61.12	61.65	62.14	63.30	68.03	68.92
2	韶 关	34.33	35.08	35.38	35.55	39.72	39.57
3	深 圳	75.40	77.47	79.31	80.37	81.09	100.00
4	珠 海	67.85	68.64	69.24	69.91	100.00	100.00
5	汕 头	32.14	33.42	33.23	34.06	99.06	99.08
6	佛 山	44.57	45.54	43.38	44.78	99.84	100.00
7	江 门	35.79	36.65	38.07	38.43	58.03	56.65
8	湛 江	22.80	23.74	24.19	23.74	26.11	26.75

附录 C 珠三角城市群研究原始资料与过程数据

续　表

编号	城市名称	1995 年	1997 年	1999 年	2001 年	2003 年	2005 年
9	茂　名	17.44	19.34	19.51	18.95	36.50	38.47
10	肇　庆	25.11	24.97	24.12	24.07	24.85	27.99
11	惠　州	31.50	33.69	34.65	35.86	39.06	55.96
12	梅　州	17.74	19.40	20.35	20.84	24.46	24.37
13	汕　尾	23.42	24.13	24.55	24.71	50.00	50.36
14	河　源	18.77	20.12	20.90	22.07	25.31	25.89
15	阳　江	25.37	26.61	27.24	27.35	32.09	39.00
16	清　远	18.72	19.43	20.09	20.27	28.98	28.63
17	东　莞	24.63	25.13	25.68	26.23	35.78	70.03
18	中　山	28.40	29.57	30.61	31.66	42.62	51.21
19	潮　州	24.68	25.40	25.70	25.98	26.02	28.34
20	揭　阳	19.09	19.14	18.20	18.39	34.67	34.69
21	云　浮	30.34	31.28	31.40	31.00	37.37	37.34

原始统计数据表 5　1995—2005 年珠三角城市群各地级市
工业总产值数据(万元)

编号	城市名称	1995 年	1997 年	1999 年	2001 年	2003 年	2005 年
1	广　州	17 224 948	23 753 915	27 793 652	28 291 517	40 178 324	60 319 154
2	韶　关	1 622 200	1 978 326	2 185 798	1 632 412	2 362 729	3 933 604
3	深　圳	12 264 893	16 644 474	21 464 914	30 796 298	52 451 037	95 676 838
4	珠　海	3 502 582	4 609 565	5 376 468	6 622 988	10 089 840	15 697 720
5	汕　头	3 750 971	5 886 146	7 745 571	3 248 834	4 611 717	7 621 616
6	佛　山	11 886 063	15 273 835	18 136 506	17 823 476	25 819 560	47 808 828
7	江　门	7 306 230	9 881 455	11 492 407	9 443 508	11 169 542	14 532 498
8	湛　江	2 926 171	3 721 776	3 608 104	2 820 113	4 043 718	6 446 667
9	茂　名	3 688 627	5 276 573	6 278 454	4 054 338	5 214 353	7 023 194
10	肇　庆	3 201 055	4 519 029	5 653 155	4 304 744	4 466 533	3 211 965
11	惠　州	4 002 860	6 387 149	8 047 089	7 081 192	10 204 438	14 286 640

续 表

编号	城市名称	1995 年	1997 年	1999 年	2001 年	2003 年	2005 年
12	梅 州	1 297 659	1 396 416	1 582 049	834 784	1 139 620	2 112 748
13	汕 尾	773 660	1 037 528	1 440 337	334 569	489 161	1 135 316
14	河 源	315 344	360 101	451 330	421 696	678 223	1 388 389
15	阳 江	826 754	1 015 670	1 285 122	769 873	1 209 887	2 138 160
16	清 远	788 008	955 153	1 105 142	776 566	1 018 429	3 643 389
17	东 莞	4 051 858	6 009 185	9 069 546	10 396 813	21 449 306	39 420 346
18	中 山	3 679 577	5 109 521	6 271 019	6 844 242	13 092 541	22 214 508
19	潮 州	1 563 499	2 636 904	3 458 490	920 596	1 527 531	2 937 209
20	揭 阳	2 826 377	4 994 820	7 237 485	1 496 361	2 091 250	2 988 188
21	云 浮	1 918 016	2 300 716	2 799 021	1 438 945	1 606 855	1 537 654

原始统计数据表 6　1995—2005 年珠三角城市群各地级市固定资产投资总额数据（万元）

编号	城市名称	1995 年	1997 年	1999 年	2001 年	2003 年	2005 年
1	广 州	3 319 599	6 565 767	8 782 586	9 782 093	11 751 668	15 191 582
2	韶 关	345 877	374 815	700 564	681 985	1 033 147	1 421 270
3	深 圳	1 577 041	3 743 663	5 446 834	6 466 933	9 491 016	11 810 542
4	珠 海	646 782	490 912	1 169 175	1 048 682	1 410 518	2 185 110
5	汕 头	755 268	876 550	720 883	1 029 651	1 192 391	1 557 505
6	佛 山	651 826	1 445 770	1 731 838	2 381 979	4 236 889	7 571 333
7	江 门	488 700	770 437	966 064	1 228 804	1 611 066	2 374 597
8	湛 江	507 488	684 836	816 494	848 356	1 141 327	1 804 545
9	茂 名	1 208 979	818 361	833 364	859 986	939 076	1 460 360
10	肇 庆	562 439	641 128	785 397	880 456	1 147 510	1 780 148
11	惠 州	327 208	588 301	665 760	844 273	2 284 704	3 523 708
12	梅 州	212 432	307 500	419 400	557 892	1 004 345	1 204 700
13	汕 尾	259 086	198 414	295 042	384 804	569 500	1 025 895
14	河 源	151 567	226 454	231 766	337 976	562 865	1 126 091

续 表

编号	城市名称	1995 年	1997 年	1999 年	2001 年	2003 年	2005 年
15	阳 江	233 183	248 595	363 447	422 897	498 646	835 036
16	清 远	424 874	601 135	277 715	494 594	1 059 422	2 260 024
17	东 莞	384 290	659 841	883 201	1 254 945	3 193 889	5 972 433
18	中 山	149 585	598 864	758 024	1 779 923	2 620 572	3 209 197
19	潮 州	112 887	305 450	324 850	365 083	478 856	975 946
20	揭 阳	325 448	533 561	628 292	710 024	855 154	1 162 358
21	云 浮	336 660	292 682	299 516	371 863	593 620	1 073 139

原始统计数据表 7　1995—2005 年珠三角城市群各地级市实际利用外商投资额数据(万美元)

编号	城市名称	1995 年	1997 年	1999 年	2001 年	2003 年	2005 年
1	广 州	214 444	248 003	298 687	300 119	258 076	264 882
2	韶 关	13 066	14 187	16 027	19 366	30 498	10 577
3	深 圳	130 989	166 112	177 839	259 080	362 300	296 900
4	珠 海	53 929	61 643	75 157	86 468	94 153	66 610
5	汕 头	80 292	93 703	66 393	17 739	20 190	10 619
6	佛 山	105 366	112 159	115 982	99 014	122 508	92 868
7	江 门	63 152	50 335	66 156	82 747	84 935	60 624
8	湛 江	18 529	10 103	7 510	10 309	18 012	3 896
9	茂 名	3 964	7 259	6 257	7 055	10 103	3 890
10	肇 庆	34 729	41 871	42 137	47 597	68 202	60 288
11	惠 州	79 802	96 855	98 383	276 427	140 703	104 187
12	梅 州	8 064	7 420	9 213	10 410	15 875	11 142
13	汕 尾	8 318	5 960	10 006	11 879	12 689	21 539
14	河 源	7 370	6 641	8 136	10 609	17 568	20 199
15	阳 江	5 182	5 728	6 381	7 912	13 256	7 550
16	清 远	11 035	15 710	18 313	12 643	18 015	17 388
17	东 莞	67 247	87 960	145 732	114 721	175 400	122 490

续 表

编号	城市名称	1995年	1997年	1999年	2001年	2003年	2005年
18	中 山	45 036	50 576	57 826	73 773	94 660	65 110
19	潮 州	16 474	16 337	14 653	14 921	11 928	5 986
20	揭 阳	32 200	40 830	30 577	15 418	14 191	6 728
21	云 浮	18 754	6 960	5 627	2 171	4 265	3 803

原始统计数据表8　1995—2005年珠三角城市群各地级市
第一产业占GDP的比重数据(%)

编号	城市名称	1995年	1997年	1999年	2001年	2003年	2005年
1	广 州	5.9	5.21	4.5	3.62	3.14	2.53
2	韶 关	28.3	28.06	24.6	22.25	19.3	17.53
3	深 圳	1.6	1.4	1.1	0.93	0.57	0.2
4	珠 海	5.3	5.21	4.6	4.13	3.81	3.04
5	汕 头	13	11.23	10.1	9.69	8.9	6.83
6	佛 山	8.9	8.67	7.5	6.4	5.63	3.18
7	江 门	14.1	14.09	12.7	11.22	10.07	9
8	湛 江	31	29.78	27.9	26.42	21.39	22.03
9	茂 名	30.4	28.38	28.4	27.77	26.4	24.36
10	肇 庆	30.6	28.66	25.7	28.59	28.82	31.46
11	惠 州	17.6	17.3	15.8	14.4	12.36	9.35
12	梅 州	33.7	35.29	33.9	30.43	27.18	23.07
13	汕 尾	33.9	34.34	32.3	31.74	28.44	23.98
14	河 源	51.4	48.56	41.8	35.86	30.73	20.7
15	阳 江	42.8	44.55	40.1	36.55	32.74	27.14
16	清 远	42.8	45.41	42.8	39.93	35.37	22.15
17	东 莞	12	10.18	7.4	5.45	2.96	0.9
18	中 山	13	10.43	8.9	6.9	5.43	3.5
19	潮 州	25.1	22.96	21	19.6	17.74	11.35
20	揭 阳	24.9	20.82	19.4	19.31	17.59	16.91
21	云 浮	37.9	35.52	31.7	33.19	31.43	35.76

附录 C 珠三角城市群研究原始资料与过程数据

原始统计数据表 9 1995—2005 年珠三角城市群各地级市
第二产业占 GDP 的比重数据(%)

编号	城市名称	1995 年	1997 年	1999 年	2001 年	2003 年	2005 年
1	广 州	46.7	46.54	45.7	41.89	43.13	39.68
2	韶 关	43.8	43.53	45.9	44.49	46.81	42.48
3	深 圳	52.4	49.31	50.5	54.06	59.53	53.19
4	珠 海	53.2	52.02	53.6	55.32	56.37	53.42
5	汕 头	42.6	47	49.3	46.93	49.2	51.02
6	佛 山	55.9	54.68	52.3	52.94	55.35	60.4
7	江 门	47.5	47.14	48.2	47.56	48.58	52.82
8	湛 江	35.9	35.46	37.5	37.07	42.61	45.1
9	茂 名	41.1	40.91	39.6	38.27	38.33	37.93
10	肇 庆	41	41.34	43.1	35.81	33.58	25.17
11	惠 州	50.1	55.94	57.1	57.72	58.87	57.06
12	梅 州	38.3	35	35.6	35.83	39.49	41.51
13	汕 尾	33.3	39.74	32	31.93	34.08	39.73
14	河 源	22.9	23.14	25	28.18	32.27	39.36
15	阳 江	28	27.12	30.8	31.79	34.97	37.25
16	清 远	32.8	33.16	32.2	30.17	34.63	39.26
17	东 莞	54.5	52.89	54.4	54.46	54.04	56.67
18	中 山	51	51.04	52.6	57.09	63.01	61.28
19	潮 州	42.3	43.89	45.2	44.23	45.43	53
20	揭 阳	48.7	52.02	52.6	49.97	51.57	48.4
21	云 浮	39.3	39.3	41.3	35.59	37.86	34.49

原始统计数据表 10 1995—2005 年珠三角城市群各地级市
第三产业占 GDP 的比重数据(%)

编号	城市名称	1995 年	1997 年	1999 年	2001 年	2003 年	2005 年
1	广 州	47.4	48.25	49.8	54.49	53.73	57.79
2	韶 关	27.9	28.41	29.5	33.26	33.89	39.99

—317—

续　表

编号	城市名称	1995年	1997年	1999年	2001年	2003年	2005年
3	深圳	46	49.3	48.3	45.01	39.9	46.61
4	珠海	41.5	42.77	41.8	40.55	39.82	43.54
5	汕头	44.4	41.77	40.6	43.38	41.9	42.14
6	佛山	35.2	36.66	40.2	40.66	39.03	36.42
7	江门	38.4	38.77	39.1	41.21	41.36	38.18
8	湛江	33.1	34.76	34.6	36.51	36	32.87
9	茂名	28.5	30.72	31.9	33.96	35.27	37.71
10	肇庆	28.4	30	31.2	35.61	37.6	43.37
11	惠州	32.3	26.75	27.2	27.88	28.77	33.59
12	梅州	28	29.71	30.5	33.74	33.33	35.42
13	汕尾	32.8	35.92	35.7	36.33	37.47	36.29
14	河源	25.7	38.3	33.2	35.96	37	39.94
15	阳江	29.2	38.33	29.1	31.66	32.29	35.61
16	清远	24.4	21.43	25	29.9	30	38.59
17	东莞	33.5	36.93	38.2	40.09	43	42.43
18	中山	36	38.53	38.5	36.01	31.56	35.22
19	潮州	32.6	33.16	33.7	36.18	36.83	35.65
20	揭阳	26.4	27.17	28	30.72	30.84	34.69
21	云浮	22.8	25.18	26.9	31.22	30.71	29.75

过程数据表11　珠三角城市群城市"点"空间位置坐标

编号	省市	城市名称	空间位置坐标	编号	省市	城市名称	空间位置坐标
1	广东	广州	(337, 2 416)	7	广东	江门	(316, 2 355)
2		韶关	(360, 2 597)	8		湛江	(36, 2 196)
3		深圳	(420, 2 352)	9		茂名	(87, 2 251)
4		珠海	(366, 2 321)	10		肇庆	(255, 2 411)
5		汕头	(691, 2 462)	11		惠州	(452, 2 409)
6		佛山	(318, 2 404)	12		梅州	(622, 2 553)

附录C 珠三角城市群研究原始资料与过程数据

续 表

编号	省 市	城市名称	空间位置坐标	编号	省 市	城市名称	空间位置坐标
13	广 东	汕 尾	(555,2 388)	18	广 东	中 山	(349,2 344)
14		河 源	(481,2 491)	19		潮 州	(680,2 492)
15		阳 江	(202,2 267)	20		揭 阳	(655,2 477)
16		清 远	(309,2 475)	21		云 浮	(208,2 387)
17		东 莞	(384,2 408)				

过程数据表12 珠三角几何重心与不同年份各个指标重心位置坐标

指标 \ 年份	1995年	1997年	1999年	2001年	2003年	2005年
几何重心	(385,2 403)	(385,2 403)	(385,2 403)	(385,2 403)	(385,2 403)	(385,2 403)
GDP	(360,2 389)	(365,2 389)	(368,2 390)	(366,2 389)	(367,2 388)	(367,2 387)
人口	(369,2 401)	(369,2 400)	(371,2 400)	(369,2 399)	(370,2 399)	(372,2 399)
非农人口	(367,2 402)	(367,2 401)	(368,2 401)	(369,2 401)	(395,2 402)	(393,2 401)
城镇化率	(381,2 395)	(381,2 395)	(381,2 395)	(383,2 395)	(398,2 397)	(397,2 395)
工业总产值	(364,2 388)	(370,2 389)	(378,2 391)	(361,2 383)	(367,2 382)	(371,2 382)
固定资产投资额	(349,2 386)	(365,2 393)	(365,2 391)	(369,2 391)	(372,2 394)	(369,2 395)
外商投资额	(395,2 398)	(402,2 401)	(390,2 398)	(386,2 392)	(377,2 389)	(378,2 390)
一产比重	(372,2 410)	(369,2 410)	(369,2 409)	(366,2 408)	(365,2 408)	(349,2 401)
二产比重	(388,2 402)	(392,2 403)	(391,2 403)	(392,2 402)	(392,2 401)	(396,2 402)
三产比重	(390,2 398)	(387,2 397)	(387,2 399)	(386,2 401)	(386,2 402)	(386,2 404)

过程数据表13 珠三角重心属性均值

指标 \ 年份	1995年	1997年	1999年	2001年	2003年	2005年
GDP(万元)	2 828 162.81	3 743 394.333	4 525 873.714	5 622 765.81	7 322 231.238	10 939 329.71
人口	323.27	333.99	347.57	360.25	367.77	399.68
工业总产值(万元)	4 257 969.14	5 892 774.14	7 261 031.38	6 683 498.33	10 234 028.29	16 955 934.81
固定资产(万元)	618 153.29	998 716.00	1 290 486.29	1 558 723.76	2 270 294.33	3 310 739.00
外商投资(万元)	48 473.43	54 588.19	60 809.14	70 494.19	75 596.52	59 870.29

过程数据表 14　1995—2005 年珠三角城市群各城市点与
GDP 重心空间距离(km)

编号	城市名称	1995 年	1997 年	1999 年	2001 年	2003 年	2005 年
1	广 州	35.60	38.61	40.84	40.16	41.33	41.76
2	韶 关	207.98	207.66	207.25	208.53	209.56	209.91
3	深 圳	70.32	66.53	64.01	64.94	63.84	63.42
4	珠 海	68.26	68.41	68.96	67.57	66.57	66.22
5	汕 头	338.74	334.01	330.53	332.87	332.45	332.27
6	佛 山	44.80	49.19	52.36	50.73	51.67	52.03
7	江 门	55.79	59.85	62.99	60.50	60.50	60.53
8	湛 江	377.32	381.62	384.85	382.36	382.42	382.48
9	茂 名	306.10	310.53	313.85	311.37	311.51	311.60
10	肇 庆	107.49	112.08	115.37	113.57	114.41	114.74
11	惠 州	93.93	89.20	85.72	88.07	87.67	87.50
12	梅 州	308.90	304.67	301.49	303.98	303.98	303.95
13	汕 尾	194.79	190.03	186.58	188.67	188.01	187.75
14	河 源	158.08	154.22	151.29	153.76	153.94	153.98
15	阳 江	199.80	203.82	206.90	204.41	204.34	204.35
16	清 远	100.08	102.28	103.78	103.72	104.92	105.36
17	东 莞	30.43	26.60	23.86	26.27	26.59	26.70
18	中 山	46.39	48.13	49.86	47.82	47.13	46.91
19	潮 州	335.96	331.31	327.87	330.28	329.98	329.84
20	揭 阳	307.63	302.96	299.51	301.91	301.58	301.43
21	云 浮	152.23	157.00	160.45	158.34	158.99	159.25

过程数据表 15　1995—2005 年珠三角城市群各城市点与
GDP 重心间空间引力势能

编号	城市名称	1995 年	1997 年	1999 年	2001 年	2003 年	2005 年
1	广 州	27 745 820 915	41 349 749 758	55 806 860 211	93 631 918 700	2 201 633 845	3.23E+11
2	韶 关	94 562 312.91	150 466 491.6	207 202 115.4	283 416 310.4	1 345 854.03	843 919 772.4

续 表

编号	城市名称	1995 年	1997 年	1999 年	2001 年	2003 年	2005 年
3	深 圳	4 551 371 614	9 557 019 061	15 867 081 345	26 052 350 095	415 191 662.2	1.346 51E+11
4	珠 海	1 208 389 595	1 881 436 128	2 727 714 547	4 515 159 316	68 843 563.53	15 838 510 139
5	汕 头	64 521 415.94	125 335 062.2	188 324 246.3	235 333 484.8	708 757.107 4	645 380 070.5
6	佛 山	7 693 510 451	11 207 404 189	13 766 013 112	24 114 553 934	458 226 150.5	96 286 929 205
7	江 门	3 447 603 365	4 784 648 981	5 870 666 599	9 451 338 010	156 223 903	24 043 627 880
8	湛 江	56 149 805.98	89 596 287.71	116 035 728.4	167 250 810.7	437 270.857 8	492 114 374.2
9	茂 名	89 610 591.4	153 730 424.5	210 083 544.2	313 290 853.2	1 005 221.851	910 603 581.2
10	肇 庆	591 547 065.1	986 659 419	1 334 248 429	1 791 868 742	15 545 573.91	3 743 598 147
11	惠 州	738 574 379.5	1 518 968 692	2 416 588 779	3 482 179 579	39 897 818.67	11 478 253 766
12	梅 州	37 797 915.73	58 204 687.51	80 434 932.14	115 336 129	379 433.661 1	372 360 671.9
13	汕 尾	57 447 362.85	107 043 037.3	172 901 524.4	245 300 691.5	1 309 259.205	654 756 325.1
14	河 源	68 858 212.65	118 819 860.3	168 972 858	243 402 421.4	1 579 233.617	945 500 960.4
15	阳 江	74 199 231.94	113 964 037.9	162 587 193.3	249 652 091.5	1 222 126.235	773 697 483.5
16	清 远	355 121 993.2	499 503 909.8	606 598 351.3	846 202 344.6	7 973 042.092	3 182 778 886
17	东 莞	6 280 197 425	15 586 657 781	32 810 916 049	47 180 420 015	1 752 408 776	3.348 66E+11
18	中 山	2 039 487 354	3 570 547 161	4 964 404 544	8 914 715 736	191 916 240.5	43 760 967 715
19	潮 州	25 385 669.75	51 657 185.96	77 357 171.57	105 721 569.2	320 689.692 6	289 193 363.6
20	揭 阳	62 664 717.36	126 370 716.7	193 528 838.7	253 847 469.3	842 650.381 3	506 263 327.8
21	云 浮	157 637 213.4	236 514 536.5	302 456 803.4	404 069 681.4	2 531 114.733	921 906 918

过程数据表 16　1995—2005 年珠三角城市群各城市点与
非农人口重心空间距离(km)

编号	城市名称	1995 年	1997 年	1999 年	2001 年	2003 年	2005 年
1	广 州	33.05	33.28	34.63	35.65	59.54	57.81
2	韶 关	195.19	195.91	196.36	196.48	197.77	198.73
3	深 圳	72.89	72.46	71.23	70.38	56.23	56.03
4	珠 海	80.94	80.21	79.83	79.80	86.34	84.38
5	汕 头	329.61	329.84	328.63	327.56	302.00	304.34

续　表

编号	城市名称	1995 年	1997 年	1999 年	2001 年	2003 年	2005 年
6	佛　山	48.95	48.89	50.22	51.32	76.97	74.89
7	江　门	69.24	68.68	69.38	70.17	92.06	89.55
8	湛　江	389.75	389.29	390.19	391.09	414.04	411.53
9	茂　名	318.01	317.58	318.54	319.48	343.13	340.64
10	肇　庆	112.27	112.24	113.58	114.68	140.22	138.20
11	惠　州	85.39	85.54	84.28	83.19	57.43	59.70
12	梅　州	296.47	296.92	296.01	295.10	272.48	274.99
13	汕　尾	188.61	188.65	187.32	186.22	160.69	162.69
14	河　源	144.74	145.26	144.49	143.67	123.55	125.99
15	阳　江	213.07	212.54	213.30	214.12	235.69	233.18
16	清　远	93.23	93.75	94.87	95.61	112.55	111.82
17	东　莞	18.14	18.48	17.44	16.47	12.33	11.27
18	中　山	60.64	59.91	59.93	60.23	74.27	71.91
19	潮　州	325.79	326.08	324.94	323.90	298.81	301.24
20	揭　阳	297.71	297.99	296.83	295.78	270.55	272.96
21	云　浮	159.61	159.45	160.71	161.80	187.58	185.36

过程数据表17　1995—2005年珠三角城市群各城市点与
非农人口重心间空间引力势能

编号	城市名称	1995 年	1997 年	1999 年	2001 年	2003 年	2005 年
1	广　州	35.08	38.39	38.47	40.39	23.49	30.96
2	韶　关	0.26	0.28	0.30	0.33	0.54	0.64
3	深　圳	1.36	1.67	2.03	2.44	6.54	11.60
4	珠　海	0.63	0.74	0.84	0.95	1.86	2.52
5	汕　头	0.12	0.13	0.15	0.17	0.89	1.05
6	佛　山	5.61	6.33	6.14	6.50	9.79	12.64
7	江　门	2.69	3.03	3.26	3.38	4.42	5.46
8	湛　江	0.09	0.10	0.11	0.12	0.18	0.23

续 表

编号	城市名称	1995年	1997年	1999年	2001年	2003年	2005年
9	茂 名	0.10	0.12	0.13	0.14	0.35	0.45
10	肇 庆	0.69	0.76	0.77	0.81	0.84	1.16
11	惠 州	1.07	1.27	1.44	1.65	5.72	9.35
12	梅 州	0.09	0.11	0.12	0.13	0.27	0.32
13	汕 尾	0.16	0.18	0.20	0.24	1.00	1.20
14	河 源	0.26	0.30	0.34	0.40	0.94	1.10
15	阳 江	0.13	0.15	0.16	0.17	0.25	0.38
16	清 远	0.75	0.84	0.91	0.98	1.51	1.80
17	东 莞	10.42	11.20	13.81	16.94	63.13	723.56
18	中 山	0.94	1.09	1.22	1.34	1.80	2.79
19	潮 州	0.05	0.06	0.06	0.07	0.12	0.16
20	揭 阳	0.10	0.11	0.13	0.14	0.47	0.57
21	云 浮	0.27	0.31	0.33	0.35	0.47	0.57

过程数据表18　1995—2005年珠三角城市群各城市点与工业产值重心空间距离(km)

编号	城市名称	1995年	1997年	1999年	2001年	2003年	2005年
1	广 州	38.51	42.68	47.65	41.38	45.30	48.05
2	韶 关	208.93	207.93	206.56	214.45	215.32	215.00
3	深 圳	67.02	62.14	57.68	66.11	61.07	57.40
4	珠 海	67.14	68.47	71.16	61.73	60.78	61.52
5	汕 头	335.70	328.81	321.22	339.07	334.10	329.54
6	佛 山	48.23	54.34	61.04	48.38	53.51	57.49
7	江 门	57.92	64.26	71.52	53.08	57.32	61.62
8	湛 江	379.71	386.19	393.51	375.06	379.29	383.53
9	茂 名	308.66	315.28	322.73	304.28	308.74	313.10
10	肇 庆	110.93	117.34	124.27	110.11	115.44	119.73
11	惠 州	90.90	84.02	76.42	94.41	89.56	85.06

续 表

编号	城市名称	1995年	1997年	1999年	2001年	2003年	2005年
12	梅州	306.59	300.22	293.04	311.42	307.42	303.35
13	汕尾	191.46	184.69	177.34	193.71	188.42	183.85
14	河源	156.16	150.29	143.65	161.47	158.11	154.48
15	阳江	201.89	208.08	215.15	196.85	200.73	204.78
16	清远	102.60	105.35	108.36	106.25	109.62	111.66
17	东莞	28.55	23.15	17.95	34.05	31.43	28.70
18	中山	46.43	50.09	55.23	40.49	41.71	44.29
19	潮州	333.08	326.26	318.68	336.90	332.14	327.67
20	揭阳	304.72	297.87	290.29	308.45	303.64	299.15
21	云浮	155.54	162.34	169.74	153.43	158.76	163.31

过程数据表19　1995—2005年珠三角城市群各城市点与
工业产值重心间空间引力势能

编号	城市名称	1995年	1997年	1999年	2001年	2003年	2005年
1	广州	49 466 177 709	76 849 149 358	88 880 340 128	1.104 1E+11	2.003 9E+11	4.43E+11
2	韶关	158 233 245.6	269 648 400.6	371 959 574.7	237 234 042.6	521 522 030.2	1 442 924 844
3	深圳	11 627 938 786	25 398 476 955	46 849 912 432	47 089 654 600	1.439 14E+11	4.923 03E+11
4	珠海	3 308 149 653	5 794 681 938	7 709 565 688	11 617 308 492	27 949 332 917	70 328 174 082
5	汕头	141 724 787.2	320 815 268.5	545 074 252	188 866 894	422 833 191.2	1 189 993 150
6	佛山	21 754 536 967	30 484 748 738	35 341 129 976	50 887 045 281	92 280 429 426	2.452 3E+11
7	江门	9 272 101 346	14 102 315 081	16 314 255 891	22 400 240 482	34 792 401 121	64 902 877 597
8	湛江	86 415 537.43	147 048 374	169 187 921.2	133 990 952.4	287 660 461.4	743 132 011.7
9	茂名	164 861 390.7	312 798 923.2	437 708 018.1	292 672 566.7	559 818 468.9	1 214 760 462
10	肇庆	1 107 711 083	1 934 165 523	2 657 880 530	2 372 854 287	3 430 163 655	3 798 998 770
11	惠州	2 062 771 203	5 332 108 583	10 005 409 046	5 309 781 582	13 020 437 728	33 481 502 792
12	梅州	58 783 226.36	91 297 381.88	133 773 441.3	57 530 183.74	123 409 809.6	389 302 620
13	汕尾	89 862 831.4	179 246 806	332 528 045.4	59 593 851.06	141 002 665.8	569 537 459.3
14	河源	55 060 186.85	93 946 750.42	158 810 622.8	108 100 843.5	277 654 320.7	986 499 256.5

附录 C 珠三角城市群研究原始资料与过程数据

续 表

编号	城市名称	1995 年	1997 年	1999 年	2001 年	2003 年	2005 年
15	阳 江	86 368 989.53	138 237 923.9	201 587 638.8	132 780 864.1	307 296 674.7	864 526 904.6
16	清 远	318 759 611.9	507 099 918.5	683 452 827.3	459 753 968.7	867 320 431.1	4 954 875 184
17	东 莞	21 172 991 038	66 094 690 263	2.043 01E+11	59 920 935 924	2.222 77E+11	8.116 82E+11
18	中 山	7 267 108 450	11 999 219 581	14 929 013 105	27 903 001 007	77 014 689 416	1.920 55E+11
19	潮 州	60 005 784.39	145 980 290.7	247 273 050.1	54 208 005.53	141 705 715.3	463 858 071.8
20	揭 阳	129 607 248.1	331 719 924.6	623 634 974.5	105 119 466.7	232 134 791.7	566 192 919.9
21	云 浮	337 574 010.2	514 465 268	705 431 467.3	408 508 767.1	652 400 624.6	977 602 321.9

过程数据表 20 1995—2005 年珠三角城市群各城市点与
固定资产投资重心空间距离(km)

编号	城市名称	1995 年	1997 年	1999 年	2001 年	2003 年	2005 年
1	广 州	32.31	36.50	37.33	40.07	41.86	38.39
2	韶 关	211.38	204.17	206.28	205.80	203.76	202.44
3	深 圳	78.88	68.33	67.69	64.74	63.25	66.57
4	珠 海	67.16	71.90	69.79	70.43	72.89	73.82
5	汕 头	350.57	332.99	334.16	330.03	325.89	328.97
6	佛 山	35.70	48.54	48.36	52.16	55.35	51.81
7	江 门	45.06	62.15	60.28	63.97	68.32	66.24
8	湛 江	365.92	383.64	381.92	385.75	390.12	387.79
9	茂 名	294.50	312.35	310.73	314.66	319.02	316.51
10	肇 庆	97.08	111.73	111.37	115.30	118.65	115.13
11	惠 州	105.77	88.23	89.36	85.23	81.11	84.24
12	梅 州	320.26	302.58	304.33	300.54	296.18	298.43
13	汕 尾	206.23	189.81	190.50	186.42	182.72	186.15
14	河 源	168.89	151.73	153.67	150.18	145.89	147.69
15	阳 江	188.91	206.16	204.28	207.92	212.26	210.25
16	清 远	97.56	99.53	100.88	102.69	103.15	100.18
17	东 莞	41.57	24.07	26.01	22.65	18.50	20.03

— 325 —

续 表

编号	城市名称	1995年	1997年	1999年	2001年	2003年	2005年
18	中 山	41.92	51.53	49.28	51.28	54.84	54.55
19	潮 州	347.79	329.98	331.32	327.24	322.98	325.87
20	揭 阳	319.48	301.71	303.01	298.91	294.68	297.61
21	云 浮	140.79	157.36	156.56	160.67	164.50	161.16

过程数据表21　1995—2005年珠三角城市群各城市点与
固定资产投资重心间空间引力势能

编号	城市名称	1995年	1997年	1999年	2001年	2003年	2005年
1	广 州	1 965 766 732	4 922 436 283	8 132 802 027	9 497 024 472	15 228 545 213	34 124 882 869
2	韶 关	4 784 997.269	8 979 784.156	21 247 307.84	25 099 110.72	56 493 606.48	114 814 331.8
3	深 圳	156 671 975.9	800 694 477	1 534 165 305	2 404 945 706	5 386 003 088	8 823 794 368
4	珠 海	88 639 609.23	94 840 984.85	309 781 807.6	329 531 189.5	602 690 360	1 327 682 489
5	汕 头	3 798 734.877	7 894 842.637	8 331 150.42	14 735 087.91	25 489 502.78	47 648 148.66
6	佛 山	316 125 812.9	612 790 776.5	955 571 875.1	1 364 515 637	3 139 728 287	9 338 767 037
7	江 门	148 779 676.3	199 232 271.6	343 092 110.1	468 093 017.3	783 500 414.1	1 791 967 943
8	湛 江	2 342 820.361	4 647 193.115	7 223 849.779	8 886 419.351	17 025 296.43	39 729 053.22
9	茂 名	8 616 572.056	8 377 526.904	11 138 432.12	13 538 373.34	20 948 364.65	48 263 204.02
10	肇 庆	36 891 096.74	51 290 805.66	81 716 303.78	103 241 226.3	185 063 155.8	444 641 435.9
11	惠 州	18 080 674.8	75 479 726.97	107 590 829.1	181 174 846.2	788 511 979.7	1 644 124 169
12	梅 州	1 280 314.341	3 354 443.256	5 843 891.286	9 627 451.716	25 993 436.11	44 783 078.15
13	汕 尾	3 765 681.213	5 500 244.668	10 491 443.17	17 259 934.54	38 726 392.24	98 022 215.84
14	河 源	3 284 633.979	9 823 983.722	12 666 088.46	23 357 307.03	60 035 644.27	170 924 674.8
15	阳 江	4 039 199.22	5 841 553.698	11 238 983.27	15 247 848.26	25 125 914.36	62 542 765.44
16	清 远	27 591 961.65	60 607 747.7	35 217 843.07	73 103 064.21	226 072 635.4	745 523 196.2
17	东 莞	137 470 914.1	1 137 090 397	1 685 240 308	3 813 813 141	21 184 276 428	49 300 589 809
18	中 山	52 627 948.36	225 273 584.7	402 799 104.7	1 055 020 151	1 978 170 864	3 571 016 524
19	潮 州	576 901.507 5	2 801 613.004	3 818 817.779	5 314 113.403	10 421 453.07	30 427 174.27
20	揭 阳	1 971 052.345	5 854 101.883	8 830 818.983	12 386 823.05	22 358 021.49	43 447 417.78
21	云 浮	10 499 444.73	11 803 812.75	15 768 667.1	22 452 377.9	49 803 400.85	136 786 554

附录C 珠三角城市群研究原始资料与过程数据

过程数据表22　1995—2005年珠三角城市群各城市点与
外商投资重心空间距离(km)

编号	城市名称	1995年	1997年	1999年	2001年	2003年	2005年
1	广　州	60.48	66.65	55.63	53.99	48.87	48.88
2	韶　关	201.56	200.87	200.74	206.28	209.21	207.93
3	深　圳	52.83	51.83	55.43	53.05	56.11	56.32
4	珠　海	82.69	87.24	81.06	73.93	68.47	69.97
5	汕　头	302.85	295.63	307.83	313.34	322.09	320.89
6	佛　山	77.09	83.90	72.01	68.52	61.39	61.95
7	江　门	90.08	97.16	85.66	78.89	69.95	71.41
8	湛　江	412.07	419.13	407.64	400.87	391.94	393.41
9	茂　名	341.39	348.54	336.81	330.27	321.32	322.73
10	肇　庆	140.45	147.21	135.38	131.84	124.45	125.11
11	惠　州	58.07	50.88	63.08	68.55	77.36	76.12
12	梅　州	274.69	267.80	278.91	285.92	294.76	293.24
13	汕　尾	160.45	153.68	165.53	169.54	177.60	176.69
14	河　源	126.39	120.21	129.91	137.33	145.73	144.12
15	阳　江	233.44	240.34	229.25	222.21	213.38	214.91
16	清　远	115.03	119.01	111.28	112.66	110.27	109.77
17	东　莞	14.46	19.33	11.15	15.77	20.57	18.99
18	中　山	71.23	77.38	68.07	60.55	52.80	54.44
19	潮　州	300.05	292.82	304.90	310.91	319.80	318.50
20	揭　阳	271.70	264.46	276.58	282.48	291.36	290.08
21	云　浮	187.24	194.30	182.16	177.59	169.41	170.34

过程数据表23　1995—2005年珠三角城市群各城市点与
外商投资重心间空间引力势能

编号	城市名称	1995年	1997年	1999年	2001年	2003年	2005年
1	广　州	2 841 518.40	3 047 461.86	5 869 160.24	7 258 162.52	8 170 470.44	6 637 103.30
2	韶　关	15 589.59	19 194.11	24 185.01	32 083.86	52 674.92	14 646.67

— 327 —

续　表

编号	城市名称	1995年	1997年	1999年	2001年	2003年	2005年
3	深　圳	2 274 929.34	3 376 141.66	3 519 453.80	6 490 424.18	8 700 774.30	5 603 356.81
4	珠　海	382 285.43	442 177.74	695 626.86	1 115 324.69	1 518 221.26	814 553.15
5	汕　头	42 435.98	58 527.91	42 607.21	12 736.77	14 712.15	6 174.09
6	佛　山	859 462.44	869 692.35	1 360 070.34	1 486 770.45	2 457 560.32	1 448 879.80
7	江　门	377 253.50	291 044.65	548 296.28	937 256.87	1 312 127.54	711 710.51
8	湛　江	5 289.50	3 139.46	2 748.20	4 522.39	8 863.89	1 507.11
9	茂　名	1 648.67	3 261.88	3 354.09	4 559.50	7 397.57	2 236.11
10	肇　庆	85 340.52	105 479.20	139 806.72	193 023.04	332 893.66	230 591.95
11	惠　州	1 147 138.52	2 042 632.32	1 503 336.58	4 146 673.44	1 777 366.60	1 076 403.96
12	梅　州	5 180.47	5 647.67	7 201.63	8 976.79	13 812.65	7 757.54
13	汕　尾	15 661.43	13 775.68	22 205.51	29 132.45	30 412.40	41 304.21
14	河　源	22 363.87	25 085.93	29 314.56	39 657.12	62 539.40	58 225.49
15	阳　江	4 609.46	5 412.98	7 383.01	11 295.45	22 009.06	9 786.87
16	清　远	40 424.50	60 551.91	89 926.22	70 219.20	112 007.93	86 388.73
17	东　莞	15 582 062.87	12 848 432.10	71 342 722.89	32 530 519.20	31 329 105.52	20 330 906.91
18	中　山	430 221.20	461 090.91	758 990.26	1 418 369.61	2 566 538.29	1 315 059.01
19	潮　州	8 869.54	10 400.97	9 584.96	10 881.67	8 816.60	3 532.89
20	揭　阳	21 143.36	31 867.65	24 306.52	13 620.60	12 637.37	4 787.11
21	云　浮	25 929.05	10 063.32	10 311.74	4 852.53	11 234.35	7 846.97

过程数据表24　1995—2005年珠三角城市群扇面—
比重各指标累积加和

指标	扇面区间	1995年	1997年	1999年	2001年	2003年	2005年
GDP	Ⅰ	9 915 765	13 775 425	16 612 892	18 526 665	22 061 334	26 822 835
	Ⅱ						
	Ⅲ	2 704 028	3 129 189	3 410 090	3 810 827	4 648 299	6 628 895
	Ⅳ	20 306 221	27 019 218	32 829 266	42 006 676	53 448 652	79 879 823
	Ⅴ	11 928 356	14 846 297	16 774 816	19 558 950	23 558 731	27 807 669

续 表

指标	扇面区间	1995 年	1997 年	1999 年	2001 年	2003 年	2005 年
GDP	Ⅵ	3 543 132	4 561 482	5 592 891	7 290 958	9 746 785	15 151 539
	Ⅶ	10 013 223	14 247 094	18 493 441	25 331 040	38 433 724	71 325 323
	Ⅷ	770 694	1 032 576	1 329 952	1 552 966	1 869 331	2 109 840
人口	Ⅰ	2 120.84	2 199.38	2 322.84	2 379.56	2 435.27	2 484.84
	Ⅱ						
	Ⅲ	653.41	668.01	682.78	699.76	704.82	712.1
	Ⅳ	1 313.74	1 355.79	1 395.51	1 437.35	1 462.08	1 501.49
	Ⅴ	2 021.51	2 082.58	2 154.43	2 252.48	2 284.85	2 311.13
	Ⅵ	188.49	195.7	203.4	210.76	219.88	230.42
	Ⅶ	242.81	256.58	270.67	285.93	309.89	838
	Ⅷ	247.95	255.69	269.26	299.5	306.4	315.36
工业产值	Ⅰ	13 756 710	21 661 536	28 522 014	14 003 463	20 252 779	31 334 790
	Ⅱ						
	Ⅲ	2 410 208	2 933 479	3 290 940	2 408 978	3 381 158	7 576 993
	Ⅳ	32 312 066	43 546 779	51 583 313	50 419 337	70 464 417	111 339 947
	Ⅴ	16 665 798	22 196 190	25 463 108	18 526 777	23 244 355	31 678 173
	Ⅵ	7 182 159	9 719 086	11 647 487	13 467 230	23 182 381	37 912 228
	Ⅶ	16 316 751	22 653 659	30 534 460	41 193 111	73 900 343	135 097 184
	Ⅷ	773 660	1 037 528	1 440 337	334 569	489 161	1 135 316
固定资产投资	Ⅰ	1 884 810	2 837 816	2 990 951	3 844 899	6 378 315	9 550 308
	Ⅱ						
	Ⅲ	770 751	975 950	978 279	1 176 579	2 092 569	3 681 294
	Ⅳ	4 533 864	8 652 665	11 299 821	13 044 528	17 136 067	24 543 063
	Ⅴ	2 775 010	2 814 911	3 278 885	3 731 906	4 783 735	7 547 677
	Ⅵ	796 367	1 089 776	1 927 199	2 828 605	4 031 090	5 394 307
	Ⅶ	1 961 331	4 403 504	6 330 035	7 721 878	12 684 905	17 782 975
	Ⅷ	259 086	198 414	295 042	384 804	569 500	1 025 895

续　表

指标	扇面区间	1995 年	1997 年	1999 年	2001 年	2003 年	2005 年
外商直接投资	Ⅰ	224 202	261 786	227 355	345 524	220 455	158 861
	Ⅱ						
	Ⅲ	24 101	29 897	34 340	32 009	48 513	27 965
	Ⅳ	354 539	402 033	456 806	446 730	448 786	418 038
	Ⅴ	109 581	80 385	91 931	110 194	130 571	79 763
	Ⅵ	98 965	112 219	132 983	160 241	188 813	131 720
	Ⅶ	198 236	254 072	323 571	373 801	537 700	419 390
	Ⅷ	8 318	5 960	10 006	11 879	12 689	21 539

后 记

本书依托本人博士论文《中国三大城市群空间结构及其集合能效研究》完成。

  回首求学路，光阴似箭已二十载春秋；
  回首求学路，独自漂泊已驿南北三城；
  回首求学路，从儿时梦想到博士成真；
  回首求学路，品酸甜苦辣后终尝收笔成文之释怀与喜悦……

2004年9月22日进入同济大学建筑与城市规划学院的第一天，我就告诉自己"要珍惜门缝里溜出来的机会，要像海绵一样学习"。奋斗是艰辛的，但许许多多的收获与进步，许许多多的关怀与支持，更让人铭记在心。在此，怀着一颗感恩的心，要对身边的每一位关心我的老师、同学、朋友和家人致以深深的感谢。

在论文撰写完成之际，首先要感谢的是导师吴志强教授，这离不开导师四年来对学生的悉心培养与指导。跨经济地理考入城市规划，对我而言，这不仅需要补充大量新的知识，更需要掌握一种新的思维方法。而老师从一开始就以"比别人问的深一点，比别人想的多一点"这种力求现象与问题本质核心的思维加以严格要求，使得自己在学术研究的道路上不断前进，深感思维境界的提升；2005年3月有幸作为老师助手参与了国家"十一五"科技支撑课题的各项课题设计与申请工作，使作者的学术视野与信心都获得难得的锻炼。而四年中，老师渊博的学识、敏锐的思维、独到的战略眼光、忘我的工作热情、对祖国的热爱无不都对学生产生了深深的影响，这些在未来的人生都将是学生最为宝贵的财富。在此，学生发自内心地想对老师说："谢谢您，您一定要保重身体！"

其次，要感谢诸位师长、前辈的细心评阅与指导，以及对我的谆谆教诲与鼓励：论文开题时，唐子来教授、王德教授与宋小冬教授对论文研究路线方法、可能遇到的困难给予了富有建设性的意见，使我更有效的展开研究；在论文写作过程中，我就一些研究向陶松龄先生请教，陶先生单独面谈并以各种实例给予生动的启发；在论文初稿完成后，孙施文教授与王德教授两位老师评阅全文之后一针见血的提出了许多中肯独到的意见，并详细指导论文的修改完善，使我获益良多；此外宋小冬教授、赵民教授、彭震伟教授都对论文提出了有益的建议。在论文预答辩时，华东师范大学宁越敏教授对论文的逐字精读与进一步提升的建议与鼓励，令我甚为敬佩和感谢，而王德教授、孙施文教授、李京生教授与宋小冬教授在论文预答辩会上提出了许多中肯到位的意见和建议，使论文得到了进一步的完善。在论文最终答辩时，非常有幸邀请周干峙院士作为答辩主席，邀请陈晓丽总规划师、崔功豪先生、宁越敏教授、夏南凯教授、王德教授、孙施文教授作为答辩委员，王雅娟老师作为答辩秘书，各位老师对论文的真知灼见，并推荐论文作为优秀毕业论文……这些在我心中留下一生最难忘的一幕，也为自己的学术生涯注入了无限的激励，在此真心感谢各位先生的出席与鼓励。今周先生已辞世西去，后辈唯致以最敬重的深深缅怀，谨记教诲，漫漫求索。

再次，要感谢杨超、马春庆、叶钟楠、李彦方、刘然、仇勇懿、李世庆、杨婷、申硕璞、陈浩等诸位师弟师妹、同济大学的尹若冰同学、山东师范大学的吴斐硕士、上海师范大学的付晶老师、东华大学的温博语同学、在论文数据录入、文献整理与图形绘制方面给予的无私帮助。中科院北京地理所的于伯华博士、中国生态研究中心的冯朝阳博士、华东师范大学的武前波博士、长安大学的刘辉博士在论文数据与文献收集提供的宝贵帮助。

感谢612研究室的全体同窗们，无论是学习上、生活上还是精神上，在这4年里都感受着这个集体家庭般的温暖，王建军、杨迎旭、史舸三位师兄如同兄长般的关心，胡京京、陆天赞、杨超、张鸣、薄力之等A0梯队踢球的好兄弟，此外与于泓、邓雪媛、朱勍、姜涛、林廷筠、刘海涛、干靓、冯凡、李欣、车乐、邓小兵、杨燕、姬凌云、孙亮、孙雅楠、曾悦、张林军、朱晓玲、宋雯君、陈锦清等诸位同窗相互间共同学习探讨也终生难忘。田丹、崔泓冰、沙蓉、周竣诸位好友同样也从精神和诸多具体事务方面提供了诸多帮助。

感谢刘悦来师兄的牵线之助，感谢已经毕业的姜楠、李华、胡莉莉、王兰、易海贝、朱嵘、俞静、杨帆等诸位师姐师兄给予我的关心、支持和鼓励。感谢于涛方、王雷等师兄也对本研究提供了许多宝贵的意见。还有在上海的众多好友，黄亮、邹涛、郝继东、李楷军、潘晓晨、朱江宏、柳朴、司瑞洁、谭迎辉、柴伟忠、陆言

后 记

清、田锋、蔡柯等在生活中给予我真诚的帮助。感谢中央财经大学政府管理学院城市管理系冯羽与王瑛两位同学在数据更新时提供的帮助。另有提供帮助的诸多朋友,恕不一一列出,在此一并感谢。

感谢为推荐本人论文获上海市优秀博士学位论文、2011年全国优秀博士学位论文提名奖而撰写评语的朱若霖先生、汤建中先生、宁越敏先生。

感谢同济大学建筑与城市规划学院对我的培育,感谢各位学院领导对毕业后的我依然关注支持,感谢孙乐博士在此书出版过程中给予的帮助,感谢同济大学出版社的辛苦付出。

最重要的感谢要献给我的父母和亲人,父母为了让儿安心读书而终日奔波劳苦,父亲车站送我时的背影,妈妈对我永远的牵挂,一幕幕浮现眼前……儿定当好好回报你们! 姥爷对我的关爱,四舅与五舅每次回家出行不辞辛苦的接送,三舅一条条关心的短信以及所有爱我的亲朋好友长久以来在物质和精神上的支持与鼓励,我都牢记在心,你们永远是我最坚强的后盾! 希望能以此文告祭天堂中的姥姥和二姨,致以我深深的缅怀与哀思。

最后的感谢要送给毕业至今最大的收获——我的爱妻吕洁与爱女王思源,你们的出现为我新的人生征程注入最强大的动力!

王 伟